SOMMAIRE

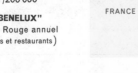

Avec ce guide, voici les publications MICHELIN qu'il vous faut :

409 Carte à 1/350 000 BELGIQUE-LUXEMBOURG

1 2 4 Cartes détaillées à 1/200 000

"BENELUX" Guide Rouge annuel (Hôtels et restaurants)

LISTE BILINGUE DES LOCALITÉS

Noms officiels en caractères gras : en **bistre** *pour le français,*
en **noir** *pour le néerlandais.*

Un lexique plus complet figure sur la carte Michelin n° 409

Aalst	Alost	**Lier**	Lierre
Aarlen	**Arlon**	Lombeek-Notre-Dame	**O.-L.-V. Lombeek**
Aat	**Ath**	Louvain	**Leuven**
Alost	**Aalst**	Luik	**Liège**
Antwerpen	Anvers	Malines	**Mechelen**
Arlon	Aarlen	**Mons**	Bergen
Ath	Aat	Montaigu	**Scherpenheuvel**
Audenarde	**Oudenaarde**	Mont-St-Amand	**Sint-Amandsberg**
Auderghem	**Oudergem**	Namen	**Namur**
Baarle-Duc	**Baarle-Hertog**	Nieuport	**Nieuwpoort**
Bastenaken	**Bastogne**	Nijvel	**Nivelles**
Bergen	**Mons**	N.-D.-au-Bois	**Jezus-Eik**
Braine-le-Château	Kasteelbrakel	**O.-L.-V. Lombeek**	Lombeek-N.-D.
Bruges	**Brugge**	**Oostende**	Ostende
Brussel	**Bruxelles**	**Oudenaarde**	Audenarde
Le Coq	De Haan	**Oudergem**	**Auderghem**
Courtrai	**Kortrijk**	De Panne	La Panne
Coxyde	**Koksijde**	Renaix	**Ronse**
Dendermonde	Termonde	Rhode St-Pierre	**Sint-Pieters-Rode**
Diksmuide	Dixmude	**Roeselare**	Roulers
Doornik	**Tournai**	**Ronse**	Renaix
Edingen	**Enghien**	Roulers	**Roeselare**
Ellezelles	Elzele	St-Nicolas	**Sint-Niklaas**
Elsene	**Ixelles**	St-Trond	**Sint-Truiden**
Elzele	**Ellezelles**	**Scherpenheuvel**	Montaigu
Enghien	Edingen	**Sint-Amandsberg**	Mont-St-Amand
Forest	**Vorst**	**Sint-Lambrechts-**	**Woluwe-**
Furnes	**Veurne**	**Woluwe**	**St-Lambert**
Gand	**Gent**	**Sint-Niklaas**	St-Nicolas
Geldenaken	**Jodoigne**	**Sint-Pieters-Rode**	Rhode St-Pierre
Gembloers	**Gembloux**	**Sint-Truiden**	St-Trond
Gent	Gand	**Soignies**	Zinnik
Geraardsbergen	Grammont	Tamise	**Temse**
De **Haan**	Le Coq	Terhulpen	La **Hulpe**
Hal	**Halle**	Termonde	**Dendermonde**
Hoei	**Huy**	**Tienen**	Tirlemont
La **Hulpe**	Terhulpen	**Tongeren**	Tongres
Huy	Hoei	**Tournai**	Doornik
Ieper	Ypres	**Uccle**	**Ukkel**
Ixelles	**Elsene**	**Veurne**	Furnes
Jezus-Eik	N.-D.au-Bois	**Vilvoorde**	Vilvorde
Jodoigne	Geldenaken	**Vorst**	**Forest**
Kasteelbrakel	Braine-le-Château	**Watermaal-Bosvoorde**	**Watermael-Boitsfort**
Koksijde	Coxyde	**Wavre**	Waver
Kortrijk	Courtrai	**Woluwe-**	**Sint-Lambrechts-**
Léau	**Zoutleeuw**	**St-Lambert**	**Woluwe**
Lessen	**Lessines**	Ypres	**Ieper**
Leuven	Louvain	Zinnik	**Soignies**
Liège	Luik	**Zoutleeuw**	Léau

Les provinces : **Oost-Vlaanderen,** Flandre-Orientale; **West-Vlaanderen,** Flandre-Occidentale.
Les villes françaises : **Paris,** Parijs; **Lille,** Rijsel.

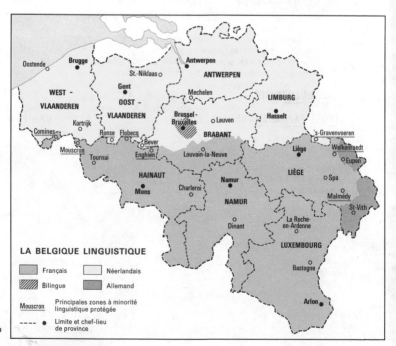

LA BELGIQUE LINGUISTIQUE

- Français
- Néerlandais
- Bilingue
- Allemand
- Mouscron — Principales zones à minorité linguistique protégée
- ---- ● Limite et chef-lieu de province

Vaut le voyage ***

Mérite un détour **

Intéressant *

Les noms noirs désignent les villes
et curiosités décrites dans ce guide.
Consulter l'index alphabétique.

Signes conventionnels

● Localité décrite	✝ Edifice religieux
— Parcours décrit	⛩ Château
ॱⅤⱽ Vue	⁂ Ruines
⁂ Panorama	◡ Barrage
	▲ Curiosités diverses

0   10   20   30 km

S - B A S

Maaseik

enheide

lchterhoef

▲ Zwartberg

Réserve
De Mechelse-Heide

Genk   E 39

⛩ Schoonbeek

Alden Biesen

en

n

A 76

DÜSSELDORF

les Trois Bornes

les Fourons 321
✝ Abbᵉ du Val Dieu

Visé

Blégny   Henri-Chapelle

N 3

LIÈGE   Limbourg   Eupen

Verviers   Barrage de
                                la Gileppe
Chaudfontaine
          Theux   HAUTES
Neuville-en-Condroz   FAGNES

          Spa   N 28
rin   N 27

Comblain-   Bütgenbach
au-Pont   Sougné-
           Remouchamps   Malmédy   N 32
du
éblon   Vᵉ de l'Amblève   Stavelot
                          Trois-Ponts   Amblève

              Vᵉⁱ de la Lienne
uy
        Vᵉ de l'Aisne   Vielsalm   Our
  N 34
                      Lierneux

'l'Ourthe   Dochamps   Reuland

        Belvédère   A L L E M A G N E
        des 6 Ourthe

la Roche-
en-Ardenne   Houffalize   Troisvierges
nt
el   N 4   Hachiville   Dasburg
                    Clervaux   Vᵉ de l'Our
St-Hubert   Bastogne   Hosingen
                          Wiltz   N 10
                                            Vianden
        Esch-s-Sûre   Point de vue de Grenglay
      Hochfels   N 19
       ⁄460⁄   Vᵉ de la Sûre   Ettelbruck   Diekirch   **Echternach**
      Rindschleiden   PETITE SUISSE
                                            LUXEMBOURGEOISE
hiny   Larochette
                              Mersch   Junglinster   Grevenmacher
              Bourglinster
        N 44   ✝ Kœrich
bᵉ d'Orval   Arlon   N 4   26   E 9   Vᵉ de la Moselle
              ▲ Montauban
ontquintin   Virton   **LUXEMBOURG**
                      Bascharage
        Torgny   Bettembourg   Hespérange   Remisch
              Rodange   Remerschen
                      Esch-s-A.   Mondorf-   Schengen
                      Rumelange les-Bains

RENSEIGNEMENTS PRATIQUES

Avant le départ

On peut consulter l'**Office National Belge du Tourisme**:
- 75002 Paris — 21, bd des Capucines — ☎ 742.41.18. Là se trouvent également les bureaux des **Chemins de Fer belge** — ☎ 742.40.41
- 59000 Lille — 12, rue St-Sauveur — ☎ 52.67.48
- 67000 Strasbourg — 2, rue du Noyer — ☎ 32.52.64
- Luxembourg-Ville — Av. de la Liberté 17 — ☎ 249.55

Office National du Tourisme Luxembourgeois:
- 75002 Paris — 21, bd des Capucines — ☎ 742.90.56
- 1000 Bruxelles — Place Rogier 15 — ☎ 217.25.77
- 57000 Metz — 41, route de Plappeville — ☎ 732.53.46

On peut s'adresser à la **Fédération du Tourisme** de chaque province belge :
- Antwerpen : Karel Oomsstraat 11, 2000 Antwerpen
- Brabant : Rue du Marché-aux-Herbes 61, 1000 Bruxelles
- Hainaut : Rue des Clercs 31, 7000 Mons
- Liège : Bd de la Sauvenière 77, 4000 Liège
- Limburg : Domein Bokrijk, 3600 Gent
- Luxembourg : Quai de l'Ourthe 9, 6980 la Roche-en-Ardenne
- Namur : Rue Notre-Dame 3, 5000 Namur
- Oost-Vlaanderen : Koningin Maria-Hendrikaplein 27, 9000 Gent
- West-Vlaanderen : Vlamingstraat 55, 8000 Brugge

En Belgique et au Luxembourg, les Offices de Tourisme et Syndicats d'Initiative sont signalés par 🛈 (information). En néerlandais, ils sont nommés V.V.V. (soit Verenigde Vreemdelingen Verkeer, Association pour la circulation des étrangers). Leur adresse et leur numéro de téléphone figurent dans le guide Michelin Benelux de l'année, au texte des localités.

A quelle époque visiter la Belgique et le Grand-Duché?

Si l'on s'en tient à la visite des villes d'art, le voyage peut être entrepris tout au long de l'année. Mais c'est entre avril et octobre que le pays se présente sous son plus bel aspect.

Printemps. — La végétation renaissante donne plus de cachet aux avenues, aux places. Les canaux de Bruges se bordent d'une parure verdoyante. Les forêts d'Ardenne et du Luxembourg montrent une belle gamme de verts. En avril, Watermael-Boitsfort se transforme en village rose, avec la floraison de ses cerisiers du Japon.

Été. — Il rassemble des foules nombreuses sur les grandes plages de sable fin et les dunes de la mer du Nord. Les rivières ardennaises enfouies dans leur écrin de verdure sont aussi très fréquentées. En août, la région de Lochristi couverte de bégonias en fleurs est à voir au moment du festival *(p. 98)*.

Automne. — C'est la meilleure saison pour visiter l'Ardenne et le Luxembourg dont les forêts riches en gibier se parent de coloris splendides. La ville de Luxembourg est mise en valeur par les feuillages roux de ses arbres.

Hiver. — La neige couvre souvent l'Ardenne et ses sapins, conférant une grande beauté au paysage. Sports d'hiver *(p. 11)*.

Formalités et douanes

Les ressortissants de Belgique, du Grand-Duché et des Pays-Bas circulent sans formalités douanières au sein des trois pays du Benelux. *Les indications que nous donnons ci-dessous ne concernent que les touristes français.*

Pièces nécessaires. — Il faut, pour la Belgique et le Luxembourg :
- pour chaque personne séjournant moins de 3 mois : carte d'identité de moins de 10 ans ou passeport (en cours de validité ou périmé depuis moins de 5 ans).
- pour le conducteur d'une voiture de tourisme : permis de conduire français à 3 volets ou permis international.
- pour la voiture : carte verte, délivrée par la compagnie d'assurance et plaque réglementaire de nationalité.
- pour les chiens et les chats : certificat de vaccination antirabique de plus de 3 semaines et de moins d'un an.
- pour un bateau de plus de 5,50 m ou à moteur : triptyque, carnet de passage en douane ou certificat d'importation temporaire Benelux, délivré par la douane.
- pour la caravane : aucune formalité n'est exigée si la caravane est tractée par une voiture étrangère et si elle porte des traces d'usage.

Bureaux de douane. — Sur les grands itinéraires d'accès à la Belgique et au Grand-Duché, les douanes sont généralement ouvertes jour et nuit.

Monnaie. — Pour connaître les dernières dispositions régissant l'acquisition des devises étrangères; s'adresser à une banque. Les Français titulaires de la carte C.C.P. 24-24 peuvent utiliser en Belgique les distributeurs automatiques de billets Postomat (somme limitée, se renseigner).

Assistance. — Le Touring Club de France et diverses compagnies d'assurances proposent des assurances internationales fournissant des garanties spéciales d'assistance en pays étranger, en particulier en cas d'accident.

Quelques prix

Change. — Début 1981, on pouvait échanger 100 FF contre environ 680 francs belges ou luxembourgeois. Les billets belges peuvent être utilisés au Luxembourg, mais les billets luxembourgeois, qui ont cours en Belgique, n'y sont généralement acceptés dans le commerce que dans la province du Luxembourg.

	Belgique	Luxembourg
	francs	francs
Essence ordinaire (le litre)	26,10	19,14
— super (le litre)	27,10	19,90
Huile pour moteur (le litre)	100	75
Garage (une nuit)	100-120	110
Affranchissement :		
— lettre pour { pays de la C.E.E. (sauf G.-B. et Danemark)	9	8
autres pays	14	12
— carte postale pour { pays de la C.E.E. (sauf G.-B. et Danemark)	6,50	6
autres pays	10	8
Café filtre	35	25-28
Tasse de thé	35	20-22
Demi de bière	30	22
Cigarettes nationales (25 cigarettes)	45	32
— françaises (25 cigarettes)	45	30
— anglaises	45	34
— américaines	45	30
Journal belge ou luxembourgeois	13	10
— français	18-20	12
Cinéma (prix moyen)	130	110
Théâtre (prix moyen)	280	100-400
Communication téléphonique urbaine en cabine	5 (3 ou 6 mn)	3 (3 mn)
Autobus	23	18
Métro (Bruxelles)	23	
Course en taxi (tarif urbain) (prise en charge)	45 + 26 par km	95 + 16 par km

Pour le prix des chambres et des repas, consulter le guide Michelin Benelux de l'année.

Pourboires. — Un supplément de 15 ou 16 % est perçu dans les hôtels et les restaurants à titre de « service ». Il figure généralement sur l'addition. Il est d'usage de récompenser le garçon pour les menus services.
Le service est compris dans le tarif des **taxis** belges.

Horaires et jours fériés

Horaires. — Pour la Belgique :
— Banques : 9 h - 13 h et 14 h 30 - 15 h 30 (vend. 16 h ou 19 h près des grands centres commerciaux); au centre des villes : 8 h 30 - 15 h 30 (vend. 16 h); fermé sam. et dim.
— Bureaux de poste : 9 h - 12 h et 14 h - 17 h; au centre des grandes villes : 9 h - 17 h; fermé sam. et dim.
— Magasins : 8 h - 19 h environ; fermé dim.
Pour le Luxembourg :
— Banques : 8 h 30 - 12 h et 14 h - 16 h 30; fermé sam. et dim.

Jours fériés. — Les jours fériés en **Belgique** sont : 1er janvier, lundi de Pâques, 1er mai, Ascension, lundi de Pentecôte, 21 juillet (fête nationale), 15 août, 1er novembre, 11 novembre, 25 décembre.
Au **Luxembourg,** les jours fériés sont les mêmes sauf le jour de la fête nationale (23 juin) et le 11 novembre qui n'est pas férié.
La célébration d'une fête locale *(p. 12)* peut avoir pour conséquence la fermeture de certains services publics.

Tarifs et heures de visite

Dans ce guide, les indications concernant les conditions de visite (tarifs, horaires, jours ou périodes de fermeture) s'appliquent à des touristes voyageant isolément et ne bénéficiant pas de réduction. Pour les **groupes** constitués, il est généralement possible d'obtenir des conditions particulières concernant les horaires ou les tarifs avec un accord préalable. En Belgique, dans la plupart des cas, les touristes isolés peuvent visiter une curiosité pendant sa période de fermeture, en adressant une demande écrite ou téléphonique.
Dans certains monuments ou musées — en particulier lorsque la visite est accompagnée — il arrive que les visiteurs ne soient plus admis 1/2 h avant la fermeture.
Les **églises** ne se visitent pas pendant les offices.
Les mentions concernant les heures et tarifs de visite ont été abrégées.

Exemple : *Visite : juil.-sept. 8 h - 12 h et 14 h - 18 h (9 h - 18 h dim. et j. fériés); reste de l'année 8 h - 12 h et 14 h - 17 h. Fermé merc. ap.-midi, 1er janv., 25 déc.; 30 F.*

C'est-à-dire : La visite peut s'effectuer de début juillet à fin septembre de 8 h à 12 h et de 14 h à 18 h (de 9 h à 18 h les dimanches et jours fériés); le reste de l'année, tous les jours de 8 h à 12 h et de 14 h à 17 h. Le monument est fermé tous les mercredis après-midi, le 1er janvier et le 25 décembre. Le prix d'entrée est de 30 francs belges ou luxembourgeois.

ROTTERDAM

P A Y

Baarle-Hertog

▲ Réserve
De Kalmthoutse Heide

Doel

Brasschaat

Turnhout

Postel

Lommel

s-Gravenwezel

Kasterlee

▲ Vrieselhof

Zilvermeer

Kattenbos

ANTWERPEN

E 39

Herentals

Mol

Geel

62

St.-Niklaas

C A M P I N E

't Fonteintje

M

62

Lier

E 5

42

Tongerlo

Tessenderlo

Zolder

St.-Amands

Averbode

34

Vieil Escaut

Mechelen

Keerbergen

Aarschot

Diest

A 13

Fort de
Breendonk

Muizen

Scherpenheuvel

Demer

Dendermonde

46

Tremelo

Hasselt

54

Aalst

Horst

50

**BRUSSEL
BRUXELLES**

E 5

Leuven

Kortenbos †

Zoutleeuw

Abb° de Co

† Ninove

Tienen

St.-Truiden

Hœgaarden

Hakendover

Tonger

Forêt
de Soignes

V°° de l'IJse

94

E 5

Halle †

Waterloo

Wavre

Jodoigne †

Enghien

Dyle

N 88

Rebecq

Bois-Seigneur-Isaac

Louvain-la-Neuve

Aigremo

Ronquières

56

E 41

rrues †

54

E 40

Jehay-Bodegnée

oignies

81

Nivelles

Villers-la-Ville

56

Amay

Ecaussinnes-Lalaing

Gembloux

Meuse

St-Sé

le Rœulx

Corroy-le-Ch°°

Franc-Waret

Huy

E 41

Mons

87

Charleroi

Sambre

Namur

Andenne

Domaine de
Mariemont

Fosses-la-Ville

Modave

V°

Binche

Profondeville

Gesves

Bois-et-Borsu

Du

Abb° de
Bonne Espérance

Annevoie-Rouillon

Spontin

127

Lobbes

Abb° d'Aulne

V°° de
la Molignée

Dinant

Domaine
V. Cousin

Marche-en-
Famenne

Sambre

Solre-s-Sambre

Freÿr

Chevetogne

Walcourt

Celles

Rochefort

Beaumont

Philippeville

Lavaux-
Ste-Anne

Han-sur-Lesse

Renlies

B°°° de
l'Eau d'Heure

Senzeille

Hastière-par-delà

Beauraing

Grottes

Grup

Rance

Mariembourg

Fourneau St-Mic

Étang de Virelles

▲ Grottes de Neptune

Chimay

Couvin

Val de Poix ▲

Brûly-de-Pesche

Cul-des-Sarts

Abb° N.D.
de Scourmont

V°° de la Semois

Bohan

Bouillon

Meuse

A

F R A N C E

REIMS

6

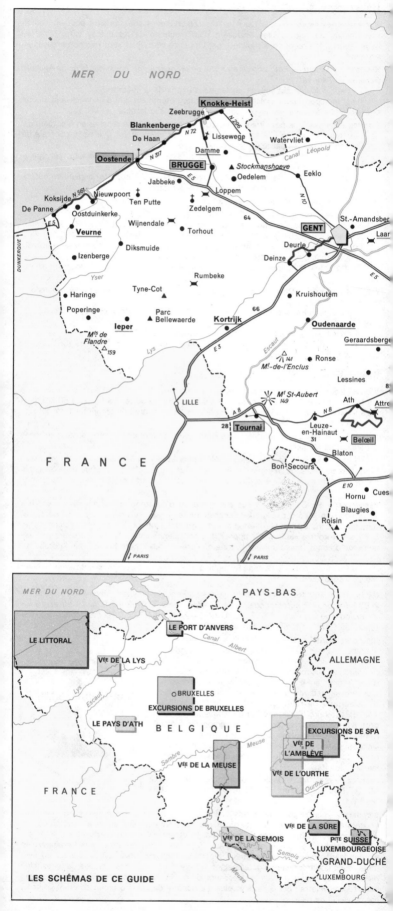

MER DU NORD

Knokke-Heist
Zeebrugge
Blankenberge   N 72   Lissewege
De Haan   Damme   Watervliet   Canal   Léopold
Oostende   N 317   ▲ Stockmanshoeve
BRUGGE   Oedelem   Eeklo
Jabbeke   Loppem   N 10
Koksijde   N 561   Nieuwpoort   St.-Amandsber
De Panne   Oostduinkerke   Ten Putte   Zedelgem   64   GENT   Laar
Veurne   Wijnendale   Torhout   Deurle   E 5
Diksmuide   Deinze
Izenberge   Yser   Rumbeke
Tyne-Cot   Kruishoutem
Haringe   Parc   66   Oudenaarde
Poperinge   Bellewaerde   Geraardsberge
Mts de   Ieper   Kortrijk   Escaut   △ 141   Ronse
Flandre   159   Mt-de-l'Enclus   Lessines
Lys   E 3   8
LILLE   Mt St-Aubert   Ath   Attre
149   N 8
A 8   Leuze-   31   Belœil
28   Tournai   en-Hainaut
Blaton
Bon-Secours
E 10   Cues
Hornu
Blaugies
Roisin

F R A N C E

PARIS   PARIS

MER DU NORD   PAYS-BAS

LE PORT D'ANVERS
LE LITTORAL   Canal   Albert
VÉE DE LA LYS   ALLEMAGNE
Lys   Escaut   BRUXELLES
EXCURSIONS DE BRUXELLES   EXCURSIONS DE SPA
LE PAYS D'ATH   B E L G I Q U E   Meuse   VÉE DE
L'AMBLÈVE
Sambre   VÉE DE L'OURTHE
FRANCE   VÉE DE LA MEUSE   Ourthe
VÉE DE LA SÛRE
VÉE DE LA SEMOIS   PTE SUISSE
LUXEMBOURGEOISE
Semois   GRAND-DUCHÉ
Meuse   LUXEMBOURG
LES SCHÉMAS DE CE GUIDE

5

Hébergement

Stations vertes de vacances. — Les localités sélectionnées sous ce titre peuvent constituer un lieu de séjour. Elles disposent d'un minimum de ressources (site, hébergement, sports, loisirs) et sont signalées par un panonceau. Elles sont très nombreuses en Ardenne.

Hôtels et restaurants. — *Pour choisir un hôtel ou un restaurant, consulter le guide Michelin Benelux de l'année.*

Le petit déjeuner est souvent inclus dans le prix de la chambre.

Il est indispensable de réserver sa chambre, notamment lors d'un week-end, si l'on doit se rendre à Bruges ou lorsqu'une fête a lieu dans la localité *(p. 12).*

Camping. — La Belgique possède plus de 300 terrains aménagés répartis en 4 catégories. Ils sont très chargés en juillet et août. Un dépliant comprenant une carte générale de localisation est diffusé par le Commissariat au Tourisme.

Au Grand-Duché, il existe plus de 100 terrains aménagés. Un dépliant est également disponible dans les Offices de Tourisme.

Le camping libre est autorisé en Belgique et au Luxembourg; il est cependant nécessaire de demander l'autorisation au propriétaire du terrain.

Location. — Le mieux est de s'adresser à l'Office de Tourisme local.

Auberges de jeunesse. — Voici les adresses des fédérations belges :
— Centrale Wallonne des Auberges de la Jeunesse, rue Van Oost 52, 1030 Bruxelles.
— Vlaamse Jeugdherberg-centrale, Van Stralenstraat 40, 2000 Antwerpen.

Pour tous renseignements sur le logement, les jeunes pourront s'adresser à Bruxelles à Infor-Jeunes, rue du Marché-aux-Herbes 27 ou à Jeugd-Info, rue Grétry 26.

Centrale des Auberges de Jeunesse Luxembourgeoise : 18, place d'Armes, Luxembourg.

Vacances à la ferme. — Dans certaines régions, il est possible de prendre pension dans une ferme.

Pour la Flandre occidentale, s'adresser à V.Z.W., Poldervakantie, Polderweg 8, 8480 Furnes.

A Tielt, s'adresser au VVV, 't Tieltse Stadhuis, 8880 Tielt.

Pour l'Ardenne, s'adresser à la **Fédération du Tourisme** de la Province de **Liège**, de **Luxembourg**, de **Namur** *(adresses p. 8).*

Circulation

Vitesses limites. — En Belgique comme au Luxembourg, la vitesse est limitée à 120 km/h sur les autoroutes et routes à 4 voies, à 90 km/h sur les autres routes, et à 60 km dans les agglomérations. Dans les deux pays, le port de la ceinture de sécurité est obligatoire, y compris dans les villes.

Autoroutes. — Elles sont gratuites. Leurs échangeurs portent un numéro qui est mentionné sur les cartes Michelin.

Accidents. — En cas d'accident grave, téléphoner au **900 en Belgique** ou au **012 au Luxembourg**. Ces postes sont en service jour et nuit. Des postes d'appel téléphonique, signalés par des panonceaux, sont à la disposition des automobilistes en détresse sur les grands axes.

Dépannage. — En Belgique, en cas de panne ou d'accident, on peut utiliser de 7 h à 22 h 30 (22 h 10 à Bruxelles) les services du **Touring-Secours** de Belgique qui sont gratuits pour les adhérents. L'adhésion se fait automatiquement lors du premier dépannage. Sur les autoroutes, utiliser les postes d'appel téléphonique. Sur les autres routes les numéros d'appel varient suivant la zone où l'on se trouve; pour Bruxelles et le Brabant : (02) 512.78.90.

Le Royal Automobile Club de Belgique porte également assistance en cas de panne : ☎ (02) 736.59.59.

Météorologie, état des routes. — Se renseigner auprès de l'Institut Royal Météorologique, ☎ 991 *(répondeur automatique),* (02) 374.46.08 ou 374.63.46 *(8 h - 12 h et 13 h - 17 h),* du Touring Club, ☎ 512.78.90 *(7 h - 21 h)* ou 230.57.85 *(répondeur automatique),* du Royal Automobile Club, ☎ 230.08.68.

Itinéraires touristiques. — Plus de soixante itinéraires touristiques, balisés de panneaux hexagonaux, portant le nom du circuit, sillonnent la Belgique. De 30 à 130 km de distance, ils relient les principaux centres d'intérêt d'une région en empruntant des routes pittoresques. L'accent est mis sur un thème, qu'il soit géographique (Schelderoute ou route de l'Escaut), historique (Route 14-18), littéraire (Pallieterroute) ou simplement en rapport avec la caractéristique de la région (Molenlandroute, route des moulins, Druivenroute, route du raisin). De nombreux ouvrages et dépliants disponibles en librairie ou dans les Offices de Tourisme donnent des détails sur ces circuits.

ROUTE BUISSONNIÈRE

Location de roulottes. — Départ : Grandhan. S'adresser à M. J. Detroux, Renne 5, 4180 Hamoir, ☎ (086) 38.81.10.

Bicyclette. — Les régions les moins vallonnées, notamment les provinces de Flandres occidentale ou orientale, sont particulièrement bien équipées en pistes cyclables. Un sentier cyclable, Grote Route 5, balisé par la Vlaamse Jeugdherbergcentrale, relie, sur 250 km, Bokrijk à Bergen op Zoom aux Pays-Bas. Plusieurs brochures (la plupart en néerlandais) proposent de nombreux itinéraires pour cyclistes. On peut louer un vélo (fiets) dans une trentaine de gares belges et le restituer dans une centaine de gares. Une réduction est consentie aux possesseurs d'un titre de transport ainsi qu'à ceux qui louent la bicyclette pour 3 jours et plus. Le nombre de vélos disponibles étant limité, il est conseillé de réserver.

Sentiers pédestres

Tant la Belgique, en particulier l'Ardenne, que le Luxembourg, sont parcourus par d'excellents sentiers pédestres balisés. Les sentiers de Grande Randonnée ou GR apparaissent sur les cartes Michelin n^{os} ▮, ▮ et ▮.

Belgique. — Les principaux sentiers sont : GR 5 (Hollande-Méditerranée) reliant la Lorraine française à la frontière belgo-néerlandaise, en traversant le Grand-Duché, puis la province de Liège (Spa, Liège); le GR AE (Ardenne-Eifel), traversant l'Ardenne d'Ouest en Est en empruntant la vallée de la Semois; le GR 12 (Paris-Bruxelles); le GR 56 (Cantons de l'Est), le GR 57 (sentier de l'Ourthe).

Le Comité National des Sentiers de Grande Randonnée (Boîte Postale 10, 4000 Liège 1), édite un périodique trimestriel : G.R. Informations.

Par ailleurs, les bois publics, les centres récréatifs sont souvent équipés de sentiers signalés par un panonceau spécial représentant des promeneurs. A l'entrée de quelques **réserves naturelles** (p. 17), des circuits sont proposés, avec l'indication de la longueur du parcours et des poteaux peints de couleurs vives servant de balises.

Grand-Duché de Luxembourg. — Le réseau de sentiers pédestres balisés (775 km) est particulièrement dense au départ des principaux centres touristiques : Diekirch, Echternach, Clervaux. Le pays est traversé par le GR 5 (ci-dessus).

Des dépliants ou de petites cartes sont édités par les Offices de Tourisme. Des cartes topographiques au 20 000ᵉ sont en vente dans les librairies ou à la Centrale des Auberges de Jeunesse (p 10).

Il existe également 96 **circuits auto-pédestres** et 14 **circuits train-pédestres.** Longs de 5 à 15 km, ils permettent de laisser la voiture dans une localité et d'entreprendre une promenade dans les bois ou dans des sites particulièrement choisis pour leur intérêt, grâce à des sentiers balisés ramenant au point de départ. Les brochures peuvent être obtenues aux adresses ci-dessus.

Sports

Ces renseignements concernent la Belgique. Pour le Grand-Duché, une brochure éditée par l'O.N.T. (Office National du Tourisme) donne tous les renseignements utiles.

Kayak. — Plusieurs rivières se prêtent, sur une partie de leur parcours, à la descente en kayak ou en canoë. Sur l'Ourthe et la Semois, des organisations louent des kayaks. La descente de la Lesse en barque et en kayak est une excursion classique (p. 88). Fédération belge de canoë et kayak : Geerdegemvaart 79, 2800 Mechelen.

Ski nautique. — On le pratique notamment à Hofstade, Overmere-Donk, sur le canal Albert, au lac de Virelles et, sur la Meuse, vers Waulsort et Yvoir. Fédération belge de ski nautique : rue Royale 245, 1030 Bruxelles.

Plaisance. — La côte possède quelques ports de plaisance : Zeebrugge, Blankenberge, Ostende, Nieuport. Ligue régionale du yachting belge, rue Mazy 27, 5100 Jambes. Landelijke Bond van Watersport, IJzerweglaan 72, 9218 Gent/Ledeberg. Vlaamse Vereeniging voor Watersport, Noordscheldeweg 1, 2051 Antwerpen.

Chasse. — On trouve le petit gibier partout, le gros gibier (sanglier, cerf) en Ardenne. Il faut posséder un permis de port d'armes. Mais, les territoires de chasse appartenant tous à des particuliers, il est nécessaire de passer par leur intermédiaire. Pour plus de renseignements, s'adresser au Royal St-Hubert Club, place Jean Jacobs 1, 1000 Bruxelles.

Pêche. — On pratique en Belgique toutes sortes de pêches. Il faut posséder un permis valable un an, qu'on se procure dans un bureau de poste. Société des Pêcheurs à la ligne : 33, rue de Wynants, 1000 Bruxelles.

Équitation. — On la pratique surtout en Ardenne ou à proximité des grands centres urbains. Certaines agences organisent des week-ends d'équitation. Des courses hippiques ont lieu à Ostende, Groenendael, Watermael-Boitsfort, Sterrebeek (trotteurs), Waregem (steeple-chase). Fédération royale belge des sports équestres : Av. Hamoir 38, 1180 Bruxelles.

Char à voile. — Ce sport se pratique entre La Panne et Oostduinkerke et à Middelkerke.

Alpinisme. — Quelques rochers surplombant les rivières ardennaises sont assez escarpées pour permettre la pratique de l'escalade (p. 129).

Sports d'hiver. — Le climat ardennais est suffisamment rigoureux pour qu'à faible altitude se produisent parfois d'abondantes chutes de neige entre décembre et mars. Dans les provinces de Liège et de Luxembourg, des pistes ont été aménagées pour la luge, ou pour le ski. On trouve alors à proximité le matériel nécessaire en location. S'adresser à la Fédération du Tourisme de la Province de Liège ou de Luxembourg (p. 8).

La renommée du cyclisme belge n'est plus à faire (voir quelques conseils pratiques p. 10).

Parmi d'autres sports couramment pratiqués en Belgique, citons la natation, le tennis, le bowling, le tir aux pigeons d'argile nommé tir aux clays, et la **balle-pelote,** jeu fréquent en Wallonie.

Spectacles

Ces indications sont limitées aux spectacles en Belgique. Pour le Luxembourg, consulter le chapitre Manifestations (p. 12) et l'Agenda Touristique édité par l'Office National du Tourisme.

Les **films** sont projetés généralement en version originale avec sous-titres dans les Flandres et en version doublée en Wallonie. A Bruxelles et en Wallonie, on peut assister à des pièces de **théâtre** en français.

Les Belges sont de grands amateurs de musique; de nombreux **concerts** ont lieu toute l'année, et spécialement pendant les festivals (p. 12 et 13). De septembre à mai, on peut entendre de l'**opéra** à Anvers, Bruxelles, Gand, Liège, Mons, Verviers, Charleroi, villes qui possèdent un opéra, ainsi qu'à Namur, Tournai.

Enfin, on trouve en Belgique 8 **casinos** ouverts toute l'année : Blankenberge, Knokke, Ostende, Middelkerke sur la côte, et Dinant, Chaudfontaine, Spa, Namur.

PRINCIPALES MANIFESTATIONS TOURISTIQUES

Parmi de très nombreuses manifestations, nous citons les plus importantes. D'autres figurent au texte des localités. Enfin, des listes détaillées sont diffusées par les Offices de Tourisme belges et luxembourgeois.

DATE ET LIEU (1)	NATURE DE LA MANIFESTATION
Belgique	
Sam. après Épiphanie .... **Renaix**	Fête des fous (p. 146).
Sam., dim., lundi, Mardi gras .... **Malmédy**	**Carnaval*** (p. 125).
Dim., lundi gras .... **Blankenberge**	Carnaval (p. 122).
Dim., lundi, Mardi gras .... { **Eupen**	**Carnaval**** (p. 89) et Rosenmontag.
{ **Alost**	Carnaval (p. 37).
{ **Binche**	**Carnaval***** (p. 55).
Tous les dim. de Carême .... **Ligny** (p. 168)	Représentation de la Passion (15 h 30; réservation recommandée; s'adresser à M. le Curé, ☎ (071) 88.81.73.
Dernier dim. de fév. (en 82 : avant-dernier) ... **Grammont**	Cortège folklorique et jet des craquelins (p. 99).
1er week-end de mars .... **Ostende**	Bal du Rat mort (p. 139).
3e dim. avant Pâques { **Fosses-la-Ville**	Cortège carnavalesque avec les « Chinels » (p. 136).
{ **Maaseik**	Carnaval (p. 124).
{ **Stavelot**	**Cortège carnavalesque**** avec les Blancs Moussis (p. 154).
Vendredi saint .... **Lessines**	Procession des pénitents (p. 52).
Lundi de Pâques (10 h) ... **Hakendover**	Procession du Divin Rédempteur (p. 155).
2e dim. de mai .... **Ypres**	Fête des Chats (p. 105).
Ascension (15 h) .... **Bruges**	**Procession du Saint-Sang***** (p. 59).
Week-end après Ascension ...... **Blankenberge**	Fêtes du port (p. 122).
3e dim. de mai .... **Thuin**	Marche militaire St-Roch (p. 155).
Mai : avant-dernier week-end .. **Arlon**	Fêtes du Maitrank (p. 50).
Dimanche de Pentecôte .... **Hal**	Procession (p. 99).
Lundi de Pentecôte... { **Écaussines-Lalaing**	Goûter matrimonial (p. 151).
{ **Gerpinnes**	Marche militaire (p. 80).
{ **Soignies**	Le Grand Tour et cortège historique (p. 151).
Dim. après Pentecôte ...... { **Walcourt**	Le Grand Tour et marche militaire (p. 167).
(Trinité) { **Mons**	Le « Lumeçon » et procession du Car d'Or (p. 131).
{ **Renaix**	Le Fiertel (p. 146).
1er dim. de juin .... **Tournai**	Journées des quatre cortèges (p. 158).
De mi-juin à mi-juillet .... **Chimay**	Festival de Chimay (p. 81).
Avant-dernier week-end de juin .... **Oostduinkerke**	Fête de la Crevette (p. 108).
Juillet .... { **St-Hubert**	Juillet Musical et Académie d'été (Stages) (p. 146).
{ **Blankenberge**	Bénédiction de la mer (p. 122).
Juillet-août .... **Stavelot**	Festival de théâtre, puis de musique (p. 154).
Juillet-août .... **Ostende**	Festival International (p. 139).
1er jeudi de juillet .... **Bruxelles**	Cortège de l'Ommegang (p. 67) (21 h).
Vend. après 1er dim. juil .... **Schoten** ⊠ - pli 7	Festival mondial de folklore.
1er week-end de juillet .... **Namur**	Féerie de Namur (p. 133).
Dim. le plus rapproché du 21 juillet .... **Jumet**	Marche militaire (p. 80).
Dernier dim. de juillet .... **Furnes**	**Procession des Pénitents**** (p. 165) (15 h 30).
Août .... **Spa**	Festival de Spa du Théâtre National (p. 152).
1er dim. d'août .... **Coxyde**	Cortège « Hommage à la peinture flamande » (p. 108).
Dim. après le 15 août .... **Ham-sur-Heure**	Marche militaire (p. 80).
4e dim. août (et la veille) ...... **Ath**	**Ducasse**** (p. 51).
Dernier dim. d'août ...... **Blankenberge**	Corso fleuri (p. 122).
Jeudi après 4e dim. août ... **Termonde**	Cortège de géants (p. 83) (en soirée).
Dernier dim. d'août .... **Lochristi**	Festival Bégonia (p. 98).
Fin août .... **Overijse**	Fêtes du raisin (p. 113).
1er sam. de septembre .... **Courtrai**	Sortie des géants (p. 109).
1er sam. de sept. .... **Termonde**	Festival de jazz (p. 83).
1er week-end de sept. .... **St-Hubert**	Journées de la chasse (p. 146).
2e et 3e week-end de sept. ..... **Namur**	Fêtes de Wallonie : échasseurs (p. 133).
2e dim. de septembre .... **Wingene** tous les 2 ans (1983) .... ⊠ - pli 3	**Fêtes brueghéliennes**** : défilé costumé dont une partie illustre des tableaux de Pierre Brueghel, suivi d'un repas brueghélien.
Dernier sam. sept. (16 j.) ... **Wieze** ⊠ - pli 5	Fêtes de la bière (Oktoberfeesten) : cortèges 1er sam. à 13 h et les dim. à 12 h.
Dim. suivant le 29 sept. .... **Nivelles**	Tour de sainte Gertrude (p. 137).
3 novembre .... **St-Hubert**	Fête de la St-Hubert (p. 146).
Dim. après Toussaint ...... **Montaigu**	Procession aux chandelles (14 h) (p. 86).
Fin décembre (un sam.) ...... **Bastogne**	Foire aux noix (p. 53).
Luxembourg	
Mardi de Pentecôte .... **Echternach**	Procession dansante (9 h 30) (p. 173).
Mi-juin .... **Echternach**	Festival international (p. 173).
Juillet .... **Wiltz**	Festival de théâtre et de musique (p. 185).
Septembre .... **Vallée de la Moselle**	Fête du vin, à **Grevenmacher, Greiveldange, Schwebsange** (p. 179 et 180).

(1) Pour les localités non citées dans le guide, nous renvoyons au pli de la carte Michelin.

LE FOLKLORE EN BELGIQUE

Le folklore belge est l'expression d'un peuple gai, sociable, fidèle à ses traditions. Loin de disparaître, les fêtes en Belgique se multiplient ou renaissent au fil des ans. Le moindre prétexte est l'occasion d'une fête, d'une réunion publique, d'un défilé. Tout est organisé longtemps à l'avance par les membres des différentes **« Sociétés »** ou confréries et la préparation de la fête mobilise les énergies des mois durant. Le jour dit, on se déguise, on se retrouve, on se restaure, et la bière coule à flots. Innombrables, les manifestations folkloriques ont aussi le mérite d'être extrêmement variées, de la procession la plus fervente (Pénitents de Furnes) à la fête la plus rabelaisienne (fêtes de la Bière à Wieze). Bien souvent la fête, kermesse ou ducasse *(p. 51)* est un mélange de cérémonies religieuses, de représentations de la Bible et de réjouissances profanes.

Carnaval. — Le carnaval est fêté un peu partout en Belgique. Probablement de source païenne, cette manifestation a été présentée par le christianisme comme symbole des réjouissances précédant le Carême. La Mi-Carême représente une rupture de l'austérité.

Les trois plus célèbres carnavals de Belgique se déroulent à Binche, Eupen et Malmédy. Les Gilles *(p. 55)* qui n'apparaissent que le jour du Mardi gras ont fait la célébrité de **Binche,** mais dans cette ville, les festivités durent quatre jours et le dimanche n'est pas la journée la moins animée. **Eupen** est connue pour son carnaval de type rhénan qui a lieu le lundi *(p. 89).* Quant à **Malmédy,** son Cwarmê *(p. 125)* a l'originalité de comporter des revues satiriques et, parmi les personnages costumés, les fameuses haguètes.

Pendant le Carême. — Quelques usages sont attachés à cette période : la décapitation de l'oie, par des cavaliers, dans la région d'Anvers; les feux de carême où l'on brûle parfois un mannequin et qui se traduisent à **Grammont** par le fameux Tonnekenbrand suivi du Jet des Craquelins *(p. 99).*

La **Mi-Carême** est particulièrement fêtée à **Stavelot** avec les Blancs-Moussis, amusants personnages au nez rouge *(p. 154)* et à **Fosses-la-Ville** avec les Chinels, irrésistibles polichinelles *(p. 136).* Cette fête est aussi très animée à Maaseik.

A **Ligny** se déroule le jeu de la Passion, série de tableaux évangéliques faisant allusion au monde moderne. Le Vendredi saint à **Furnes** *(p. 165)* a lieu le célèbre Chemin de Croix auquel participent des pénitents en cagoule. Il en est de même à **Lessines** *(p. 52).*

L'arbre de mai. — Le 30 avril, le 1er mai ou dans le courant du mois, certaines villes plantent avec solennité un arbre de mai, symbole du renouveau : ainsi font Hasselt, Genk, Tongres, dans la province du Limbourg.

Depuis le Moyen Age, les Bruxellois plantent le 9 août leur Meyboom ou « arbre de joie » *(rue des Sables).*

Défilés historiques. — Merveilleusement reconstitués, les fastueux défilés d'antan font revivre les grandes heures du passé : ainsi, à **Bruxelles,** l'Ommegang (p. 67), présidé par Charles Quint et sa cour ou, à **Bruges,** le cortège de l'Arbre d'Or (p. 59), évoquant le temps des souverains bourguignons.

Processions. — Les fêtes religieuses, alliant une profonde piété populaire à des traditions séculaires, se manifestent par des processions qu'accompagnent souvent des cortèges historiques, voire des défilés hauts en couleur. Certaines, comme celle du Saint-Sang à **Bruges** *(p. 59),* sont particulièrement impressionnantes. D'autres présentent un caractère champêtre. Les fidèles derrière la statue ou la châsse du saint parcourent plusieurs kilomètres à travers champs — plus de 30 à **Renaix** *(p. 146)* — en priant et en chantant.

Marches militaires. — Fin mai commencent les premières marches militaires de l'**Entre-Sambre-et-Meuse** *(p. 80)* qui donnent l'occasion d'admirer le costume rutilant des troupes défilant ou se déployant selon un cérémonial strict et très martial.

Les géants. — En Belgique, beaucoup de défilés comportent des géants. Si les géants se sont multipliés depuis le début du siècle, il s'agit pourtant d'une coutume qui semble remonter au 15e s. Née en Belgique, elle a été transmise à l'Espagne par le biais de l'occupation espagnole.

Le premier personnage gigantesque est probablement apparu lors d'une procession religieuse ou d'un « ommegang » où il symbolisait le Goliath de la Bible. Goliath est d'ailleurs toujours présent à la ducasse d'Ath. Peu à peu interviennent des personnages profanes et même le cheval Bayard, chevauché par les quatre fils Aymon.

Les géants sortent aussi à Termonde, Courtrai, Nivelles, Grammont, Lierre, Arlon.

Festivals. — En été et à l'automne ont lieu deux grands festivals : le **Festival de Flandre** et le **Festival de Wallonie.** Ce sont des manifestations artistiques variées (théâtre, concerts, récitals, ballets) qui se déroulent dans différentes villes du pays, souvent dans le cadre prestigieux d'un édifice religieux (église, cathédrale) ou d'un château.

Marionnettes. — Le théâtre de marionnettes apparaît à Liège au 19e s. et connaît un grand succès avec son fameux **Tchantchès** *(p. 115).* La marionnette liégeoise est mue par une tringle fixée au sommet de la tête; elle est sculptée dans le bois, peinte et couverte d'étoffes. Le répertoire fait appel aussi bien à l'histoire qu'à la légende, ou à la vie moderne; il est plutôt destiné aux adultes.

De la même époque date le théâtre fondé par **Toone** à Bruxelles *(p. 74).* De nos jours, le héros en est **Woltje,** qui parle un savoureux patois bruxellois. Le répertoire conserve ses classiques (les quatre fils Aymon, Tijl Uylenspiegel) tout en s'enrichissant de pièces nouvelles.

D'autres théâtres fonctionnent, en flamand, à Anvers, Gand et Malines.

(D'après photo Rép. libre d'Outre-Meuse et C.G.T., Dédé)

Tchantchès et sa femme

LEXIQUE *Voir aussi : Les langues, p. 32.*

Voici quelques aspects de la prononciation dans les Flandres :

h : h aspiré *(het, le ou la)*		aa, ae : a *(Laarne, St-Niklaas, Verhaeren)*	
j : ye *(kindje, petit enfant)*		ee : é *(meer, beek : ruisseau, zee)*	
s : ss *(sauf dans museum)*		ie : i *(Tienen, Diest, Lier, Ieper)*	
g : entre ge et gue *(Gent, weg)*		oo : o *(Oostende)*	
g : dans ng; le g n'est presque pas prononcé *(Tongeren)*			
ch : gue guttural *(Mechelen)*		ij : eil *(Kortrijk, Bokrijk)*	
sch : s + ch ci-dessus *(schilder : peintre, Aarschot)*		oe : ou *(Ter Doest)*	
		ou : aou *(Oudenarde, Turnhout)*	
sch : à la fin d'un mot : s *(toeristisch, touristique)*		ui : euil *(huis, Diksmuide, St-Truiden)*	

Mots usuels

Pour les termes employés à l'hôtel et au restaurant, voir le lexique plus complet du guide Michelin Benelux.

U	vous	goedemorgen	bonjour
mijnheer	monsieur	goedemiddag	bonjour (après-midi)
mevrouw	madame	goedenavond	bonsoir
juffrouw	mademoiselle	tot ziens	au revoir
toegang, ingang	entrée	alstublieft	s'il vous plaît
uitgang	sortie	hoeveel?	combien?
rechts; links	droite; gauche	dank u (wel)	merci (bien)
koffiehuis	cafétéria	postliggend	poste restante
ja; nee	oui; non	zegel	timbre

Termes touristiques

abdij	abbaye	kunst	art
beeld	statue	kursaal	casino
beiaard	carillon	lakenhalle	halle aux draps
begijnhof	béguinage	meer; zee	lac; mer
belfort	beffroi	molen	moulin
beurs	bourse	museum	musée
bezienswaardigheid	curiosité	natuurreservaat	réserve naturelle
bezienswaardigheden	curiosités	O.L. Vrouw	Notre-Dame
burcht	château, forteresse	oost; west	Est; Ouest
eeuw	siècle	oud, oude	vieux
gesloten	fermé	pastoor	curé
gevel	façade	paleis	palais
gids	guide	plein	place, square
grote markt	grand marché, grand-place	poort	porte (de ville)
		schilder; schilderij	peintre; peinture
haven	port	sleutel	clé
hof	cour, d'où palais	stadhuis	hôtel de villle
huis	maison	stedelijk	municipal
kaai	quai	straat	rue
kapel	chapelle	toren	tour
kasteel	château	tuin	jardin
kerk	église	uitzicht	vue, panorama
kerkschat	trésor	verdieping	étage
koninklijk	royal	vleeshuis	halle aux viandes
koster	sacristain	wandeling	promenade

Lexique routier

doorgaand verkeer	voie de traversée	uitgezonderd plaatselijk.verkeer	excepté circulation locale
fiets; fietsen	vélo; vélos	uitrit	sortie
ijzel	verglas	weg	chemin
let op	attention	wegomlegging	déviation
moeilijke doorgang	passage difficile	werken	travaux
schijf verplicht	disque obligatoire		

Quelques expressions belges

Voici quelques indications concernant la prononciation en Wallonie :

w : ou *(Wavre, Wallonie, wagon)*	sch : sk *(Aarschot, Schaerbeek)*
xh : h *(Xhoffrais, Xhignesse)*	h : aspiré, dans le pays liégeois
ui : oui *(huit, puits, Huy)*	

Dans « Bruxelles », x : ss; dans « Anvers », on prononce toujours le « s » final.

bourgmestre	maire	nonante	quatre-vingt-dix
ça vous a goûté?	vous avez aimé?	pensionné	retraité
carte-vue	carte-postale	quartier	deux-pièces
chaire de vérité	chaire (à prêcher)	renseigner (quelque chose)	indiquer, signaler
chicon, chicorée	endive	ring	périphérique, rocade
contournement	déviation	savoir	pouvoir (on ne sait pas entrer)
dîner	déjeuner (à midi)		
ducasse	fête *(voir Ath)*	septante	soixante-dix
échevin	adjoint au bourgmestre	s'il vous plaît	je vous en prie; plaît-il?, comment?
écolage	auto-école		
estacade	jetée	vidange	bouteille consignée
friture	baraque à frites	zoning	zone industrielle.
minque	criée (au poisson, aux crevettes)		

La fameuse expression « une fois... » (signifiant : donc, un peu) est typiquement bruxelloise.

INTRODUCTION AU VOYAGE

PHYSIONOMIE DU PAYS

Sur une surface relativement modeste — 30 513 km² — la Belgique comprend une population de 9 855 110 h. La densité est l'une des plus fortes d'Europe : 322 h. par km² (France : 97).

Le Grand-Duché de Luxembourg compte 363 700 h. pour une superficie de 2 586 km²; la densité y atteint 140 h. par km².

BELGIQUE

La Belgique dont la distance maximum du Sud-Est au Nord-Ouest est de 329 km a des paysages relativement diversifiés. L'ensemble du territoire belge se répartit en trois groupes principaux. *Voir carte p. 16.*

Basse-Belgique (jusqu'à 100 m d'altitude)

La côte. — Seule ouverture de la Belgique sur la mer, elle s'allonge sur 70 km de front rectiligne. De belles plages de sable fin ont fait de cette côte un grand lieu de villégiature, en contrepartie elles n'ont guère favorisé l'implantation des ports. La côte ne possède qu'un lieu abrité, l'échancrure du débouché de l'Yser où s'est installé Nieuport. Zeebrugge est un port artificiel. Anvers, le grand port belge, est situé à l'extrémité d'un très long estuaire qui traverse la Zélande, province des Pays-Bas.

Actuellement bordé par un épais cordon de **dunes,** le littoral a beaucoup évolué depuis le Moyen Age. C'était jadis une terre amphibie parcourue par d'innombrables voies d'eau qui ont connu un envasement progressif comme celui de l'estuaire du Zwin, à l'origine de la ruine du commerce de Bruges.

D'autre part, le travail de l'homme a complété les transformations naturelles en créant, au-delà des dunes, une région de polders.

Les polders. — S'ils n'ont pas l'ampleur des polders des Pays-Bas, ils ont été aménagés de la même manière. Ce sont d'anciens marais asséchés et drainés que des écluses protègent des fortes marées. Il a suffi en 1914 d'ouvrir les écluses de Nieuport pour que tout l'arrière-pays se trouve inondé *(p. 136).*

La terre des polders est très fertile. Le paysage, plat, à peine souligné par quelques rangées de peupliers ou de saules, donne une impression d'immensité qu'accentue la verticalité des beffrois et des clochers, ces derniers étant d'une architecture particulièrement imposante.

La Campine. — L'ancienne Taxandria s'étale sur plusieurs provinces de Belgique (Anvers, Brabant, Limbourg) et se prolonge aux Pays-Bas. Dans cette vaste plaine légèrement inclinée vers la mer, entre l'Escaut, la Meuse et le Demer, les sables et les cailloux charriés par les fleuves se sont accumulés.

Terre pauvre, parsemée d'étangs et de marécages, la Campine ne voit croître que la bruyère et les pins sylvestres.

Peu peuplée, elle était jadis le lieu de prédilection des monastères (Postel, Westmalle et Tongerlo); quelques terres ont été défrichées au 19e s., d'autres étant vouées aux manœuvres militaires (Leopoldsburg, fondé en 1850). Plus récemment, la région a accueilli le centre d'Études nucléaires de Mol (1952) et quelques industries, favorisées par la présence du canal Albert, creusé en 1939.

Sa seule richesse naturelle est la houille dont les gisements, découverts à la fin du 19e s., près de Genk, sont progressivement abandonnés car ils ne satisfont pas aux exigences actuelles de rentabilité.

Autre région sablonneuse. — Une autre zone sablonneuse mais vallonnée par endroits s'étend dans les Flandres entre les polders de la côte, la Lys et l'Escaut. Plusieurs collines pointues sont un résidu de terrains plus résistants : **mont Kemmel, mont de l'Enclus, mont St-Aubert.**

La terre y est l'objet d'une agriculture plus intensive que dans la Campine et la population beaucoup plus dense. Les champs cultivés sont bordés de rideaux de peupliers. Les fermes basses se disséminent dans le paysage.

Quelques régions sont particulièrement boisées comme le **Houtland** près de Torhout.

Le sol ancien, facile à atteindre, permet l'exploitation de nombreuses carrières (porphyre de Lessines, Tournai).

Les villes sont nombreuses, l'urbanisation remontant à la grande époque drapière au Moyen Age. De grandes cités comme Gand, Anvers, Bruxelles se sont développées dans ces régions favorisées par la facilité des communications.

Moyenne Belgique (de 100 à 200 m d'altitude)

Au cœur du pays, autour de la vallée de la Sambre et de la Meuse, s'étend un plateau crétacé dont l'altitude, modérée, s'élève graduellement vers le Sud, en direction du haut massif ardennais, jusqu'à près de 200 m d'altitude. Son sol relativement fertile, composé d'argile et de limons dans la plaine, de loess sur les pentes, permet à la fois la culture et l'élevage. L'ancienne forêt charbonnière *(p. 78)* qui couvrait une partie du pays du temps des Romains a pratiquement disparu : il n'en reste que la **forêt de Soignes.**

La **Hesbaye** à l'Est, le **Hainaut** à l'Ouest sont des plateaux couverts de loess, particulièrement fertiles. C'est le domaine de l'agriculture. Les villages se dissimulent dans le fond des vallées.

Les fermes sont grandes et isolées. Les bâtiments, en calcaire, grès ou brique (celle-ci souvent blanchie à la chaux), se répartissent autour d'une vaste cour centrale qui s'ouvre par un unique porche, parfois monumental.

Au Sud de la Moyenne Belgique, à la jonction du massif ardennais, dans un long fossé que traversent la Sambre et la Meuse de Charleroi à Liège et que prolonge le Borinage (Mons), la cassure a laissé apparaître les couches carbonifères, constituant le **bassin houiller.** Là se sont implantées de grandes villes industrielles, Liège, Charleroi.

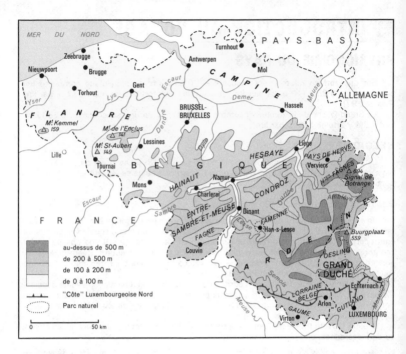

Ardenne

Vestige d'un massif montagneux primaire, usé, prolongeant l'Eifel allemand, c'est la haute Belgique où se trouve le point culminant du pays, le **Signal de Botrange,** à l'altitude de 694 m. Ses plissements s'alignent d'Est en Ouest, rendant difficiles les communications en dehors des vallées qui coulent du Sud au Nord.

Dans cette région connue pour ses forêts du temps des Romains (du nom de la déesse Arduinna vient le mot Ardenne), on distingue en fait deux parties, la Basse et la Haute Ardenne.

Basse Ardenne. — D'altitude moyenne (200 à 500 m), c'est un ensemble de plateaux situés au Sud de la Meuse : le **Condroz** (du nom de la tribu germanique des Condrusiens), région assez fertile, composée de calcaires et de schistes, ayant pour capitale Ciney; l'**Entre-Sambre-et-Meuse,** au Sud de Charleroi; les dépressions de la **Famenne** (capitale : Marche-en-Famenne) et de la **Fagne,** régions de schistes et grès, marécageuses et boisées.

Entre ces plateaux s'inscrivent des vallées très encaissées — Lesse, Ourthe, Meuse — sur le parcours desquelles s'ouvrent des grottes *(p. 17).*

Le **pays de Herve,** région humide vouée à l'élevage, et la région de Verviers se rattachent à la Basse Ardenne.

Le **pays des Rièzes et des Sarts,** au Sud de Couvin *(p. 82),* à plus de 300 m d'altitude, est une émergence du socle ardennais.

Haute Ardenne. — Ce sont, au-dessus de 500 m, des plateaux bombés. Les crêtes les plus dures forment la zone inhospitalière des Hautes Fagnes, avec le point culminant du pays. Sur son sol imperméable, très humide, se sont développées les tourbières.

Une partie de ces régions est reboisée en conifères (épicéas généralement).

Les vallées, sinueuses, comme l'Amblève, sont plus avenantes.

La ferme ardennaise est une grande bâtisse austère; sorte du cube aux murs couverts d'un crépi fruste, elle réunit les pièces d'habitation et la grange sous un même toit à deux pentes. L'un de ses côtés est parfois construit en colombage.

Pauvre en ressources, défavorisée par les difficultés de communications et par un climat rigoureux, la Haute Ardenne, restée longtemps à l'écart du développement du pays, s'est ouverte de nos jours au tourisme.

La **Lorraine belge** (Arlon) et la **Gaume** (Virton) appartiennent géologiquement à la partie Sud du Luxembourg. Comme en France, le village lorrain présente des alignements de fermes serrées, de part et d'autre de rues très larges. En Gaume méridionale, les maisons sont couvertes de tuiles romaines, fait exceptionnel en Belgique.

GRAND-DUCHÉ DE LUXEMBOURG

Le Luxembourg est constitué de deux régions géographiques très différentes.

Au Nord, l'**Oesling,** plateau qui fait la jonction entre l'Ardenne et l'Eifel, culmine à 559 m (Buurgplaatz). Son climat, rigoureux, est comparable à celui de l'Ardenne.

Au Sud, le **Gutland** (ou Bon Pays), de climat plus doux, car moins élevé, s'incline légèrement vers la Lorraine française. Il est formé de couches superposées de grès et de calcaires, alternant avec des argiles et des marnes.

Au contact entre les roches dures du massif ancien et les roches tendres, l'érosion a créé des **« côtes »,** longues corniches abruptes, orientées Est-Ouest, de tracé irrégulier et couverte de forêts de hêtres. Celle du Nord, en grès de Luxembourg, traverse le pays d'Arlon à Echternach en longeant le Nord de la Petite Suisse luxembourgeoise. Celle du Sud s'étend le long de la frontière et se prolonge en Belgique jusqu'au Sud de Virton.

Le tiers des habitants du Luxembourg se regroupent dans la capitale. Si l'Oesling reste relativement peu peuplé et de vocation plutôt touristique, le Gutland, propice à l'agriculture, est aussi le domaine de l'industrie. La présence d'un riche bassin minier (fer), prolongement du bassin lorrain, a permis le développement d'une importante industrie sidérurgique.

LES GROTTES

Sur le moyen plateau ardennais, une véritable couronne de rivières circonscrit la région du Condroz. Ce sont la Meuse, l'Ourthe et la Lesse qui, sur le pourtour du plateau, ont creusé de profonds sillons à travers schistes et calcaires.

L'infiltration des eaux. — Dans les zones calcaires, des phénomènes hydrographiques particuliers se sont manifestés. Le ruissellement des eaux à la surface du plateau a entraîné par érosion la formation de gouffres comme le **Fondry des Chiens** à Nismes ou les différents types d'abîmes nommés chantoirs (Vallon des Chantoirs à Sougné-Remouchamps), aiguigeois, adugeoirs, dont on retrouve la présence un peu partout dans la région.

La formation des grottes. — L'eau pénétrant par ces gouffres dissout la couche calcaire dans sa progression. Il se forme ainsi des rivières souterraines dont certaines ne sont que le parcours souterrain d'une rivière de surface, telle la Lesse qui disparaît près de Han pour reparaître 10 km plus loin. Elle y traverse la **grotte de Han,** la plus fameuse de Belgique, qui possède une immense salle. La grande salle de la **grotte de Rochefort** ou salle du Sabbat est également très impression-nante.

Le plus souvent, la rivière souterraine a tendance à s'enfoncer. Ainsi le lit plus ancien, de niveau supérieur, n'est plus inondé qu'en période de forte crue, quand il n'est pas, le plus souvent, abandonné. On peut parfois circuler en bateau dans la galerie inférieure : à **Remouchamps,** le trajet atteint un kilomètre.

Certaines des cavernes ainsi creusées ont été habitées à l'époque préhistorique (Goyet, Furfooz, Han, etc.).

La formation des concrétions. — Au cours de sa circulation souterraine, l'eau abandonne le calcaire dont elle s'est chargée en pénétrant dans le sol. Ainsi se créent des concrétions aux formes fantastiques dont les représentations les plus connues sont les **stalactites,** colonnes descendant de la voûte, et les **stalagmites,** colonnes partant du sol. Une juxtaposition de stalactites forme des draperies, une stalactite et une stalagmite réunies constituent un pilier.

(D'après photo Ed. Thill)

Grotte de Remouchamps

Les excentriques sont de fines concrétions qui, produites par cristallisation, n'obéissent pas aux lois de la pesanteur et se développent souvent en diagonale.

Généralement en calcite (carbonate de chaux), de couleur blanche, les concrétions sont parfois teintées de minerais, l'oxyde de fer donnant une couleur rouge, le manganèse une couleur marron, etc.

Les résurgences. — Les eaux s'écoulant dans les galeries souterraines finissent par aboutir au flanc d'un versant et à réapparaître à l'air libre.

A Han-sur-Lesse on peut voir la résurgence de la rivière, près de la sortie des visiteurs.

LA FAUNE ET LA FLORE

Pour protéger la faune et la flore, l'aménagement de parcs naturels et de réserves est l'objet d'un soin particulier, tant dans les régions les plus peuplées que dans les zones boisées de l'Ardenne.

Réserves naturelles. — De nombreuses réserves appartenant à l'État ou gérées par des associations privées comme la R.N.O.B. (Les Réserves Naturelles et Ornithologiques de Belgique) se disséminent dans le pays.

Quelques-unes de ces réserves sont ouvertes au public, du moins en partie. Dans certaines cependant, la visite n'est possible que sous la conduite d'un guide.

Dans les régions flamandes, on peut citer De Kalmthoutse Heide, de Mechelse Heide où la couverture végétale prédominante est la bruyère, le **Zwin,** à vocation plutôt ornithologique; en Ardenne, les **Hautes Fagnes,** avec leurs fameuses tourbières.

Parcs naturels. — Ainsi sont désignés les parcs nationaux, gérés par l'État. La Belgique en possède plusieurs, petits comme ceux de Lesse et Lomme, Furfooz, ou plus importants comme le **parc naturel de Hautes Fagnes-Eifel** *(p. 90)* qui se prolonge en Allemagne.

Comme la Belgique, le Luxembourg partage avec l'Allemagne un grand parc naturel, le **parc naturel germano-luxembourgeois.** Signalé par un panonceau où figure une branche de houx, il s'étend sur des régions particulièrement sauvages ou pittoresques : Petite Suisse luxembourgeoise, basse vallée de la Sûre, vallée de l'Our, et comprend aussi de grands centres touristiques comme Echternach, Vianden et Clervaux.

Parcs récréatifs. — La nature y est aménagée au profit des visiteurs, sportifs ou promeneurs. Les terrains appartenant à la province ou à l'État portent le nom de « domaine ». Certains englobent une réserve naturelle ornithologique ou un parc à gibier, d'autres un plan d'eau permettant la pratique de différents sports nautiques. Les parcs récréatifs sont très nombreux en Campine où ils sont généralement installés dans de vastes pinèdes.

VIE ÉCONOMIQUE

La puissance industrielle et commerciale de l'UEBL (Union Économique Belgo-Luxembourgeoise, *p. 21*), comme celle — à peu près équivalente — de son associé néerlandais dans le Benelux, contraste notoirement avec la faible importance territoriale et démographique des pays considérés.

Elle s'explique par une pleine utilisation des ressources naturelles, locales ou héritées du passé colonial belge, par une situation géographique exceptionnellement favorable, et, surtout, par l'effort ininterrompu d'une population dense et industrieuse qui y a gagné d'acquérir (Luxembourg en tête) l'un des niveaux de vie les plus élevés d'Europe.

Elle demeure cependant subordonnée à la conquête des marchés étrangers, au progrès des communications, à l'aplanissement de difficultés qui sont aussi le lot d'autres pays du Marché commun : concurrence extra-communautaire (pour l'acier, notamment), dépendance énergétique, choix nucléaire...

La Belgique connaît en outre des problèmes particuliers : le déséquilibre entre la Flandre et la Wallonie, la crise des charbonnages, la modernisation encore insuffisante de l'appareil de production.

TRANSPORTS ET COMMUNICATIONS

La circulation des hommes et des marchandises — source elle-même d'enrichissement — bénéficie dans les deux États d'une infrastructure remarquable et sans cesse perfectionnée (bien qu'encore insuffisamment raccordée à celle des Pays-Bas voisins); cette dernière est telle, en Belgique, qu'elle permet des mouvements de population quotidiens d'une ampleur (40 % des actifs) sans égale dans le monde.

Les voies navigables. — Le réseau belge doit autant à la canalisation qu'à l'hydrographie naturelle.

Le trafic le plus important s'effectue sur les canaux Escaut-Rhin, Albert, Terneuzen, circulaire de Gand, Bruxelles-Rupel et, pour les cours d'eau, sur l'Escaut, la Meuse, le Rupel et la Sambre en aval de Charleroi.

Toutes ces voies sont destinées aux gabarits égaux ou supérieurs à 1 350 tonnes. La liaison Escaut-Rhin et le canal de Terneuzen admettent les convois poussés de 9 000 tonnes. Il en sera bientôt de même pour le canal Albert et la Meuse en aval de Namur.

Le canal maritime de Terneuzen et l'estuaire de l'Escaut jusqu'à Anvers accueillent respectivement les navires de 60 000 tonnes et de 80 000 tonnes à pleine charge.

Liège est le premier port « intérieur » de Belgique et le 3e d'Europe.

Le Luxembourg utilise la portion de Moselle canalisée en 1964 (au gabarit de 3 200 t) bordant sa frontière Est, avec Mertert pour premier port marinier.

La route et le rail. — Le trafic routier — de loin le plus important en Belgique, sinon au Luxembourg — emprunte un réseau très dense, particulièrement en Flandre. Les autoroutes se développent : plus de 1 000 km en Belgique, 60 km dans le Grand-Duché. Certaines se raccordent à des autoroutes françaises : l'E 3, au Nord de Lille, l'E 10 au Nord de Valenciennes et l'A 16-A 8 (prolongement de l'autoroute de Wallonie) à l'Est de Lille.

La *SNCB* (Société Nationale des Chemins de fer Belges) et les *CFL* (Chemins de Fer Luxembourgeois) exploitent plus de 4 000 km (dont 30 % électrifiés) en Belgique, environ 400 km au Luxembourg. Bruxelles, Liège et Luxembourg sont les « plaques tournantes » de plusieurs grandes lignes internationales.

Ports et aéroports. — De sévères handicaps (façade côtière étroite et inhospitalière, embouchure de l'Escaut sous contrôle néerlandais, faible marine marchande) n'empêchent pas la Belgique de posséder trois grands ports commerciaux : Anvers, Gand, Bruges-Zeebrugge (Ostende se consacrant au trafic voyageurs et à la pêche), tous, du reste, astreints à de coûteux aménagements (canaux d'accès, avant-ports) en raison de leur éloignement du littoral. Anvers n'en détient pas moins le titre de 4e port européen, assurant à lui seul près des 7/10 du trafic maritime belge.

Le fret confié aux compagnies aériennes *Sabena* (belge) et *Luxair* (luxembourgeoise) transite essentiellement par les aéroports de Bruxelles-National et Luxembourg-Findel.

AGRICULTURE — PÊCHE

Disposant de surfaces réduites et très parcellaires, de sols plutôt médiocres — à l'exception des polders flamands et des plateaux limoneux de Hesbaye —, l'agriculture belge pallie ces désavantages par une mise en valeur intensive, une technique savante et l'emploi massif d'engrais qui lui assurent l'un des rendements les plus élevés du monde sans toutefois suffire à tous les besoins de la consommation locale.

Plus traditionnaliste, mais avec une proportion supérieure de moyennes exploitations et d'actifs, l'agriculture du Grand-Duché est excédentaire pour certains produits, en particulier le vin et les productions animales.

Forêts et cultures. — La forêt occupe environ 1/5 du territoire belge — principalement en Ardenne — et 1/3 du Luxembourg — en Oesling. Les cultures disputent aux herbages le reste de la surface agricole : céréales dans le Gutland luxembourgeois et, avec la pomme de terre et la betterave à sucre, dans la Hesbaye, le Brabant, le Hainaut et la Flandre maritime; lin, houblon et chicorée en Flandre; tabac; fruits dans le Brabant, le Limbourg.

Belgique : une poussière de jardins. — Les cultures maraîchères et florales offraient naguère le rare exemple d'une production de masse obtenue par le travail « à temps perdu », individuel et méticuleux, de tout un peuple de jardiniers amateurs...

Devenue l'affaire de professionnels, cette horticulture mi-campagnarde mi-citadine, pratiquée notamment dans le pays de Waes et les banlieues, souvent en serre, exporte des primeurs réputées : pommes de terre nouvelles, asperges (d'Aarschot, de Malines), « witloof » (endives) et choux de Bruxelles, raisin (serres de Duisburg, Hoeilaart, Overijse...) parfois vinifié, etc.; des fleurs (azalées, bégonias, orchidées...) de la région de Gand (Lochristi).

Luxembourg : un vignoble de qualité. — Le Luxembourg exporte des fleurs (roses, principalement) et le surplus (environ 45 %) de son vin (production en 1979 : 62 590 hl). Son vignoble, jalousement entretenu et délimité, donne des crus de type Riesling ou Sylvaner, légers et fruités, parfois traités suivant la méthode champenoise; il règne essentiellement dans le Sud-Est du Gutland, sur les coteaux regardant la Moselle.

Parmi les principaux centres viticoles figurent Grevenmacher, Remich, Wellenstein.

Élevage. — Sa part dans le revenu agricole est prépondérante. On le pratique partout, tant en Belgique que dans le Grand-Duché.

Bovins et porcs (ceux-ci plutôt en Flandre et au Luxembourg) en font surtout l'objet, de même que la volaille (en Flandre), tandis que les moutons et les chevaux (de labour) accusent une nette régression.

Les viandes, œufs et produits laitiers obtenus sont suffisamment abondants et appréciés pour connaître les honneurs de l'exportation.

La pêche en mer. — En Belgique, elle se pratique au départ des ports d'Ostende, de Zeebrugge et de Nieuport. Début 1979, la flotte de pêche comprenait 216 bateaux pour 914 marins.

En 1979 on a recueilli 33 561 t de poissons (cabillaud, aiglefin, sole, plie), de crustacés et de mollusques.

INDUSTRIE

L'industrie occupe à elle seule près de la moitié des « actifs » belges et plus de la moitié de leurs homologues luxembourgeois. Métallurgie, textile et chimie en Belgique, sidérurgie dans le Grand-Duché, en sont les éléments dominants. Plus de 40 % des produits industriels belges sont exportés.

L'exploitation du sous-sol. — Mis à part la houille belge et le fer luxembourgeois (voir ci-dessous), on extrait toujours : en Belgique, ardoise, marbre, porphyre, pierre à bâtir; au Luxembourg, ardoise, pierre, terres à feu.

Grandeur et déclin du charbon. — Pivot de la révolution industrielle dans l'Europe du 19e s., le charbon a profondément marqué le paysage et l'âme belges, spécialement en Wallonie. Les réserves nationales atteindraient encore une vingtaine de milliards de tonnes. Mais les difficultés de l'extraction dans les bassins de Mons (Borinage), Liège, Charleroi (Farciennes), et la concurrence faite aux mines, plus récentes et encore exploitables, de la Campine limbourgeoise (Genk, Zolder), par de nouvelles matières énergétiques (pétrole, gaz naturel), ont réduit considérablement son rôle depuis un quart de siècle.

Le fer luxembourgeois. — Il demeure (bien que ne suffisant plus à la voracité des aciéries) le fondement de l'industrie lourde grand-ducale, depuis la découverte en 1842 de la « minette » (minerai phosphoré à teneur en fer moyenne de 31 %) et l'invention du procédé Thomas (appliqué en 1882) permettant de déphosphorer celle-ci, les scories qui en résultent procurant en outre à l'agriculture un engrais précieux. Son gisement d'Esch-sur-Alzette dans le Sud-Ouest du Gutland — prolongeant celui, français, de Lorraine — est jugé capable de durer encore une trentaine d'années, au rythme actuel de l'extraction (600 000 t en 1979).

La production d'électricité. — Ce sont encore les usines thermiques (où le fuel a pris le relais du coke) qui en fournissent la majeure partie, tant en Belgique qu'au Luxembourg. La part de l'hydraulisme, très restreinte, plafonne depuis qu'ont été mises en service les génératrices de la Plate-Taille (Belgique) et de Vianden (Luxembourg), alors que celle du nucléaire la dépasse déjà en Belgique, grâce aux centrales de Doel, Mol, Tihange et Chooz (cette dernière, franco-belge, étant située en territoire français).

Métallurgie. — Ses plus fortes concentrations se situent, en Belgique, sur le « sillon Sambre-Meuse » (région liégeoise, Charleroi, la Louvière); au Luxembourg, dans le bassin d'Esch-sur-Alzette.

Sidérurgie sur le charbon, sur le fer, sur l'eau... — Ces termes évoquent les implantations successives de la métallurgie lourde du fer, d'abord fixée sur les lieux productifs de houille (ou de charbon de bois), puis sur le trajet des grandes voies de navigation fluviale ou maritime (usine Sidmar de Gand, sur le canal de Gand à Terneuzen).

Sous le contrôle de firmes géantes (l'ARBED luxembourgeoise, Cockerill liégeoise et Hainaut-Sambre), elle fabrique des fontes et des produits laminés en acier : tôles, poutrelles, fil machine, ronds à béton...

En 1979, la production d'acier brut était, en Belgique, de 13 442 000 t et, au Luxembourg, de 4 950 000 t.

La métallurgie de transformation. — Elle est surtout active en Belgique où, dans le domaine de la construction mécanique, on peut citer : la construction navale (à Hoboken et Tamise), aéronautique (SABCA); le montage d'automobiles (1 100 000 par an) à Anvers (Ford, GMC), Bruxelles (Citroën, Renault, Volkswagen), Gand (Volvo), Genk (Ford), Seneffe (Leyland); la fabrication de matériel ferroviaire, portuaire, de machines agricoles et textiles, de cycles.

La construction électrique produit des câbles et des transformateurs; du matériel électrique et électronique (ACEC, à Charleroi), téléphonique (Bell, ATEA, à Anvers) et nucléaire.

Il faut mentionner également l'importance de l'armurerie à Liège.

Les non-ferreux. — Pratiquement inexistante au Luxembourg, la métallurgie des non-ferreux reste florissante autour de Liège (zinc), ainsi qu'à Hoboken, près d'Anvers (plomb, cuivre, étain, métaux rares comme le germanium) et en Campine (cobalt, cuivre, zinc). La Belgique occupe le 1er rang mondial pour le cobalt et le germanium, le 6e rang pour le zinc.

Cette industrie bénéficie d'une tradition locale qu'incarne, pour le zinc, la Société de la Vieille Montagne (fondée en 1837), et de liens préférentiels avec le Zaïre (ex-Congo belge) dont la province de Shaba (ex-Katanga) continue à l'approvisionner, notamment en cuivre.

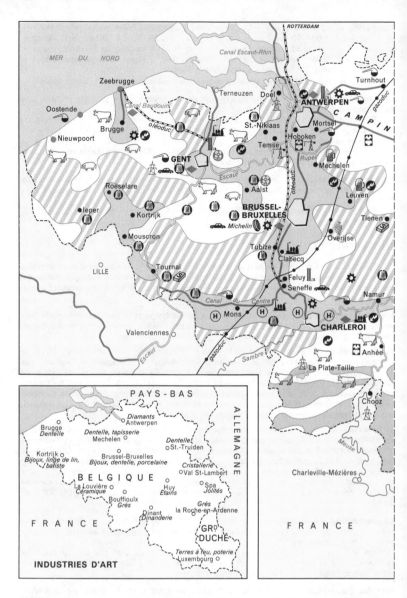

Textile. – Ayant su se moderniser et participer à la production des fibres synthétiques, la plus ancienne des industries belges demeure exportatrice, malgré une rude concurrence internationale. Elle occupe le deuxième rang dans le pays sur le plan de l'emploi. Originaire de la Flandre, l'industrie textile s'est aussi implantée dans certaines régions wallonnes. On travaille le lin, le long de la Lys (Courtrai), et le jute (Roulers); la laine, dans les régions de Tournai et Mouscron à l'Ouest, de Verviers à l'Est, ainsi qu'à Bruxelles; le coton, à proximité de l'Escaut, de Courtrai à St-Nicolas. La région de Courtrai est actuellement la principale zone textile du pays. Le tissage du **tapis** est en plein essor : la Belgique a obtenu la première place en 1980 pour cette activité.

Les **textiles artificiels** sont fabriqués à Tubize, Alost, Anvers, Bruxelles, Courtrai, Gand, Renaix.

Chimie. – La grande industrie chimique a pris en Belgique la relève de celle du charbon, et si efficacement qu'elle se classe déjà au 2e rang des industries nationales (après la métallurgie). Hormis les productions de base traditionnelles – soude (procédé Solvay 1865), acide sulfurique, engrais *(Carbochimie, Prayon)* –, il faut signaler la rapide expansion de la **pétrochimie** à Anvers *(Petrochim)*, en Campine, à Gand et, plus récemment à Feluy *(Chevron)*. La production de pétrole raffiné et de ses dérivés a atteint 32 347 000 t en 1979.

Les fabrications dérivées tiennent une place importante : peintures et vernis, matières plastiques, produits photosensibles *(Agfa-Gevaert* à Mortsel) et pharmaceutiques (Sud de Bruxelles, Turnhout), caoutchouc (pneus à Bruxelles – *Michelin* – et Liège).

Au Luxembourg, on relève une notable production d'engrais (95 % exportés) à Differdange, de produits pharmaceutiques à Hespérange, de pneumatiques à Colmar-Berg, de ciment à Pétange.

Autres industries. – Très diverses dans les deux pays, elles concourent efficacement à leur prospérité comme à leur « image de marque » : fabriques de meubles, d'allumettes; papeteries; tanneries; faïenceries, travail du verre... Mais les plus importantes concernent le bâtiment et les travaux publics (ciment), l'alimentation et les boissons.

Bière, sucre. – En 1979, la production de bière (provinces de Liège, d'Anvers, du Brabant) a totalisé 13,6 millions d'hectolitres, contre 800 000 hl au Luxembourg (à Diekirch, notamment). La production de sucre en Belgique (à Tirlemont, Tournai...) a été de 913 000 t.

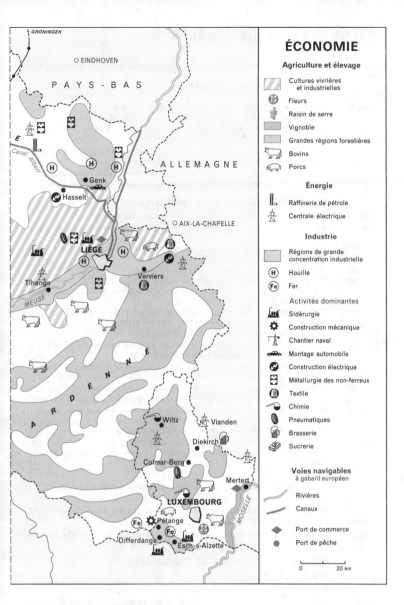

ÉCONOMIE

Agriculture et élevage

- Cultures vivrières et industrielles
- Fleurs
- Raisin de serre
- Vignoble
- Grandes régions forestières
- Bovins
- Porcs

Énergie

- Raffinerie de pétrole
- Centrale électrique

Industrie

- Régions de grande concentration industrielle
- (H) Houille
- (Fe) Fer

Activités dominantes

- Sidérurgie
- Construction mécanique
- Chantier naval
- Montage automobile
- Construction électrique
- Métallurgie des non-ferreux
- Textile
- Chimie
- Pneumatiques
- Brasserie
- Sucrerie

Voies navigables
à gabarit européen

- Rivières
- Canaux
- Port de commerce
- Port de pêche

0   20 km

COMMERCE ET TOURISME

Dans le « secteur tertiaire », qui intervient pour plus de 50 % dans le produit national brut belge et pour plus de 40 % dans celui du Luxembourg, le commerce et le tourisme jouent un rôle primordial.

Commerce : le choix communautaire. — Pays gros consommateurs de denrées alimentaires, d'énergie et de matières premières, dont l'importation et la transformation sur place leur permettent à la fois de subsister et de devenir exportateurs à leur tour, la petite Belgique et le minuscule Luxembourg ont de bonne heure ressenti la nécessité de garantir leur approvisionnement comme leurs débouchés en s'intégrant à des ensembles économiques, jusqu'à présent européens : **UEBL** (Union Économique Belgo-Luxembourgeoise), dès 1922; l'Union Économique **Benelux,** instituée en 1958 et entrée en vigueur en 1960; la **CEE** (Communauté Économique Européenne) ou Marché commun, et la CEEA (Communauté Européenne de l'Énergie Atomique) ou **Euratom,** en 1957.

Les centres commerciaux les plus importants sont, en Belgique : Anvers (bourse), Bruxelles (bourse), Charleroi, Gand, Liège; dans le Grand-Duché : Diekirch, Luxembourg, Wiltz.

Tourisme et thermalisme. — La Belgique tire le meilleur parti possible de son étroit « front de mer » (moins de 70 km), où une quinzaine de stations balnéaires drainent, en saison, les deux tiers des touristes ayant choisi de passer leurs vacances dans le royaume. Mais les stations thermales de l'intérieur (Chaudfontaine, Spa) ont aussi leurs fidèles, et les villes d'art que sont la plupart des grandes cités belges ne manquent pas de visiteurs.

On fait même du ski, à l'occasion, près de Liège et de Malmédy... *(voir p. 11).*

Le Luxembourg a pour lui ses paysages riants, le site pittoresque de ses villes, sa région vinicole, sa station thermale de Mondorf-les-Bains.

Pour trouver la description d'une ville ou d'une curiosité isolée, consultez l'index alphabétique à la fin du volume.

QUELQUES FAITS HISTORIQUES

Ce n'est qu'au siècle dernier que la Belgique et le Luxembourg ont pu former des entités nationales distinctes et s'ériger en États indépendants; encore n'y parvinrent-ils qu'au prix de renonciations territoriales.

BELGES, ROMAINS, BARBARES

Av. J.-C.	
Vers 300	Des celto-germains, les Belges, s'emparent du Nord de la Gaule.
57	César soumet les belliqueuses tribus locales de la Gaule Belgique : Aduatuques, Eburons, Ménapes, Morins, Nerviens, Trévires. En 54 a lieu la révolte d'Ambiorix *(p. 156)*.
Après J.-C.	
1er-3e s.	Paix romaine. A la fin du 3e s., le pays est divisé en trois : Belgique Première (capitale Trèves), Belgique Seconde (Reims), Germanie Seconde (Cologne).
4e s.	Des Francs Saliens s'établissent en Taxandrie (Campine). Première évangélisation.
Début 5e s.	Les Francs Ripuaires s'installent au Luxembourg et dans la région d'Arlon.

DES MÉROVINGIENS À LA FÉODALITÉ

Début 5e s.	Quelques Francs Saliens s'emparent de Tournai *(p. 158)* au Sud.
Début 6e s.	Aux dépens des autres tribus barbares, **Clovis** agrandit son domaine qui s'étend sur toute la Gaule (Francie).
511	Mort de Clovis. De 561 à 613, la Belgique fait partie de deux royaumes : Neustrie, à l'Ouest de l'Escaut, Austrasie, à l'Est.
7e s.	Seconde évangélisation. Éclosion de grandes abbayes.
843	**Traité de Verdun.** L'empire carolingien est partagé en trois : France à l'Ouest de l'Escaut, Germanie, et un territoire médian très étroit allant de la mer du Nord à la Méditerranée, attribué à Lothaire Ier.
855	Mort de Lothaire Ier. Son royaume est également scindé en trois : Italie, Bourgogne et **Lotharingie** (Belgique sans la Flandre) dont le roi est Lothaire II.
862	Baudouin Bras-de-Fer devient 1er comte de **Flandre** *(p. 110)*.
936	Otton le Grand, roi de Germanie. La Lotharingie est bientôt annexée (939) puis rattachée au Saint Empire romain germanique créé en 962.
959	Le duché de Lotharingie est partagé en Haute-Lotharingie ou Lorraine et **Basse-Lotharingie** ou **Lothier** couvrant la Belgique à l'Est de l'Escaut, sauf Arlon.
963	Un seigneur mosellan, Sigefroi, fonde le comté de Luxembourg *(p. 174)*.
980	Notger, prince-évêque de **Liège** *(p. 114)*, acquiert le pouvoir temporel sur son territoire.
Début 11e s.	Lambert Ier le Barbu, 1er comte de Louvain *(p. 111)*, reçoit le comté de Bruxelles. La Flandre s'agrandit aux dépens des territoires de l'Empire : c'est la **Flandre impériale**. Le comte de Flandre est à la fois vassal du roi de France et de l'empereur.
12e s.	Émancipation des villes flamandes. Age d'or de Bruges *(p. 59)*.
13e s.	Expansion du **duché de Brabant** qui s'agrandit du Limbourg *(p. 164)* puis du comté de Looz.
1300	Philippe le Bel annexe la Flandre *(p. 59)*.
1302	**Bataille des Éperons d'Or** *(p. 109)*. Les Flamands sont vainqueurs des Français.
1308	Henri VII de Luxembourg empereur germanique sous le nom de Henri IV *(p. 174)*.
1337	La guerre de Cent Ans éclate entre la France et l'Angleterre. Révolte à Gand *(p. 92)*.
1354	Le comté de Luxembourg est érigé en duché.
1369	Le duc de Bourgogne Philippe le Hardi épouse Marguerite de Male, fille du comte de Flandre Louis de Male. En 1382, ce dernier devient comte d'Artois.

CINQ SIÈCLES DE TUTELLE ÉTRANGÈRE

Les ducs de Bourgogne

1384	A la mort de Louis de Male, **Philippe le Hardi** hérite de ses possessions.
1441	Par l'acquisition du Luxembourg, **Philippe le Bon** complète l'unification des « pays de par-deçà » (par opposition à la Bourgogne, pays de par-delà). Grande prospérité.
1468	**Charles le Téméraire** détruit Liège révoltée *(p. 114)* et annexe la principauté.
1477	Charles le Téméraire meurt devant Nancy qu'il tentait de reprendre. **Marie de Bourgogne,** sa fille, hérite de ses possessions, amputées des territoires repris par le roi de France Louis XI. Elle épouse Maximilien d'Autriche.

Les Habsbourg

1482	Mort de Marie de Bourgogne *(p. 158)*. **Maximilien** devient régent des Pays-Bas (par opposition à Pays-Haut, Haute Allemagne, son pays).
1494	Maximilien abandonne les Pays-Bas à son fils **Philippe le Beau**. En 1496, celui-ci épouse Jeanne, fille des Rois Catholiques d'Espagne. En 1500 naît leur fils Charles *(p. 92)*.
1507-1515	**Marguerite d'Autriche,** fille de Maximilien *(p. 126)*, gouverne peu après la mort de Philippe le Beau, jusqu'à la majorité de Charles Quint.
1519	A la mort de Maximilien, Charles Ier, roi d'Espagne depuis 1516, devient l'empereur **Charles Quint**. Il agrandit le territoire des Pays-Bas vers le Nord et vers le Sud.
1548	Charles Quint érige en « cercle de Bourgogne », avec Bruxelles pour capitale, la Franche-Comté et les 17 provinces des Pays-Bas.

Le régime espagnol

1555	Charles Quint renonce aux Pays-Bas en faveur de son fils **Philippe II** d'Espagne.
1566	Les iconoclastes protestants ravagent les églises catholiques.
1567	Le **duc d'Albe** *(p. 41)* envoyé par Philippe II entreprend d'extirper l'hérésie calviniste.
1576	Sac d'Anvers *(p. 41)* suivi de la Pacification de Gand *(p. 92)*.
1579	La Confédération d'Arras (provinces catholiques) ayant choisi de demeurer dans l'obédience espagnole, les provinces protestantes forment l'**Union d'Utrecht** (provinces des actuels Pays-Bas), puis la république des Provinces-Unies.
1598-1621	Règne des **archiducs Albert et Isabelle**.
1609-1621	Trève avec les Provinces-Unies. Prospérité économique.
1648	**Traité de Münster :** Philippe IV d'Espagne reconnaît l'indépendance des Provinces-Unies et leur cède le Nord du Brabant, le Nord du Limbourg et la Flandre zélandaise.
1659	Traité des Pyrénées. Les Pays-Bas perdent l'Artois.

1667-1668	Guerre de Dévolution. Louis XIV annexe le Sud de la Flandre (Lille).
1672-1678	Guerre de Hollande. Au traité de Nimègue, la Flandre et le Hainaut sont amputés.
1688-1697	Guerre de la Ligue d'Augsbourg. Paix de Ryswick : le Luxembourg à l'Espagne.

Les Pays-Bas autrichiens

1701-1713	Guerre de Succession d'Espagne. L'Autriche, aidée des Provinces-Unies, occupe le pays.
1740-1748	Guerre de Succession d'Autriche. Louis XV envahit la Belgique. Traité d'Aix-la-Chapelle : la Belgique est rendue à l'Autriche (Marie-Thérèse d'Autriche souveraine).
1780-1789	Règne de **Joseph II,** despote éclairé.
1789-1790	La Révolution brabançonne chasse temporairement les Autrichiens *(p. 163).*

La domination française

| 1795 | Après les victoires de Jemappes (1792) et de Fleurus (1794), la France républicaine annexe les Pays-Bas autrichiens, la principauté de Liège et institue 9 **départements.** |

Le royaume des Pays-Bas

1814	Chute de Napoléon Iᵉʳ. Belgique et Hollande forment le royaume des Pays-Bas dont le souverain, Guillaume Iᵉʳ d'Orange, devient en outre grand-duc de Luxembourg.
1815	**Bataille de Waterloo** *(p. 168).* Congrès de Vienne : Eupen et Malmédy à la Prusse.
1830	La révolution bruxelloise *(p. 66)* entraîne l'indépendance de la Belgique qui renonce à la Flandre zélandaise, au Brabant du Nord et à une partie du Limbourg. La partie germanophone du Luxembourg reste à Guillaume Iᵉʳ.

DE L'INDÉPENDANCE À NOS JOURS

1831	**Léopold Iᵉʳ,** roi des Belges (1831-1865) *(p. 66).* Guerre belgo-hollandaise.
1839	Guillaume Iᵉʳ reconnaît l'indépendance belge.
Milieu 19ᵉ s.	La Belgique surmonte de graves difficultés économiques (disette en Flandre 1845-1848) et s'engage dans la « révolution industrielle ». Le Luxembourg, uni économiquement à l'Allemagne depuis 1842 (Zollverein) connaît aussi un grand essor industriel.
1865-1909	Règne de **Léopold II** en Belgique.
1890	Indépendance du Luxembourg. **Adolphe de Nassau,** grand-duc (1890-1905).
1905-1912	Guillaume IV, grand-duc de Luxembourg.
1908	Le **Congo,** propriété de Léopold II depuis 1855, devient colonie belge.
1909-1934	**Albert Iᵉʳ,** roi des Belges.
1912-1919	Marie-Adélaïde, grande-duchesse de Luxembourg.
1914-1918	L'Allemagne occupe le Luxembourg et presque toute la Belgique dont Albert Iᵉʳ, le Roi-Soldat, dirige la résistance. Prise de Liège *(p. 114),* de Namur *(p. 133),* de Bruxelles, d'Anvers *(p. 41).* L'armée belge se replie sur le littoral : bataille de l'Yser *(p. 136)* à laquelle met un terme l'inondation des polders. Le front se reporte sur le saillant d'Ypres *(p. 105)* puis les monts de Flandre *(p. 106).*
1919	Au traité de Versailles, la Belgique récupère Eupen, Malmédy, Moresnet, St-Vith.
1922	Union économique belgo-luxembourgeoise ou UEBL *(p. 21).*
1934	Mort d'Albert Iᵉʳ, à Marche-les-Dames *(p. 136).* **Léopold III** lui succède (1934-1944).
1935	Mort accidentelle de la reine Astrid, épouse de Léopold III.
1940-1944	L'Allemagne occupe la Belgique et le Luxembourg. Bataille des Ardennes *(p. 53).*
1944-1951	Charles de Belgique, régent.
1948	Union douanière Benelux : BElgique-NEderland (Pays-Bas) - LUXembourg.
1951	**Baudouin Iᵉʳ,** roi des Belges.
1957	Belgique et Luxembourg, membres de la CEE (Communauté Économique Européenne).
1960	Le gouvernement Eyskens accorde l'Indépendance au Congo. Mariage du roi Baudouin avec doña Fabiola de Mora y Aragón.
1964	**Jean de Nassau,** grand-duc de Luxembourg, succède à la grande-duchesse Charlotte.
Mai 1977	Accord prévoyant trois régions fédérées : Bruxelles, Flandre, Wallonie.
Août 1980	Vote de la régionalisation : nouvelles institutions en Flandre et en Wallonie.

BELGIQUE : LA QUERELLE LINGUISTIQUE

L'existence de la frontière linguistique *(carte p. 4)* remonte au 5ᵉ s., époque où Rome abandonne aux Germains la partie Nord du pays; dans le Sud, plus fortement latinisé, le langage gallo-romain résiste à la germanisation malgré l'occupation par les Francs Saliens. Pour les Francs, « Walha » (d'où vient le mot « wallon ») signifiait étranger.

En Flandre, une littérature d'expression néerlandaise se développe dès le 12ᵉ s. *(p. 33)* mais connaît une éclipse quasi totale après la scission des « Pays-Bas » à la fin du 16ᵉ s. C'est seulement sous le gouvernement de Guillaume Iᵉʳ de 1814 à 1830 qu'est favorisée une certaine renaissance du flamand. Par réaction, les constituants de 1831 imposent le français comme seule langue officielle. Depuis, l'antagonisme parfois violent qui oppose « flamingants » et francophones domine l'histoire intérieure de la Belgique, et des mesures successives tendent à « réhabiliter » la langue flamande :
— 1898 : la loi Vriendt-Coremans institue le **bilinguisme** dans tout le pays. Le roi doit prêter serment dans les deux langues.
— 1930 : l'Université de Gand est « flamandisée ».
— 1932 : l'**unilinguisme** régional est substitué au bilinguisme, sauf à Bruxelles.
— 1963 : trois lois consacrent cette séparation et organisent le statut linguistique des 19 communes de l'agglomération bruxelloise *(p. 65).*
Insatisfaits, les autonomistes flamands revendiquent un statut complètement indépendant pour les régions de langue flamande. C'est aussi cet objectif **fédéraliste** qu'ont adopté certains Wallons dans le but de préserver leur particularisme et d'éviter l'empiètement du flamand à Bruxelles.
— 1968 : scission de l'Université de Louvain *(p. 111 et 123).*
— 1971 : quatre **régions linguistiques** sont constitutionnellement établies : **Flandre, Wallonie, cantons de langue allemande, Bruxelles** *(p. 65).* Mais le cas de la banlieue bruxelloise demeure un sujet de polémique, beaucoup de francophones travaillant dans la capitale et résidant alentour, dans des communes de régime linguistique néerlandais...

L'ART

Dès le Moyen Age, la prodigieuse prospérité des centres urbains et le mécénat de souverains tels que le duc de Bourgogne, entraînent une étonnante floraison artistique. Bien que l'art se soit en fait développé bien au-delà du comté de Flandre ou des zones linguistiques flamandes, il est souvent qualifié de flamand, jusqu'au début du 19e s.

De la préhistoire à l'empire carolingien. — Quelques mégalithes (Wéris) subsistent de l'époque préhistorique. Les fouilles pratiquées dans les villes occupées par les Romains ont fourni une multitude d'objets attestant de l'habileté des artisans : poterie, verrerie, statuettes de bronze, de terre cuite, bijoux.

Le **pays des Trévires** (Arlon et Luxembourg) a livré d'innombrables statues, des stèles votives, parmi lesquelles les fameuses pierres à quatre divinités, des monuments funéraires dont les bas-reliefs, conservés dans les musées, nous restituent des scènes de la vie courante *(illustration p. 51).*

Du 5e au 9e s., dans les régions dominées par les Francs Saliens (Tournai) et les Francs Ripuaires (Arlon et Luxembourg), le mobilier funéraire comprenait des armes en fer damasquiné, des bijoux et des broches en bronze ou en or, sertis de verroterie.

Charlemagne installé à Aix-la-Chapelle introduit le christianisme dans son empire. Il est à la source d'un renouveau culturel qui se manifeste dans l'art de la miniature. Les églises carolingiennes de Lobbes, de Theux, sont caractéristiques par leur avant-corps, leur plafond de bois, leurs piliers carrés, la tribune située à l'Ouest de la nef.

L'art roman (11e, 12e s.)

Cette période voit le développement des villes et des abbayes. La Belgique est divisée en deux parties : à l'Ouest de l'Escaut, la Flandre appartient à la France, tandis que les régions situées à l'Est et traversées par la Meuse relèvent de l'Empire germanique. L'art roman se répand surtout le long des voies commerciales que constituent ces deux vallées. Deux courants se forment, l'art scaldien (de Scaldis : Escaut) et l'art mosan, qui ne manquent pas d'originalité, même si les églises présentent bien des points communs dans leur architecture : plan basilical, transept, chœur à abside, plafond plat en bois.

Art roman scaldien. — Dans les régions scaldiennes anéanties par le passage des hordes normandes, l'architecture romane apparaît dans des édifices isolés, tels la collégiale de **Soignies.** Puis la construction de la **cathédrale de Tournai** entraîne au 12e s. celle de plusieurs églises s'inspirant du même style. La tour à la croisée du transept, les tourelles sur la façade Ouest et, à l'intérieur, des tribunes et des galeries de circulation d'influence normande caractérisent ces monuments.

Quelques édifices civils appartiennent aussi à l'art scaldien (Tournai, Gand, Alost) : au-dessus du rez-de-chaussée aux ouvertures en plein cintre, les fenêtres, partagées en deux par une colonnette, s'alignent entre deux cordons de pierre. Dans le château des Comtes à Gand, on remarque des fenêtres à arcs romans, partagés par des colonnettes, qui rappellent celles des maisons.

Dans la région, dès le 12e s., la sculpture, favorisée par la présence de la pierre tournaisienne *(p. 158),* est remarquable : portails et chapiteaux (cathédrale de Tournai), fonts baptismaux (Zedelgem, Termonde).

(D'après photo C.G.T., Dédé)

Tournai. — Intérieur de la cathédrale

L'art mosan

On appelle ainsi l'art qui, aux 11e et 12e s. surtout, s'est développé dans le diocèse de Liège, c'est-à-dire dans la vallée de la Meuse et son arrière-pays. Déjà important foyer artistique à l'époque gallo-romaine, la **principauté de Liège,** qui comprenait Aix-la-Chapelle, subit une influence de l'art carolingien. Plus tard, grâce à des relations particulièrement développées avec l'archevêché de Cologne (dont dépend le diocèse de Liège) et le Rhin, celle du style roman rhénan.

Au 13e s., l'influence française prédomine : c'est la fin de l'art mosan en architecture.

Architecture. — L'architecture romane de la région mosane conserve un certain nombre de composantes de l'art carolingien dont elle est en quelque sorte le prolongement. Tout d'abord, l'architecture ottonienne qui se répand en Allemagne au 10e s. et au début du 11e s. sous l'empereur Otton Ier, influence une partie de la **collégiale de Nivelles,** consacrée en 1046. Nivelles appartenait alors à l'évêché de Liège, qui relevait du St-Empire.

Au 12e s., l'avant-corps devient plus imposant, il est flanqué de tourelles d'escalier (St-Denis et St-Jean à Liège), ou plus rarement de deux tours carrées (St-Barthélemy de Liège). L'église est décorée à l'extérieur d'arcatures lombardes. L'abside se double parfois d'une galerie extérieure (St-Pierre à St-Trond). L'église possède souvent une crypte, et parfois un beau cloître (Nivelles, Tongres).

Plusieurs de ces caractéristiques se retrouvent dans la partie plus tardive de la collégiale de Nivelles et dans de nombreuses églises rurales (Hastière, Celles, Xhignesse).

Dinanderie et orfèvrerie. — La dinanderie, art de fondre et de battre le cuivre ou le laiton, pratiqué dans la vallée de la Meuse, d'abord à Huy puis à Dinant, est probablement à l'origine d'une importante tradition d'orfèvrerie liturgique qui se répand dans tout le pays mosan et produit des châsses, reliquaires, croix, re-liures d'une grande richesse.

Renier de Huy exécute, de 1107 à 1118, en lai-ton, les fameux fonts baptismaux de St-Barthélemy à Liège, d'une perfection classique exceptionnelle à l'époque.

Par la suite, les œuvres deviennent plus com-plexes, plus chargées et les matériaux plus variés.

Godefroy de Huy emploie l'émail champlevé dans la plupart de ses réalisations, notamment le chef-reliquaire du pape saint Alexandre, réalisé pour l'abbaye de Stavelot et exposé au musée du Cin-quantenaire à Bruxelles.

Nicolas de Verdun, qui marque la transition roma-no-gothique, exécute la châsse de Notre-Dame pour la cathédrale de Tournai en 1205.

Au début du 13e s., le frère **Hugo d'Oignies** cisèle des œuvres délicates et raffinées qui sont visibles à Namur, au couvent des Sœurs de Notre-Dame.

Bien des œuvres anonymes, telles la châsse de Visé (12e s.) ou celle de Stavelot, du 13e s. *(illustration p. 154),* appartiennent à l'art mosan.

(D'après photo C.G.T., Robijns)

Fonts baptismaux de Renier de Huy
Eglise St-Barthélemy, Liège

Sculpture. — L'art mosan fournit d'excellentes sculptures en bois : le Christ de Tongres, les célèbres Vierges en majesté nommées **Sedes Sapientiae** (Siège de la Sagesse) comme celles de Walcourt, St-Jean de Liège.

Les sculptures en pierre sont également intéressantes, en particulier les chapiteaux (Tongres), les bas-reliefs (Vierge de Dom Rupert, au musée Curtius à Liège). Beaucoup d'églises mosanes possèdent des fonts baptismaux dont la cuve est sculptée de quatre têtes d'angle (Waha) et le pourtour décoré de rinceaux, d'animaux (St-Séverin).

L'art gothique (13e-15e s.)

Architecture religieuse. — Dans les édifices religieux, l'art rhénan s'éclipse au bénéfice du gothique français importé par les communautés monastiques venues de France ou diffusé par l'intermédiaire de Tournai.

Cependant l'art gothique apparaît plus tardivement en Belgique qu'en France. Sa première manifestation se présente lors de la construction du **chœur de la cathédrale de Tournai** (1243) inspiré de celui de la cathédrale de Soissons. Il se répand lentement.

Des variantes propres à la Belgique ou à certaines régions peuvent être observées. L'église gothique est plus large en Belgi-que qu'en France et souvent moins élevée. Par contre, la tour, servant de clocher, est très impo-sante (123 m de haut à Anvers), même si elle est inachevée comme celle de Malines.

Le gothique scaldien. — Il perpétue les caractères apparus à l'époque romane, mais sa principale parti-cularité est la présence de fenê-tres à trois lancettes, ou **triplets** (Notre-Dame de Pamele à Aude-narde, St-Nicolas à Gand).

Le gothique brabançon. — L'art go-thique ne fait son apparition dans le Brabant qu'au 14e s. Les archi-tectes s'inspirent des grandes ca-thédrales françaises (St-Michel de Bruxelles) mais les modifications qu'ils apportent créent un style particulier qui se répand au-delà de la province (cathédrale d'Anvers). D'autre part, cet art reste assez sobre et ne connaît pas les débordements du flam-boyant.

(D'après photo C.G.T., Sutter)

Malines. — Cathédrale St-Rombaut

L'église brabançonne, large édifice à trois nefs et déambulatoire à chapelles rayonnan-tes, se distingue par la présence d'une tour massive formant porche à l'Ouest (la plus belle se trouve à Malines), par ses chapelles latérales surmontées de pignons triangulaires dont l'alignement rappelle celui des maisons. Le transept fait souvent défaut (Notre-Dame de Hal) ainsi que les rosaces qui sont remplacées par de grandes baies.

L'intérieur est très caractéristique. La nef est portée par de robustes piliers cylindriques dont les chapiteaux sont ornés, à l'origine, d'une double rangée de feuilles de choux frisés. A ces piliers s'adosseront par la suite de grandes statues d'apôtres. La voûte est d'un gothique encore peu évolué. Les chapelles des collatéraux communiquent entre elles, for-mant ainsi de nouvelles nefs. Enfin, le triforium est parfois remplacé par une balustrade très ouvragée, sans galerie de circulation.

Le type de ces églises est Notre-Dame de Hal.

Architecture civile. — Dès la fin du 13ᵉ s., l'originalité des architectures se manifeste, surtout en Flandre, dans les **édifices communaux** : beffrois, halles ou hôtels de ville.

L'industrie drapière a favorisé la création et la croissance des villes. Pour défendre leur prospérité, les habitants ont obtenu des privilèges, des chartes urbaines garantissant l'exercice de leur commerce. Ils construisent pour leurs réunions, leurs affaires, des monuments imposants, témoignant d'une autonomie locale jalousement défendue et d'une vie communale active. Ces édifices s'ordonnent autour de la Grand-Place.

Beffrois. — Symbole de la puissance communale, le beffroi se dresse sur la Grand-Place, isolé comme à Tournai, Gand ou englobé dans un édifice communal, halles (Bruges, Ypres) ou hôtel de ville (Bruxelles). Il est conçu comme un donjon avec échauguettes et machicoulis. Dans les fondations, la prison; puis deux salles superposées avec, en saillie, une bretèche ou balcon d'où se faisaient les proclamations. Au sommet, la salle des cloches composant le carillon *(p. 32)* et la loge des guetteurs, porteurs de trompes. Enfin, couronnant l'ensemble, une girouette symbolisant la cité : dragon, lion des Flandres, guerrier, saint (Bruxelles), personnage local (Audenarde).

Halles. — Le développement de la commune allait de pair avec celui de la draperie : au 15ᵉ s., il y avait à Gand 4 000 tisserands sur 50 000 habitants. Certaines halles avaient même le privilège de droit d'asile comme les églises ou les cimetières.

Les halles se composent d'un bâtiment rectangulaire scindé à l'intérieur en vaisseaux formant marché couvert; à l'étage sont disposés des locaux de réunions ou des entrepôts.

Les plus belles sont celles de Bruges, commencées à la fin du 13ᵉ s., et celles d'Ypres, construites à la même époque et réédifiées après la Première Guerre mondiale.

A Bruges comme à Ypres, les halles englobent le beffroi car, jusqu'à la fin du 14ᵉ s., elles servent généralement de maison communale.

Hôtels de ville. — Les plus beaux hôtels de ville (Bruges, Louvain, Bruxelles, Audenarde) sont édifiés à partir de la fin du 14ᵉ s., alors que se fait déjà sentir le déclin du commerce du drap.

Bruges donne l'exemple avec son hôtel de ville construit en 1376. Il ressemble encore à une chapelle. Après celui-ci viendront celui de Bruxelles, ceux de Louvain, Gand, achevés sous la Renaissance, et celui d'Audenarde qui constitue une synthèse des précédents.

A l'extérieur, la façade est ornée de niches abritant les comtes et comtesses de Flandre et les saints patrons de la cité.

Au 1ᵉʳ étage, la grande salle échevinale très décorée (fresques, tapisseries ou tableaux et toujours une cheminée monumentale) sert de salle de réunion, présidée par le bourgmestre, et de salle des fêtes.

A Damme, le rez-de-chaussée est réservé aux halles.

Le style gothique se manifeste également dans les demeures flamandes, notamment à Bruges où se crée un style bien particulier, de tendance flamboyante, qui se perpétue au 16ᵉ s. : les fenêtres sont surmontées d'un tympan plus ou moins décoré, par la suite fenêtres et tympans sont réunis sous une accolade.

(D'après photo C.G.T., Esterhazy)

Bruxelles. — Hôtel de ville

Sculpture. — Pendant la seconde moitié du 15ᵉ s. et au début du 16ᵉ s. se développa en Brabant (Bruxelles, Louvain) et à Anvers et Malines une école de sculpture qui produisit d'innombrables retables en bois remarquables pour leur finesse d'exécution et leur réalisme empreint de pittoresque et d'une facture encore gothique.

Parmi ces **retables brabançons**, outre celui d'Hakendover (1430) le plus ancien conservé en Belgique et aussi l'un des plus élégants, il faut signaler le magnifique retable de saint Georges (1493) exposé au musée du Cinquantenaire à Bruxelles *(illustration p. 75)*.

La même veine pittoresque se manifeste dans la sculpture des **stalles** dont les accoudoirs et les miséricordes (supports de sièges) s'ornent dans les églises brabançonnes de figures satiriques pleines de fantaisie, illustrations sans pitié des vices humains. Celles de Diest sont parmi les plus remarquables.

Arts décoratifs. — La Belgique gothique fait surtout preuve d'originalité dans la décoration des intérieurs de monuments religieux ou civils. Le travail du bois (retables, statues, stalles, poutres) est remarquable de même que celui de la pierre ainsi qu'en témoignent les **jubés** flamboyants de Lierre, Walcourt et Tessenderlo. L'orfèvrerie mosane ne survit pas après le 13ᵉ s. *(p. 24)*; les dinandiers par contre répandus dans tout le pays exécutent de magnifiques chandeliers, fonts baptismaux, lutrins en forme d'aigles, de pélicans ou de griffons.

La peinture *(p. 29)* et la tapisserie *(p. 30)* produisent des œuvres exceptionnelles.

La Renaissance (16ᵉ s.)

L'influence italienne n'est que superficiellement ressentie en Belgique et seulement à partir de 1530 environ.

Architecture. — Alors que les édifices religieux conservent le style gothique, la Renaissance italienne apparaît dans les édifices civils. Si l'hôtel de ville d'Audenarde (1526-1530) reste en partie fidèle à l'esprit gothique, celui d'Anvers (1564) par **Corneille Floris** (1514-1575), la cour du palais des Princes-Évêques à Liège (1526), les maisons de corporations de la Grand-Place d'Anvers (fin du 16ᵉ s.) traduisent un goût nouveau.

Celui-ci touche surtout les façades où apparaissent des colonnes engagées, des pilastres, des statues (hôtel de ville d'Anvers), des frises (ancien greffe à Bruges), des pignons soulignés de volutes et couronnées de statues (hôtel de ville de Furnes). Les fenêtres sont souvent surmontées de tympans moulurés, apport régionaliste hérité du gothique.

En fait, l'ampleur et l'exubérance de la décoration ont permis de qualifier de **« pré-baroque »** le style Renaissance dans les Flandres.

Dans la deuxième partie du 16ᵉ s., sous la domination espagnole, un style dénommé **hispano-flamand** se développe dans les châteaux. Il se caractérise par la présence de bulbes, comme à Ooidonk, de tourelles, comme à Rumbeke, ou de pignons à redans, comme à Beersel *(illustration p. 79),* qui donnent à ces édifices une silhouette pittoresque et caractéristique de même que les bulbes qui apparaissent au sommet des clochers d'église.

Sculpture. — La sculpture Renaissance en Belgique s'exprime dans les œuvres un peu recherchées du Montois **Du Broeucq** (vers 1500-1584) dont la plupart sont conservées dans la collégiale Ste-Waudru à Mons (statues des Vertus). Il conçut également les plans des châteaux de Binche et de Mariemont aujourd'hui disparus.

Corneille Floris, architecte de l'hôtel de ville d'Anvers, est aussi le réalisateur du magnifique tabernacle de Léau.

Les œuvres de **Jérôme Duquesnoy l'Ancien** (vers 1570-1641), connu pour son Manneken Pis *(illustration p. 68),* rappellent celles de Corneille Floris, notamment dans le tabernacle d'Alost.

Sculpteur de Charles Quint, **Jean Mone** (mort vers 1548), originaire de Metz, est l'auteur de monuments funéraires (Enghien, Hoogstraten), de retables (Hal) dans la plus pure ligne italienne.

L'art baroque (17ᵉ s.)

Le début du 17ᵉ s. correspond à une ère de tranquillité après les guerres de Religion et d'indépendance. L'Espagne est représentée alors par les archiducs Albert et Isabelle, tenant une cour fastueuse à Bruxelles. Ces souverains catholiques font construire de nombreux édifices religieux.

Cependant, jusqu'au milieu du siècle, le grand centre artistique est encore Anvers *(p. 40)* où Rubens meurt en 1640.

Architecture religieuse. — Au début du siècle, la basilique de Montaigu, surmontée d'un dôme, et réalisée par **Coebergher** *(p. 51)* à la demande des archiducs, marque l'apparition du style baroque en Belgique.

Puis de nombreux édifices religieux de la Compagnie de Jésus, tels St-Charles-Borromée à Anvers, St-Loup à Namur, St-Michel à Louvain, s'inspirent de l'église du Gesù édifiée à Rome au siècle précédent.

À la fin du siècle, plusieurs édifices abbatiales de Prémontrés adoptent le style baroque : Grimbergen, Averbode, Ninove. Ce sont des édifices grandioses, dont le plan en forme de croix tréflée, est prolongé par un chœur particulièrement long, réservé aux moines. Ces églises sont parfois surmontées d'une coupole comme à Grimbergen.

Architecture civile. — Quelques édifices civils sont à signaler tel le beffroi de Mons *(illustration p. 132).*

Le plus bel ensemble urbain relevant du style baroque est la **grand-place de Bruxelles.** Rééditée après le bombardement de 1695, elle témoigne d'une verve décorative débridée tout en restant tributaire d'un certain esprit Renaissance encore visible dans l'ordonnance des ordres dorique, ionique et corinthien qui rythme les façades, dans les balustrades de certains frontons.

En pays mosan, les maisons du 17ᵉ s., très caractéristiques, n'affichent aucune fantaisie, avec leurs murs de brique entrecoupés de rangées de pierre entre lesquelles s'ouvrent de hautes fenêtres à meneaux, comme le musée Curtius à Liège.

Sculpture. — Nombre d'églises de l'époque sont ornées à l'intérieur de sculptures de l'Anversois **Artus Quellin le Vieux** (1609-1668) très influencé par Rubens, ou de son cousin **Artus Quellin le Jeune** (1625-1697).

Au Malinois **Luc Fayd'herbe** (1617-1697), élève de Rubens, on doit de colossales statues adossées aux colonnes de la nef et des retables.

François Duquesnoy (1597-1643), fils de Jérôme *(ci-dessus)* travaille surtout à Rome. Il est connu pour ses angelots ou « putti », gracieuses figurines de marbre, terre cuite ou ivoire. Il serait l'auteur, ainsi que son frère **Jérôme Duquesnoy le Jeune** (1602-1654), d'innombrables crucifix d'ivoire tous semblables par leur finesse et leur élégance (château de Spontin).

À Liège, **Jean Delcour** (1631-1707), qui fut collaborateur de Bernin à Rome, sculpte d'élégantes effigies de Madones et de saints *(p. 114).*

Enfin l'Anversois **Henri-François Verbruggen** (1655-1724) s'illustre dans le travail du bois : ses confessionnaux de Grimbergen, précédés de personnages grandeur nature, montrent un mouvement et une vigueur remarquables. Ils furent très imités par la suite *(illustration p. 28).*

Verbruggen crée aussi à St-Michel de Bruxelles le prototype de ces chaires à prêcher nommées en Belgique **chaires de vérité,** dont les sculptures et les personnages immenses illustrent des vérités de l'Évangile.

Enfin, les stalles d'Averbode, de Floreffe, de Vilvorde, ornées de personnages, sont aussi remarquables.

Le 18ᵉ s.

Le baroque subsiste dans les édifices religieux mais à la fin du siècle, sous la domination de Charles de Lorraine (1744-1780), se répand le style néo-classique. La **Place Royale de Bruxelles** est aménagée dans ce style par les Français Guimard et Barré.

Laurent Dewez (1731-1812), architecte de ce gouverneur, construit dans le même style l'abbatiale d'Orval (1760), aujourd'hui détruite, puis celle de Gembloux (1762-1779) et enfin celle de Bonne-Espérance (1770-1776).

La sculpture baroque prolifère encore dans les églises. Les chaires deviennent rococo comme l'élégant ensemble réalisé en chêne et marbre à St-Bavon de Gand, par **Laurent Delvaux** (1696-1778) qui adoptera par la suite le style néo-classique.

Théodore Verhaegen (1700-1759), outre plusieurs chaires, exécute à Ninove un exubérant confessionnal aux figures majestueusement sculptées dans le bois.

Michel Vervoort le Vieux (1667-1737) est l'auteur de chaires, de confessionnaux garnis de statues comme ceux de l'église St-Charles à Anvers.

(D'après photo A.C.L.)

Anvers. — Confessionnaux de l'église St-Charles

Les arts décoratifs sont à l'honneur au 18ᵉ s. : tapisserie *(p. 30)*, dentelle *(p. 31)*, céramique de Tournai *(p. 158)*, ébénisterie de Liège *(p. 115)* dont les meubles, inspirés du style français, garnissent de riches intérieurs tendus de cuirs peints, de tapisseries (musée d'Ansembourg, Liège). Dans la province de Liège, la richesse de l'aménagement intérieur des châteaux contraste avec la sobriété de l'architecture liégeoise (Aigremont).

Les 19ᵉ et 20ᵉ s.

Au 19ᵉ s., le style néo-classique triomphe en architecture mais aussi en sculpture avec **Guillaume Geefs** (1805-1883), auteur de la statue de Léopold Iᵉʳ au sommet de la colonne du Congrès à Bruxelles.

Le romantisme à partir de 1830 touche les sculptures de **Charles Fraikin** (1817-1893) *(p. 102)*, **Julien Dillens** (1849-1904) qui participe avec Rodin exilé à la décoration de la Bourse de Bruxelles. **Constantin Meunier** (1831-1905), d'abord peintre, se tourne vers la sculpture en 1885; il s'attache alors à représenter l'homme au travail, le mineur, en plein effort.

Jef Lambeaux (1852-1908) séduit par sa fougue et son élan (Anvers, Fontaine Brabo).

Vers 1900, la Belgique est une des premières à participer au mouvement d'Art nouveau avec des architectes comme **Henry Van de Velde** (1863-1957) et surtout **Victor Horta** (1861-1947). Des matériaux traditionnels (pierre, verre, bois) ou nouveaux (acier, béton) sont mis au service de compositions rationnellement étudiées dont la structure se lie harmonieusement au décor jusqu'à devenir elle-même un élément décoratif. Les intérieurs de la maison de Horta devenue musée à St-Gilles, du palais des Beaux-Arts à Bruxelles, du musée des Beaux-Arts à Tournai font apparaître le goût du détail des formes, l'originalité dont fit preuve ce fécond novateur.

En sculpture **Rik Wouters** (1882-1916) est l'auteur de réalisations très enlevées comme la Vierge folle (Middelheim) et aussi peintre fauviste, **Oscar Jespers** (1887-1970), expressionniste, et **Victor Servranckx** (1897-1965), peintre et sculpteur abstrait.

LES BÉGUINAGES

Dans le Nord de la Belgique on peut voir encore une vingtaine de béguinages, certains d'entre eux encore habités par des béguines.

Le béguinage est un enclos groupant des maisonnettes où vivent les béguines, femmes pieuses catholiques tenues à certaines observances comme le port du costume, l'assistance aux offices. Elles doivent obéissance à la Grande demoiselle qui est à leur tête. Par contre elles ne font pas vœu de pauvreté et peuvent jouir de leur fortune. Elles sont libres de vaquer à leurs occupations pendant la journée, mais les portes de l'enclos se ferment à la nuit tombante.

On ne connaît pas l'origine des béguinages. Pour certains, la première institution de ce genre aurait été créée à la fin du 12ᵉ s. par Lambert le Bègue à Liège. Cependant, la tradition attribue la fondation des béguinages à **sainte Begge** qui fut la supérieure d'un couvent à Andenne *(p. 130)* où elle mourut en 694.

Au 13ᵉ s., les béguinages avaient pris leur forme définitive d'enclos indépendant possédant sa propre église. Ils étaient très répandus dans tout le pays, ainsi qu'en Flandre française. Liège comptait alors quelque 1 500 béguines. De nos jours, une seule communauté assez importante subsiste à Gand, au Grand Béguinage de Mont-St-Amand. Les municipalités louent les maisons inoccupées à des personnes âgées, parfois à des étudiants comme à Louvain.

Situé souvent un peu à l'écart, clos de murs où s'ouvre une porte monumentale, le béguinage forme une pittoresque petite cité dans la grande. Il présente soit une grande cour gazonnée, plantée d'arbres et entourée par les maisons des béguines et par l'église (Ste-Élisabeth à Gand, Bruges), soit un lacis de ruelles et d'impasses (Lierre, Courtrai).

Beaucoup de béguinages ont été détruits par les iconoclastes en 1566 et reconstruits à la fin du 16ᵉ et au 17ᵉ s. Les maisons sont souvent charmantes, blanches à volets verts, précédées d'un jardin auquel on accède par une porte cintrée à claveaux en bossage *(illustration p. 110)*. Les styles régionaux s'y manifestent.

LA PEINTURE

C'est surtout dans la peinture que les peuples de Belgique, amoureux de la couleur et sensibles au monde extérieur, ont trouvé leur expression la plus caractéristique.

Les Primitifs. — Le 15e s. est l'âge d'or de la peinture flamande. Un courant naturaliste est déjà apparu dès la fin du 14e s. avec Hennequin (ou Jean) de Bruges, dessinateur des cartons de l'Apocalypse d'Angers, et Melchior Broederlam, peintre des retables de la Chartreuse de Champmol, en Bourgogne. Leur art reste cependant très proche de la **miniature** où les Flamands d'ailleurs excellent, sous l'égide des ducs de Bourgogne. Au début du 15e s., les frères Pol, Jean et Herman de Limbourg, miniaturistes des Très Riches Heures du duc de Berry (château de Chantilly, France) montrent un réalisme descriptif étonnant.

Le plus grand peintre est **Jean Van Eyck** (mort en 1441) dont le retable de l'Agneau mystique *(p. 59 et 95),* par son utilisation de la perspective, du détail réaliste, de couleurs vives adoucies par la lumière, reste une des merveilles de la peinture universelle. On attribue en outre à Van Eyck l'invention de la peinture à l'huile.

A la même époque travaille à Tournai **Robert Campin** identifié avec le maître de Flémalle. Il a pour élève Roger de la Pasture connu sous le nom de **Van der Weyden** *(p. 158).* Son influence a été ressentie par **Thierry Bouts** *(p. 111).*

(D'après photo A.C.L.)

La Vierge à la pomme, par Memling
Bruges, musée Memling

L'école de Bruges *(p. 59)* comprend après Van Eyck, **Petrus Christus,** bon portraitiste, **Memling** qui offre dans ses tableaux une séduisante synthèse des caractères picturaux de l'époque, tant dans ses compositions religieuses suaves et recueillies que dans ses admirables portraits d'une maîtrise exceptionnelle. **Gérard David** en est le continuateur.

A Gand, **Van der Goes** *(p. 59)* peint des panneaux d'une composition originale.

La Renaissance. — 16e s. Le premier peintre qui s'inspire de la Renaissance est **Quentin Metsys** (1466-1530), délicat et raffiné.

Patinir *(p. 87)* et **Henri Blès** *(p. 87)* se consacrent aux paysages.

Pierre Brueghel l'Ancien (vers 1525-1569), émule de Jérôme Bosch, nous donne des tableaux enjoués à l'observation pleine de pittoresque. Son fils Pierre Brueghel, dit **Brueghel d'Enfer,** l'imite avec talent.

17e s. — C'est, comme le 15e s., un âge d'or de la peinture.

Rubens *(p. 40),* artiste universel sensible à toutes les suggestions de la chair et de l'esprit, réalise l'accord entre la vérité flamande et l'harmonie italienne. Peintre de scènes religieuses, de paysages, de portraits, il a eu comme inspiratrices ses deux femmes, Isabelle Brant et Hélène Fourment.

Van Dyck (1599-1641), qui vécut en Angleterre à partir de 1632, fut l'élève de Rubens. C'est un technicien extraordinaire, aux œuvres souvent sombres et mélancoliques, auteur de scènes religieuses et d'élégants portraits mondains.

Parmi les collaborateurs de Rubens, **Jordaens** (1593-1678) est un coloriste au modélé vigoureux, amateur de scènes truculentes; l'animalier **Snyders** a pour élève **Paul De Vos** dont le frère **Corneille De Vos** est plutôt spécialisé dans le portrait *(illustration p. 164);* Jan Brueghel, nommé **Brueghel de Velours,** est fameux pour ses peintures de fleurs et de paysages. Son gendre, **David Teniers le Jeune** (1610-1690), met à la mode le genre rustique.

Le 17e s. s'attarde un peu dans les peintures religieuses de Pierre-Joseph **Verhagen** (1728-1811) *(p. 38),* continuateur de Rubens.

19e-20e s. — Le néo-classicisme marque le style de François-Joseph **Navez** (1787-1869), bon portraitiste, élève de David. **Wiertz** (1806-1865) est plus romantique.

En dehors de **Théo van Rysselberghe** (1862-1926) qui adopte la technique pointilliste de Seurat, les peintres de la fin du 19e s. ignorent les courants nouveaux et notamment l'impressionnisme. **Émile Claus** (1849-1924) dépeint la vie tranquille de la campagne. **Henri Evenepoel** (1872-1899) retrace l'existence quotidienne, tandis que **Henri De Braekeleer** (1840-1888) donne une poésie lumineuse aux scènes de la vie bourgeoise.

Jakob Smits (1855-1928) est le peintre de la Campine.

Les tableaux de Degouve de Nuncques (1867-1935), de Xavier Mellery (1845-1921) et de Fernand Khnopff (1858-1921), peintre d'étranges femmes sphinx ou méduses se rattachent au **symbolisme.**

A l'écart de tous les courants artistiques, **James Ensor** *(p. 139)* fait preuve d'originalité et d'un talent sans égal.

La peinture belge reprend son essor également avec le **groupe de Laethem St-Martin** *(p. 98).* **Valérius De Saedeleer** peint des paysages à la Brueghel, **Gustave van de Woestijne** des personnages un peu primitifs. La deuxième vague de Laethem est expressionniste, avec **Albert Servaes** qui verse dans le mysticisme, **Gust** (Gustave) **De Smet** et **Frits van den Berghe,** plutôt surréaliste. **Permeke** *(p. 140)* en est le chef. Ses paysages, ses personnages, dotés d'une force tranquille, expriment de même que ses sculptures un lyrisme un peu primitif.

Le **surréalisme** est surtout représenté en Belgique par les univers fantastiques d'un **Magritte** (1898-1967) dont la technique précise est mise au service de l'imaginaire, d'un **Paul Delvaux** (né en 1897) aux personnages errant dans des décors théâtraux.

Au nombre des contemporains figurent Jean Brusselmans (1884-1953), auteur de paysages stylisés et des non-figuratifs comme Joseph Lacasse (né en 1894), Gaston Bertrand et Raoul Ubac (nés en 1910), Pierre Alechinsky (né en 1927).

LA TAPISSERIE

Destinée à l'ornementation des murs des châteaux ou des églises, la tapisserie serait apparue en Europe à la fin du 8ᵉ s. Elle s'y développa surtout à partir du 14ᵉ s. et prit en Belgique une importance considérable. Au début du 16ᵉ s., Bruxelles possède près de 1 500 ouvriers tapissiers. Les tapisseries tissées en Belgique sont commandées par les plus grands princes de l'Europe, par les rois d'Espagne et par le pape.

La tapisserie est réalisée sur un métier où deux séries parallèles de fils de couleur (la chaîne et la trame) s'entrecroisent pour former des motifs. Ces derniers s'inspirent d'un modèle peint ou « carton ». Si la chaîne est horizontale, le métier est dit de basse lice. Si elle est verticale, il s'agit d'un métier de haute lice; c'est le cas le plus courant en Belgique. La trame est constituée de fils de laine souvent mêlée de soie, d'or ou d'argent.

Les premières tapisseries furent surtout des compositions religieuses. Plus tard apparurent les tableaux historiques, les scènes de chasse, les allégories, les scènes mythologiques. Plusieurs tapisseries illustrant le même thème forment une tenture ou une suite. La composition se déroule sur un décor de prairies fleuries.

Tournai. — Le principal centre de production est d'abord Arras, sous la domination des ducs de Bourgogne. Avec la prise de la ville par Louis XI, en 1477, commence son déclin. Tournai, déjà entrée en concurrence avec Arras, va complètement la supplanter.

Les compositions tournaisiennes sont sans bordure; l'histoire y est présentée en plusieurs épisodes étroitement juxtaposés. On n'y observe pas d'espace vide : entre les personnages aux vêtements somptueux s'inscrivent des végétaux. L'ensemble est d'ailleurs très stylisé, même lorsque le sujet s'inspire d'un tableau comme la **Justice de Trajan et d'Herkenbald** (musée d'Histoire de Berne), réalisée d'après des œuvres de Van der Weyden aujourd'hui détruites.

On peut citer en outre parmi les plus fameuses réalisations tournaisiennes : la Tonte des Moutons, l'histoire de Gédéon (disparue) (1449-1453) et l'histoire d'Alexandre (1459), tissées pour Philippe le Bon, la bataille de Roncevaux (2ᵉ moitié du 15ᵉ s.)

Bruxelles. – Dès le 14ᵉ s., la tapisserie est en honneur à Bruxelles. Cependant les plus anciennes tapisseries bruxelloises connues remontent à la seconde moitié du 15ᵉ s. : en 1466, les ducs de Bourgogne passent leur première commande.

De technique très raffinée, les compositions sont d'esprit encore gothique : **David et Bethsabée** (début du 16ᵉ s.).

C'est bientôt l'apogée de la tapisserie bruxelloise. Un nouveau style se crée sous l'impulsion de **Van Orley** (vers 1488-1541) : la composition devient monumentale, les scènes sont désormais présentées avec une grande recherche et ne traitent qu'un seul sujet, bien mis en valeur : personnages vêtus de somptueux costumes, paysages enrichis d'édifices Renaissance, plantes minutieusement reproduites, bordures chargées de fleurs, de fruits et de grotesques, animaux ou arabesques. A partir de 1525, on peut distinguer dans l'encadrement les initiales BB (Bruxelles Brabant). A Van Orley on doit la série des **Honneurs**, exécutée pour Charles Quint (vers 1520), la **Légende de Notre-Dame du Sablon** (1515-1518) et les **Chasses de Maximilien**, que réalisa Guillaume de Pannemaker, membre d'une talentueuse famille de tapissiers. Dans ces dernières, la nature est dépeinte d'une façon remarquable.

Raphaël exécute les cartons des **Actes des Apôtres** (1515-1519) commandés par le pape Léon X.

Le peintre **Pieter Coecke** est l'auteur des cartons des Péchés Capitaux et de l'Histoire de saint Paul.

La Légende d'Herkenbald (1513) et la série des **Vertus et des Vices,** sont également admirables.

Au début du 17ᵉ s., Bruxelles perd sa suprématie mais les commandes continuent à affluer. De nombreuses tapisseries comme les Triomphes du St-Sacrement sont effectuées

(D'après photo A.C.L.)

La Légende de Notre-Dame-du-Sablon
Bruxelles, musée du Cinquantenaire.

d'après des cartons de **Rubens**. Elles se distinguent par leur sens dramatique, leur effet de perspective, et l'importance de leur encadrement. Jordaens compose lui-même plusieurs cartons : Proverbes, Vie à la Campagne.

A la même époque, **Anvers, Bruges, Enghien, Grammont** tissent également des tapisseries.

A la fin du 17ᵉ s. et au 18ᵉ s., les cartons de Rubens sont encore utilisés, mais la mode est aux sujets rustiques et les tableaux de **David Teniers le Jeune** *(p. 29)* sont fréquemment reproduits.

Audenarde. — A Audenarde, où la tapisserie brille depuis le 16ᵉ s., les sujets ont toujours été d'un genre plus modeste qu'à Bruxelles. Le 18ᵉ s. voit le triomphe de ces paysages nommés « verdures » *(p. 141)* que confectionnent également, depuis le 16ᵉ s., d'autres centres comme Enghien, Grammont.

Audenarde imite aussi, tout comme Bruxelles, les tableaux rustiques de David Teniers le Jeune.

De nos jours, l'art de la tapisserie, qui a décliné à la fin du 18ᵉ s., a été remis en vigueur à **Malines.**

De belles tapisseries de Tournai et de Bruxelles peuvent être admirées au musée du Cinquantenaire à Bruxelles *(p. 75).*

ARTS DIVERS

Voir carte des Industries d'art p. 20

Mobilier. — Les meubles gothiques taillés dans le chêne se limitent à des tables, des bancs et des coffres où se retrouve le motif du parchemin. A la Renaissance, tables et chaises à très haut dossier s'ornent de lourds pieds tournés. Fabriqués à **Anvers,** les massifs bahuts à deux corps présentent des entablements soutenus par des cariatides, des montants à têtes de lions (le lion des Flandres) tenant des anneaux dans leur gueule, des frises et des panneaux moulurés ou sculptés de scènes religieuses, historiques ou mythologiques. Les sièges et les murs sont recouverts à la manière espagnole de cuir repoussé et peint dont **Malines** assure la fabrication à partir du début du 16ᵉ s., en remplacement de Cordoue. A la même époque, on sculpte les semelles et corbeaux de poutres dans la plupart des bâtiments publics, on enjolive les cheminées de motifs Renaissance.

(D'après photo A.C.L.)

Armoire anversoise Renaissance
Anvers, Vleeshuis.

Dès la fin du 16ᵉ s., le bois exotique est introduit dans le mobilier. Les armoires, qui prennent des proportions gigantesques, sont souvent plaquées d'ébène. **Anvers** fabrique les fameux cabinets d'ébène ou de palissandre richement incrustés d'ivoire, de nacre ou d'écaille et dont certains s'ornent de panneaux peints provenant de l'atelier de Rubens.

Au 18ᵉ s., le goût français pour les formes souples s'impose : à **Liège** et à **Namur** sont fabriquées d'élégantes armoires de chêne.

En 1900, l'art Nouveau, sous la férule de Henry van de Velde, fut très suivi, en particulier dans les ouvrages de Serrurier-Bovy.

La production de meubles reste florissante à Malines et à Liège.

Céramique. — Au Moyen Age, la décoration des maisons entraîne une fabrication très importante de **carreaux de faïence,** pour les murs ou le pavement. La vaisselle, en **grès** vernissé, provient de la région du Rhin, mais aussi de **Raeren** et, à partir du 16ᵉ s., de **Bouffioulx** (près de Charleroi). De nos jours, les grès bleus de la **Roche en Ardenne** sont appréciés.

Les premières fabriques de **faïence,** de technique italienne, fonctionnent à Anvers au 16ᵉ s. Outre les traditionnels carreaux, on y produit des plats, des pots de pharmacie. Aux 18ᵉ et 19ᵉ s., des fabriques de céramique fonctionnent à Nimy (près de Mons), Liège, Namur, Bruxelles ainsi qu'à Tournai et Andenne.

A l'heure actuelle, la céramique de table est une importante activité dans le pays (La Louvière) de même qu'au Grand-Duché, à Luxembourg.

Pour la **porcelaine,** outre Andenne, le principal centre fut **Tournai** dont la manufacture fut fondée au milieu du 18ᵉ s. La porcelaine de **Bruxelles** est encore réputée.

Verrerie. — Installé dans le Hainaut au 2ᵉ s., cet art se perfectionne à la fin du 15ᵉ s., sous l'influence de Venise, puis au 17ᵉ s., avec des apports de Bohême et d'Angleterre, tandis que l'utilisation de la houille comme combustible dès la fin du 17ᵉ s. favorise la concentration du verre à vitre dans le bassin de Charleroi.

A la cristallerie de **Vonêche** qui, fondée en 1802 près de Beauraing, fut jusqu'en 1815 la plus importante de l'empire français, succéda à partir de 1826 celle de **Val St-Lambert** (Ouest de Liège).

Dentelle. — C'est probablement un art d'origine vénitienne, cependant la Flandre revendique la paternité de la dentelle au fuseau. Cette dernière est exécutée sur un coussin ou carreau; les fils sont tendus par des bobines ou fuseaux qui sont manipulés de façon à former soit un réseau soit un motif, l'ouvrage étant fixé au fur et à mesure par des épingles.

(D'après photo musée du Lin, Courtrai)

Dentelle flamande

La dentelle apparaît à la Renaissance : elle est destinée à embellir le vêtement. Les peintures flamandes nous montrent des personnages, des enfants, dont les costumes s'ornent de dentelles au col et sur les manches *(illustration p. 162).* Enseigné aux jeunes filles dans les écoles, cet art devient bientôt populaire. Une fois passée la période de troubles, il retrouve sa prospérité : la dentelle de Flandre obtient au 17ᵉ s. une réputation sans égale. Parmi les principaux centres de l'époque figurent **Bruxelles,** où se pratique surtout la dentelle à l'aiguille, **Bruges, Malines, Anvers.**

Le 18ᵉ s. voit l'apogée de la dentelle dont les motifs font une large place au style rococo et s'enrichissent surtout de fleurs. Malheureusement, l'invention du tulle mécanique puis du métier Jacquard portent atteinte à la dentelle à l'aiguille.

On a cependant réussi à sauvegarder l'art de la dentelle, qui est encore pratiqué à Bruges et à St-Trond, où l'enseignement de la dentelle au fuseau a été repris, et dans plusieurs nouveaux centres.

LA MUSIQUE

Wallonne ou flamande, la Belgique fut de tout temps féconde en musiciens. Aux 15e et 16e s., ses compositeurs, tels le Montois Roland de Lassus (p. 131) détinrent la suprématie musicale en Europe.

En revanche aux 17e et 18e s. les musiciens de premier plan furent peu nombreux; le Liégeois **Grétry** (p. 115) écrivit de nombreux opéras comiques et des Mémoires ou Essais sur la Musique, pleins d'idées originales.

A partir de 1830, la création des Conservatoires royaux favorise le redressement. **Fétis,** premier directeur du Conservatoire de Bruxelles, acquit une réputation mondiale par ses travaux théoriaues et musicologiques, de même que Gevaert qui lui succéda en 1871. Parmi les élèves de Fétis, Edgar Tinel peut être considéré comme le plus grand maître de la musique religieuse en Belgique au tournant des 19e et 20e s.

Après une vie nomade de jeune virtuose, Henri **Vieuxtemps,** né à Verviers (p. 164) devint premier professeur de violon au Conservatoire de Bruxelles en 1873; il fut avec son maître **Bériot** le fondateur de l'école franco-belge de violon.

Élève de Gevaert, le grand symphoniste Paul Gilson (1865-1942) est l'une des figures les plus marquantes de la musique belge contemporaine. Compositeur fécond, dans tous les genres, il eut de nombreux disciples. L'un d'entre eux, Jean Absil (1893-1974) fit partie du groupe des synthétistes fondé en 1925, qui se fixa pour but d'intégrer les apports de la musique moderne aux formes classiques.

D'Anvers partit en 1867 un mouvement en faveur d'une musique à caractère flamand dont **Peter Benoit** (1834-1901) prit la tête. Il créa alors à Anvers la première École Flamande de Musique qui devint Conservatoire en 1898. Compositeur d'oratorios en langue flamande, illustrant des thèmes propres à la Flandre, il eut de nombreux émules.

La Wallonie ne fut pas moins féconde. **César Franck** (1822-1890), né à Liège et naturalisé français, fut un grand innovateur, mais n'acquit qu'une célébrité posthume. Quant à son élève Guillaume Lekeu, il disparut en 1894 sans avoir pu donner sa mesure. Eugène Isaye (1858-1931), grand violoniste liégeois, Joseph Jongen sont à citer.

Marcel Quinet, né en 1915, est un musicien d'une grande sensibilité.

La fondation, en 1939, de la Chapelle musicale Reine Élisabeth offre à des artistes belges et à quelques artistes étrangers un stage de perfectionnement à leur sortie des Conservatoires.

LES CARILLONS

Quelle ville de Belgique ne possède encore, comme au Moyen Age, son carillon (« beiaard » en néerlandais) installé dans le clocher de l'église, dans le beffroi, ou dans le campanile de l'hôtel de ville?

A l'origine, les abbayes se munissent d'une cloche sonnant les heures. En 1370 apparaît la première horloge publique. Puis on groupe plusieurs petites cloches de ton différent que l'on fait jouer avant la sonnerie de l'heure. Quatre de ces cloches forment un « carignon », de là viendrait le mot carillonner.

Longtemps ces petites cloches sont frappées à la main au moyen d'un marteau, mais à la fin du 15e s., selon certains, plus tôt encore, selon d'autres, on crée le premier carillon mécanique qui est entraîné par le mécanisme de l'horloge. Bien qu'au 16e s., elles atteignent l'octave, les cloches constituant le carillon sont encore peu nombreuses. L'invention du **clavier** manuel qu'on utilise pour la première fois en 1510 à Audenarde va permettre leur multiplication, tandis que l'invention du **pédalier,** en 1583 à Malines, autorise l'emploi de gros bourdons. L'art de fondre les cloches s'étant remarquablement perfectionné, de nos jours la plupart des carillons importants comptent au moins 47 cloches.

Les plus célèbres carillons de Belgique se trouvent à **Malines, Bruges, Nieuport,** Anvers, Gand, Louvain, Florenville, où des concerts ont lieu, surtout en saison.

Malines possède une école de carillonneurs (p. 126).

Jaquemarts. — Les jaquemarts, personnages en métal frappant les heures avec un marteau sur une petite cloche, sont une autre curiosité de Belgique : Courtrai, Nivelles, Bruxelles (Mont des Arts), Virton, Lierre, St-Trond en possèdent.

LES LANGUES

Belgique : un pays trilingue. — Trois langues sont employées en Belgique. En Flandre et dans la région des Fourons, le langage usuel est le **néerlandais;** en Wallonie, le **français.** Une ligne invisible sépare les régions de langue néerlandaise de celles de langue française : c'est la frontière linguistique (voir p. 23 et carte p. 4). Par ailleurs, dans une partie des régions d'Eupen et de St-Vith la population parle l'**allemand** ou un dialecte germanique. Bruxelles, sorte d'enclave en pays flamand, est bilingue; ses habitants sont en majorité francophones.

Le néerlandais. — Le néerlandais constitue l'un des rameaux occidentaux de la langue germanique. Il se rapproche à la fois de l'allemand et de l'anglais (livre : boek; en anglais, book; en allemand, Buch). Comme l'anglais, il n'a pas de déclinaisons; en revanche, la syntaxe avec le rejet du verbe à la fin de la subordonnée, la place des participes, les particules séparables des verbes, les inversions, la numération l'apparentent à l'allemand. Voir prononciation p. 14.

Les dialectes. — Il ne faut pas négliger l'importance des dialectes régionaux qui ont subsisté tant en Flandre qu'en Wallonie. Ils ont laissé leur empreinte dans la toponymie et sont à l'origine d'un grand nombre de particularismes locaux du langage parlé. Il existe trois grandes zones de dialectes wallons, autour des villes de Liège, Namur et Charleroi. Dans le Tournaisis, le picard et, aux environs de Virton, le gaumais, dialecte lorrain, occupent une place à part : ils se rattachent à des régions linguistiques de France.

Luxembourg. — Au Grand-Duché, trois idiomes sont employés : le dialecte luxembourgeois, un patois mosellan, est d'usage courant. L'allemand est utilisé comme langue de culture générale.

Le français est la langue officielle et littéraire; il est enseigné dans toutes les écoles et à tous les degrés; dans le secondaire, la plupart des cours se font en français.

LES LETTRES

Peu connues hors des frontières, les lettres belges sont prolifiques, marquées par le terroir, surtout chez les Flamands, et d'une incontestable originalité.

Belgique d'expression française. — Dans les siècles passés, le pays eut des chroniqueurs célèbres : au 14ᵉ s., Froissart, né à Valenciennes et mort à Chimay *(p. 81)*, Philippe de Commines, au 15ᵉ s., Jean Lemaire de Belges, né à Bavay au 16ᵉ s.

Au 18ᵉ s., un mémorialiste, le prince de Ligne *(p. 55)*, se distingua par son cosmopolitisme.

Depuis cent ans s'est développé en Belgique un mouvement littéraire original et vivant. Après le grand précurseur **Charles de Coster,** auteur du célèbre Ulenspiegel (1867) *(p. 83)*, l'époque du groupe « La Jeune Belgique » (1881) vit surgir des romanciers comme l'Anversois Georges Eekhoud (1854-1927), Camille Lemonnier (1844-1913) (Un Mâle, 1881), des poètes comme le Gantois Van Lerberghe (1861-1907), qui écrivit en 1904 l'exquise Chanson d'Eve, Max Elskamp (1862-1931), **Georges Rodenbach** (1855-1898) connu par son recueil des Vies encloses et son roman Bruges la Morte (1892). Certains ont acquis la gloire universelle, tels le grand poète **Émile Verhaeren** *(p. 133 et p. 149)* et le Gantois **Maurice Maeterlinck** (1862-1949), dramaturge mystérieux et triste de Pelléas et Mélisande, mais aussi essayiste de La Vie des abeilles.

Verhaeren

Parmi les générations qui ont suivi, citons les poètes Maurice Carême (1899-1978), Robert Goffin (né en 1898), Jean de Boschère (1878-1953), **Marcel Thiry** (1897-1977), auteur de Toi qui pâlis au nom de Vancouver, Marie Gevers (1883-1975) qu'on a comparée à Colette, le Bruxellois Franz Hellens (1881-1972), également romancier, tourné vers le fantastique, Pierre Nothomb (1887-1967) (La Vie d'Adam), à qui on doit aussi quelques romans.

Le Montois **Charles Plisnier** (1896-1952) est un romancier célèbre (Mariages, Meurtres). **Fernand Crommelynck** (1886-1970) est connu pour sa pièce pleine de truculence, le Cocu magnifique (1921). **Michel De Ghelderode** (1898-1962) est un dramaturge fécond et audacieux.

Il faut rendre hommage à Maurice Grevisse (1895-1980), auteur du Bon Usage (1936), ouvrage de référence grammaticale et linguistique.

Ont acquis une renommée internationale : le Namurois **Henri Michaux** (né en 1899) qui a adopté la nationalité française, le Liégeois **Georges Simenon** (né en 1903), père du fameux inspecteur Maigret, lancé en 1930, et auteur de nombreux romans d'analyse, l'essayiste **Suzanne Lilar** (née en 1901) à qui l'on doit des œuvres comme le Journal de l'Analogiste ou le Couple, l'historien **Carlo Bronne** (né en 1901), ou la romancière **Françoise Mallet-Joris** (née en 1930) qui vit à Paris.

Dans le domaine de la bande dessinée, **Hergé** (né en 1907), créateur de Tintin en 1929 (Tintin au pays des Soviets), a vu ses albums traduits dans le monde entier.

D'autre part le petit personnage coiffé d'un chapeau, qu'a imaginé le dessinateur **Folon,** a passé toutes les frontières, popularisé par les affiches.

Enfin, auteur-compositeur de chansons (Le Plat Pays), **Jacques Brel** (1929-1978) peut prendre rang parmi les poètes de Belgique.

Deux institutions défendent la littérature d'expression française : l'Académie royale de Langue et de Littérature française (1921) et le Journal des Poètes que dirige Arthur Haulot.

Belgique flamande. — Née au 12ᵉ s., la littérature flamande s'affirme au 13ᵉ s. avec **Jacob van Maerlant** *(p. 83)*, poète et moraliste, et au 14ᵉ s., avec le mystique **Ruusbroec l'Admirable** *(p. 78)*, considéré comme le père de la prose néerlandaise.

Au 19ᵉ s. se signalent l'Anversois **Henri Conscience** *(p. 40)*, romantique auteur de romans et nouvelles, et le grand poète catholique **Guido Gezelle** *(p. 59)*.

Au 20ᵉ s. apparaissent de nombreux poètes parmi lesquels **Karel van de Woestijne** (1878-1929), sensuel et mystique, le moderniste expressionniste Paul van Ostaijen (1896-1928). Au nombre des romanciers figurent **Stijn Streuvels** (1871-1969) qui puise son inspiration dans le plat pays du Sud-Ouest (le Champ de lin), Herman Teirlinck (1879-1967), fécond romancier et aussi dramaturge, William Elsschot (1882-1960), **Ernest Claes** *(p. 53)*, aux récits malicieux, **Félix Timmermans** *(p. 120 et 121)*, Gérard Walschap (né en 1898).

Après 1930, la poésie est donnée par Maurice Gilliams (né en 1900), Pieter G. Buckins (né en 1903) et **Karel Jonckheere** (né en 1906). Vers 1948 apparaît une seconde vague moderniste où se distinguent le Brugeois **Hugo Claus** (né en 1929), également dramaturge (Andréa ou la Fiancée du matin, 1955; Vendredi, 1970) et romancier (la Canicule, 1952; l'Étonnement, 1962), Paul Snoek (né en 1933) et Hugues Pernath (1931-1976).

Le roman flamand actuel compte **Marnix Gijsen** (né en 1899) révélé par un conte philosophique (Joachim van Babylon, 1948); Louis Paul Boon (né en 1912), polémiste violent et passionné (Menuet, 1955) et peintre par surcroît; **Johan Daisne** (1912-1978), auteur de l'Homme au crâne rasé (1947) et de Un soir un train (1950) dont André Delvaux a tiré des films (1965 et 1968); André Demeds (né en 1906); **Hubert Lampo** (né en 1920); Ward Ruyslinck (né en 1929); Jef Geeraerts, né en 1930, qui s'intéresse au problème congolais (Je ne suis qu'un nègre, 1961); Ivo Michiels (né en 1923) dont les recherches formelles s'inscrivent dans le contexte de l'avant-garde européenne (le Livre Alpha, 1963).

Jean Ray (1887-1964), né à Gand, publia sous le nom de John Flanders des contes noirs en néerlandais et, en français, des romans fantastiques parmi lesquels Malpertuis (1943) adapté au cinéma en 1972.

Luxembourg. — Le Luxembourg a quelques écrivains de langue française tel Marcel Noppeney (1877-1966).

Un poète d'expression luxembourgeoise, **Michel Rodange** (1827-1876), a écrit une version du Roman de Renart.

LA TABLE

Belgique

Bon vivant, le Belge sait apprécier les mérites d'une table bien garnie. Si de nombreux plats sont accommodés à la française, les préparations du terroir ont victorieusement résisté et les provinces wallonnes et flamandes sont fières de leurs spécialités.

Les potages aux légumes, les bouillons de viande ou de volailles sont couramment servis au début des repas et présentés avec des tranches de pain qui, en Belgique, accompagnent plus souvent le potage que les autres plats.

Du jambon ou du saucisson d'Ardenne, un poisson froid, des crustacés à la mayonnaise, des croquettes de crevette, des anguilles au vert peuvent venir compléter l'entrée.

Comme plat de résistance, il existe de nombreuses spécialités régionales : lapin aux pruneaux, carbonades flamandes, filets d'Anvers, oie à l'instar de Visé ou, si la chasse est ouverte, une pièce de gibier dont l'Ardenne abonde (lièvre, chevreuil, marcassin).

Presque inséparables du plat de résistance sont les frites dont les Belges sont particulièrement friands. Cependant, parmi les légumes, il faut signaler les jets de houblon (en mars) à la crème, les chicorées (endives) de Bruxelles, au jambon, gratinées, les choux de Bruxelles, l'asperge de Malines.

Il existe de savoureuses qualités de fromage : ceux de Herve dont le remoudou est une variété piquante, le Maredsous, équivalent du St-Paulin, le fromage de Bruxelles, de Faymonville, le présent en Flandre...

Dans l'Ardenne, les tartes aux fruits, à la rhubarbe ou au sucre sont excellentes. Overijse et ses environs fournissent du raisin de serre produisant aussi du vin, le Limbourg des prunes conservées dans un sirop de vinaigre. Les glaces sont délicieuses. La réputation des chocolats et notamment des « pralines » (chocolats fourrés) n'est plus à faire.

Boissons. — La bière est la boisson la plus répandue. Les vins de France sont de qualité dans les bonnes maisons. Les vins luxembourgeois sont très courants.

La Belgique produit des alcools et des liqueurs : élixir de Spa (genre de Chartreuse), genièvre d'Hasselt ou celui de Liège appelé péquet. Toutefois, la consommation de boissons alcoolisées titrant plus de 20° n'est pas autorisée dans les endroits publics (cafés, restaurants).

On déguste le café noir ou au lait à toute heure, souvent servi avec un spéculos (p. 35).

Luxembourg

Quelques spécialités sont à signaler : le cochon de lait en gelée, le jambon d'Ardenne, fumé ou cru, comme en Belgique, les viandes fumées, notamment le collet de porc fumé aux fèves des marais (judd mat garde bo'nen). En saison, on peut manger du gibier. Le Kachk'és est un fromage paysan au sel. En septembre, on déguste la tarte aux quetsches.

Tout ceci s'arrose de **vins de Moselle** (p. 179) ou de bière qui est de consommation très courante. Les **liqueurs** (mirabelle, quetsche, cassis) sont renommées.

Quelques définitions

Anguilles au vert (Paling in't groen) : revenues au beurre avec persil, cerfeuil, oseille, sauge, citronnelle, oignon, finement hachés.

Babeluttes : caramels durs au beurre salé.

Baisers de Malmédy : meringues fourrées à la crème Chantilly.

Carbonades : bœuf braisé avec oignons, épices, vinaigre et sucre mouillés de bière ou d'eau.

Chicorée ou chicon (witloof) : endive.

Choesels : abats avec sauce au Madère et aux champignons.

Coucous : variétés de poulardes.

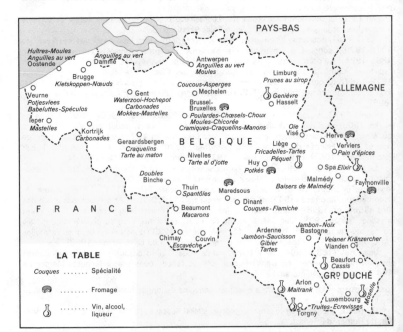

Couques : pains sucrés et aromatisés à Bruxelles, pain d'épices dur à Dinant.
Cramiques : pains au lait contenant des raisins secs.
Craquelins : brioches recouvertes de sucre.
Doubles : deux crêpes fourrées avec du fromage de Herve ou de Maredsous.
Escavèche : poisson frit, dans une marinade aux aromates.
Filet américain : sorte de steak tartare.
Filet d'Anvers : pièce de bœuf ou de cheval fumé.
Flamiche : tarte au Romedenne, fromage local, servie chaude avec du Bourgogne.
Herve : fromages à pâte molle.
Hochepot : abats de porc au lard et aux légumes.
Kletskoppen : gâteaux à la nougatine.
Lierse Vlaaikens : tartelettes aux prunes.
Maitrank : boisson de mai.
Manons : chocolats fourrés à la crème fraîche.
Mastelles : pains biscottés à l'anis.
Mokkes : sorte de macarons à la cannelle ou à l'anis.
Nœuds : biscuits au sucre d'orge caramélisé.
Péquet : genre de genièvre au goût très fruité.
Pistolet : petit pain rond.
Potjesvlees : veau, lapin, poulet froids.
Potkès ou Boulette de Huy : fromage blanc.
Remoudou : fromage du pays de Herve, très piquant.
Spantôles : biscuits de dessert, dont le nom est celui d'un canon célèbre.
Spéculos (speculaas) : petit biscuit sec à la cassonnade aromatisé à la cannelle.
Tarte al d'jotte : tarte au fromage, aux œufs et à la crème, servie chaude.
Tarte au maton : tarte au fromage blanc ou maton et aux amandes.
Tartine : sandwich belge composé d'une tartine beurrée et de jambon, etc...
Veianer Kränzercher : petites couronnes de pâte à choux.
Waterzooi : sorte de soupe au poulet et au poisson.

La Bière

La bière est la boisson nationale belge. Le Belge en consomme en moyenne 150 litres par an. Il existe près de 200 brasseries dans le pays et une infinité de variétés de bières. Blonde ou brune, douce ou amère, légère ou corsée, la bière belge peut satisfaire les goûts les plus divers.

La bière est connue dans l'antiquité puis chez les Gaulois qui la nomment **cervoise**. Au Moyen Age, cette activité est le privilège des monastères. Elle se répand beaucoup dans les Flandres : le mot bière dérive du flamand « bier ».

Fabrication. — Les grains d'orge sont trempés dans l'eau (maltage), ce qui provoque leur germination. L'orge germée est séchée, touraillée, puis réduite en farine : c'est le **malt**. Mélangé d'eau très pure et de houblon qui lui apporte son arôme, celui-ci est mis à cuire selon un procédé propre à chaque fabricant et tenu secret. Cette opération nommée brassage permet d'obtenir le **moût**. Le malt contient de l'amidon qui au cours du brassage se transforme en sucre. Grâce à une levure, le moût entre en fermentation.

Les principales régions productrices de houblon sont Alost et Poperinge. La cueillette a lieu en septembre. Deux itinéraires touristiques balisés, l'un autour de Kobbegem (Hopperoute), l'autre autour de Poperinge (Hoppelandroute) facilitent la visite de ces régions.

Rameau de houblon

Variétés. — Il y a deux principales sortes de bières : la bière de basse fermentation et la bière de fermentation haute.

La bière blonde, de type « pils », appartient à la première catégorie. Sa fermentation et surtout sa garde ou maturation, se font à basse température. Les brasseries les plus connues se trouvent à Louvain (Stella Artois produit 8 millions d'hl par an), à Jupille près de Liège (Jupiler) et Anvers (Maes).

Il existe aussi des **bières de fermentation haute.** Elles se conservent plus d'un an. On les sert à la température ambiante. Entrent dans cette catégorie les fameuses **« trappistes »**, bières brunes ou blondes, brassées à l'origine dans les grandes abbayes cisterciennes. Elles sont dites simples, doubles ou triples. Ce sont les bières d'Orval, de Chimay *(p. 81)*, de Rochefort *(p. 145)*, de Westmalle et de St.-Sixte (à Westvleteren).

Bières bruxelloises. — Des bières d'un type très spécial sont fabriquées dans la région bruxelloise. Elles sont de fermentation spontanée.

Le lambic. — Assez fort en alcool, non mousseux, ce breuvage a une saveur particulière, due au froment qui entre dans sa composition.

La gueuze. — Elle a une saveur un peu plus aigre, légèrement acide, qui rappelle parfois le cidre. C'est du lambic âgé d'un ou deux ans qui a été mis en bouteille bouchée au liège. Contrairement au lambic, la gueuze est mousseuse. Elle est surtout fabriquée dans les régions du Pajottenland et de Hal que parcourt un itinéraire touristique balisé nommé Route de la Gueuze (Geuzeroute).

La Kriek. — Sa couleur rouge et sa saveur fruitée sont dues à l'apport de cerises qu'on a fait macérer dans du lambic.

Le Faro. — Dérivé du lambic, il est moins alcoolisé.

Gourmets...

*Chaque année le **guide Rouge Michelin Benelux***

vous propose un choix révisé de bonnes tables.

SIGNES CONVENTIONNELS

Curiosités

*** Vaut le voyage	**BRUGGE**	*P^{ITE} SUISSE LUXEMBOURGEOISE*
** Mérite un détour	**Tournai**	*Vallée de l'Amblève*
* Intéressant	**Clervaux**	*le Vieil Escaut*
A voir éventuellement	Turnhout	*M^t de l'Enclus*

Les caractères penchés désignent des curiosités naturelles.
Les villes et curiosités décrites dans le guide sont indiquées en caractères noirs sur les cartes.

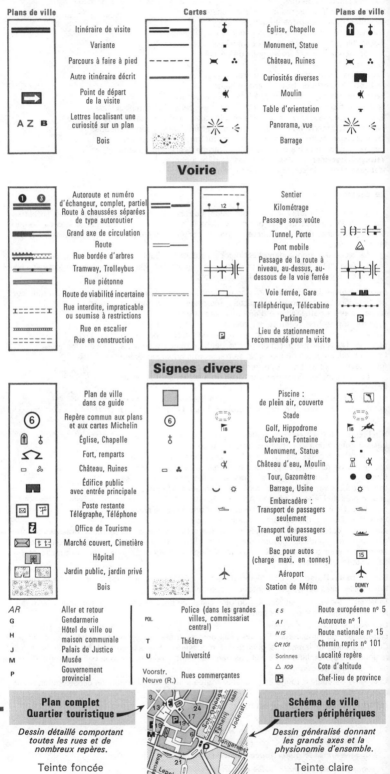

Plans de ville — **Cartes** — **Plans de ville**

Itinéraire de visite
Variante
Parcours à faire à pied
Autre itinéraire décrit
Point de départ de la visite
Lettres localisant une curiosité sur un plan
A Z B
Bois

Église, Chapelle
Monument, Statue
Château, Ruines
Curiosités diverses
Moulin
Table d'orientation
Panorama, vue
Barrage

Voirie

Autoroute et numéro d'échangeur, complet, partiel
Route à chaussées séparées de type autoroutier
Grand axe de circulation
Route
Rue bordée d'arbres
Tramway, Trolleybus
Rue piétonne
Route de viabilité incertaine
Rue interdite, impraticable ou soumise à restrictions
Rue en escalier
Rue en construction

Sentier
Kilométrage
Passage sous voûte
Tunnel, Porte
Pont mobile
Passage de la route à niveau, au-dessus, au-dessous de la voie ferrée
Voie ferrée, Gare
Téléphérique, Télécabine
Parking
Lieu de stationnement recommandé pour la visite

Signes divers

Plan de ville dans ce guide
Repère commun aux plans et aux cartes Michelin
Église, Chapelle
Fort, remparts
Château, Ruines
Édifice public avec entrée principale
Poste restante Télégraphe, Téléphone
Office de Tourisme
Marché couvert, Cimetière
Hôpital
Jardin public, jardin privé
Bois

Piscine : de plein air, couverte
Stade
Golf, Hippodrome
Calvaire, Fontaine
Monument, Statue
Château d'eau, Moulin
Tour, Gazomètre
Barrage, Usine
Embarcadère : Transport de passagers seulement
Transport de passagers et voitures
Bac pour autos (charge maxi. en tonnes)
Aéroport
Station de Métro

AR	Aller et retour	POL.	Police (dans les grandes villes, commissariat central)	*E 5*	Route européenne n° 5
G	Gendarmerie			*A 1*	Autoroute n° 1
H	Hôtel de ville ou maison communale	T	Théâtre	*N 15*	Route nationale n° 15
J	Palais de Justice	U	Université	*CR 101*	Chemin repris n° 101
M	Musée			Sorinnes	Localité repère
P	Gouvernement provincial	Voorstr. Neuve (R.)	Rues commerçantes	△ *109*	Cote d'altitude
				P	Chef-lieu de province

Plan complet Quartier touristique

Dessin détaillé comportant toutes les rues et de nombreux repères.

Teinte foncée

Schéma de ville Quartiers périphériques

Dessin généralisé donnant les grands axes et la physionomie d'ensemble.

Teinte claire

VILLES
CURIOSITÉS
RÉGIONS TOURISTIQUES

BELGIQUE   Les prix sont donnés en francs belges

Cartes Michelin nᵒˢ **409** - pli 3 et **2** - pli 5 — 79 340 h. — *Plan dans le guide Michelin Benelux.*

Au bord de la Dendre, Alost, autrefois ville marchande, possède aujourd'hui des industries actives groupées en un parc industriel; le houblon de la région a donné naissance à des brasseries importantes; c'est aussi un grand centre de commerce de fleurs coupées.

Carnaval. — Les festivités *(p. 12)* commencent le dimanche avant le Mardi gras par le grand cortège de géants comme le cheval Bayard *(p. 129)* et de chars, immenses constructions de carton-pâte à caractère historique ou satirique. Le lundi, second défilé et jet d'oignons (« ajuinworp »), du haut des édifices de la Grand-Place. Le mardi, la fête atteint son paroxysme avec les Vuile Jeannetten (travestis burlesques).

Carnaval. — Le cheval Bayard

■ CURIOSITÉS *visite : 1 h*

Grand-Place (Grote Markt). — Au centre de cette place irrégulière se dresse la statue de **Thierry Martens,** natif d'Alost, introducteur de l'imprimerie en Flandre (1473).

Ancien hôtel de ville (Schepenhuis). — Cet élégant bâtiment du 15ᵉ s., très restauré au siècle dernier, conserve du 13ᵉ s. le côté droit et la façade postérieure à pignon à redans et fenêtres surmontées d'arcatures trilobées. Une charmante bretèche flamboyante (16ᵉ s.) égaye, à droite, la façade principale.

Le beffroi, élancé mais un peu grêle, date du 15ᵉ s.; il porte la devise communale « Nec spe nec metu » (ni par l'espoir ni par la crainte) au-dessous de deux niches abritant un guerrier et un bourgeois; son carillon se compose de 52 cloches.

Bourse d'Amsterdam (Beurs van Amsterdam). — Maison à arcades des 17ᵉ et 18ᵉ s., montrant une jolie façade de brique et pierre, quatre frontons à volutes et un campanile à bulbe. C'était jadis la maison des Barbaristes, membres de la **chambre de rhétorique,** société littéraire au sein de laquelle ils composaient des chansons et des œuvres théâtrales qu'ils représentaient eux-mêmes.

Hôtel de ville (Stadhuis). — L'actuel édifice à colonnade (19ᵉ s.) présente au fond de la cour une élégante façade rocaille (18ᵉ s.).

Collégiale St-Martin (St.-Martinuskerk). — *Visite accompagnée : 9 h - 12 h et 14 h - 18 h (14 h - 17 h seulement dim. et j. fériés).*

Cet édifice en grès, gothique flamboyant, a été construit en style brabançon par deux architectes de la cathédrale d'Anvers, Herman et Dominique de Waghemakere.

La nef est restée inachevée mais l'**ensemble★** formé par le transept et le chevet à déambulatoire et chapelles rayonnantes a grande allure.

Intérieur. — Il est d'une noble simplicité (piliers ronds et chapiteaux feuillus à la manière brabançonne). Remarquer le collatéral du transept et le triforium, balustrade ajourée.

Dans le bras droit du transept, formant retable : grande composition de Rubens, Saint Roch, patron des pestiférés, dont le cadre aurait été exécuté d'après un projet du maître. A gauche, des traits rubéniens apparaissent dans la peinture de Gaspar de Crayer.

Dans le chœur, à gauche, splendide **tabernacle★** de marbre noir et blanc sculpté en 1604 par Jérôme Duquesnoy l'Ancien; les trois tourelles juxtaposées sont ornées de charmantes statuettes (Vertus, Évangélistes, Pères de l'Église, anges porteurs des instruments de la Passion). La première chapelle du déambulatoire à droite renferme une Adoration des Bergers, par Otto Venius, maître de Rubens, qui y manifeste des influences nettement italiennes (visage très doux et très pur de la Vierge, attitudes maniérées des personnages).

On remarque, dans la 4ᵉ chapelle, la dalle funéraire de Thierry Martens et, dans la chapelle axiale, des vestiges de fresques de la fin du 15ᵉ s., d'un dessin fin et délié.

Ancien Hôpital (Oud-Hospitaal). — *Dans la rue qui part du chevet de la collégiale St-Martin. Visite : 14 h - 17 h; dim. 10 h 30 - 12 h 30 et 14 h - 18 h; fermé vend., période de Noël et pour vacances du personnel.*

La Dendre qui passait jadis derrière l'édifice en permettait le ravitaillement par bateau.

Les bâtiments restaurés, qui s'ordonnent autour d'un cloître et d'une chapelle, ont été transformés en **musée** : archéologie, arts décoratifs de la région.

Brabant ────────────────────────────

Cartes Michelin nᵒˢ **409** - pli 5 et **2** - pli 8 – 26 020 h.

Dans la région du **Hageland**, la petite ville industrielle d'Aarschot (prononcer « arskot »), bâtie sur les rives du Demer, est dominée par la haute tour à bulbe de sa collégiale.

Autrichiens et Bourguignons au 15ᵉ s., Espagnols au 16ᵉ s. se livrèrent au pillage de la ville. En 1782, l'empereur d'Autriche Joseph II en fit raser les fortifications. En août 1914, les Allemands incendièrent 400 maisons et fusillèrent 149 habitants. La dernière guerre n'épargna pas non plus Aarschot qui a relevé ses ruines.

Est né à Aarschot le peintre **Pierre-Joseph Verhaghen** (1728-1811), continuateur des maîtres du 17ᵉ s., dont les toiles ornent nombre d'églises, en particulier à Louvain où il finit ses jours.

Les habitants d'Aarschot s'intitulent « batteurs de pavé » en raison de leur attitude héroïque lors de la révolution de 1830. Près de la Grand-Place une sculpture amusante « De Kasseistamper », surmontant une fontaine, illustre cette appellation.

■ CURIOSITÉS *visite : 1 h*

Collégiale Notre-Dame (O. L. Vrouwkerk). — Le chœur de ce bel édifice en grès ferrugineux local date du 14ᵉ s., la nef du début du 15ᵉ s. Formant façade, la tour culmine à 85 m de hauteur (Malines : 98 m). Sa partie inférieure est égayée par l'alternance de calcaire et de grès.

En entrant, belle perspective sur la nef aux lignes élancées soulignées par les cannelures des arcs doubleaux.

Le chœur où se retrouvent les coloris de la tour est masqué par un jubé flamboyant. Surmonté d'une croix triomphale du 15ᵉ s., celui-ci est décoré de scènes de la Passion et de la Résurrection.

La chaire et les confessionnaux sont de style baroque flamand (17ᵉ s.).

Dans le chœur, stalles (début du 16ᵉ s.) aux sculptures satiriques (vielleur, lai d'Aristote, loup et cigogne, métiers) et lustre en fer forgé, de 1500, attribué à Quentin Metsys.

Une chapelle à droite du déambulatoire abrite une toile de P.-J. Verhaghen : Les disciples d'Emmaüs.

Dans une chapelle à gauche, remarquable peinture sur bois, anonyme, de l'école flamande (16ᵉ s.) : **le Pressoir Mystique**; à la prédelle, les sept Sacrements.

La statue miraculeuse de N.-D. d'Aarschot, du 16ᵉ s., trône dans le bras gauche du transept.

Ancien béguinage (Begijnhof). — Près de la tour de l'église, se dresse une maison Renaissance. Un peu plus loin s'alignent les quelques demeures (17ᵉ s.) subsistant du béguinage fondé en 1259.

On aperçoit, à droite, les **moulins des ducs** (16ᵉ s.), sur le Demer, et, à gauche, un enclos, charmante reconstitution du béguinage, appartenant à un hospice.

Tour St-Roch (St.-Rochustoren). — *Sur la Grand-Place.* Au Moyen Age, cet édifice du 14ᵉ s. en grès brun faisait office de tribunal.

Point de vue. — On a une bonne vue d'ensemble de l'agglomération depuis la **tour d'Aurélien** (Aurelianustoren) ou d'Orléans, vestige des anciens remparts. *Sur la Grand-Place, prendre la direction de Diest, puis la première rue à droite.*

EXCURSION

St.-Pieters-Rode (Rhode St-Pierre). — *8 km au Sud. Sortir route de Louvain (Leuven), prendre bientôt à gauche en direction de St-Joris-Winge et à droite.*

Jolie construction polygonale entourée d'eau, le **château de Horst** est flanqué d'un donjon du 14ᵉ s., qui est, avec le porche d'entrée, le seul vestige de l'édifice détruit en 1489 par les troupes de l'empereur Maximilien.

Le reste de la demeure, en brique à cordons de pierre, date du 16ᵉ s.

Les abords du château ainsi que l'étang voisin ont été transformés en centre récréatif (pêche, canotage).

Luxembourg ────────────────────

Cartes Michelin nᵒˢ **409** - pli 15 et **4** - pli 7.

Jusqu'à son confluent avec l'Ourthe, la petite rivière serpente entre des versants boisés, dans un paysage riant.

De Dochamps à Bomal — *25 km - environ 4 h — schéma p. 143.*

Dochamps. — A 4 km du village, dans les bois, le **Holiday Parc Dochamps** (28 ha) permet d'approcher la faune ardennaise et africaine évoluant dans deux vastes enclos, l'un réservé aux lions, l'autre où cohabitent babouins, cervidés, etc.

Visite : de début avril à mi-sept. 10 h - 19 h ; le reste de l'année 11 h - 16 h (17 h dim. et j. fériés) ; fermé de nov. à mars sauf du 20 au 24 déc. et le 2 janv. ; 120 F (enfants : 90 F).

Pont d'Erezée. — Point de départ du pittoresque **Tramway Touristique de l'Aisne** qui remonte le cours de l'Aisne jusqu'au village de Forge. *Circulation : sam., dim. et jours fériés de fin mars à fin oct.; tous les jours en juil. et août; nombreux départs de 10 h à 18 h; 80 F AR.*

Wéris. — *Peu après Pont d'Erezée, quitter la route principale à gauche vers Barvaux.* A Wéris, la charmante **église Ste-Walburge**, fondée au 11e s., repose sur des piliers d'ardoise; à droite du maître-autel, tabernacle sculpté du 16e s., nommé « théothèque ». Wéris conserve plusieurs mégalithes, en particulier un **dolmen**, dont les blocs sont taillés dans le poudingue local *(au Nord-Ouest, allant vers Barvaux, non loin de la route à gauche).*

Revenir à la vallée de l'Aisne.

On remarque, à droite, la gigantesque muraille de grès de **la Roche à Frêne.** On traverse ensuite **Aisne :** ce village qui a donné son nom à la rivière possède des sources thermales. **Bomal** est situé au confluent de l'Aisne et de l'Ourthe.

Eglise de Wéris

ALOST Voir Aalst

AMBLÈVE (Vallée de l') ★★ Liège ────────────

Cartes Michelin nos **409** - plis 15, 16, **2** - plis 22,23 et **4** - plis 7, 8.

L'Amblève prend sa source aux confins du parc naturel Hautes Fagnes-Eifel *(p. 90).* Capricieuse et champêtre à ses débuts, elle se creuse ensuite dans son cours inférieur une large vallée en V : elle y forme d'amples méandres entre des versants couverts d'un épais tapis de verdure.

De Stavelot à Comblain-au-Pont — *46 km - environ 2 h — schémas ci-dessous, p. 143 et p. 153.*

Quitter Stavelot (p. 154) en direction de Trois-Ponts. A la hauteur du confluent avec la Salm, on passe à proximité de **Trois-Ponts** *(p. 162),* avant d'atteindre **Coo** *(p. 82).*

Peu après **Stoumont,** village perché au-dessus de l'Amblève, se trouve à gauche le belvédère « Le Congo », offrant un remarquable **point de vue★** sur la vallée, si inhabitée et boisée en ces lieux, l'été, qu'elle a été comparée à la forêt équatoriale.

A partir de Targnon, la route accompagne la rivière jusqu'à son confluent avec l'Ourthe.

Vallée de la Lienne. — *22 km jusqu'à Lierneux.* On remonte une vallée riante qui s'élargit progressivement, puis on traverse avant Lierneux un paysage aux vastes horizons.

Fonds de Quareux★. — Un petit pont sous le chemin de fer permet d'atteindre *(à pied)* la rive de l'Amblève. La rivière dévale ici en bouillonnant sur un lit encombré de gros blocs de quartzite résistant, détachés du massif rocheux environnant.

Nonceveux. — Localité établie sur la rive gauche, dans un méandre. La rive droite est devenue centre de villégiature. En suivant à pied le torrent du **Ninglinspo** *(départ du grand parking à droite, à l'entrée de l'agglomération),* on atteint *(1/4 h)* la Chaudière, cuvette de pierre rougeâtre où se déversent deux petites cascades.

Avant de s'engager sous le viaduc de Remouchamps, on aperçoit à gauche le château de Montjardin, perché dans la verdure et dominant la rivière.

Sougné-Remouchamps. — *Page 152.*

Sur une hauteur en aval d'Aywaille (8 051 h) se dressait jadis le château d'Amblève où, selon la légende, auraient séjourné les quatre fils Aymon *(p. 129).*

On atteint bientôt Comblain-au-Pont *(p. 143)* et le confluent avec l'Ourthe.

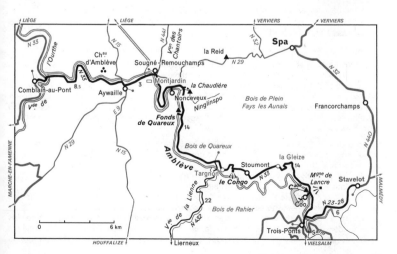

ANNEVOIE-ROUILLON ★ Namur

Cartes Michelin nᵒˢ 409 - pli 14 et 4 - plis 4, 5 — *Schéma p. 130.*

Le château et le parc du **domaine★** d'Annevoie constituent un bel ensemble du 18ᵉ s.
Au printemps, exposition florale : tulipes, jacinthes; en été : roses, bégonias.

Parc★★. — *Visite : d'avril à oct. 9 h - 19 h (visite accompagnée mai-août); 90 F.*

Le domaine appartient depuis 1675 aux Montpellier. L'un des membres de cette famille imagina à la fin du 18ᵉ s. ce parc aux eaux vives, compromis entre les jardins à la française et les jardins romantiques italiens, qui séduit par la multiplicité et la fantaisie de ses bosquets et de ses jeux d'eau.

Parmi les frondaisons séculaires, le Buffet d'Eau (face au château), le Petit Canal et enfin, sur la hauteur, le Grand Canal, bordé de tilleuls, sont les principales étapes d'une agréable promenade au cours de laquelle on observera la fantaisie de quelques bancs baroques.

Château. — *Visite accompagnée : de Pâques à fin sept. sam., dim. et j. fériés 9 h 30 - 13 h et 14 h - 18 h 30 (tous les jours en juil.-août); 50 F.*

A droite, la partie ancienne (1627) se signale par le motif de briques roses qui court sous le rebord du toit. Le château a été agrandi en 1775, à l'époque de la création du parc, auquel il s'intègre parfaitement.

L'**intérieur★** comprend une enfilade de salles ornées de boiseries et meubles du 18ᵉ s., de portraits de famille, de bouquets qui contribuent à lui donner une ambiance raffinée. La salle de musique, en angle, est particulièrement réussie avec son décor de stucs délicats des frères italiens Moretti; belles perspectives sur les jardins.

ANTWERPEN ★★★ (ANVERS) P

Cartes Michelin nᵒˢ 409 - plis 4 et 8, 9 (agrandissement) ou 2 - plis 6, 7 — 194 073 h.

Seconde ville de Belgique, un des plus grands ports d'Europe, Anvers s'étale sur la rive droite de l'Escaut, qui débouche dans la mer du Nord à 88 km au Nord-Ouest.

Dominée par la tour élégante de sa cathédrale et les 24 étages du Torengebouw construit en 1928, la cité abrite d'illustres musées et de beaux monuments.

Anvers a vu naître nombre de célébrités, parmi lesquelles l'écrivain **Henri Conscience** (1812-1883), auteur du roman historique Le Lion des Flandres (1838) et le peintre **Constant Permeke** *(p. 140).*

ANVERS CENTRE ARTISTIQUE (16ᵉ-17ᵉ s.)

Le « Prince des imprimeurs ». — Tourangeau venu à Anvers en 1549, Christophe **Plantin** y devient, en 1555, imprimeur à l'enseigne du Compas d'Or : ce compas illustre la devise plantinienne « labore et constantia », la pointe mobile représentant le travail, la pointe fixe la constance. La perfection des ouvrages sortis de ses seize presses (en France, les Estienne n'en possèdent que quatre), sa réputation de culture et d'érudition lui valent l'estime des plus grands hommes de son temps qui viennent volontiers le visiter; il donne naissance à la fameuse école de gravure anversoise dont Rubens sera plus tard le chef. La plus belle réussite typographique de Plantin est sa **Biblia Regia,** imprimée en caractères hébreux, syriaques, grecs, latins et araméens. Jusqu'à sa mort en 1589, Plantin sort plus de 1 500 ouvrages, chiffre prodigieux pour l'époque.

La ville de Rubens. — Pierre-Paul Rubens, né en exil le 28 juin 1577 près de Cologne où son père, échevin d'Anvers soupçonné d'hérésie s'était réfugié, pénètre à 12 ans dans la cité dévastée; sa mère, devenue veuve, y possédait une maison. L'enfant est tout d'abord page de la comtesse de Lalaing, puis élève de Van Noort. De 1594 à 1598, Rubens travaille dans l'atelier du peintre **Otto Venius** et passe maître de la guilde de St-Luc.

Après un séjour en Italie, il revient en 1608 à Anvers qui connaît une période de paix sous l'infante Isabelle. C'est alors l'apothéose de Rubens et de son école. Flamand et cosmopolite, catholique et incroyant, magistral et fécond, Rubens incarne le génie de la ville. Ambassadeur officieux des souverains, il unit en peinture les acquisitions de l'italianisme à la tradition flamande.

Ses élèves ou collaborateurs portent des noms prestigieux : **Jan Brueghel** dit Brueghel de Velours, **Jordaens, Van Dyck, Snyders,** ces trois derniers anversois.

Son influence s'étend à la sculpture représentée par les **Quellin** et **Verbruggen** et à l'architecture baroque.

Il meurt à Anvers en 1640; son corps repose dans l'église St-Jacques.

UN PEU D'HISTOIRE

Anvers « doit l'Escaut à Dieu, tout le reste à l'Escaut » (Edmond de Bruyn, 1914).

Des origines mystérieuses. — La première occupation du site remonterait au 3ᵉ s. : le nom de la ville semble dériver d'un mot germanique « werpen » signifiant « les jetées », endroit habité par la population primitive. Cependant une légende née au 16ᵉ s. l'attribue à l'exploit du guerrier romain Silvius Brabo. Celui-ci provoqua le géant Druon Antigon, pilleur des bateaux transitant par l'Escaut. Il lui coupa la main et la jeta dans le fleuve. Ainsi s'expliquerait la présence sur les armes d'Anvers de deux mains coupées (handwerpen : jeter la main), à côté d'un château (le Steen).

L'âge d'or (15ᵉ-16ᵉ s.). — Au 11ᵉ s., la ville s'entoure de ses premiers remparts et au 13ᵉ s. débute son essor commercial. Anvers est alors spécialisée dans le commerce du poisson, du sel, des grains et importe de la laine anglaise.

Au 15ᵉ s., la **ligue hanséatique** *(p. 59)* y fonde un établissement. Anvers concurrence déjà Bruges dont le port commence à s'ensabler.

A la fin du 15ᵉ s., le Brugeois Louis de Berquen découvre la façon de polir et tailler les pierres précieuses : de cette époque date l'industrie diamantaire anversoise.

Le 16ᵉ s. décide de la fortune de la ville. Les Portugais ayant découvert la route des Indes fondent à Anvers, au début du siècle, un comptoir chargé de distribuer en Europe les épices et objets précieux rapportés des pays lointains. En 1515 y est construite la première bourse de commerce. Protégée par Charles-Quint, la ville possède plus de 100 000 h. et les maisons de commerce y ont plus de 1 000 représentants. La nouvelle bourse construite en 1531 devient un marché mondial. Au milieu du siècle, l'imprimerie s'y développe : Plantin en est le principale animateur.

La décadence. – Les luttes religieuses mettent un terme à cette prospérité : en 1566, la cathédrale est ravagée et profanée par des calvinistes iconoclastes; une répression très dure, menée par le duc d'Albe, s'ensuit et, en 1576, la garnison espagnole met la ville à feu et à sang : c'est la « furie espagnole ».

Les calvinistes anversois ayant pris part à la révolte contre les Espagnols, il faut un an de siège à Alexandre Farnèse, gouverneur des Pays-Bas, pour reprendre la ville en 1585.

En 1648, le traité de Münster décrète la fermeture de l'Escaut. La navigation n'y sera rétablie qu'en 1795.

Une place convoitée. – La ville reste aux Français en 1794. Napoléon venu en 1803 reconnaît la position privilégiée d'Anvers, « pistolet braqué au cœur de l'Angleterre ». Il développe le port dont il fait creuser le premier bassin : c'est le bassin Bonaparte ou Bonapartedok (**CV**).

En 1914, Anvers résiste à l'armée allemande du 28 septembre au 9 octobre, ce qui permet aux troupes belges de se replier sur l'Yser *(p. 136)* à Nieuport.

Peu après sa libération, en septembre 1944, et malgré les bombardements de V 1 et V 2, le port d'Anvers fonctionne à plein.

Un nouvel essor. – De nos jours Anvers est le principal débouché de la Belgique, sa métropole commerciale et un important centre industriel.

Le **port** d'Anvers *(p. 48)* est en pleine expansion. Son trafic, qui est tributaire en grande partie de l'économie de la Belgique, porte, à l'importation, sur les produits pétroliers, les minerais, les charbons, les grains, les matières premières chimiques; à l'exportation, sur les produits sidérurgiques, les engrais, les produits chimiques, les ciments. Pour entreposer les marchandises, Anvers a su se doter d'excellentes installations.

Liées à la présence du port s'exercent d'importantes activités industrielles, développées principalement depuis quelques années dans la zone portuaire : raffineries de pétrole, montage automobile, industries alimentaires et, naturellement, construction et réparation navales.

Par ailleurs, la taille du diamant dont la ville partage le monopole avec Amsterdam joue un rôle non négligeable dans son économie. *(Pour visiter une taillerie, s'adresser à l'Office de Tourisme, tous les jours sauf sam. et dim.).*

Les relations avec la rive gauche sont assurées par trois tunnels routiers dont un pour cyclistes et piétons.

① LE QUARTIER ANCIEN ★★★ *visite : compter une journée – plan p. 42*

Aux angles des rues, une multitude de niches abritent des madones : on en a dénombré plus de 300. Elles étaient souvent le chef-d'œuvre de sculpteurs candidats à la guilde de St-Luc.

Grand-Place★ (Grote Markt) (AT). – Dominée par la flèche élancée de la cathédrale, cette place irrégulière est encadrée par les **maisons des corporations** (16e et 17e s.), qui montrent une façade très haute, presque entièrement vitrée, surmontée d'un pignon à redans ou à volutes, hérissé souvent de fins pinacles.

En regardant l'hôtel de ville, on admire à droite cinq belles maisons pour la plupart de style Renaissance, fin 16e s. : l'Ange Blanc, surmontée d'un ange, la maison des Tonneliers (statue de saint Matthieu), celle de la **Vieille Arbalète**, très haute, surmontée de la statue équestre de saint Georges, celle des jeunes Arbalétriers, de 1500, et la maison des Merciers (aigle).

Hôtel de ville (Stadhuis). – *Visite : 8 h 30 - 15 h (12 h - 15 h mardi et sam.). Fermé vend. et pendant les réceptions officielles. Accès sam., dim., et jours fériés : par Suikerrui; les autres jours : par Zilversmidstraat; 5 F.*

Il fut construit par Corneille Floris en 1564 et remanié au 19e s. Les éléments flamands (lucarnes, pignon) s'y mêlent avec bonheur à ceux de la renaissance italienne (loggia sous le toit, pilastres entre les fenêtres, niches). L'ordonnance austère des hautes fenêtres à meneaux est égayée par le riche décor de la partie centrale.

Fontaine Brabo. – Œuvre fougueuse de Jef Lambeaux (1887), elle rappelle le geste légendaire de Silvius Brabo brandissant la main du géant Druon. L'eau coule directement sur les pavés de la place.

Gildekamersstraat (AT). – Cette rue étroite située derrière l'hôtel de ville est bordée d'une belle rangée de maisons anciennes dont l'une abrite le musée du folklore *(voir p. 46, Autres curiosités).*

Oudekoornmarkt (AU). – Au nº 16 un porche donne accès à une pittoresque ruelle du vieil Anvers, le **Vlaaikensgang**.

Handschoenmarkt (AT). – Devant la façade de la cathédrale, cette place triangulaire, où se tenait le marché aux gants, est cernée de vieilles demeures. Un **puits** attribué à Quentin Metsys, ferronnier devenu peintre par amour, dit la légende, dresse son gracieux couronnement de fer forgé dominé par Brabo brandissant la main du géant. Il se trouvait, jusqu'en 1565, devant l'hôtel de ville.

Cathédrale★★★ (AT). – *En restauration. Visite : 12 h - 17 h (14 h - 17 h en hiver); sam. 12 h - 15 h; dim. et j. fériés 13 h - 16 h; 10 F.*

Le monument le plus admirable d'Anvers, le plus vaste de Belgique, d'une superficie de près d'un hectare, a été entrepris vers 1352, en commençant par le chevet, et terminé seulement en 1584, l'ensemble restant cependant très homogène.

La cathédrale abritait à l'origine N.-D.-à-l'Arbre trouvée sur une branche après une invasion normande. Cette statue fut détruite en 1580; une copie se trouve à N.-D.-du-Sablon, à Bruxelles *(p. 69)*.

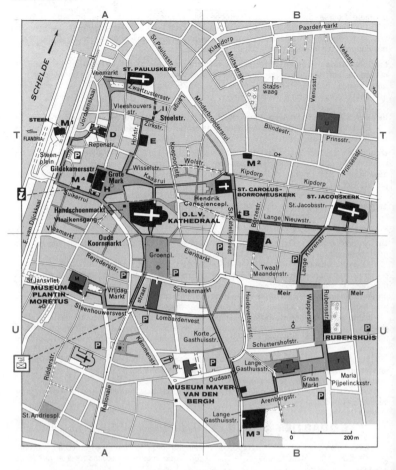

La tour. — Comme à Malines et à Gand, la merveille de la cathédrale est sa tour. Elle s'élève à 123 m de hauteur, miracle de richesse et de légèreté. Le magnifique clocher « droit comme un cri, beau comme un mât, clair comme un cierge », écrit Verhaeren, a été construit en un siècle par Jean et Pierre Appelmans, Herman et Dominique de Waghemakere. Il contient un carillon de 47 cloches *(Concerts : vend. 11 h 30, lundi juin-sept. 21 h).*

La deuxième tour est restée inachevée au 15e s.; au pied de celle-ci quatre personnages semblent construire avec ardeur; cet hommage à l'architecte Pierre Appelmans est dû au ciseau de Jef Lambeaux (1906).

Depuis le 16e s., une étrange coupole à bulbe coiffe la croisée du transept.

Intérieur. — *Pénétrer par le portail Sud.* L'intérieur est d'une ampleur exceptionnelle avec ses 7 vaisseaux, ses 125 piliers sans chapiteaux, ses 117 m de longueur pour 65 m de largeur au transept.

De nombreuses **œuvres d'art,** remarquables, relèvent la froideur majestueuse du lieu.

Dans la nef centrale, la chaire sculptée par Michel Vervoort le Vieux, en 1713, surprend avec ses escaliers aux rampes couronnées d'oiseaux, sa ronde d'angelots turbulents qui planent sous une Renommée tombant du ciel.

Les **Rubens** sont nombreux : au-dessus du maître-autel, une **Assomption** (1626), une de ses meilleures versions, séduit par son coloris fragmenté de touches lumineuses; dans le bras gauche du transept, l'**Érection de la Croix** (1610), destiné à l'église Ste-Walburge, composition en diagonale, violente, montre une tête de Christ d'une admirable noblesse, des soldats vigoureux farouchement arc-boutés faisant saillir leurs muscles; dans le bras droit du transept, la **Descente de Croix** (1612) est d'une facture plus classique : le corps du Christ, exsangue, et son linceul blanc s'y détachent sur un fond sombre et sur le rouge du vêtement de saint Jean, tandis que resplendit la blondeur de Marie-Madeleine et que le divin supplicié semble glisser, à peine retenu, vers les bras de Marie d'une pâleur livide. Sur le mur opposé, Fuite en Égypte peinte par Joos de Momper (17e s).

A droite, dans la 2e chapelle du déambulatoire, se trouve la **Résurrection** de Rubens (1611), commandée par un Moretus, gendre de Plantin; dans la 3e chapelle, sarcophage baroque de l'évêque Capello (1676), par Quellin le Jeune; dans la suivante, tombeau de Plantin (1589) et Jugement dernier, peint par De Backer, reproduisant sur ses volets la famille Plantin; dans la dernière, on remarque deux vitraux de 1503 représentant l'un le roi d'Angleterre Henri VII, l'autre Philippe le Beau.

Dans le bras gauche du transept, on peut voir encore un triptyque de Jésus parmi les Docteurs, par Frans Francken le Vieux (1586), et un beau vitrail du 17e s. représentant les archiducs Albert et Isabelle.

Musée (Museum) Plantin-Moretus★★★ (AU). — *Visite 10 h - 17 h; fermé 1er et 2 janv., 1er mai, Ascension, 1er et 2 nov., 25 et 26 déc.*

Il occupe 34 pièces de la maison et de l'imprimerie construites au 16e s. par Plantin *(p. 40)* et agrandies aux 17e et 18e s. par ses descendants, les Moretus.

L'intérieur est orné d'un beau mobilier ancien, de tapisseries, de cuirs dorés, de toiles. Des vitrines y présentent des dessins, gravures, manuscrits, éditions précieuses et rarissimes. L'ensemble fournit une évocation saisissante de l'histoire du livre ancien et de la vie des humanistes aux 16e et 17e s.

Suivre la numérotation des salles.

Autour de la cour calme et recueillie, avec ses fenêtres en vitraux sertis au plomb, encadrées de vigne vierge, on parcourt le grand salon et ses portraits par Rubens, la boutique, le chambre des correcteurs, le bureau de Plantin et celui de Juste Lipse *(p. 113)*, érudit ami de Plantin. Puis c'est l'imprimerie avec ses presses des 16e et 17e s. sur lesquelles on imprime encore aujourd'hui le Bonheur de ce monde, sonnet composé par Plantin.

Au 1er étage où se trouvent plusieurs bibliothèques, sont exposées la fameuse Biblia Regia de Plantin, ainsi que la Bible de Gutenberg dont il ne reste que de rares exemplaires dans le monde. Au 2e est installée la fonderie.

Musée (Museum) Mayer van den Bergh★★ (BU). — *Visite : 10 h - 17 h; fermé lundi (sauf Pâques, Pentecôte et lundi avant 15 août), 1er et 2 janv., 1er mai, Ascension, 1er et 2 nov., 25 et 26 déc.*

Installé dans une demeure ancienne, ce musée contient des œuvres de choix bien exposées.

D'un intéressant ensemble de peintures, on peut citer spécialement un diptyque peint vers 1400, des portraits de Corneille De Vos et surtout une salle consacrée à Brueghel l'Ancien et ses fils Brueghel d'Enfer et Brueghel de Velours; Brueghel l'Ancien y est représenté par deux de ses œuvres capitales : les douze Proverbes flamands et la **Dulle Griet** (Marguerite l'Enragée), vision apocalyptique de la guerre.

Des sculptures ravissantes (du 14e au 16e s.), des ivoires, des enluminures, tapisseries, plaquettes, médailles, sont aussi à signaler.

Maison de Rubens★★ (Rubenshuis) (BU). — *Mêmes conditions de visite que le musée Plantin-Moretus, p. 42. Location de magnétophone : 50 F.*

Dans les musées et églises d'Anvers, Rubens est partout présent, mais c'est dans cette maison bourgeoise, achetée en 1610, un an après son mariage avec **Isabelle Brant**, qu'on évoque le mieux son ombre. Après de nombreux travaux d'agrandissement et la construction d'un immense atelier, Rubens fait de sa demeure un somptueux palais. Sa femme dont il a eu trois enfants étant morte, il se remarie, quatre ans plus tard, avec la très jeune **Hélène Fourment**; cinq enfants naîtront de cette union et seront élevés sous ce toit.

Cet ensemble a été reconstitué en 1946. Les pièces d'habitation de style flamand sont ornées d'un mobilier d'époque. On remarque, dans la salle à manger, un **autoportrait de Rubens**, acquis en 1973. L'atelier du peintre est surmonté d'une tribune où les amateurs contemplaient ses tableaux.

Dans la **cour**, on admire la façade baroque de l'atelier avec ses bustes de philosophes et ses évocations mythologiques. Un portique relie les deux pavillons et s'ouvre sur un jardin par trois arches que Rubens a reproduites sur certaines toiles.

Le **jardin** du 17e s. a été reconstitué d'après des tableaux et gravures de l'époque.

Meir (BU). — C'est l'artère prestigieuse de la ville. A l'angle de la Wapperstraat, au no 50 du Meir, s'élève l'ancien palais royal, bel édifice rococo (18e s.), où résidèrent Napoléon en 1811, puis de nombreux souverains. C'est actuellement le Centre Culturel International (expositions).

Église St-Jacques (St.-Jacobskerk) (BT). — *Visite : 9 h - 12 h et 14 h - 17 h (16 h en hiver); fermé dim. et 1er janv., Pâques, Pentecôte, 1er mai, Ascension, 15 août, 1er nov., 25 déc.; 10 F.*

L'intérieur de cette église flamboyante est richement orné dans le goût baroque. Parmi les tableaux, on peut voir, dans le bas-côté droit, une Vierge d'Otto Venius; dans le déambulatoire, à droite, un Saint Pierre à la pièce d'argent par Jordaens.

Derrière le chœur, dans la **chapelle funéraire de Rubens**★, on admire une de ses dernières toiles, la Vierge et les saints (1634); il s'y serait, paraît-il, représenté sous l'armure de saint Georges, la Vierge étant Isabelle Brant et Marie-Madeleine, Hélène Fourment. La chapelle voisine renferme un tableau de Jordaens, Saint-Charles guérissant les pestiférés de Milan.

Trésor. — *Visite : sam. 14 h - 17 h; 10 F.* Des pièces d'orfèvrerie, des livres et images rares y sont exposés.

De la Lange Nieuwstraat, on aperçoit l'une des entrées de la bourse, flanquée d'une tourelle.

Bourse du Commerce (Handelsbeurs) (BU A). — *Visite : de 8 h 30 au coucher du soleil; pendant les heures de bourse (lundi-jeudi 14 h - 16 h et vend. 14 h - 17 h), accès aux galeries seulement.*

Enclavée dans un pâté de maisons qu'elle domine de son dôme vitré, elle s'ouvre sur quatre rues en croix.

La première bourse, construite par Dominique de Waghemakere étant devenue trop étroite *(p. 46)*, une nouvelle, réalisée par le même architecte, fut inaugurée en 1531. Elle fut très animée au 16e s. Détruite en 1858 par un incendie, elle a été reconstruite en 1872, par l'architecte Schadde, dans le même style, et présente une halle intérieure à galeries superposées, coiffée d'une superbe verrière.

Chapelle St-Nicolas (St.-Niklaaskapel) (BT B). — Derrière cette chapelle du 15e s. qui héberge un théâtre de marionnettes (Poppenschouwburg) se dissimule une charmante petite cour bordée de bâtiments anciens.

Église St-Charles-Borromée★ (St.-Carolus Borromeuskerk) (BT). — *Visite : 9 h 30 - 13 h; dim. et j. fériés 9 h 30 - 12 h; en outre sam. 15 h - 19 h; fermé mardi.*

Sa belle **façade baroque** prend toute sa valeur sur la petite **place Hendrik Conscience**, pavée à l'ancienne et fermée de sobres bâtiments du 17e s.; elle s'épanouit largement en trois registres classiques avec un médaillon central exécuté d'après un dessin de Rubens et deux lanternons en retrait. A l'arrière, accolé à l'abside, un élégant **clocher baroque** où se superposent les thèmes de la Renaissance, est l'œuvre de Pierre Huyssens.

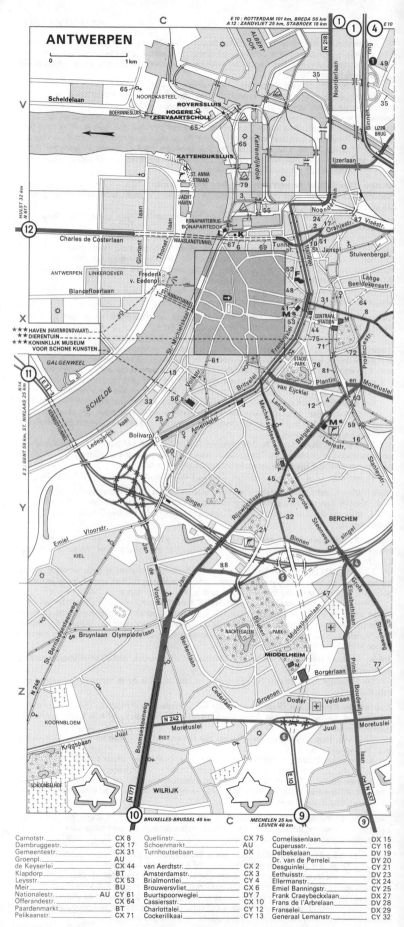

ANTWERPEN

0   1 km

E 10 : ROTTERDAM 101 km, BREDA 56 km
A 12 : ZANDVLIET 25 km, STABROEK 18 km

HULST 32 km N 617

Scheldelaan
NOORDKASTEEL
ROYERSSLUIS
BOERINNESLUIS
HOGERE ZEEVAARTSCHOOL
KATTENDIJKSLUIS
ST. ANNA STRAND
JACHT HAVEN
BONAPARTEBRUG
BONAPARTEDOK
WAASLANDTUNNEL
Charles de Costerlaan
ANTWERPEN LINKEROEVER
Frederik v. Eedenpl.
Blancefloerlaan
ST. ANNATUNNEL
GALGENWEEL
SCHELDE
KENNEDYTUNNEL
E 3 : GENT 59 km. ST. NIKLAAS 25 km
N 14

★★★ HAVEN (HAVENRONDVAART)
★★ DIERENTUIN
★★★ KONINKLIJK MUSEUM VOOR SCHONE KUNSTEN

ALBERT DOK
KATTENDIJKDOK
Noorderlaan
N 218
IJzer BRUG
IJzerlaan
Binnen
Oranjestr.
Viséstr.
St. Janspl.
Stuivenbergpl.
Lange Beeldekensstr.
CENTRAAL STATION
STADS PARK
Plantin en Moretuslei
Britselei
Mechelsesteenweg
Lange
van Eijcklei
Belgielei
Leemstr.
Provinciestr.
Stanleystr.
BERCHEM
Rijswicklaan
Singel
Grote Steenweg singel
Binnen
KIEL
Emiel Vloorstr.
Jan de Vos
Jan van
Berkenlaan
de Bruynlaan Olympiadelaan
St. Bernardsesteenweg
N 248
KOORNBLOEM
Krijgsbaan
SCHOONSELHOF
Juul
BIST
N 242
Moretuslei
N 177
WILRIJK
Boomsesteenweg
NACHTEGALEN PARK
Beukenlaan
MIDDELHEIM
Middelheimlaan
Borgerlaan
Cederlaan
Groenen
Ooster
Veldlaan
Juul
Moretuslei
Prins
Boudewijn
laan
N 657
Grote Elisabethlaan
Steenweg
E 10

BRUXELLES-BRUSSEL 46 km
MECHELEN 25 km
LEUVEN 48 km

Carnotstr.	CX 8	Quellinstr.	CX 75	Cornelissenlaan	DX 15
Dambruggestr.	CX 17	Schoenmarkt	AU	Cuperusstr.	CY 16
Gemeentestr.	CX 31	Turnhoutsebaan	DX	Delbekelaan	DV 19
Groenpl.	AU			Dr. van de Perrelei	DY 20
de Keyserlei	CX 44	van Aerdtstr.	CX 2	Desguinlei	CY 21
Klapdorp	BT	Amsterdamstr.	CX 3	Eethuisstr.	DV 23
Leysstr.	CX 53	Brialmontlei	CY 4	Ellermanstr.	CX 24
Meir	BU	Brouwersvliet	CX 6	Emiel Banningstr.	CY 25
Nationalestr.	AU CY 61	Buurtspoorweglei	DY 7	Frank Craeybeckxlaan	DX 27
Offerandestr.	CX 64	Cassiersstr.	CX 10	Frans de l'Arbrelaan	DV 28
Paardenmarkt	BT	Charlottalei	CY 12	Franselei	DX 29
Pelikaanstr.	CX 71	Cockerillkaai	CY 13	Generaal Lemanstr.	CY 32

44

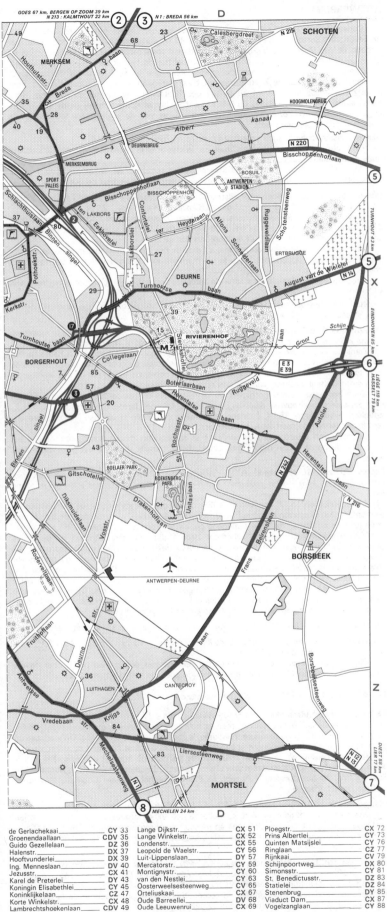

ANTWERPEN★★★

Construite en 1621, sous le vocable de St-Ignace, l'église prit par la suite le nom de St-Charles-Borromée. Malgré l'incendie de 1718 qui détruisit les plafonds peints par Rubens et Van Dyck dans les bas-côtés, l'intérieur reste remarquable. L'édifice, voûté en berceau, possède de riches tribunes donnant sur la nef par de hautes galeries très lumineuses. Le chœur a conservé sa parure de marbre ainsi que la riche chapelle de la Vierge. L'Assomption de Rubens et d'autres retables commandés, en 1620, à l'artiste pour orner cette église se trouvent au musée des Beaux-Arts de Vienne en Autriche. Sous les arcades court une boiserie du 18ᵉ s. : entre chaque confessionnal gardé par quatre anges *(illustration p. 28)* des médaillons retracent les vies de saint Ignace (au Sud) et de saint François-Xavier (au Nord).

Musée. – *Visite accompagnée : merc. 14 h et 15 h; 20 F.*

On visite la galerie souterraine funéraire, la crypte et la sacristie contenant des collections d'ornements liturgiques et de dentelles.

Par la Grand-Place, on atteint le **Steenplein**. Des terrasses promenoirs qui avoisinent la place, on a un aperçu de l'animation de l'estuaire, large à cet endroit de 500 m.

Musée de Marine « Steen »★ (Nationaal Scheepvaartmuseum Steen) (AT M¹). – *Visite : 10 h - 17 h; fermé 1ᵉʳ et 2 janv., 1ᵉʳ mai, Ascension, 1ᵉʳ et 2 nov., 25 et 26 déc.*

Il est situé dans la vieille forteresse du Steen construite après 843 sur l'Escaut, pour défendre la nouvelle frontière du traité de Verdun *(p. 22)*. Prison dès le début du 14ᵉ s., le château fut agrandi vers 1520 et restauré aux 19ᵉ et 20ᵉ s.

Une intéressante exposition retrace, à l'aide de nombreux tableaux, maquettes, instruments, sculptures, documents, etc., la vie maritime et fluviale, surtout en Belgique, des origines à nos jours.

On peut voir également une série de tableaux authentiques et visiter le navire fluvial « Lauranda ».

Emprunter la Repenstraat. Dans une cave est installé un célèbre théâtre de marionnettes anversoises, le « Poesje ».

Maison des Bouchers★ (Vleeshuis) (AT D). – *Mêmes conditions de visite que le musée de Marine « Steen »; fermé en outre lundi (sauf Pâques, Pentecôte et 2ᵉ lundi d'août).*

Dans l'ancien quartier du port se dresse cet imposant édifice gothique à haute toiture percée de nombreuses lucarnes; les murs de briques, rayés de grès blanc, sont flanqués de fines tourelles. Construit pour la corporation des bouchers, en 1504, par un des architectes de la cathédrale, il abrite un **musée** d'arts décoratifs anversois.

Sous les belles voûtes gothiques de la vaste halle du rez-de-chaussée et aux étages sont exposées des œuvres diverses : argenterie, faïence, ferronnerie, statues du 15ᵉ s., retable d'Averbode de 1514, panneau de carreaux de faïence anversoise (16ᵉ s.) représentant la conversion de saint Paul, meubles anciens.

La collection d'**instruments de musique★** et notamment de clavecins dont Anvers fut un centre de construction réputé aux 17ᵉ et 18ᵉ s. (famille Ruckers) est particulièrement riche.

Église St-Paul (St.-Pauluskerk) (AT). – *Visite : 9 h - 12 h et 14 h - 17 h (fermé ap.-midi oct.-mai); sam. 14 h - 19 h seulement (18 h en hiver); dim. et j. fériés 9 h - 13 h; fermé lundi.*

Commencée en 1517, achevée en 1639, cette église de style gothique flamboyant est surmontée d'un clocheton baroque (1679). Le jardin du cloître renferme de grandes statues et un calvaire du 18ᵉ s., du style « imagerie populaire », adossé à l'église.

L'**intérieur★** majestueux est richement décoré d'un mobilier baroque et de belles **boiseries★** du 17ᵉ s. aux confessionnaux encadrés de grands personnages expressifs. Le chœur, entouré de statues, plus étroit que la nef, donne une impression de profondeur accentuée par la surélévation du monumental retable de marbre. Dans le bas-côté gauche, des tableaux de l'école de Rubens ont pour thème les mystères du Rosaire. Parmi cette suite de toiles se trouve la Flagellation, par Rubens, œuvre forte aux tons assourdis. Dans le transept, on peut voir deux œuvres de Rubens (vers 1609) : Adoration des Bergers (croisillon gauche) et Dispute au sujet du Saint-Sacrement (croisillon droit).

Stoelstraat (AT). – Au n° 11 de cette rue, une façade en bois du 16ᵉ s., a été reconstituée.

Ancienne bourse du commerce (Oude Beurs) (AT E). – *Visite : 8 h 30 - 16 h 30; fermé vend. ap.-midi, sam., dim. et j. fériés.*

Elle date de 1515. Elle est occupée par des services publics. Sa petite cour pavée, entourée de portiques et dominée par une tour de guet, ne manque pas de cachet.

■ **AUTRES CURIOSITÉS du centre**

Maison Rockox★ (Rockoxhuis) (BT M²). – *Visite : 10 h - 17 h; fermé lundi.*

Ami de Rubens, Nicolas Rockox, premier bourgmestre d'Anvers, était un fervent collectionneur d'objets d'art. Sa demeure, restaurée, a été transformée en musée. On y admire un magnifique mobilier (bahuts dits « ribbanken », cabinets d'ébène finement décorés), de belles pièces de céramique, une riche collection de peinture où figurent en particulier Patinir (salle 1), Van Dyck (Deux études d'une tête d'homme), Jordaens, Rubens (2), Momper (3), Snyders (Marché aux poissons à Anvers, 5), Pierre Brueghel le Jeune (Copie des Proverbes de Brueghel l'Ancien, 6).

Maagdenhuis (BU M³). – *Visite : 8 h 30 - 16 h 30; fermé sam., dim. et j. fériés.*

Une partie des bâtiments et la chapelle de cet ancien orphelinat, ouvrant sur un joli portail de 1564, ont été transformées en musée : nombreuses peintures (Jordaens, Saint Jérôme par Van Dyck, dans la dernière salle), sculptures et collection de bols de céramique anversoise du 16ᵉ s.

Musée du folklore (Volkskundemuseum) (AT M⁴). – *Mêmes conditions de visite que le musée de Marine « Steen »; fermé en outre lundi (sauf Pâques, Pentecôte et 2ᵉ lundi d'août).*

Parmi les collections riches et variées consacrées à l'art populaire flamand, sont à signaler : les marionnettes (3ᵉ étage), la reconstitution de la pharmacie et de la droguerie (1ᵉʳ étage) et, à l'entresol, la tête du fameux géant Druon.

46

② HORS DU CENTRE

Musée royal des Beaux-Arts★★★ (Koninklijk Museum voor Schone Kunsten) (CY). — *Visite : 10 h - 17 h; fermé lundi, 1er janv., 1er mai, Ascension, 25 déc.*

Cet édifice imposant du 19e s., à colonnes corinthiennes, est surmonté de chars antiques en cuivre, de Vinçotte. Il contient une exceptionnelle collection de peinture, en particulier d'œuvres de Rubens et de primitifs flamands.

Étage supérieur (Peinture ancienne). — Après des esquisses de **Rubens** (salle **J**), de nombreuses compositions du maître (**I**) montrent l'évolution de son style : le Baptême du Christ, peint en Italie, la Vénus refroidie (ou Venus frigida), inspirée de la Vénus accroupie, marbre du Vatican, sont des tableaux encore classiques de même que le triptyque de l'Incrédulité de saint Thomas; puis le réalisme s'impose dans le Christ à la paille, tout ensanglanté, le pathétique apparaît dans la Dernière communion de saint François, dans le Coup de lance, dans la Trinité au raccourci saisissant; enfin l'**Adoration des Mages** (1624), aux coloris éclatants, aux personnages expressifs, est un des sommets de la peinture flamande au 17e s.

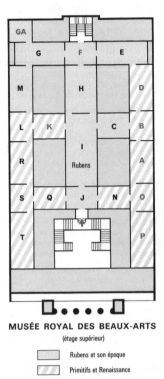

Les salles proches évoquent les collaborateurs de Rubens : de **Van Dyck**, des portraits distingués, des Pietà ou un grand Calvaire aux tons nuancés (**H**); de **Jordaens**, des scènes étonnantes de vie comme le Concert de famille (**H**).

Plus loin, (salle **G**), parmi les œuvres de peintres animaliers, les grands tableaux de **Snyders**, autre collaborateur de Rubens, débordent de victuailles, ruissellent de poissons étincelants, sous l'œil d'un phoque, d'un singe ou d'un chien, tandis que, chez **Jan Fyt**, une lumière délicate fait chatoyer le pelage et le plumage du gibier.

Dans la salle voisine (**M**), on peut voir un bouquet de **Brueghel de Velours,** des portraits de **Corneille De Vos.**

Illustrant le siècle d'Or **hollandais** (salle **E**), des portraits de **Frans Hals,** de **Rembrandt** voisinent avec des paysages de **Salomon van Ruysdael** et de **Van Goyen,** une Noce de Village de **Jan Steen.**

On peut observer (salle **C**) de pittoresques scènes de cabaret par les Flamands **Van Craesbeek, Adriaen Brouwer** et **David Teniers le Jeune.**

MUSÉE ROYAL DES BEAUX-ARTS
(étage supérieur)

▨ Rubens et son époque

▨ Primitifs et Renaissance

Cranach l'Ancien, peintre allemand de la Renaissance (salle **L**) a marqué de son symbole (un petit serpent avec un anneau) une Eve et une Caritas; **Pierre Pourbus** est un portraitiste expressif; la Danse de la Mariée est la copie d'une œuvre disparue de Brueghel l'Ancien.

La Madeleine et le fameux triptyque de l'Ensevelissement du Christ de **Quentin Metsys** ainsi que la Fuite en Égypte de **Patinir** sont à remarquer (salle **R**) et, dans la salle suivante (**S**), les ors et le charme précieux de l'Annonciation et de la Passion de **Simone Martini**, le sobre portrait de Jean de Candida par **Memling**, la Vierge entourée d'anges bleus et rouges que **Fouquet** a peinte sous les traits gracieux d'Agnès Sorel.

De nombreuses œuvres des descendants de **Brueghel l'Ancien**, imitations plus ou moins fidèles de celles du maître sont regroupées (**T**).

On admire (salle **Q**) l'élégance sereine du Calvaire d'**Antonello de Messine**, un beau portrait de Philippe de Croy et le triptyque des Sept Sacrements de **Van der Weyden**, le dessin minutieux de la Sainte Barbe devant la cathédrale d'Anvers et le coloris délicat de la Vierge à la fontaine de **Van Eyck**, le portrait de l'Artiste et de sa femme, par le maître de Francfort, qui est la plus ancienne œuvre connue de l'école anversoise (1496).

Enfin (salle **N**), on retrouve **Memling** : le Christ entouré d'anges musiciens.

Étage inférieur (Peinture des 19e et 20e s.). — Il présente en particulier un aperçu très complet de l'école belge depuis 1830. A noter l'Homme à la chaise, peint, dans la maison des Brasseurs, par **Henri De Braekeleer**, le Roi de la Basse-cour de **Karel Verlat**, des paysages flamands d'**Émile Claus**, de **Guillaume Vogels**, la Campine vue par **Jakob Smits**, l'Entrée du Christ à Bruxelles par **Ensor**, des œuvres étranges de **Delvaux**, **Magritte**.

Le groupe de **Laethem-St-Martin** est bien représenté avec **Permeke** (Neige, Marine, Nuages blonds), les frères **De Smet, Van den Berghe, Servaes** (série de la vie des Paysans) et **Van de Woestijne**.

Quelques œuvres de peintres étrangers sont exposés (portrait par David, autoportrait d'Ingres). Enfin, une sélection de tableaux permet de découvrir l'art contemporain.

Jardin zoologique★★ (Dierentuin) (CX). — *Visite : 8 h 30 - 17 h à 18 h 30 suivant la saison; 180 F. (enfants : 90 F.).*

Ce parc de 10 ha s'ouvre entre le **musée d'Histoire naturelle** construit en 1885, surmonté de la statue de son fondateur chevauchant un chameau, et l'imposante **gare centrale** élevée en 1905 dans une profusion de marbres, de verrières et de ferronnerie. Parmi 6 000 animaux, le zoo groupe des spécimens rares, tel un couple d'énormes « rhinocéros blancs », à carapace grisâtre (dans le « temple égyptien »).

Dans le **bâtiment des oiseaux**, depuis 1945 rien ne sépare les oiseaux exotiques en pleine lumière, du public circulant dans l'obscurité.

Le **nocturama** abrite, dans la pénombre, les animaux nocturnes dont les terriers sont visibles derrière une vitre.

Les **reptiles** vivent dans un beau cadre tropical (remarquer les deux varans de Komodo, lézards géants).

L'aménagement des deux bâtiments pour **singes** a été particulièrement étudié.

Enfin, le **planétarium**, l'**aquarium**, ainsi que le **delphinarium** *(3 ou 4 spectacles par jour)* offrent des attractions supplémentaires.

Musée de Sculpture en plein air (Openluchtmuseum voor Beeldhouwkunst) Middelheim★ (CZ). — *Visite : 10 h - 17 h ou plus tard selon la saison.*

Dans le parc Middelheim, de vastes pelouses (12 ha) ombragées de grands arbres servent d'écrin à plus de 300 sculptures, de Rodin à nos jours (Maillol, Rik Wouters, Moore, Mari Andriessen, Germaine Richier, Fabbri, etc.); le réalisme côtoie le cubisme, le surréalisme ou l'abstraction. A noter la belle envolée du Pégase de Carl Milles.

Un pavillon **(M)** *(visite : 10 h - 17 h; fermé 1ᵉʳ et 2 janv., 1ᵉʳ mai, Ascension, 1ᵉʳ et 2 nov., 25 et 26 déc.)* abrite les sculptures petites ou fragiles, en bois, métal ou terre cuite qui sont exposées par roulement.

Toutes les années impaires, en saison, le parc voisin présente une exposition de sculpture internationale (Biennale).

Musée provincial du Diamant (Provinciaal Diamantmuseum) (CX M⁵). — *Visite : 10 h - 17 h. Fermé 1ᵉʳ et 2 janv., 25 et 26 déc.*

Au rez-de-chaussée de l'Institut Supérieur de Sécurité (Provinciaal Veiligheidsinstituut) sont exposées d'une manière très intéressante les techniques d'extraction du diamant et les différentes opérations de sa taille : clivage ou sciage de la pierre brute, ébrutage, taille des facettes. Quelques reproductions de bijoux célèbres illustrent l'histoire de cette pierre, tels les Joyaux de la Couronne britannique dont les gemmes ont été taillées à partir du Cullinan, le plus gros diamant du monde.

L'utilisation du diamant dans l'industrie est évoquée : gravure sur cristal, tréfilage.

Les sam. et dim. (14 h - 17 h) on peut voir des tailleurs de diamant au travail.

Béguinage (Begijnhof) (CX F). — *En cours de restauration jusqu'en 1984; accès : 9 h - 17 h.*

Les maisons blanches se serrent à l'abri de leur clôture de briques. La rue, grossièrement pavée, encadre un verger ceinture de haies. Une église, reconstruite au 19ᵉ s., est ornée de tableaux de Jordaens et Van Noort. Un oratoire abrite un Christ aux liens.

Maison des Brasseurs (Brouwershuis) (CX K). — *Visite : 10 h - 17 h; fermé lundi (sauf Pâques, Pentecôte et 2ᵉ lundi août), 1ᵉʳ et 2 janv., 1ᵉʳ mai, Ascension, 1ᵉʳ et 2 nov., 25 et 26 déc.*

Gilbert van Schoonbeke fit élever, vers 1553, cet édifice destiné à ravitailler en eau les nombreuses brasseries du quartier. La Maison hydraulique devint en 1581 le siège de la corporation des Brasseurs. On peut voir l'écurie reconstituée, le manège et le système d'élévation d'eau, puis les réservoirs reliés jadis aux canaux; à l'étage, l'atelier et surtout la belle **salle du Conseil,** souvent reproduite sur des tableaux, meublée à l'ancienne, tendue, au 17ᵉ s., de cuir doré de Malines et ornée d'une cheminée à colonnes torses.

Musée Smidt van Gelder (CY M⁶). — *Mêmes conditions de visite que la maison des Brasseurs.*

Ce musée est installé dans un intérieur raffiné du 18ᵉ s. orné d'un beau mobilier et de collections de valeur (peinture hollandaise, porcelaine de Chine).

Musée provincial Sterckshof (DX M⁷). — *Visites : 10 h - 17 h (dim. seulement de nov. aux Rameaux); fermé vend.*

Dans le **parc du Rivierenhof, à Deurne** (78 646 h.), ce joli château de style Renaissance flamande, reconstruit en 1938, entouré de douves, renferme un musée : artisanat, belle collection d'argenterie, mobilier, intéressante section consacrée à la **photographie** des origines à nos jours. Chaque été est présentée une exposition artisanale.

③ LE PORT★★★ (Haven) — *schéma p. 49*

Le centre de gravité du port s'est déplacé vers le Nord depuis que de gigantesques travaux, exécutés entre 1940 et 1967, en ont doublé la capacité. Celui-ci possède à l'heure actuelle 92 km de quais, 836 km de voies ferrées, 1 306 ha de bassin, un important matériel de manutention et d'énormes entrepôts. Il dispose de 18 cales sèches. La création, au Nord de Kanaaldok, d'un important bassin, permettra d'augmenter considérablement les possibilités d'amarrage.

Cinq écluses font communiquer l'Escaut avec les bassins. Celle de **Zandvliet** (1967) mesure 500 m de long sur 57 de large; c'est par son volume (613 000 m³) la deuxième du monde, la première étant l'écluse François 1ᵉʳ au Havre (653 000 m³). Au Sud de l'écluse de Zandvliet, on prévoit de construire une écluse de 765 000 m³.

En 1979, le trafic s'est élevé à 80 millions de tonnes pour 19 524 navires.

Promenade en voiture — *43 km - environ 2 h. Carte Michelin nº 409 - plis 8, 9.*

Partir du Steen et suivre les quais en direction du Nord. On passe les hangars le long du fleuve, la **maison de pilotage** (Loodsgebouw) avec sa tourelle **(CX L)**, l'écluse maintenant comblée du **bassin Bonaparte,** Bonapartedok, **(CV)** construit à des fins militaires.

Un pont routier enjambe Kattendijksluis, écluse construite en 1860; vue à droite sur les péniches et à gauche sur le moulin de la plage de Ste-Anne (St.-Annastrand).

Royerssluis était au début du siècle la plus importante écluse du port. Elle est empruntée par des caboteurs. Puis on longe à droite l'**école supérieure de navigation** (Hogere Zeevaartschool) **(CV)** formant des officiers de la marine marchande; à côté, moulin en bois. Un peu plus loin, charmante petite église conservée d'un ancien village.

La **Scheldelaan** (avenue de l'Escaut), à deux chaussées, donne un aperçu de l'étendue du port et des installations industrielles. A gauche, des digues herbeuses protègent des crues de l'Escaut tandis qu'à droite se succèdent d'innombrables torchères, cheminées, réservoirs avec, à l'arrière-plan, la forêt des grues du bassin portuaire.

L'**écluse Van Cauwelaert** (Van Cauwelaertsluis, 1928) puis l'**écluse Baudouin** (Boudewijnsluis, 1955) précèdent la partie moderne du port (1967).

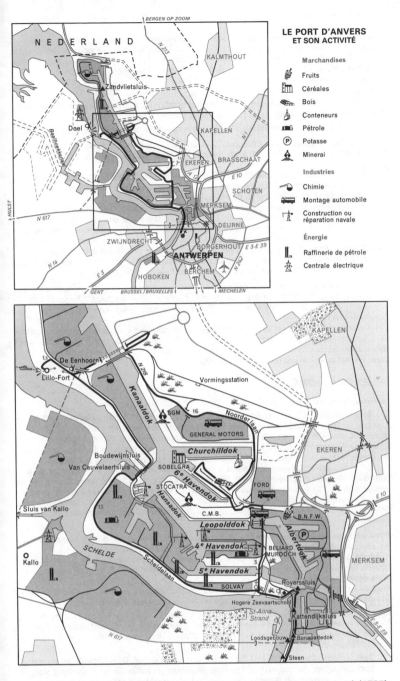

Au-delà du pont et du tunnel se dresse le moulin blanc **De Eenhoorn** (la licorne) (1735). Reconstruit pièce par pièce, il témoigne d'un univers rural disparu.

Lillo-Fort (Fort de Lillo). — L'ancien fort de Lillo, entouré d'eau, dissimule derrière ses retranchements boisés un village paisible, dont l'église préside une charmante place centrale, et un petit port. C'est le seul village qui demeure de cette ancienne zone de polders. De la ligne bordant l'Escaut, on aperçoit Doel *(p. 50)*.

Rebrousser chemin et emprunter, au-delà du moulin, le tunnel passant sous Kanaaldok. Prendre aussitôt après, à droite, la direction « Antwerpen via Noorderlaan ».

Kanaaldok. — On longe cette longue darse prolongée au Nord par un canal conduisant à un bras du Rhin et permettant la navigation fluviale jusqu'à Rotterdam. Vue sur les cargos à quai, puis, plus loin, sur une multitude de tas de minerais.

Bassin Churchill (Churchilldok). — Il est séparé de la route par une grande firme de montage de voitures (General Motors). Ce bassin est spécialisé dans le transport des voitures, des produits d'acier fini et des conteneurs. Ceux-ci dissimulent en partie l'extrémité du bassin.

Prendre la première route à droite (Treurenborg). Un petit clocher isolé se dresse parmi les conteneurs. Emprunter la 2ᵉ route à droite.

6ᵉ darse (6ᵉ havendok). — Elle est bordée au Nord par le gigantesque silo à grains de Sobelgra. Immédiatement avant ce bâtiment, on aperçoit à droite des élévateurs installés sur des embarcadères et destinés au transport du grain. On traverse ensuite des entrepôts de bois (piles de troncs et de planches) et on distingue les navires de la darse.

49

Laisser une route à gauche, pour rejoindre la Noorderlaan. Juste avant l'endroit où celle-ci se sépare en deux chaussées, près de l'usine Ford, tourner à droite pour passer le pont mobile. Ce pont, situé entre **Leopolddok** et **Albertdok**, permet de voir, au fond, des installations frigorifiques pour fruits exotiques (B.N.F.W.) et des magasins de potasse, à droite, les navires de l'importante Compagnie Maritime Belge.

4ᵉ darse (4ᵉ havendok). — A l'extrémité, cales sèches de réparation Béliard Murdoch.

5ᵉ darse (5ᵉ havendok). — Elle est bordée par de nombreux réservoirs de produits pétroliers des entrepôts de la société d'industrie chimique Solvay.

On retrouve bientôt la Scheldelaan : tourner à gauche pour regagner l'écluse Royers.

Promenade en bateau sur l'Escaut (Scheldetocht). — *50 mn. De Pâques à mi-mai et en sept. toutes les heures 10 h - 16 h; de mi-mai à fin août toutes les 30 mn; 120 F. Départ : Steenplein* (**AT**).

Cette excursion qui fait descendre l'Escaut jusqu'à Kallo donne un aperçu intéressant du développement industriel d'Anvers, mais ne fait pas pénétrer dans les bassins portuaires.

Pour le début du trajet, voir la promenade en voiture p. 48.

Le bateau fait demi-tour devant l'écluse de **Kallo** (Sluis van Kallo). Une fois terminée, celle-ci pourra accueillir des bateaux de 125 000 t et desservira un canal (Baalhoekkanaal) reliant aux Pays-Bas l'Escaut occidental. Ce canal formera l'épine dorsale d'un nouveau complexe de bassins, sur la rive gauche. Dans la première zone d'extension du port (6 000 ha) se sont déjà implantées diverses industries dont une centrale thermique.

A contre-courant, le bateau longe la rive gauche dotée d'importantes industries chimiques, puis la petite plage de Ste-Anne, le moulin et le port de plaisance.

Visite en bateau des bassins portuaires (Havenrondvaart). — *3 h. De Pâques à mi-mai et en sept. dim. et j. fériés 14 h 15; de mi-mai à fin août tous les jours 10 h (sauf lundi et sam.) et 14 h 15; 200 F (enfants : 110 F). Départ : Londenbrug, Londenstraat; le dim. : Steenplein* (**AT**).

Cette excursion permet la visite des bassins portuaires où accostent cargos et pétroliers. Les complexes industriels, raffineries de pétrole, élévateurs de grains, ponts transbordeurs, cales sèches, chantiers navals, réservoirs multiples forment un ensemble impressionnant. En semaine, l'animation est surprenante.

✔ EXCURSIONS

's-Gravenwezel; Oelegem. — *25 km. Sortir d'Anvers par ③ du plan.*

Brasschaat (31 663 h.) possède un important centre récréatif (parc, piscines, jardin zoologique). *A Brasschaat prendre la direction de Schilde.* Couverts de massifs de rhododendrons, les environs boisés de **'s-Gravenwezel**, où se dissimulent des villas cossues, procurent lors de la floraison (mai-juin), un merveilleux spectacle, en particulier le long du domaine de Bottermelk, à la sortie du pont mobile franchissant le canal d'Anvers à Turnhout.

Entre Schilde et **Oelegem**, le **domaine provincial Vrieselhof** offre d'agréables promenades à pied dans un beau parc fleuri *(circuits fléchés)*. Au centre, le château, reconstruit après sa destruction en 1914, abrite un **musée du Textile** (Textielmuseum) : techniques de filature, de tissage, d'impression, collections de dentelle, de costumes, art textile contemporain et orfèvrerie. *Visite : du dim. des Rameaux à fin oct. 10 h - 17 h; le reste de l'année dim. seulement.*

Rive gauche de l'Escaut; Doel. — *25 km. Dans Amerikalei, emprunter le tunnel Kennedy en direction de Hulst puis de Antwerpen-Linkeroever (rive gauche).*

Près du tunnel pour piétons et cyclistes, un petit jardin jonché d'hélices, d'ancres et de bouées de navires, offre une **vue** intéressante sur le centre d'Anvers, dominé par sa cathédrale et son gratte-ciel.

Plus au Nord se dissimulent le port de plaisance (Jachthaven), un petit moulin et la plage Ste-Anne, tandis qu'au Sud a été aménagé un lac de plaisance (Galgenweel).

Reprendre la route vers Hulst puis vers Doel. On traverse une zone curieuse où les polders traditionnellement consacrés à l'élevage (vaches, moutons sur les digues) voisinent avec les grands complexes industriels de Kallo *(voir ci-dessus)* dont l'implantation a exigé le pompage préalable du sol.

Doel. — Petit village abrité de l'Escaut par une haute digue, Doel possède un minuscule port de pêche. Au sommet de la digue se dresse un moulin à vent. On peut voir, en face, Lillo, son moulin blanc se détachant derrière les arbres ainsi que les cheminées de la zone industrielle. A proximité de Doel a été installée une centrale nucléaire.

Réserve naturelle (Natuurreservaat) De Kalmthoutse Heide. — *22 km au Nord. Carte Michelin n° ❶ pli 15. Sortir par ② du plan.*

Dans la Campine anversoise, à 2 km du bourg de Kalmthout, ce sont, près de la frontière, 732 ha de dunes de sable, landes de bruyère (heide), bois de pins, marécages, peuplés de nombreux oiseaux et sillonnés de sentiers de promenade balisés.

ARLON   Luxembourg ℙ ─────────────

Cartes Michelin nᵒˢ 409 - pli 26 et ❹ - pli 18 - 23 218 h. — *Plan dans le guide Michelin Benelux.*

Arlon, chef-lieu du Luxembourg belge et capitale de la région dénommée « Lorraine belge », est une très ancienne cité, construite sur une colline. C'était sous la domination romaine une ville importante (Orolaunum) sur la voie de Reims à Trèves. Elle fut fortifiée vers la fin du 3ᵉ s. et conserve plusieurs vestiges de l'époque romaine.

Les incendies et les guerres ont éprouvé la ville au cours des siècles.

Le Maitrank. — Cet apéritif régional que l'on déguste en mai et juin est un vin de Moselle parfumé de boutons de reine des bois (aspérule odorante) cueillis avant floraison, corsé de cognac, sucré et servi frais avec une tranche d'orange.

Depuis 1954, se déroulent vers la fin mai *(p. 12)* de grands fêtes populaires organisées par la confrérie du Maitrank.

Point de vue. — Au sommet de l'église St-Donat, qui couronne la colline, le **Belvédère** offre une vue sur les toits d'ardoise de la ville, l'église St-Martin et un panorama sur quatre pays : Belgique, Grand-Duché, France, Allemagne (tables d'orientation). La visite comprend une projection évoquant l'histoire d'Arlon. *Accès : juil.-août 14 h - 17 h; 10 F.*

Musée Luxembourgeois★. *Visite : 9 h - 12 h et 14 h - 17 h; fermé dim. sauf de mi-juin à mi-sept. 10 h - 12 h et 14 h - 17 h; 30 F.*

Ce musée, réaménagé, renferme de belles collections d'archéologie et d'ethnographie régionales.

La **section lapidaire gallo-romaine**★★, remarquable, comprend, notamment, au rez-de-chaussée, un ensemble unique de monuments funéraires et de fragments de monuments civils.

Provenant de la ville ou de la région, ils sont sculptés de bas-reliefs représentant des personnages mythologiques (Bacchus, Hercule) ou allégoriques (danseuses) ou illustrant des scènes familières qui nous fournissent des renseignements précis sur la vie quotidienne aux trois premiers siècles de notre ère : agriculteurs, maître d'école, magasin de drapier, magnifique **relief des voyageurs** d'une expressive beauté.

On verra à l'étage une collection mérovingienne (tombes, bijoux), du mobilier médiéval et de la Renaissance, un retable du 16ᵉ s.

(D'après photo L. Lefèbvre)

Relief des voyageurs

Tour romaine; thermes. *Visite accompagnée : s'adresser au musée Luxembourgeois en saison à 11 h ou 15 h.*

La **tour romaine** *(Grand-Place; entrée : 10 F)* faisait partie du rempart dont on peut observer la structure au cours de la visite. Celui-ci fut édifié sur une large assise constituée de fragments de monuments détruits, notamment de magnifiques bas-reliefs qui ont enrichi le musée Luxembourgeois. L'une de ces sculptures, représentant Neptune, est restée en place dans la muraille, sous la tour *(accès par une échelle métallique).*

On peut voir également une partie du relief des voyageurs conservé au musée.

Près du **vieux cimetière** *(rue des Thermes romains),* aux belles croix de pierre, subsistent quelques vestiges de **thermes romains** du 4ᵉ s. ainsi que les fondations de la plus ancienne **basilique** chrétienne de Belgique (4ᵉ s.).

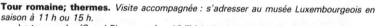

ATH Hainaut

Cartes Michelin nᵒˢ **409** - pli 12 et **2** - plis 16, 17 - 24 171 h.

Au confluent des deux Dendre, prolongées au Sud par un canal, Ath occupe une situation stratégique sur une grande voie de passage, ce qui lui valut en 1667 d'être assiégée par Louis XIV en personne. Une fois prise, elle fut fortifiée par Vauban dont ce fut la première réalisation. On en fit établir un plan en relief, le premier du genre (1669). Au cours de la guerre de Succession d'Autriche, en 1745, la ville eut encore à subir de la part des troupes françaises un siège qui détruisit la plupart de ses fortifications.

L'humaniste Juste Lipse *(p. 113)* a été au 16ᵉ s. élève de l'ancien collège.

Des carrières de pierre sont exploitées dans les environs.

Cortège des géants. — Fin août *(p. 12)* a lieu la **ducasse** (terme dérivé de « dédicace ») avec défilés des géants. Hauts de plus de 4 m et pesant plus de 100 kg, ceux-ci parcourent, le dimanche, à 10 h et à 15 h, la ville en grande liesse. Ce sont M. et Mme Gouyasse (mot patois pour Goliath), les quatre fils Aymon *(p. 129)*, montés sur leur cheval Bayard (7 m de haut), Samson, Ambiorix *(p. 156)* et Mam'zelle Victoire, symbolisant la ville d'Ath. La veille à 15 h, le mariage du couple Gouyasse est béni en l'église St-Julien au cours des « vêpres Gouyasse », puis, devant l'hôtel de ville, on assiste au combat de David contre Goliath.

■ **CURIOSITÉS** *visite : 3/4 h*

Grand-Place. — L'**hôtel de ville**, achevé en 1624, est dû à **Coebergher** (1557-1634), étonnant personnage, peintre, architecte, ingénieur qui introduisit en Flandre les premiers monts-de-piété. La salle des pas-perdus possède une belle cheminée et un portail sculpté.

On aperçoit l'**église St-Julien** dont la haute tour du 15ᵉ s., tronquée par un incendie en 1817, conserve ses tourelles d'angle.

Tour de Burbant. — A proximité de la Grand-Place se dissimule ce donjon carré et massif construit en 1166 par le comte de Hainaut, Baudouin le Bâtisseur. *Accès par une ruelle étroite près du Commissariat de Police.* La chemise qui l'entoure, ajoutée aux 15ᵉ et 16ᵉ s., a été restaurée et transformée en centre culturel.

Musée. — *Rue du Bouchain, accès par l'Esplanade. En cours de réaménagement.*

On y voit en particulier deux intéressantes Mises au tombeau, l'une de 1395, provenant de Mainvault, l'autre du 16ᵉ s., de l'église St-Martin.

EXCURSIONS

Le pays d'Ath. — *Circuit de 36 km — schéma p. 52 — Sortir d'Ath par la route de Mons au Sud, prendre vers Irchonwelz, puis tourner à droite.*

Terre d'agriculture et d'élevage, le pays d'Ath présente un paysage aux larges horizons, interrompu par des rangées de peupliers, de grandes fermes ou des hameaux.

Moulbaix. — Le joli **moulin de la Marquise**★ (1614) est le dernier moulin fonctionnant dans le Hainaut. *Visite : 10 F.* Près de l'église se dissimule dans un grand parc un surprenant château du 19ᵉ s., construit dans le style Tudor *(on ne visite pas).*

Tongre-Notre-Dame. — La basilique (18ᵉ s.) abrite une Vierge romane en bois dont les somptueux vêtements ne laissent apparaître que la figure de l'Enfant Jésus. Cette statue vénérée est située à l'endroit où elle serait apparue en février 1081.

Chièvres. — 6 052 h. Cette petite ville appartint au 17ᵉ s. à la famille d'Egmont dont un des membres avait été décapité sur la Grand-Place de Bruxelles en 1568. L'**église St-Martin,** gothique (16ᵉ s.), au clocher orné de tourelles d'an-

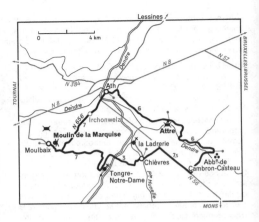

gle, contient de beaux monuments funéraires et un lutrin du 15ᵉ s. *Visite : mai-sept. sam., dim. et j. fériés 14 h - 19 h; en cas de fermeture, s'adresser : 7, rue Notre-Dame.* Des anciens remparts subsiste la **tour de Gavre** du 15ᵉ s., dont le pignon de briques est visible depuis l'église.

La **Ladrerie** est une jolie chapelle romane sise aux abords de la ville *(signalée)* dans une cour de ferme de la vallée de la Hunelle. Elle faisait partie d'une léproserie ou ladrerie.

Cambron-Casteau. — Fondée au 12ᵉ s., et d'observance cistercienne, l'**abbaye** de Cambron-Casteau était l'une des plus prospères du pays. Reconstruite au 18ᵉ s., elle fut détruite par décret pendant la Révolution française. Il n'en reste que des ruines. *Accès par le parc d'attractions de Pâques à fin sept. 10 h - 19 h; 200 F.* A l'extrémité de l'allée de tilleuls, on franchit la porte d'entrée. Laissant à droite la ferme abbatiale au curieux hangar (« charril ») surmonté d'un colombier, on pénètre dans le parc. Il est dominé par la haute **tour** (56 m) de l'église abbatiale, qui formait façade. A gauche, au pied de celle-ci, quatre enfeus abritant des gisants subsistent d'un ancien cloître gothique. Les jardins sont ombragés de tilleuls, de hêtres et d'énormes platanes séculaires.

Enjambant la Dendre qui, canalisée, traverse le parc, un **escalier** imposant, aux degrés sinueux, bordé de balustres, fait découvrir de vastes étangs *(pêche).*

La demeure comtale voisine date de 1854; elle a été transformée en restaurant.

Attre★. — *Ci-dessous.*

Lessines; Ellezelles. — *27 km au Nord.*

Au centre d'une région où l'on cultive les plantes médicinales (en particulier à Deux-Acren), **Lessines** (16 639 h.), sur la Dendre, possède de célèbres **carrières de porphyre** *(on ne visite pas)* à ciel ouvert, situées à l'Est de l'agglomération.

Une procession de pénitents remontant au 15ᵉ s. se déroule dans la ville le Vendredi saint. Le dimanche suivant le 15 août se déploie le cortège « El Cayoteu » (costumes 1900). Le 1ᵉʳ samedi de septembre a lieu le cortège historique du Festin, datant de 1583.

Lessines a vu naître en 1898 le peintre René **Magritte.**

Hôpital N.-D. à la Rose. — *Visite accompagnée : d'avril à sept. dim. à 15 h; 30 F.*

Cet hôpital, tenu par des Augustines, fut fondé en 1243 par Alix de Rosoit, veuve d'Arnoul IV d'Audenarde, seigneur de Lessines. Il a été reconstruit aux 16ᵉ et 17ᵉ s. Les bâtiments abbatiaux et le cloître abritent un riche musée.

Prendre la direction d'Ellezelles, à l'Ouest.

Moulin du Cat Sauvage (De Kattemolen). — A 3 km au-delà d'Ellezelles, au sommet d'une butte de 115 m d'altitude, se dresse ce pittoresque moulin à pivot, en bois, datant de 1750. *Visite : de juin à sept. dim. 14 h 30 - 18 h; 20 F.*

▐ATTRE▐ ★ Hainaut

Cartes Michelin nᵒˢ ▐409▐ - pli 12 et ▐2▐ - pli 17 — *Schéma ci-dessus.*

Attre possède un charmant château. Bâti en 1752 par le comte de Gomegnies et aménagé par son fils, chambellan de l'Empereur Joseph II, il a gardé intacte sa décoration intérieure d'une homogénéité remarquable.

Château★. — *Visite accompagnée : de mi-mars à fin oct. sam., dim. et j. fériés 10 h - 12 h et 14 h - 18 h; juil.-août tous les jours sauf merc.; 75 F, parc seulement 40 F.*

Devant l'entrée ont été remontées quatre colonnes provenant du jubé de l'église abbatiale de Cambron-Casteau. Le seuil est encadré de deux sphinx à bustes de femme.

Le vestibule tenait lieu aussi de chapelle; un autel est aménagé dans une encoignure. La rampe de l'escalier, très décorative, aurait été exécutée d'après les dessins de l'architecte parisien Blondel (17ᵉ s.) par Cuvilliés, architecte de la cour de Bavière, né à Soignies.

Les pièces sont garnies de nombreuses œuvres d'art et de précieuses collections parmi lesquelles des toiles de Snyders et Watteau; les parquets, remarquables, sont dus à l'architecte Dewez. D'élégantes peintures, attribuées à Hubert Robert (18ᵉ s.), décorent les lambris du grand salon où se remarquent des gypseries d'une grande finesse dues à des Italiens, les Ferrari. Le salon des Archiducs est tendu de papiers peints, les premiers importés en Belgique (1760); une indienne assortie recouvre les fauteuils. Les murs et sièges du salon chinois sont garnis de tentures en soie de Chine.

Parc. — Traversé par la Dendre, il est très beau. Près du château se trouve un colombier du 17ᵉ s. Le principal intérêt du parc réside dans le rocher artificiel, haut de 24 m, et percé de couloirs souterrains. Il fut élaboré pour l'archiduchesse Marie-Christine de Saxe qui gouvernait les Pays-Bas avec son époux Albert de Saxe. Elle se tenait pour chasser dans le pavillon qui couronne le sommet.

AULNE (Abbaye d') ★ Hainaut —————————————————————

Cartes Michelin n^{os} **409** - pli 13 et **4** - pli 3 — 12 km au Sud-Ouest de Charleroi.

Au fond de la verdoyante vallée de la Sambre, se dressent les ruines imposantes de l'abbaye d'Aulne. Fondé au 7e s. par saint Landelin, parmi les aulnes, le monastère dépendait de l'abbaye de Lobbes. Une communauté de cisterciens, venus de Clairvaux, s'y installa en 1147. Incendiée en 1794, l'abbaye fut restaurée pour abriter, en 1896, l'hospice Herset, du nom de son fondateur, le dernier abbé d'Aulne.

Visite : du lever au coucher du soleil; 20 F.

Cour centrale. — On voit à gauche les écuries encadrant la remise des carrosses, à arcades (18e s.), puis la salle de réception des princes-évêques de Liège (18e s.); à la suite et au fond se trouvait le quartier des hôtes, palais abbatial avant 1767; il n'en reste qu'une tour.

A droite, on remarque les arcades du palais abbatial (fin 18e s.) et la façade de l'église.

Église abbatiale. — Derrière une façade classique (1728) se dissimule l'imposante église gothique construite au 16e s. Elle conserve un chœur et un transept très beaux : remarquer le remplage de la baie du croisillon droit.

Communiquant avec le croisillon gauche, la sacristie, puis la salle capitulaire (18e s.) donnant sur le cloître dont il reste peu de traces, étaient surmontées par les dortoirs.

Prendre à droite l'allée qui desservait le quartier des vieux moines (à gauche) et l'infirmerie (au fond à droite) : vue remarquable sur l'ensemble élancé et majestueux formé par **le chevet et le transept**★★ aux immenses baies lancéolées.

Reprenant l'allée en direction du cloître, on aperçoit à droite l'un des réfectoires construits au 18e s. : ses voûtes de brique sphériques, portées en leur centre par des colonnes renflées, sont très jolies. C'était le réfectoire régulier dit « du maigre », car on n'y consommait pas de viande.

AVERBODE ★ Brabant ———————————————————————————

Cartes Michelin n^{os} **409** - pli 5 et **2** - pli 8 — 9 km au Nord-Ouest de Diest.

Dans une région boisée de pins, au point de rencontre de trois provinces (Anvers, Limbourg, Brabant), les Prémontrés occupent l'abbaye d'Averbode fondée par eux en 1134-1135. Outre leurs activités traditionnelles, les Pères dirigent un centre de retraite ainsi qu'une maison d'édition qui assure la publication d'hebdomadaires. Chaque année, au printemps, ont lieu des concerts de musique de chambre.

L'ordre de Prémontré. – **Saint Norbert** en est le fondateur. En 1120, il établit à Prémontré, près de Laon en France, la première maison de l'Ordre, auquel il impose la règle de saint Augustin. L'Ordre se répand rapidement dans les anciens Pays-Bas où il connaît un essor remarquable. C'est encore actuellement l'un des plus importants de Belgique, les principales abbayes étant Averbode, Parc, Tongerlo.

Les Prémontrés ou Norbertins sont des chanoines réguliers. Tout en vivant en communauté, ils se consacrent à l'apostolat, fonction qu'ils exercent surtout dans les paroisses. Ils sont vêtus d'un habit blanc à pèlerine et capuce.

■ ABBAYE ★

On pénètre dans la cour par un porche du 14e s. surmonté d'un édifice en grès rouge orné de statues dans des niches gothiques. Au fond de la cour, la prélature, reconstruite dans le style du 18e s., abrite parfois des expositions.

Église★. — Construite de 1664 à 1672 par Van den Eynde, cette belle abbatiale ressemble à ses sœurs de Grimbergen et Ninove. La façade aux lignes onduleuses présente les statues de saint Norbert, à droite, et de saint Jean-Baptiste, patron de l'abbaye, à gauche.

L'intérieur a des proportions majestueuses. Le chœur, plus long que la nef, en est isolé par deux retables qui formaient autrefois jubé. On aperçoit au-delà de ceux-ci les stalles du 17e s. richement sculptées.

Bâtiments conventuels. — *Visite accompagnée : quatre dim. par an.* ☎ *(013) 77.29.01; 20 F.* Ils ont été incendiés en 1942, à l'exception du cloître (18e s.), de la salle capitulaire et de la sacristie, ornées de belles boiseries (18e s.). On y voit d'intéressants tableaux : dans le cloître, les portraits des abbés à partir du 16e s.; dans la salle capitulaire, un De Crayer; dans la prélature, un beau Snyders.

Cimetière conventuel. — *Entre l'église et la route.* On y trouve la tombe d'**Ernest Claes** et de son épouse. Cet auteur flamand (1885-1968), né à Zichem *(p. 86)*, affectionnait l'abbaye d'Averbode.

BASTOGNE Luxembourg ————————————————————————————

Cartes Michelin n^{os} **409** - plis 25, 26 et **4** - plis 17, 18 — 11 357 h.

Située sur le plateau ardennais, à 515 m d'altitude, Bastogne est une ancienne place forte dont il subsiste une tour du 14e s., la **porte de Trèves,** près de l'église St-Pierre. Les fortifications furent rasées par les troupes de Louis XIV en 1688.

Bastogne est réputée depuis des siècles pour son excellent jambon d'Ardenne, ainsi que pour ses noix. Depuis la célèbre réplique du général Mac Auliffe en 1944 la traditionnelle foire aux noix en décembre comprend des cérémonies commémoratives.

La bataille des Ardennes (déc. 1944-janv. 1945) et le siège de Bastogne. — Le 16 décembre 1944, les Allemands déclenchent une contre-offensive sur le front allié, sous la direction du général Von Rundstedt qui cherche à reprendre Anvers *(p. 41).* L'effet de surprise, le mauvais temps persistant (brouillard, neige) assurent à leurs troupes un succès immédiat. Le général Von Manteuffel se dirige vers la Meuse, formant dans les lignes adverses un saillant (d'où le nom parfois donné à la bataille) dont Bastogne, tenue par les Américains et encerclée, devient une position-clé.

BASTOGNE

Le 22 décembre, le général **Mac Auliffe,** commandant la place, est réveillé en sursaut et invité à se rendre. Sa réponse abrupte : « Nuts » (littéralement : « des noix ») à cet ultimatum décide du siège de Bastogne.

Le 23 décembre, le ciel s'est dégagé, permettant à l'aviation de ravitailler Bastogne. Néanmoins, le jour de Noël, l'avance allemande atteint sa pointe maximum (Celles, p. 88). Les Alliés vont mettre tout en œuvre pour reprendre le dessus. La 3ᵉ armée, sous les ordres du général Patton, contre-attaque sur le flanc Sud-Est et pénètre dans Bastogne le 26 décembre. L'aviation alliée parvient à empêcher le ravitaillement en carburant des blindés allemands. Début janvier, c'est l'arrivée au Nord de la 1ʳᵉ armée.

Le 25 janvier, le saillant de l'armée allemande est réduit à néant.

■ CURIOSITÉS *visite : 2 h*

A l'entrée de la ville, sur chaque grand axe, les tourelles de chars exposées indiquent les limites de l'encerclement en 1944.

Grand-Place (Place Mac Auliffe). — Près du buste du général Mac Auliffe, on peut voir un char d'assaut américain ainsi qu'une borne de cette Voie de la Liberté qui, de Ste-Mère-Église, en Normandie, à la sortie de Bastogne, jalonne l'itinéraire des armées américaines.

Église St-Pierre★. — *Visite : 9 h - 18 h, dim. 12 h 30 - 18 h.*

Cette église-halle du 15ᵉ s., de style gothique flamboyant, est précédée d'une tour carrée (11ᵉ-12ᵉ s.) surmontée d'un hourd.

L'**intérieur★** est remarquable. Les voûtes ont été peintes en 1536 : scènes de l'Ancien et du Nouveau Testament, effigies des saints patrons des corporations ou des confréries religieuses. On peut voir également une chaire baroque exécutée par le sculpteur Scholtus, une Mise au tombeau en bois (16ᵉ s.), d'une facture encore gothique, des fonts baptismaux romans aux angles portant quatre têtes sculptées, un beau lustre en fer battu, ou « couronne de lumière » (16ᵉ s.).

Le Mardasson★. — *3 km à l'Est.*

Sur une colline a été érigé en 1950 un gigantesque monument en l'honneur des soldats américains ayant péri dans la bataille des Ardennes. A proximité se trouve la dernière borne de la Voie de la Liberté.

Mémorial « Le Mardasson ». — En forme d'étoile à 5 branches, il est gravé des noms des différents bataillons et du récit de la bataille.

La terrasse au sommet offre une **vue panoramique** sur Bastogne et ses environs : à l'extrémité de chaque branche de l'étoile, une table d'orientation indique les principaux épisodes de la lutte.

La crypte, décorée par Fernand Léger, abrite trois autels.

Bastogne Historical Center★. — *Visite : de juin à août 8 h - 19 h; 9 h - 18 h le reste de l'année; fermé de mi-nov. à mi-mars; 80 F.*

Cet imposant édifice, construit en forme d'étoile, est consacré à la bataille de Bastogne. Il renferme des collections d'uniformes, de véhicules, et présente deux scènes reconstituées se déroulant, l'une parmi les troupes allemandes, l'autre parmi les Américains.

Dans l'amphithéâtre central, la bataille est retracée sur une maquette lumineuse et sur de petits écrans *(commentaire en plusieurs langues)*. Enfin, dans la salle de cinéma, est projeté un film constitué de séquences filmées pendant la bataille.

▮ BEAUMONT ▮ Hainaut ─────────────

Cartes Michelin nᵒˢ **409** - pli 13 et **4** — pli 3 – 5 887 h.

Nœud routier commandant l'entrée de la « botte du Hainaut », Beaumont est une petite ville ancienne, perchée sur une colline.

On y confectionne de délicieux macarons dont la recette aurait été léguée par un cuisinier de Napoléon, venu loger ici, le 14 juin 1815, en se rendant à Waterloo.

Les Trois Auvergnats. — « Ville de Beaumont, ville de malheur,
                          Arrivés à midi, pendus à une heure ».

Tel fut le sort de ces trois vagabonds auvergnats qui, abordés par un cavalier sur la route de Beaumont, lui imposèrent de porter leur lourde charge. Arrivé en ville, celui-ci déclina son identité : c'était Charles Quint, venu visiter les Pays-Bas (1549). Séance tenante, l'Empereur fit pendre les vagabonds sur la place publique.

Tour Salamandre. — Sur un versant de la colline, ce vestige des fortifications du 16ᵉ s. a été restauré. *Visite momentanément suspendue.*

Au dessus de l'une des portes figure l'écusson des Croy, seigneurs du lieu, avec leur devise : « Où que soit Croy » et le collier de la Toison d'Or.

La terrasse au sommet offre une vue charmante sur Beaumont, la vallée de la Hantes et son vieux moulin, dans un paysage très vallonné. Le beau parc aménagé à l'emplacement du château détruit en 1655 appartient à un pensionnat.

EXCURSIONS

Montignies-St-Christophe; Soire-sur-Sambre. — *10 km. Quitter la ville en direction de Mons. Peu après Montignies, prendre à gauche.*

A proximité de l'ancienne chaussée romaine de Bavay à Trèves, un **pont** à 13 arches, en partie romain, formant barrage, franchit la Hantes dans un joli site.

Soire-sur-Sambre. — En contrebas du bourg, le **château fort** (13ᵉ-14ᵉ s.) dissimule, derrière des douves ombragées, sa façade austère formée d'un donjon carré flanqué de deux grosses tours rondes à mâchicoulis et toit en poivrière.

A l'intérieur, on visite *(10 h - 12 h et 14 h - 18 h; 30 F; s'adresser au gardien)* la tour de droite et, dans le donjon, la salle des chevaliers (belle cheminée du 13ᵉ s.).

Renlies; Rance. — *18 km au Sud, par Solre-St-Géry.*

A **Renlies,** l'église *(fermée en dehors des offices, ☎ 080/45.54.17)* gothique, de 1572, est perchée sur une butte. Elle abrite un beau retable anversois, en chêne sculpté et doré (vers 1530), illustrant des scènes de la Passion.

Rance fut célèbre pour ses carrières de marbre rouge d'origine corallienne, aujourd'hui désaffectées, et son industrie marbrière. Installé dans l'ancien hôtel communal, le **musée National du Marbre** *(visite : d'avril à oct. merc., sam. et dim. 14 h - 18 h; 30 F)* permet de se familiariser avec les origines de ce matériau, les variétés de marbre rencontrées en Belgique, et les techniques d'extraction et de polissage *(commentaires enregistrés; démonstration de polissage dernier dim. de mai, juin, août, sept. 15 h - 17 h).*

L'**église** de Rance est ornée de nombreuses pièces de marbre de la région.

BEAURAING ★ Namur

Cartes Michelin nos **409** - plis 14, 24 et **4** - Sud du pli 5 - 7 624 h.

Beauraing est un lieu de pèlerinage célèbre depuis les apparitions de la Vierge à cinq enfants de la localité, du 29 novembre 1932 au 3 janvier 1933.

Les sanctuaires. — A partir de 1943, ils se sont multipliés. Dans le jardin, statue de la Vierge, devant l'aubépine des apparitions; sur le trottoir proche subsistent les pavés où les enfants s'agenouillèrent. Plus loin, dans la rue, s'ouvre la **crypte St-Jean :** les céramiques colorées et naïves du chemin de croix de Max van der Linden y animent les murs bruts aux pierres inégales.

La **chapelle monumentale** aux parois épaisses est éclairée de vitraux posés en 1963-1964. L'esplanade et ses gradins sont dominés par la façade en verre de l'ensemble en béton construit en 1968 par l'architecte Roger Bastin : il comprend la **grande crypte** et l'**église supérieure,** celle-ci pouvant contenir 7 000 fidèles et accueillir les malades grâce à une rampe d'accès.

BELŒIL ★★★ Hainaut

Cartes Michelin nos **409** - pli 12 et **2** - pli 16 - 13 552 h.

Depuis le 14e s., le château de Belœil appartient à la famille des princes de Ligne dont le plus illustre personnage fut le maréchal **Charles-Joseph de Ligne** (1735-1814). Homme de guerre, ce « prince charmant de l'Europe » dont on connaît la phrase célèbre : « Chaque homme a deux patries : la sienne et puis la France », fut aussi homme de lettres, auteur de célèbres Mémoires et d'un « Coup d'œil sur Belœil », ouvrage dans lequel il décrit avec esprit la demeure et les jardins.

Château★★★. — *Visite accompagnée : d'avril à sept. 10 h - 12 h et 14 h - 17 h (18 h dim. et j. fériés); 120 F (parc inclus).*
Incendié en 1900, il a été reconstruit sur les mêmes fondations; les ailes et les pavillons d'entrée, aux toits à la Mansart, sont restés intacts et datent de la fin du 17e s.
L'intérieur contient de riches **collections★★★** qui en font un véritable musée, tout en lui conservant son caractère d'habitation.
Un mobilier précieux, de remarquables tapisseries (Bruxelles, Lille, Beauvais, Gobelins), des tableaux, sculptures, porcelaines, garnissent les appartements. De nombreux souvenirs de famille, notamment une multitude de portraits, permettent d'évoquer l'histoire de l'Europe aux 17e, 18e et 19e s. Certaines pièces rassemblent des évocations et objets personnels du maréchal de Ligne, en particulier les souvenirs offerts par Marie-Antoinette ou Catherine de Russie, dont il fut l'ami. La bibliothèque contient plus de 20 000 ouvrages.
Dans une aile précédant le château, la chapelle rassemble les objets d'art religieux, dont une série de délicates sculptures en corail rapportées de Sicile par Claude Lamoral.

Parc★★★. — *Visite : de 9 h à 20 h (en hiver, au coucher du soleil); 60 F.*
C'est le plus beau de Belgique. Dessiné au 18e s. par le prince Claude Lamoral II, sur les conseils de l'architecte français Chevotet, émule de Le Nôtre, il fut augmenté par Charles-Joseph d'un jardin anglais.
Il s'ordonne autour d'une superbe perspective de plusieurs kilomètres, la **Grande Vue,** que précède la **Grande Pièce d'Eau de Neptune,** d'une superficie de 6 ha *(canotage).* De part et d'autre du bassin, des charmilles, des salles de verdure, de multiples bosquets alternant avec de nombreuses pièces d'eau incitent à la flânerie.
Un petit train (40 F) parcourt le parc, du château au parc d'attractions (jeux : 30 F), près de l'orangerie.

BINCHE ★ Hainaut

Cartes Michelin nos **409** - pli 13 et **4** - pli 3 - 33 743 h. — *Plan dans le guide Michelin Benelux.*

Au cœur du Hainaut, Binche, sur son escarpement qu'enserrait jadis une boucle de la Samme, est une jolie ville calme, encore entourée de son enceinte (12e au 14e s.) dont les courtines sont flanquées de 27 tours. En 1554, la ville fut mise à mal par les troupes du roi de France Henri II, adversaire de Charles Quint.

Binche vit du commerce régional, de l'artisanat du travesti de carnaval et de l'industrie de confection du vêtement masculin de laine.

Carnaval★★★. — Dès janvier les manifestations s'organisent : répétitions de batteries suivies de quatre dimanches de « soumonces », lors desquels les futurs Gilles sortent, ceints de l'« apertintaille » (ceinture de clochettes). Le lundi précédant le Dimanche gras, pendant la nuit, a lieu le bal des « trouilles de nouilles ». Le **Dimanche gras,** dès 10 h, des centaines de travestis dansent au son de la viole, de l'orgue de Barbarie, de l'accordéon, du tambour. L'après-midi est marqué par un cortège de 1 500 danseurs binchois. Le lundi est le jour des groupes de jeunes.

BINCHE★

Les Gilles. — Le **Mardi gras** est le seul jour où l'on « fait le Gille » à Binche, celui-ci ne sortant jamais de sa ville natale. Dès l'aube, les Gilles légendaires font leur apparition. Petits ou grands, ils sont vêtus d'un costume de lin à lions héraldiques, orné de rubans et de dentelles d'un blanc éclatant et formant deux bosses, une sur la poitrine et une dans le dos. Ceinturés de grelots, chaussés de sabots, ils brandissent le faisceau de baguettes (« ramon ») qui conjure les maléfices. Comme les « Arlequins » ou les jeunes « Paysans » enrubannés, ils sillonnent les rues de la ville, dansant lentement au rythme du tambour, pour rejoindre leur « société ».

Un Gille

Vers 10 h sur la Grand-Place, ils dansent, avec des masques à lunettes vertes.

L'après-midi, arborant leur magnifique chapeau à plumes d'autruche pesant 3 kg, ils défilent à travers la ville, puisant dans un panier les oranges dont ils bombardent leurs connaissances (sur tout le parcours, les fenêtres ont été grillagées). Puis, sur la Grand-Place, noire de monde, a lieu le **« rondeau »**.

A 19 h, à la lueur des falots et des feux de Bengale, le même scénario se déroule, terminé par un grandiose feu d'artifice. Les Gilles dansent toute la nuit, escortés par la population. La tradition veut que les Gilles ne boivent que du champagne.

En 1872 on a voulu rattacher ces usages aux fêtes données en août 1549 par Marie de Hongrie, gouvernante des Pays-Bas, à son frère Charles Quint venu présenter son fils, le futur Philippe II, à la noblesse du pays : les Gilles descendraient des Indiens couronnés de plumes qu'on aurait fait surgir devant l'empereur en l'honneur de la récente conquête du Pérou.

En réalité, le carnaval binchois existait déjà au 14e s. Le Gille est un personnage sérieux et rituel dont les coutumes — danse d'hommes masqués (les femmes étant exclues), offrande de l'orange (autrefois du pain), port du « ramon », de l'apertintaille — ont une origine très lointaine, remontant au temps où la danse avait une valeur religieuse et magique.

■ VIEILLE VILLE★ *visite : 1 h 1/2*

Grand-Place. — Là s'élève l'**hôtel de ville** gothique, modifié au 16e s. par le sculpteur architecte montois Jacques Du Brœucq et surmonté par la suite d'un beffroi à bulbe.
Emprunter à pied la rue étroite à droite de l'hôtel de ville. En arrivant à la tour St-Georges, suivre à droite les remparts qui présentent au Sud de la ville leur aspect le plus saisissant.

Remonter par le Posty (poterne). A gauche, la **Chapelle St-André** (1537), dans le vieux cimetière, présente à l'intérieur des modillons sculptés évoquant avec verve la Danse macabre et abrite une Mise au tombeau du 15e s. *Visite pour groupes seulement : s'adresser au bureau de tourisme, rue St-Paul, 21.*

Collégiale St-Ursmer. — Elle renferme au revers de son portail un beau jubé Renaissance.

Parc communal. — A l'entrée, statue en bronze doré représentant un Gille. Le parc a été aménagé dans les ruines du palais construit par Du Brœucq en 1548 pour Marie de Hongrie. Cet imposant édifice, détruit en 1554, couronnait les remparts à l'extrémité Sud de la ville. Du sommet de ceux-ci, on découvre de belles perspectives.

Musée international du Carnaval et du Masque★. — *Visite : de mai à sept. et lors des « soumonces » et du carnaval (sauf Mardi gras) 14 h - 18 h (19 h dim. et j. fériés); fermé lundi; 50 F.*
Installé dans l'ancien **collège des Augustins** (18e s.), près de la collégiale, ce musée évoque, grâce à une très riche collection de masques, de déguisements, et d'objets d'art, les différents aspects de la mascarade et du carnaval à travers le monde.
Une part spéciale est faite à Binche dont le carnaval est recréé par un spectacle audio-visuel en plusieurs langues. Chaque année, une exposition développe un thème particulier.

EXCURSIONS

Domaine de Mariemont★★. — *10 km au Nord-Est. Quitter Binche par ① du plan en direction de Bruxelles et, à Morlanwelz, tourner à gauche.*
En 1546, la gouvernante Marie de Hongrie confia à Du Brœucq le soin d'édifier, sur une colline boisée, un château auquel elle donna son nom.
Détruit, comme celui de Binche, par Henri II en 1554, il fut reconstruit et agrandi par les archiducs Albert et Isabelle. Un second château, dont on voit les ruines dans le parc, fut construit par Charles de Lorraine au 18e s. et incendié par les révolutionnaires en 1794.
Bâti au point culminant du parc, le château du 19e s. fut légué à l'État en 1917 par le dernier descendant de la famille Warocqué et transformé en musée. Une partie des bâtiments ayant été incendiée en 1960, un nouvel édifice abrite, depuis 1971, les collections sauvées du désastre.

Parc★. — Dans ce beau parc de 45 ha, où l'on voit encore les ruines de l'ancien château, on remarque des sculptures des artistes belges Victor Rousseau, Constantin Meunier, des groupes de Jef Lambeaux et les Bourgeois de Calais, par Rodin.

Musée★★. — *Visite : 10 h - 12 h 30 et 13 h 30 - 18 h; fermé lundi, 25 déc., 1er janv.; 5 F.*
Il présente d'une façon agréable des collections archéologiques et artistiques d'une grande richesse.
Au 1er étage sont rassemblées des œuvres d'art issues de grandes civilisations. Sont particulièrement bien représentées les antiquités égyptienne (remarquer la tête colossale de Cléopâtre), grecque (éphèbe de Mariemont), romaine (fresques et mosaïques) et les **arts d'Extrême-Orient** (laques, jades et porcelaines de Chine notamment).

Au sous-sol, archéologie gallo-romaine et mérovingienne, histoire du domaine de Marie-mont et importante **collection de porcelaine de Tournai.**

Le 2ᵉ étage est consacré à des expositions temporaires.

Le musée possède une bibliothèque précieuse : manuscrits, reliures, etc. *(visible sur demande préalable).*

Abbaye de Bonne-Espérance. — *6 km au Sud par ③ du plan, direction Merbes-le-Château puis Vellereille-les-Brayeux. Pour visiter, s'adresser à la porterie.*

Cette ancienne abbaye de Prémontrés *(p. 53),* fondée en 1126 par Odon, disciple de saint Norbert, est occupée par un collège. Une façade du 18ᵉ s. d'une grande majesté domine la cour d'honneur. A droite, tour gothique (15ᵉ s.) de l'église abbatiale.

Entrer par le portail central. Dans le hall on admire un bel escalier en chêne à double volée. Dissimulée sous cet escalier, une porte donne accès au cloître.

Le **cloître,** modifié au 18ᵉ s., conserve des voûtes gothiques; le réfectoire est remarquable pour sa décoration du 18ᵉ s.; une belle salle capitulaire complète cet ensemble.

L'**église,** du 18ᵉ s. également, a été construite à l'emplacement d'un édifice du 13ᵉ s. par Laurent Dewez, dans le style néo-classique. L'intérieur est caractéristique de ce style avec ses colonnes corinthiennes, sa voûte en berceau ornée de stucs. La chapelle orientée de gauche abrite une Vierge à l'Enfant, statue miraculeuse du 14ᵉ s., en pierre blanche d'Avesnes, au sourire plein de bonhomie et au costume raffiné.

Au fond de la nef, buffet d'orgues de 1768, provenant de l'abbaye d'Affligem.

BLATON Hainaut

Cartes Michelin nᵒˢ **409** - pli 12 et **2** - Sud du pli 16.

Dans une vallée encastrée entre deux coteaux de bruyères (la Grande et la Petite Bruyère), Blaton est arrosé par trois canaux.

Église de Tous-les-Saints. — Dominée par une haute tour du 13ᵉ s. couronnée par une flèche à bulbe du 17ᵉ s., c'est une des plus anciennes églises du Hainaut. Elle conserve de la période romane de gros piliers où s'appuie la voûte de croisée édifiée sur plan barlong. La nef, sobre, est portée par d'épaisses colonnes à chapiteaux à crochet et feuilles stylisées en pierre de Tournai.

Remarquer à droite de l'entrée les niches à statues gothiques.

EXCURSIONS

Stambruges. — *5 km à l'Est par la route de Mons. Passer sur l'autoroute et tourner à droite.*

Au centre de la forêt se trouve la **Mer de Sable,** clairière sablonneuse qui s'ouvre parmi les pins et les bouleaux.

Bon-Secours. — *7,5 km à l'Ouest.*

Bon-Secours est à la fois un centre de villégiature et de pèlerinage dont la basilique néo-gothique (1885), située au sommet d'une colline à la frontière franco-belge, abrite une Vierge vénérée depuis 1606.

Au Sud, en partie sur le territoire français, s'étend une belle forêt qui englobe le château de l'Ermitage *(voir guide Vert Michelin Nord de la France).*

BOKRIJK (Domaine provincial de) ★ Limburg

Cartes Michelin nᵒˢ **409** - pli 6 et **2** - pli 10.

Ancienne propriété de l'abbaye d'Herkenrode, ce domaine, aménagé autour d'un château (kasteel) de la fin du 19ᵉ s., s'étend sur 550 ha dont 150 ha de bois et 40 ha d'étangs. *Parking obligatoire payant.*

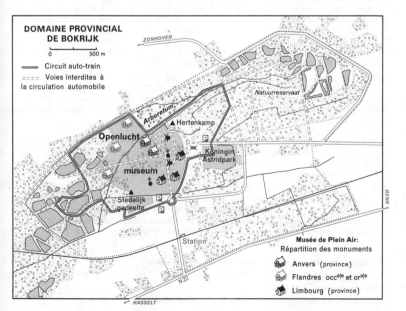

BOKRIJK (Domaine provincial de)*

VISITE

Domaine récréatif*. — Outre son **parc d'attractions** (Koningin Astrid-park), situé au centre et comprenant une plaine de jeux, un terrain de sport, une roseraie, le domaine englobe une **réserve naturelle** (Het Wiek Natuurreservaat), créée autour d'un chapelet d'étangs, un **enclos aux cerfs** (hertenkamp), un **arboretum*** de 10 ha, remarquablement entretenu, ainsi que plusieurs restaurants.

Un petit train (autotrein) permet de traverser l'ensemble du domaine.

Musée de plein air** (Openluchtmuseum). — *Visite : avril-oct. 10 h-18 h; 70 F.*

C'est, sur 70 ha, la reconstitution d'une centaine de bâtiments ruraux dont plus de la moitié proviennent du Limbourg et le reste, des provinces de Flandre Orientale et Occidentale, d'Anvers ou du Brabant. Fermes, granges à toit de chaume, moulins, y sont disposés selon le plan caractéristique de chaque région.

Les chemins convergent vers le village campinois où se dressent une petite église du 12ᵉ s. et quelques moulins.

Le quartier d'une ville ancienne (Stedelijk gedeelte) est en cours de reconstruction.

Gardien du musée

BOUILLON ★ Luxembourg ──────────────

Cartes Michelin nᵒˢ **409** - pli 24 et **4** - plis 15, 16 — *Schéma p. 148-149* — 5 601 h. *Plan dans le guide Michelin Benelux.*

La petite capitale de la **vallée de la Semois****, dont les vieux toits d'ardoise se pressent au bord de la rivière formant ici une large boucle, est dominée par la masse sévère de sa forteresse, dressée sur une arête rocheuse.

Le duché de Bouillon. — Bouillon doit sa naissance à son château fort qui occupait une position-clé sur une des grandes voies de pénétration de Belgique.

Son nom évoque la figure de **Godefroy de Bouillon** qui assura, par la prise de Jérusalem, la réussite de la première croisade (1096-1099). Avant de partir en 1096, il avait vendu son duché au prince-évêque de Liège.

Au 15ᵉ s., l'un des gouverneurs du duché de Bouillon est Evrard de La Marck, prince de Sedan. Usurpé par ses descendants, le titre ducal revient en 1594, par héritage, au vicomte Henri de la Tour d'Auvergne, père du grand Turenne. Confisqué par Louis XIV, le château est rendu ensuite à cette famille, mais Vauban est chargé de le fortifier. Charnière entre la France et la principauté de Liège, la ville fait preuve d'une telle indépendance que Vauban dit d'elle : « Elle sent assez sa petite souveraineté ».

Au 18ᵉ s., elle devient un centre de tendances libérales se réclamant des Encyclopédistes; l'imprimeur Pierre Rousseau divulgue maintes œuvres de Voltaire et de Diderot.

■ CURIOSITÉS *visite : 1 h*

Château**. — *Visite : 9 h - 18 h (19 h en juil.-août, 17 h en hiver); fermé déc.-fév.; 50 F. Feu d'artifice commenté sam. après 15 août.*

C'est, en Belgique, le vestige le plus important de l'architecture militaire médiévale. Son existence est attestée dès le 10ᵉ s. Trois ponts-levis empierrés dès le 17ᵉ s., séparés par des fortins, défendaient l'accès à la forteresse. *Suivre les flèches numérotées.*

On voit la « salle primitive » aux murs énormes du 12ᵉ s., puis la salle Godefroy de Bouillon, du 13ᵉ s., creusée dans le roc, abritant une grande croix encastrée dans le sol et présentant des gravures retraçant l'histoire du château.

On débouche sur la cour d'honneur. De la **tour d'Autriche,** qui fut restaurée en 1551 par le prince-évêque de Liège, Georges d'Autriche, on découvre des **vues**** magnifiques sur la forteresse, le méandre de la Semois, la ville et le vieux pont au Nord.

En visitant au passage la « salle des tortures » où ont été reconstituées différents moyens de supplice, et les cachots, et en traversant le grand souterrain servant à la fois de couloir de communication et d'entrepôt, on regagne l'entrée.

Musée Ducal*. — *Visite : d'avril à oct. 9 h - 18 h 30; 50 F. Commentaires enregistrés.*

La **section Histoire et Folklore,** sise dans une maison du 18ᵉ s. au charme suranné, évoque les souvenirs des ducs de Bouillon, le folklore et l'artisanat régional : reconstitution d'un intérieur ardennais (chambre, cuisine du début du 19ᵉ s. notamment), du cabinet de travail de Pierre Rousseau.

Au grenier : ateliers d'un tisserand, d'un sabotier.

La **section Godefroy de Bouillon** occupe la demeure restaurée d'un conseiller à la cour et évoque l'époque des croisades et le Moyen Age. En dehors des souvenirs rapportés d'Orient par les croisés, une maquette fait revivre l'attaque d'un château fort et un modèle réduit de la forteresse de Bouillon donne une excellente idée de sa puissance au 12ᵉ s.

Abbaye de Cordemoy. — *3 km à l'Ouest par route étroite.*

Au-delà du vieux **pont gothique** (pont de la Poulie), on suit la rive de la Semois, très encaissée. Dans un site paisible se dresse l'**abbaye N.-D. de Clairefontaine,** construite en 1935 dans un style néo-gothique. Elle perpétue le souvenir d'une abbaye cistercienne fondée, près d'Arlon, par Ermesinde, fille du comte de Luxembourg, et qui fut incendiée en 1794.

Vous aimez les nuits tranquilles, les séjours reposants...

chaque année le guide Rouge Michelin Benelux

vous propose

un choix d'hôtels agréables, tranquilles et bien situés.

Cartes Michelin nᵒˢ **409** - pli 2 et **2** - pli 3 – *Schéma p. 122* – 118 243 h.

L'hiver, ou au clair de lune, c'est « Bruges la Morte », que célèbra Georges Rodenbach, paraissant sortir du Moyen Age, avec ses vieilles demeures aux briques patinées par les siècles, ses nobles édifices, ses églises au clair carillon, serrés sur les bords de l'eau noire des canaux où évoluent les cygnes. Si l'été, ou les jours de fête, Bruges se métamorphose, on la retrouve, silencieuse et mystique, aux alentours de son béguinage et du Minnewater.

A Bruges naquit et mourut le grand poète flamand **Guido Gezelle** (1830-1899). Prêtre et enseignant, il passait ses loisirs à écrire des poésies. Il est le chantre de la Flandre dont la découverte, à l'occasion de ses voyages, lui inspira des vers enthousiastes.

La Procession du Saint-Sang★★★. – Le jour de l'Ascension à 15 h, la châsse contenant la Relique du Saint-Sang est portée en procession dans les rues, précédée par le clergé, les innombrables confréries religieuses et des groupes costumés, les uns représentant des épisodes bibliques depuis le péché originel jusqu'à la passion du Christ, d'autres, le retour de la deuxième croisade avec Thierry d'Alsace.

Tous les cinq ans se déroule également à Bruges le **cortège de l'Arbre d'Or** qui rappelle les fastes de l'époque bourguignonne *(prochaine manifestation en août 1985).*

En août tous les deux ou trois ans a lieu la fête des Canaux ou Reiefeest *(prochaine manifestation en 1982).*

UN PEU D'HISTOIRE

Comme la plupart des villes du Nord de la Flandre, son origine est tardive et mal connue. A la fin du 9ᵉ s., le comte Baudouin Bras de Fer y élève un château destiné à protéger une côte constamment attaquée par les Normands.

La mer, source de richesses. – En 1093, lorsque Robert le Frison fait de Bruges la capitale de son duché, c'est déjà une cité florissante. Son port est relié par une rivière, la Reye, à l'estuaire du Zwin. Bruges s'adonne, comme d'autres cités flamandes, à la fabrication du drap et devient, au 12ᵉ s., un grand centre d'importation de la laine anglaise nécessaire à cette activité : elle est à la tête de la Hanse de Londres, association groupant plusieurs villes commerçant avec l'Angleterre. A cette époque est créée Damme qui, située sur l'estuaire du Zwin, lui sert d'avant-port.

Bientôt devenue un grand marché d'échanges, Bruges vend le drap flamand et achète aux Scandinaves poissons et bois, aux Russes ambre et fourrures, aux Espagnols les vins, aux Lombards les draps d'or, aux Vénitiens et Gênois les soieries et produits de l'Orient.

Au 13ᵉ s., Bruges est un des comptoirs les plus actifs de la puissante **ligue hanséatique,** association de villes du Nord de l'Europe dont la capitale est Lübeck et qui détient le monopole du trafic avec la Scandinavie et la Russie. Le Minnewater reçoit 150 vaisseaux en une journée. La richesse commerciale va de pair avec l'activité artistique de la ville : on agrandit l'hôpital St-Jean et l'église St-Sauveur, on édifie le beffroi et les halles, l'église Notre-Dame. On construit une enceinte dont subsistent aujourd'hui quatre portes.

A la fin du 14ᵉ s. est bâti l'hôtel de ville, puis au 15ᵉ s. se développe un **style architectural** caractéristique : fenêtres rectangulaires surmontées d'un tympan, l'ensemble des baies s'encadrant parfois d'une gracieuse moulure en forme d'accolade.

On voit fonctionner à Bruges la première bourse d'Europe, en plein air.

Réceptions princières. – Depuis 1280, la lutte est engagée en Flandre entre les praticiens soutenant le roi de France (leliaerts ou partisans du lis) et le peuple des **clauwaerts** (ou gens des griffes, celles du lion de Flandre).

Philippe le Bel en profite pour annexer la Flandre. C'est au cours de sa Joyeuse Entrée (1301) que son épouse la reine Jeanne de Navarre, voyant les Brugeoises richement parées venues l'accueillir, s'écrie « Je me croyais seule reine, j'en vois des centaines autour de moi ». Le peuple s'indigne devant le luxe de cette réception dont on veut lui faire supporter les frais. A l'aube du 18 mai 1302, les clauwaerts dirigés par Pieter de Coninck massacrent la garnison française. Ce sont les **Matines brugeoises,** révolte qui entraîne le soulèvement général de la Flandre et la bataille des Éperons d'Or *(p. 109).*

Au 15ᵉ s., les ducs de Bourgogne séjournent de plus en plus en Flandre. En janvier 1429, Philippe le Bon accueille à Bruges sa fiancée Isabelle de Portugal. La réception est d'une somptuosité inouïe : « Il n'y avait si petite maison où on ne but en vaisselle d'argent ». Au milieu des cérémonies du mariage, Philippe fonde l'ordre de la **Toison d'or.**

Les primitifs flamands à Bruges (15ᵉ s.). – Bruges est le berceau de la peinture flamande.

C'est à Bruges que **Jean Van Eyck** (né à Maaseik) exécute l'Adoration de l'Agneau Mystique qui orna en 1432 la cathédrale St-Bavon à Gand. Dans le célèbre polyptyque, Van Eyck joue avec de merveilleux coloris; il crée un paysage en profondeur, réaliste, abandonnant les fonds dorés, les édifices conventionnels et se distingue dans l'art du portrait. Son génie apparaît également dans ses œuvres visibles à Bruges : la Madone du Chanoine Van der Paele est un tableau remarquable tant par la somptuosité du décor que par l'extraordinaire facture du portrait du donateur. Son disciple, **Petrus Christus** (mort vers 1473), est l'auteur du fameux Portrait de jeune fille du musée Dahlem de Berlin.

Van der Goes (vers 1440-1482) travaille à Gand, finit ses jours près de Bruxelles *(p. 77),* mais on peut voir à Bruges sa dernière et meilleure œuvre, la Mort de la Vierge. On y admire une recherche dans la composition, une intensité d'émotion rares.

Memling (vers 1435-1494) est à Bruges ce que Rubens est à Anvers. D'origine allemande, Hans Memling, né près de Mayence, s'est fixé à Bruges dès 1465 après un séjour à Cologne et peut-être à Bruxelles. Pour l'hôpital St-Jean, pour les magistrats municipaux ou pour de riches étrangers, il exécute un grand nombre de commandes dont Bruges conserve les plus importantes. Il se distingue de ses contemporains par la sérénité qui règne dans ses tableaux et qui, alliée à la chaleur des coloris, à la perfection des détails leur confère un charme intense. C'est le peintre des douces madones, des figures féminines calmes, voire éthérées; ses portraits sont souvent plus idéalisés que ceux de Van Eyck.

Gérard David (vers 1460-1523), né à Oudewater, en Hollande, arrive à Bruges en 1483. Élève de Memling, il en perpétue fidèlement le style et ne se départit pas de la gravité et de la précision caractéristiques des œuvres de son maître (Baptême du Christ).

BRUGGE★★★

A l'époque de la Renaissance, ses continuateurs **Adrien Isenbrant,** venu de Haarlem, **Ambrosius Benson,** de Lombardie, **Jean Provost,** originaire de Mons, et **Pierre Pourbus,** de Gouda (Hollande) sont les derniers talents de cette école brugeoise dont il faut citer également quelques anonymes : le Maître de la Légende de sainte Ursule et celui de la Légende de sainte Lucie.

La princesse endormie. — A la fin du 15ᵉ s., la décadence de Bruges se manifeste : l'ensablement du Zwin, le déclin de l'industrie drapière en sont les causes.

Anvers va bientôt se substituer à Bruges. Cependant, en 1488, la ville se révolte contre Maximilien d'Autriche et le fait emprisonner. Puis elle accueille encore avec faste Charles Quint (1520) dont la réception est organisée par le peintre Lancelot Blondeel.

Les fureurs des iconoclastes au 16ᵉ s., les bandes de « Gueux » en révolte contre l'Espagne et, bien plus tard, l'invasion française de 1794 viennent précipiter la chute de la ville et amènent la disparition de nombreux monuments.

Le renouveau. — Cependant, à la fin du 19ᵉ s., d'importants travaux sont entrepris : la construction à Zeebrugge d'un môle en mer relié au nouveau port intérieur de Bruges par un canal de 11 km (terminé en 1907) va rendre à la ville une certaine activité.

Les installations sont détruites pendant les deux guerres mondiales. Depuis leur reconstruction en 1950, de nouvelles industries se sont implantées le long du bassin intérieur et du canal Baudouin : verreries, constructions mécaniques, produits chimiques, montage de téléviseurs.

Les dentelles au fuseau, activité traditionnelle de Bruges, sont très réputées.

Le Collège d'Europe (Europa College) (Z) (1949) et un institut de sciences exactes (Simon Stevin Instituut) (Z) font de la cité un centre d'études important.

■ **PRINCIPALES CURIOSITÉS** visite : 1 journée minimum.

La visite nocturne de Bruges offre (de début mai à fin sept.) un spectacle exceptionnel; la ville avec ses canaux et ses vieux remparts prend un relief saisissant sous les projecteurs.

Grand-Place★★ (Markt) (Z). — La vie de Bruges se concentre sur la Grand-Place que bordent des maisons à pignons à redans, anciens sièges de corporations, et les halles dominées par le beffroi. Au centre, statue de Pieter de Coninck et Jan Breydel, héros de la révolte de 1302.

Sur cette place stationnent les calèches de promenade (1/2 h; 300 F).

Le **beffroi** et les **halles★★★** (Belfort-Hallen) (Z) forment un magnifique ensemble de briques patinées.

Beffroi. — *Visite : d'avril à sept. 9 h 30 - 12 h et 14 h - 18 h; le reste de l'année 10 h - 12 h et 14 h - 16 h (fermé ap.-midi dim. et j. fériés); 20 F.*

C'est le plus imposant de Belgique. La tour massive, de 83 m date du 13ᵉ s. Le dernier étage, octogonal, en pierre, a été ajouté à la fin du 15ᵉ s. Il contient un remarquable carillon de 47 cloches *(concerts : de mi-juin à fin sept. lundi, merc., sam. à 21 h, dim. à 11 h 45; de mi-oct. à mi-juin merc., sam., dim. à 11 h 45).*

Au-dessus du porche d'entrée, quelques statues encadrent le balcon qui était destiné aux proclamations.

Du sommet on a une vue très étendue sur Bruges et sa région.

Halles. — Construites en même temps que le beffroi, elles furent agrandies aux 14ᵉ et 16ᵉ s. et forment un quadrilatère enserrant une jolie cour. Les arcades de l'aile Sud abritent un marché aux fleurs : on remarque, en face, de vieilles façades en bois.

Jusqu'au 18ᵉ s., un canal aboutissait à la Grand-Place où les bateaux accostaient.

Place du Bourg★★ (Burg) (Z). — Elle tient son nom du château (Burg) édifié là par Baudouin Bras de Fer.

Quatre des principaux monuments de Bruges encadrent cette place : de droite à gauche, la basilique du Saint-Sang, l'hôtel de ville gothique, le greffe Renaissance et, sur la face en retour, le Palais de Justice.

Il subsiste un pan de mur de l'église St-Donatien (Z A) construite vers l'an 900 dans le style carolingien et détruite en 1799.

Basilique du Saint-Sang★ (Z B). — *Visite : d'avril à sept. 9 h 30 - 12 h et 14 h - 18 h; le reste de l'année 9 h 30 - 11 h 30 et 14 h - 16 h (fermé merc. ap.-midi); fermé 1ᵉʳ janv., 1ᵉʳ nov., 25 déc.*

Elle fut construite pour abriter la relique du Sang du Christ, rapportée de Terre sainte par le comte de Flandre, Thierry d'Alsace, au retour de la deuxième croisade.

La chapelle basse, romane (12ᵉ s.), a gardé son caractère primitif avec de massifs piliers cylindriques; on y voit, au revers du tympan d'une porte à droite, un bas-relief roman représentant le baptême de saint Basile et, dans le bas-côté droit, une Vierge en bois de l'an 1300.

Par un beau portail hors œuvre, de transition gothique flamboyant-Renaissance, et un élégant escalier à spirales (16ᵉ s.), aux voûtes surbaissées, on accède à la **chapelle du Saint-Sang.** A l'origine romane, transformée au 15ᵉ s., elle a été décorée de peintures murales au 19ᵉ s.

A côté de la chapelle se trouve un petit *musée (10 F).* Il contient la châsse du Saint-Sang (1617), prodigieux travail d'orfèvrerie, dans laquelle est placé le reliquaire lors de la célèbre procession et deux magnifiques volets où Pierre Pourbus a représenté les membres de la confrérie du Saint-Sang.

Hôtel de ville (Z H). — *Visite : de mars à sept. 9 h 30 - 12 h et 13 h 45 - 18 h; le reste de l'année 10 h - 12 h et 13 h 45 - 17 h (fermé mardi).*

Élevé à la fin du 14ᵉ s., dans le style gothique flamboyant, il fut restauré au 19ᵉ s. Sa façade est remarquable par sa verticalité qu'accentue la présence de trois tourelles, et par sa riche ornementation.

A l'étage, la **salle Gothique** *(10 F)* possède une voûte d'ogives, lambrissée, ornée au point de jonction des arcs de belles clés pendantes.

Ancien Greffe (Oude Griffie) (Z D). — Actuellement Justice de Paix. Sa façade Renaissance montre des lignes harmonieuses et arbore trois gracieux pignons à volutes.

BRUGGE

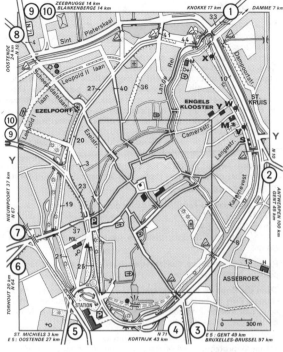

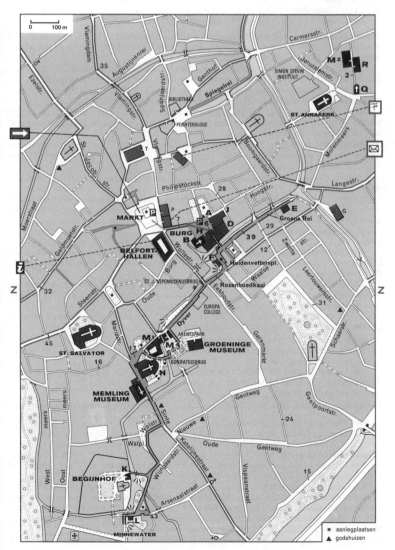

aanlegplaatsen
godshuizen

BRUGGE★★★

Palais de Justice (Gerechtshof) (Z J). — *Visite : d'avril à sept. 9 h 30 - 12 h et 14 h - 17 h 30; le reste de l'année 10 h - 12 h et 14 h - 16 h (fermé ap.-midi dim. et j. fériés); fermé le matin lundi, merc. et jeudi; 5 F.*

Il a été bâti au 18ᵉ s. dans le style néo-classique, à l'emplacement du **palais du Franc.** Celui-ci occupait le Burg dont il reste une partie donnant sur le canal. Le Franc de Bruges était au 14ᵉ s. un conseil gérant la région située autour de la ville.

Dans la chambre échevinale (16ᵉ s.), on peut voir la **cheminée du Franc de Bruges★**, exécutée d'après les plans et sous la conduite de Lancelot Blondeel. De style Renaissance, en marbre noir et en chêne, elle est décorée d'une frise d'albâtre racontant l'histoire de Suzanne et des vieillards. La partie supérieure montre plusieurs souverains de Flandre : au centre Charles Quint, l'épée haute.

Les poignées de cuivre au-dessus du foyer permettaient aux échevins de se tenir lorsqu'ils faisaient sécher leurs bottes.

Emprunter le passage de la rue de l'Âne Aveugle. On admire ensuite en se retournant la belle fenêtre qui surmonte l'arche, puis les pignons et tourelles du palais du Franc.

Suivre le Steenhouwersdijk.

Quai Vert (Groene Rei) (Z). — A droite de ce quai ombragé, on remarque la **maison du Pélican** (1714) (Z E), édifice bas à hautes lucarnes, à emblème du pélican. C'est une ancienne maison-Dieu (p. 64).

A l'extrémité du quai, belle **vue** sur le canal, le beffroi et la flèche de l'église Notre-Dame.

Place des Tanneurs (Huidenvettersplaats) (Z). — Charmante place où se dresse une petite colonne portant deux lions.

Quai du Rosaire (Rozenhoedkaai) (Z). — Il offre une des **vues★★** les plus caractéristiques de Bruges. Près du bassin se dresse la jolie maison des Tanneurs (1631) (Z F) à laquelle fait suite une maison à tourelle. Au-delà on aperçoit la haute toiture de la chapelle du Saint-Sang; à gauche se détache le beffroi altier.

Dyver (Z). — Le pont de St-Jean Népomucène (St. J. Nepomucenusbrug) est surmonté de la statue du protecteur des ponts. A l'extrémité de ce quai bordé de tilleuls, on découvre une **vue★★** ravissante sur un vieux pont, le porche du musée Gruuthuse et, comme toile de fond, la tour de l'église Notre-Dame surmontée d'une flèche.

Le dimanche matin *(avril-sept.)* s'étale le marché aux puces.

Musée Groeninge★★★ (Stedelijk Museum voor Schone Kunsten) (Z). — *Visite : de mars à sept. 9 h 30 - 12 h et 14 h - 18 h; le reste de l'année 10 h - 12 h et 14 h - 17 h (fermé mardi); fermé 1ᵉʳ janv., Ascension; 40 F.*

Il recèle notamment d'admirables chefs-d'œuvre des primitifs flamands : consacrées à l'école de Bruges, les cinq premières salles, en enfilade, sont d'un intérêt exceptionnel.

La 1ʳᵉ est consacrée à Van Eyck : la Vierge du chanoine Van der Paele frappe par l'éclat des couleurs, la luminosité de l'atmosphère et la minutie du détail; dans le portrait du chanoine, Van Eyck ne nous fait grâce d'aucune ride, d'aucune verrue; quant au portrait de Marguerite Van Eyck, il évoque la dignité bourgeoise un peu bourrue, le sens du devoir et la piété de la femme du peintre.

Dans la 2ᵉ salle, **Van der Goes,** qui sait rendre dans le portrait et les scènes religieuses le mouvement et l'expression fugitive, est représenté par la Mort de la Vierge, tableau d'une intensité dramatique exceptionnelle.

Dans la 3ᵉ salle : Saint Luc peignant la Vierge, copie ancienne d'un tableau de Roger Van der Weyden.

La 4ᵉ salle est consacrée à **Memling** et aux deux peintres brugeois anonymes : le Maître de la Légende de sainte Lucie et le Maître de la Légende de sainte Ursule. Le triptyque Moreel avec saint Maur, saint Christophe et saint Gilles, de Memling, par le mysticisme, la paix intérieure, le recueillement dont il est empreint, est peut-être le chef-d'œuvre du maître.

Dans la 5ᵉ salle, sont accrochées des œuvres de **Gérard David :** le Jugement de Cambyse (ou histoire du juge prévaricateur) en deux grands panneaux, et le triptyque du Baptême du Christ, d'un coloris splendide.

La salle 6 contient deux savoureux tableaux de Pierre Brueghel le Jeune et un Jugement dernier hallucinant de Jérôme Bosch; la salle 7, deux remarquables portraits de Pierre Pourbus, des œuvres de Jean Provost, Lancelot Blondeel.

Le musée est complété par une présentation de l'expressionnisme flamand et de la peinture belge contemporaine (Delvaux, Magritte).

Traverser la ruelle pour pénétrer dans le parc (Arentspark).

Face à la maison Arents *(p. 63)*, des vitrines abritent des traîneaux et carrosses appartenant au musée Gruuthuse.

On franchit le pont St-Boniface (Bonifatiusbrug) (Z), en dos d'âne, dans un **cadre★★** délicieusement poétique. Le buste de Luis Vives évoque cet humaniste espagnol du 16ᵉ s. qui finit ses jours à Bruges.

Passer entre le musée Gruuthuse (p. 63) et le flanc gauche de l'église Notre-Dame (p. 63).

Musée Memling★★★ (Hôpital St-Jean) (Z). — *Visite : de mars à sept. 9 h - 12 h 30 et 14 h - 18 h; le reste de l'année 10 h - 12 h et 14 h - 17 h (fermé merc.); fermé 1ᵉʳ janv.; 40 F.*

Il est situé dans l'ancien hôpital St-Jean (13ᵉ s.). On peut voir à gauche de l'entrée, le tympan sculpté du portail primitif et, sous le porche, à droite en entrant, un petit **cloître** aux galeries fermées où sont conservés quelques meubles et la **pharmacie** du 17ᵉ s. Le musée est installé dans une des anciennes salles des malades.

La **Châsse de sainte Ursule** est sans doute le plus connu des ouvrages de Memling; son enluminure minutieuse décrit la vie et le martyre de sainte Ursule et des 11 000 vierges, ses compagnes : débarquement à Cologne, puis à Bâle, arrivée à Rome; retour à Bâle en compagnie du pape, puis à Cologne où la sainte est mise à mort par les Huns; aux pignons, la Vierge, et sainte Ursule abritant les vierges sous son manteau.

Cinq autres œuvres du peintre entourent la châsse dont quatre sont capitales.

Le **Mariage mystique de sainte Catherine** représente l'Enfant Jésus tenant le doigt de la sainte tandis que sainte Barbe est plongée dans un livre; de part et d'autre : la décollation de saint Jean-Baptiste, saint Jean l'Évangéliste dans l'île de Pathmos, les deux patrons de l'hôpital. Dans ce triptyque de 1479 bourré de symboles, Memling atteint à la grandeur; d'après certains, sainte Catherine et sainte Barbe représenteraient Marie de Bourgogne et sa mère Marguerite d'York.

L'**Adoration des Mages,** de 1479, vaut par la beauté parfaite de la Vierge aux yeux baissés, celle juvénile du roi noir Balthazar, tandis qu'on reconnaît les traits de Charles le Téméraire vieillissant dans le roi au vase d'or. L'inquiétante **Sibylle Sambeth** qui serait le portrait de **Maria Moreel,** fille du maire de Bruges (1480), est diaphane et énigmatique. Le diptyque de **Martin van Nieuwenhove** avec le portrait du donateur et la **Vierge à la pomme** *(illustration p. 29),* peints en 1487, sont d'une finesse de dessin et de tons admirables.

Béguinage★★ (Begijnhof) (Ⓩ). – Le « béguinage de la vigne » fut fondé en 1245 par Marguerite de Constantinople, comtesse de Flandre. Enclos paisible, s'ouvrant près du canal par une belle porte classique, il groupe autour d'un vaste rectangle vert, semé de jonquilles au printemps et planté de grands arbres, l'église du 17e s. et les maisons blanches des béguines. Les bénédictines qui ont remplacé celles-ci en ont gardé le costume.

Maison de béguine (Begijnhuisje) (Ⓩ **K**). – *Visite : 9 h 30 - 18 h (10 h - 17 h en hiver, 10 h 30 - 18 h dim. j. fériés); fermé 12 h - 13 h 45 et vend. matin en hiver; 30 F.*

En traversant la cuisine et les chambres aux meubles rustiques, on parvient à un charmant petit cloître avec un puits de briques.

Le pont voisin offre une belle **vue** sur la charmante maison éclusière (Ⓩ **L**) qui précède le **Minnewater,** un des bassins de l'ancien port : c'est le fameux lac d'Amour. A droite, on remarque une tour des anciens remparts. Les cygnes qui évoluent dans ces eaux tranquilles évoquent une légende : en 1488 les Brugeois emprisonnèrent Maximilien d'Autriche et décapitèrent son conseiller Pierre Lanchals. Comme les armes de ce dernier comprenaient un cygne, Maximilien une fois libéré ordonna aux Brugeois, afin qu'ils expient leur crime, d'entretenir à perpétuité des cygnes sur les canaux de la ville.

Promenade en barque★★★ (Boottocht). – *De Pâques à la Toussaint 10 h - 12 h et 13 h 30 - 18 h; 90 F par personne (minimum 3 passagers). Embarcadères (aanlegplaatsen) indiqués sur le plan.*

C'est, pour les touristes pressés, une des meilleures façons d'apprécier le charme de Bruges. Pour d'autres, ce sera l'indispensable - et reposant - complément de l'itinéraire de visite à pied. En général, les bateaux gagnent le béguinage au Sud et le Spiegelrei au Nord.

A l'extrémité du **Spiegelrei,** ou quai du Miroir, s'élève la statue de Van Eyck et la Loge des Bourgeois (15e s.) (Poortersloge, Ⓩ) flanquée d'une tourelle, qui renferme les Archives de l'État; une niche *(non visible du bateau)* abrite un ours en pierre, fétiche de la ville. L'ancien octroi ou Tonlieu est occupé par la bibliothèque communale (Bibliotheek, Ⓩ).

■ AUTRES CURIOSITÉS

Musée Gruuthuse★ (Ⓩ M¹). – *Visite : de mars à sept. 9 h 30 - 12 h et 13 h 45 - 18 h; le reste de l'année 10 h - 12 h et 13 h 45 - 17 h (fermé mardi); fermé 1er janv.; 40 F.*

Le palais de Gruuthuse était à l'origine la maison de la « gruit », orge fermentée destinée au brassage de la bière. La belle demeure du 15e s., construite en briques d'une chaude tonalité rousse, abrite, au fond de la cour d'honneur, un musée d'arts décoratifs.

Dans le cadre soigné de cet intérieur aux belles cheminées le passé est évoqué par un millier d'objets anciens d'origine flamande, souvent brugeoise.

Au second étage, dentelles de toutes les régions de Belgique.

Église Notre-Dame★ (O.L. Vrouwkerk) (Ⓩ N). – *Fermée : 12 h - 14 h 30 et à 19 h.*

En majeure partie du 13e s., elle est remarquable pour sa **tour★★** élancée, en briques, haute de 122 m.

Une statue en marbre blanc d'une grande noblesse, **la Vierge et l'Enfant★★** par Michel-Ange, est placée sur un autel à l'extrémité du bas-côté droit.

Le chœur – *Visite : 10 h - 11 h 45 et 14 h 30 - 17 h 30 (dim. 18 h); en hiver 10 h - 11 h 45 et 15 h - 17 h. Fermé dim. matin; 10 F.*

Il renferme les mausolées de Charles le Téméraire et de sa fille Marie de Bourgogne. Le **tombeau★★** de Marie de Bourgogne, morte à 25 ans *(p. 158),* a été dessiné en 1498 par Jan Borman; la gisante est remarquable avec son visage juvénile, son cou gracile, ses mains longues et fines aux doigts fuselés; le soubassement est orné des armoiries de ses ascendants.

Le monument du Téméraire, dans le même style, date du 16e s. Au maître-autel, Calvaire de Van Orley.

Dans le chœur ont été découverts plusieurs caveaux funéraires; l'un, orné de fresques, serait le tombeau primitif de Marie de Bourgogne.

Dans le déambulatoire, la chapelle funéraire de Pierre Lanchals abrite la belle Vierge aux sept Douleurs, chef-d'œuvre d'Isenbrant (16e s.) et un Christ en croix peint par Van Dyck.

Une tribune (15e s.) en bois sculpté communique avec le musée Gruuthuse.

Maison Arents★ (Arentshuis) (Ⓩ M⁴). – *Mêmes conditions de visite que le musée Gruuthuse.*

Cet hôtel particulier de la fin du 18e s., renferme un riche ensemble de vues anciennes de Bruges (17e s.-19e s.) et une remarquable collection d'objets d'art (faïence, porcelaine, verre, cuivre, étain).

Une section est consacrée au peintre et graveur anglais **Frank Brangwyn** (1867-1956).

Église de Jérusalem (Jeruzalemkerk) (Ⓩ Q). – *Sonner au portail voisin : 9 h - 12 h (11 h - 12 h dim.) et 14 h - 18 h.*

A l'angle de la Balstraat, on voit sa curieuse tour à lanterne. Cette église fut édifiée au 15e s., sur le modèle du St-Sépulcre, par un seigneur de retour de Terre sainte.

Sur le retable de l'autel de la nef sont représentés les instruments de la Passion; les vitraux (15e et 16e s.) sont intéressants. Au centre de la nef, tombe du fondateur de l'église et de son épouse (15e s.). Dans la crypte a été reconstitué le tombeau du Christ.

Dans la Balstraat se trouve le **musée du Folklore** (Museum voor Volkskunde) (Z **M²**). Présentées dans les charmantes maisons-Dieu édifiées au 17ᵉ s. par la corporation des cordonniers, les collections d'objets usuels, d'outils, les reconstitutions d'un intérieur, d'une boutique évoquent le folklore et les traditions de la Flandre-Occidentale. *Mêmes heures de visite que le musée Gruuthuse p. 63; 20 F.*

En face, le **centre de la Dentelle** (Kantcentrum) (Z **R**) s'efforce de sauver de l'oubli l'art délicat de la dentelle au fuseau. *Visite : 14 h - 19 h (merc. et sam. 14 h - 16 h); fermé dim. et certains jours fériés; 10 F.*

Porte Ste-Croix (Kruispoort) (Y **S**). — Au Nord de cette porte s'élèvent sur les anciens remparts trois moulins à vent sur pivot. Le premier, Bonne Chieremolen (Y **V**), a été transporté en 1911 d'Olsene, en remplacement du précédent abattu par la tempête.

Le second, **St.-Janshuismolen** (Y **W**), date de 1770. *Visite : vacances de Pâques et de mai à sept. 10 h - 12 h et 13 h - 17 h 30 (14 h - 16 h dim. et j. fériés); fermé mardi, vend.; 10 F.*

Le troisième, Hoge Seinmolen (Y **X**), acquis en 1970, provient d'un village de la région.

A proximité se trouve la maison natale du poète Guido Gezelle (Y **M³**), transformée en **musée : guido Gezellemuseum.** *Visite : 10 h - 12 h et 14 h - 18 h (17 h d'oct. à fév.); fermé mardi en hiver et 1ᵉʳ janv.; 20 F.*

Au Nord, dans Carmersstraat, la **guilde des Archers de St-Sébastien** (Schuttersgilde St.-Sébastiaan) (Y **Y**) conserve, dans un bel ensemble architectural des 16ᵉ et 17ᵉ s., des portraits de « rois » de la gilde et une collection d'orfèvrerie. *Visite : 10 h - 12 h et 14 h - 17 h; fermé dim. et mardi; 20 F.*

Dans la même rue se trouve le **Couvent anglais** (Engels Klooster) (Y) dont la belle chapelle à coupole date du 18ᵉ s. *Visite : 14 h - 16 h et 16 h 45 - 17 h 30; fermé 1ᵉʳ dim. du mois et pour certaines fêtes religieuses.*

Cathédrale St-Sauveur (St.-Salvatorkathedraal) (Z). — *Visite : 7 h - 12 h (8 h - 12 h le sam.) et 14 h - 19 h; dim. et j. fériés 8 h 30 - 12 h 30 et 15 h - 18 h 30.*

Sur une place ombragée, se dresse cet imposant édifice gothique, en brique, flanqué d'une tour haute de 99 m. Commencée au 10ᵉ s. par la base de la tour, il a été souvent incendié et terminé seulement au 16ᵉ s. par les chapelles du chœur. Le sommet de sa tour a été réalisé au 19ᵉ s. dans le style roman.

A l'intérieur, la nef s'élève sur des colonnes en faisceaux très élancées. Dans le chœur, le triforium et les hautes fenêtres du 13ᵉ s. surmontent des murs refaits au 15ᵉ s.

La décoration est riche. Au fond de la nef, le jubé de la fin du 17ᵉ s., de style baroque, est surmonté d'une belle statue de Dieu le Père, par Artus Quellin le Jeune. Au-dessus, buffet d'orgues de 1719. La chaire (1785) a été sculptée par H. Pulinx. Les stalles du 15ᵉ s. sont surmontées d'armoiries des chevaliers de la Toison d'Or dont le 13ᵉ chapitre se tint ici en 1478; au-dessus, tapisseries bruxelloises (1725).

Trésor (Schatkamer). — *Accès par bras droit du transept. Visite : 14 h - 17 h, sam. 14 h - 16 h, dim. et j. fériés 15 h - 17 h; ouvert en outre 10 h - 12 h sauf dim. en juil.-août; fermé merc. ap.-midi; 20 F.*

Outre quelques objets d'art liturgique, il contient d'intéressantes peintures : Martyre de saint Hippolyte par Thierry Bouts, triptyque dont le volet gauche est attribué à Van der Goes.

Église Ste-Anne (St.-Annakerk) (Z). — *Fermée en dehors des offices.*

L'intérieur de cette église bâtie au 17ᵉ s. dans le style gothique a été agrémenté d'un riche mobilier baroque : jubé, lambris et confessionnaux, chaire, etc.

Porte d'Ostende (ou des Baudets) (Ezelpoort) (Y). — Elle se dresse dans un joli site, à l'extrémité d'un canal dont les eaux paisibles sont aimées des cygnes, et près de promenades ombragées.

Maisons-Dieu (Godshuizen) *(voir légende du plan).* — Les maisons-Dieu, très nombreuses à Bruges du 15ᵉ au 18ᵉ s. étaient des sortes d'asiles pour vieillards ou miséreux, financés par les corporations. Ce sont généralement des rangées de maisons basses en brique, blanchies à la chaux, et d'allure modeste. Chaque demeure se compose d'une porte, d'une fenêtre que surmontent une haute lucarne et une cheminée.

Outre la maison du Pélican *(p. 62),* les maisonnettes du musée du Folklore *(ci-dessus),* il faut voir celles de Gloribusstraat (Y), Moerstraat (Z), Zwarte-Leetouwerstraat (Z), Nieuwe Gentweg (Z) et Sinte-Katalijnestraat (Z).

EXCURSIONS

Voir plan d'agglomération dans le guide Michelin Benelux.

Damme★. — *7 km au Nord-Est. Accès en bateau : d'avril à sept., plusieurs départs par jour; 50 F.; embarquement Noorweegse kaai* (Y), *au Nord-Est de Bruges. La route longe le canal Napoléon (créé en 1812), beau cours d'eau où se reflètent des arbres légèrement inclinés par le vent. Description de Damme p. 83.*

St. Michiels; Loppem; Zedelgem. — *13 km au Sud.*

St.-Michiels. — Le **Boudewijnpark** ou parc Baudouin offre de multiples attractions. Un magnifique **orgue de Barbarie,** nommé De Senior (1880) est exposé dans la grande salle de restaurant.

Un grand bâtiment abrite une immense **horloge astronomique, Heirmanklok.** Construit par Edgar Heirman, cet appareil finement décoré et agrémenté de nombreux automates, s'anime devant le visiteur *(commentaires enregistrés en plusieurs langues).* Il est doublé d'un planétarium. *Séances : 9 h 45 - 17 h 45; 60 F.*

Face à l'entrée du parc, le **Dolfinarium** donne des représentations dont les vedettes sont les dauphins et les otaries. *De Pâques à fin sept.; 100 F.*

Le **Tillegembos** (bois de Tillegem) présente sur ses 44 ha, des promenades balisées, un étang près duquel se trouvent un cabaret typique et un vieux moulin à huile à traction animale (rosmolen).

Loppem (Lophem). — Dans le **château** néo-gothique *(accès à pied par le parc communal),* séjourna le roi Albert et sa famille en octobre et novembre 1918. Là il promit l'instauration du suffrage universel. Le château *(visite accompagnée : d'avril à oct. 10 h - 12 h et 14 h - 18 h; fermé lundi et vend.; 50 F)* abrite, dans un cadre néo-gothique, une intéressante collection d'œuvres d'art.

Parmi de nombreux tableaux de l'école flamande et hollandaise, remarquer la Place du Bourg à Bruges, peinte au début du 17ᵉ s.

Dans le parc se trouve un **labyrinthe** (doolhof). *Visite : d'avril à oct. 14 h - 18 h; 20 F.*

Gagner la N 64 en direction de Zedelgem. Au Nord du carrefour se trouve l'**Abbaye St-André** (Zeven-Kerken), grand centre missionnaire dont les bâtiments entourent une basilique à sept sanctuaires, édifiée au début du siècle.

Zedelgem. — 19 166 h. L'église St-Laurent *(visite : 9 h - 12 h et 14 h - 16 h 30, en dehors des services)* renferme de remarquables **fonts baptismaux**★ (11ᵉ-12ᵉ s.). Posées sur un socle abondamment sculpté, quatre colonnes soutiennent une cuve aux faces ornées de scène en relief. Aux quatre angles est représenté saint Nicolas.

Male; Sijsele; Oedelem. — *15 km à l'Est par ② du plan.*

Male. — L'**abbaye** (Abdij) **St-Trudon,** habitée par des chanoinesses régulières, occupe, depuis 1954, un immense château, entouré de douves, qui fut la résidence des comtes de Flandre. On peut voir la salle des chevaliers et l'église, reconstruite en 1965. *Visite accompagnée : 9 h - 12 h et 14 h - 17 h; fermé 1ʳᵉ quinzaine de sept.; 20 F.*

A Sijsele, prendre la direction de Damme.

La ferme Stockmans, **Stockmanshoeve** *(visite : d'avril à oct. 10 h - 19 h; 125 F, enfants : 75 F),* est un domaine de 40 ha comprenant 20 étangs (pêche), des enclos ou des prés peuplés d'une multitude d'espèces d'animaux domestiques, d'oiseaux de basse-cour, des volières de faisans et d'oiseaux exotiques, un musée agricole où sont exposés des instruments et machines les plus variés *(circuits de promenade balisés).*

Revenir à Sijsele et se diriger vers le Sud.

Oedelem. — Oedelem possède un charmant hôtel de ville construit en 1752. Sur la route de Maldegem, le musée de Folklore ou **Heemmuseum** *(visite : dim. et j. fériés 14 h - 18 h; 20 F)* présente un intérieur typique avec meubles et objets d'art ou instruments traditionnels (cuisine du 18ᵉ s.); collection d'archéologie régionale avec puits romain en bois.

BRUXELLES ★★★ **BRUSSEL** Brabant Ⓟ ───────────────

Cartes Michelin nᵒˢ **409** - plis 13, 21, 22 (agrandissement) ou **2** - pli 18 - 1 008 715 h. (agglomération).

Capitale de la Belgique, résidence royale, siège des communautés européennes (CEE, Euratom, CECA) et de l'OTAN, Bruxelles est une cité très animée dont les immenses boulevards aux vastes perspectives contrastent avec les petites rues bordées de maisons à pignon des quartiers anciens.

Ville d'art riche en centres d'intérêt, Bruxelles connaît une intense vie intellectuelle, elle possède de nombreux théâtres et salles de spectacle. L'activité musicale y trouve son couronnement dans les célèbres concours Reine Élisabeth *(en mai).* Le festival Europalia *(les années impaires)* évoque les arts et la culture d'un pays européen.

Enfin, placée sous le signe de Gambrinus, roi de la bière, Bruxelles est aussi la ville du confort et de la bonne chère.

L'Agglomération de Bruxelles. — Ainsi se définit, depuis 1971, le groupe de 19 communes bilingues *(p. 23)* dont Bruxelles, au centre, est la plus étendue.

La **Commune de Bruxelles** englobe principalement le « pentagone », formé par la Petite ceinture des boulevards *(p. 66),* et le quartier de Laeken. A l'intérieur du « pentagone », on distingue deux parties : le **Bas de la ville,** qui s'étend dans la vallée de la Senne (actuellement voûtée), autour de la Grand-Place, se consacre à des activités commerciales; le **Haut de la ville,** sur le Coudenberg et les autres collines avoisinant le Parc de Bruxelles, rassemble le Palais Royal, le Parlement, les principaux ministères, le Palais de Justice.

Les communes situées au Nord et à l'Ouest, près du port et des canaux, sont très industrielles, l'Est et le Sud au contraire sont résidentiels et agrémentés de grands parcs.

UN PEU D'HISTOIRE

Un Moyen Age sans histoire. — Bruxelles apparaît à la fin du 10ᵉ s. lorsque Charles, duc de Basse-Lotharingie, s'y installe et s'y fait construire un château dans l'île St-Géry, formée par les bras d'une petite rivière, la Senne. Le site est marécageux : il est nommé Bruocsella, mot franc signifiant « la maison dans le marais ».

Bruxelles devient une étape commerciale entre Cologne et la Flandre tandis que se développe la draperie. Signe de prospérité, l'église St-Michel édifiée sur une colline prend le titre de collégiale en 1047; elle est placée alors sous l'invocation de sainte Gudule, vierge dont la piété triomphe du diable qui éteint sa lanterne lorsqu'elle se rend à ses dévotions. Les premiers remparts s'élèvent au 12ᵉ s.

Une nouvelle enceinte est construite de 1357 à 1379. Détruite sur ordre de Napoléon, elle est marquée de nos jours par la couronne de boulevards appelée Petite ceinture. Des sept portes fortifiées, il ne reste que la porte de Hal, au Sud.

Durant tout le Moyen Age, des conflits opposent artisans et bourgeois; mais la commune reste fidèle à son prince.

Au 15ᵉ s. sous l'impulsion de la bourgeoisie marchande et des ducs de Bourgogne, Bruxelles s'adonne aux arts. On y érige un magnifique hôtel de ville, orné de peintures de Roger Van der Weyden (détruites en 1695). Maintes fontaines décorent les rues. Dès la fin du siècle, la tapisserie de Bruxelles produit des œuvres remarquables *(p. 30).*

BRUXELLES★★★

Les malheurs de la capitale des Pays-Bas. — Au 16e s., la ville fête l'avènement de Charles Quint qui est couronné à Ste-Gudule en 1516. La gouvernante Marie de Hongrie s'installe en 1531 à Bruxelles qui remplace peu à peu Malines comme siège du gouvernement central des Pays-Bas. C'est au palais du Coudenberg que Charles Quint abdique en octobre 1555, transmettant à son fils Philippe II ses pouvoirs sur les Pays-Bas.

Sous Philippe II, Bruxelles est mêlée aux troubles religieux du 16e s. : ses bourgeois protestent par les armes contre le régime espagnol symbolisé par le duc d'Albe. En 1568, l'échafaud du **comte d'Egmont,** dont la mémoire fut célébrée par Goethe puis par Beethoven, et celui de son compagnon, le comte de Hornes, se dressent sur la Grand-Place. En 1575, la ville, qui s'était affranchie de la tutelle espagnole, est reprise par Farnèse.

1695 : la guerre de la Ligue d'Augsbourg vaut à Bruxelles d'être assiégée par le maréchal français de Villeroi sur ordre de Louis XIV qui veut ainsi dégager Namur assiégée. Du centre de la ville, il ne reste que des ruines. Un grand effort de reconstruction est réalisé.

Après le passage du gouverneur Charles de Lorraine qui contribue à son embellissement, Bruxelles devient, sous la domination française, en 1795, chef-lieu du département de la Dyle. Elle reprend en 1815 son rôle de capitale qu'elle partage en alternance avec la Haye pendant 15 ans.

Une terre d'accueil. — Bruxelles ne compte pas les célébrités françaises qu'elle a hébergées au 19e s. Le peintre Louis David, proscrit en 1816, y passe les dix dernières années de sa vie. C'est le lieu de rassemblement des politiciens français s'opposant à Napoléon III : Barbès, Proudhon, Blanqui. Victor Hugo séjourne sur la Grand-Place en 1852; Baudelaire effectue là — sans succès — une série de conférences en 1864; c'est aussi tout près de la Grand-Place, en 1873, que Verlaine tire sur Rimbaud qui menaçait de l'abandonner; il sera incarcéré à la prison de l'Amigo puis à Mons.

La capitale du royaume. — Suite à la Révolution de 1830 marquée par les **« journées de septembre »** à Bruxelles, les provinces belges sont séparées de la Hollande. Le pays devient indépendant; c'est le royaume de Belgique avec pour capitale Bruxelles où le roi **Léopold Ier** fait son entrée solennelle le 21 juillet 1831 (depuis lors le 21 juillet est le jour de la fête nationale).

A partir de 1830 et particulièrement à la fin du siècle, la ville prend un essor considérable. 1834 marque la fondation de son Université libre. C'est de la gare de l'Allée verte qu'a lieu, en 1835, la première liaison ferroviaire d'Europe (Bruxelles-Malines). En 1859 est érigée la Colonne du Congrès commémorant le Congrès National qui promulgua la première Constitution belge.

Sous l'impulsion du roi **Léopold II** (1865-1909) sont entrepris d'importants travaux qui renouvellent la physionomie de la capitale. A l'initiative d'Anspach, le Haussmann bruxellois, on trace les grands boulevards centraux. On aménage de nombreux parcs, dont celui de Laeken. On construit d'imposants monuments :
— le palais du Cinquantenaire et son arcade, et le musée de Tervuren, reliés entre eux par l'avenue de Tervuren.
— la basilique de Koekelberg achevée en 1970 et desservie par la grandiose avenue Léopold II.

Citons encore, parmi une multitude d'édifices : le musée d'Art ancien, la Bourse, le théâtre de la Monnaie, le palais de Justice. La façade du palais royal date de cette époque.

L'extension après la guerre. — Le percement de la **Jonction,** voie ferrée en partie souterraine, reliant la gare du Midi à la gare du Nord et inaugurée en 1952, a entraîné la transformation du quartier intermédiaire entre la ville basse et la ville haute, la construction d'ensembles neufs tels que la Banque Nationale, la Cité administrative (1958) et l'aménagement dans un cadre architectural moderne du quartier du Mont des Arts.

Pour l'exposition universelle de 1935, on avait déjà construit au plateau du Heysel les Palais du Centenaire dans le parc des Expositions. 1958, année de la 2e **exposition universelle,** voit la construction de l'Atomium et le percement des tunnels de la **Petite ceinture.**

Depuis cette date, une pléthore d'édifices publics ou privés ont contribué à la modernisation de la ville. Il faut signaler en particulier : la bibliothèque Royale (1969), la cité européenne de Berlaymont (1970), l'immeuble abritant la Poste Centrale et les services administratifs de la Ville de Bruxelles (1971).

A Forest, le Palais des Sports de Forest-National (1970) peut abriter 7 000 spectateurs (variétés, music-hall).

La très moderne et fonctionnelle faculté de médecine de l'Université Catholique de Louvain *(p. 123),* dotée d'un hôpital, a été construite à Woluwe-St-Lambert.

Enfin on a inauguré, en 1975, au Heysel, le Brussels International Trade Mart, très important centre commercial.

Bruxelles se forge un nouveau visage. — De nos jours, en dehors de l'**Ilot Sacré** que constituent les environs de la Grand-Place dont les édifices anciens sont préservés. Bruxelles est un vaste chantier en proie à la fièvre de la construction.

A l'Ouest de la gare du Nord, on a érigé de grandes tours, parmi lesquelles le **World Trade Center (FV),** destinées à constituer un vaste centre d'affaires, le Manhattan Center. Un nouveau projet vise à restituer à une partie de ce quartier son usage résidentiel.

A l'heure actuelle, Bruxelles s'attache à sauvegarder son patrimoine architectural et à entreprendre la rénovation des immeubles existants.

Pour compléter ce développement urbain, on s'efforce d'améliorer le système des transports. La ligne de métro actuelle et les voies de circulation souterraine des tramways s'étendent sur 21 km. Des travaux en cours donneront à ce réseau une longueur de 34 km. La décoration des stations de métro a été confiée à de grands artistes.

Les traditions. — Les Bruxellois restent fidèles à leurs manifestations folkloriques traditionnelles : Ommegang *(p. 67),* plantation du Meyboom *(p. 13)* ainsi qu'à leurs marchés en plein air, parmi lesquels on peut signaler :
— sur la Grand-Place, le marché aux oiseaux *(p. 67)*
— Place du Grand-Sablon, le marché des antiquités et du livre *(p. 69)*
— Place du Jeu de Balle, le marché aux puces *(p. 75).*

① LE CENTRE *visite : 1/2 journée - plan p. 72-73*

Grand-Place★★★. — La « gigantesque place » qu'admira Victor Hugo, le « riche théâtre » que célébra Jean Cocteau est unique au monde. Il faut la voir aux heures matinales lors du marché aux fleurs, le samedi et le dimanche, ou la nuit lorsque les illuminations, soulignant ses dorures, lui donnent un relief étonnant, ou encore le dimanche matin, lors du marché aux oiseaux. Tous les deux ans, pendant quelques jours d'août, elle s'orne d'un magnifique tapis de fleurs *(prochaine manifestation probable en 1983). Son et lumière en saison. Location d'un audioguide : 60 F; s'adresser à la maison du Tourisme, rue du Marché-aux-Herbes 61, 9 h - 20 h en été (fermé à 19 h sam., dim.), 9 h - 18 h en hiver.*

Distribuées autour de la Grand-Place, les **maisons des Corporations,** bâties après le bombardement de 1695 et restaurées au 19e s., montrent leurs belles façades baroques. En général les trois ordres, ionique, dorique et corinthien, s'y superposent; le tout est surmonté de pignons à volutes et décoré de sculptures, de motifs dorés et de pots à feu. Les corporations sont à l'honneur, lors de l'aristocratique cortège de l'**Ommegang** *(p. 12),* groupant aussi, sur la Grand-Place pavoisée, les Serments (ou troupes armées) et les Chambres de Rhétorique *(p. 37)* en un défilé majestueux où flottent des centaines de drapeaux. C'est une reconstitution de la cérémonie qui eut lieu en 1549, en présence de Charles Quint et de sa sœur Éléonore, veuve de François Ier. A l'origine, les omme-gangs du Moyen Age étaient des processions organisées pour protéger la ville. *Pour réserver une place, de 350 à 750 F, s'adresser au T.I.B., rue du Marché-aux-Herbes 61.*

En faisant le tour de la place dans le sens contraire des aiguilles d'une montre, on voit :

1-2 **Le Roi d'Espagne** ou maison des Boulangers, surmontée d'un dôme et d'une girouette dorée représentant la Renommée.

  3 **La Brouette,** maison des Graissiers.

  4 **Le Sac,** maison des Tonneliers.

  5 **La Louve,** maison des Archers. Elle porte un groupe sculpté représentant Romulus et Remus allaités et, au second étage, les quatre statues de la Vérité, du Mensonge, de la Paix et de la Discorde. Au sommet, un phénix doré.

  6 **Le Cornet,** maison des Bateliers. Son pignon affecte la forme d'une poupe de frégate.

  7 **Le Renard,** maison des Merciers. Au-dessus du rez-de-chaussée court une frise sculptée. Au sommet, statue de saint Nicolas.

Hôtel de ville (H¹). — *Illustration p. 26. Visite accompagnée : 9 h - 17 h (16 h oct.-mars); dim. et j. fériés 10 h - 12 h seulement; fermé 1er janv., 1er mai, 1er et 11 nov., 25 déc.; 20 F.*

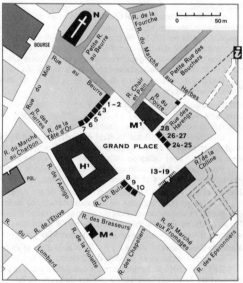

De pur style gothique, il date des 13e et 15e s. Au début du 15e s., il ne compre-nait que l'aile gauche et un beffroi et avait pour entrée principale l'actuel escalier des Lions. Il fut agrandi de l'aile droite, légèrement plus courte. L'ensemble est do-miné par une **tour** construite par Van Ruysbroek, merveille d'élégance et de hardiesse (96 m), que surmonte un Saint Michel de cuivre doré.

L'intérieur renferme de belles tapisseries de Bruxel-les, en particulier celles de la salle Maximilienne.

  8 **L'Étoile.** Sous l'arcade de cette demeure recons-truite au 19e s., le mémorial 't Serclaes, par Julien Dillens, assure, dit-on, le bonheur aux personnes qui viennent y poser la main.

  9 **Le Cygne,** maison des Bouchers.

10 **L'Arbre d'Or,** maison des Brasseurs occupée en partie par la Conférence des Brasseries de Belgique. Elle est surmontée de la statue de Charles de Lorraine. Dans les caves est installé le **musée de la Brasserie :** reconstitution d'une brasserie du 17e s. avec les acces-soires de la préparation de la bière. *Visite : 10 h - 12 h et 14 h - 17 h; fermé sam. ap.-midi, dim., j. fériés, lors de réceptions officielles et des vacances annuelles; 20 F.*

13 au 19 **Maison des ducs de Brabant.** Son imposante façade (1698) surmontée d'un beau fronton sculpté et d'un attique dans le style de l'Italien Palladio dissimule six maisons de corporations. Une rangée de bustes des ducs de Brabant orne les pilastres.

24-25 **La Chaloupe d'Or,** maison des Tailleurs.

26-27 **Le Pigeon,** maison des Peintres, où Victor Hugo séjourna en 1852 et écrivit son pam-phlet Napoléon-le-Petit.

28 **La chambrette de l'Amman.** L'amman était au Moyen Age un magistrat représentant le duc de Brabant.

Maison du Roi (M¹). - Reconstruite au 19e s. d'après les plans originaux de 1515, c'est l'ancienne halle au pain, puis maison du duc, où ne résida en fait aucun roi.

Elle abrite le **musée Communal.** *Visite : 10 h - 12 h et 13 h - 17 h (16 h oct.-mars); fermé ap.-midi des sam., dim. et j. fériés, 1er janv., 1er mai, 1er et 11 nov., 25 déc. et avant une exposition; 20 F.*

Il renferme des documents et collections retraçant l'histoire de la ville et des nombreux arts décoratifs bruxellois. Le 2e étage contient les habits offerts au Manneken Pis.

Au 1er, on admire la tapisserie représentant la légende de N.-D.-du-Sablon et une collection de porcelaine bruxelloise; au rez-de-chaussée, le retable de Saluces, œuvre bruxelloise du début du 16e s. ainsi que le paisible Cortège de Noces, de Pierre Brueghel l'Ancien.

Prendre la rue de l'Étuve. Elle est bordée, comme toutes les rues voisines aux noms pittoresques, de maisons à pignons ouvragés.

Manneken Pis★★. — Le Manneken Pis, appelé aussi « petit Julien », a été sculpté par Jérôme Duquesnoy l'Ancien en 1619 et alimentait le quartier en eau. Ce petit garçon potelé (manneken : petit bonhomme) dont le geste naturel s'accompagne d'une grâce charmante, symbolise la goguenardise et la verdeur brabançonnes. Pour sauvegarder la décence ou plutôt pour honorer le plus célèbre et « le plus ancien citoyen de Bruxelles », la coutume est de lui offrir un vêtement : depuis Louis XV qui fit don d'un bel habit à la française jusqu'à la Military Police, donatrice d'un uniforme, en passant par le costume de Maurice Chevalier, tous les pays ont participé à cette garde-robe qui occupe une salle entière du musée communal.

Par la rue du Chêne et la rue de l'Escalier, gagner N.-D.-de-la-Chapelle. On longe au passage à gauche la **tour d'Anneessens** (FY V), vestige de l'enceinte du 12e s., où aurait été emprisonné, avant d'être exécuté en 1719, Anneessens, représentant des métiers, en révolte contre le gouvernement autrichien.

(D'après photo C.G.T., L. Philippe)

Manneken Pis

Église N.-D.-de-la-Chapelle (FY A). — *Visite : de juin à sept. 10 h - 12 h et 14 h - 16 h (dim. 9 h - 12 h seulement); le reste de l'année sam. 16 h - 19 h et dim. 9 h - 12 h.*

Elle se dresse à la lisière du populaire quartier des Marolles (p. 75). Si le transept (13e s.) est de style roman, la majeure partie de l'édifice présente les caractéristiques de l'art gothique brabançon (à l'extérieur en particulier, alignement des pignons latéraux et tour-porche).

Le peintre **Pierre Brueghel l'Ancien** fut inhumé dans cette église en 1569; son épitaphe de marbre noir, surmontée d'une copie de Rubens, le Christ remettant les clés à saint Pierre (original vendu en 1765), se trouve située au-dessus du confessionnal, dans la 3e chapelle du bas-côté droit. Dans la dernière chapelle, statue de N.-D. de Miséricorde (16e s.). Dans la 2e chapelle du bas-côté gauche, intéressant triptyque exécuté par Henri de Clerck en 1619; dans la 3e chapelle, belle **statue★** en bois de sainte Marguerite d'Antioche (vers 1520).

Remarquer encore, dans la chapelle à droite du chœur, le monument funéraire des Spinola, en marbre, de 1716.

Bibliothèque Royale Albert Ier (FY M²). — *Visite : 9 h - 19 h 45 (16 h 45 sam.); fermé dim. et j. fériés, 1er, 2, 11 et 15 nov., 25 et 26 déc. et une semaine fin août. Journée « portes ouvertes » le 17 fév. tous les ans.*

Inaugurée en 1969 sur le **Mont des Arts,** cette bibliothèque, nommée aussi l'Albertine, englobe la **chapelle de Nassau** ou chapelle St-Georges, de style gothique flamboyant (1520), dont les murs sont ornés de trois tapisseries bruxelloises du début du 16e s.

Outre ses 3 millions de volumes, la bibliothèque renferme de magnifiques collections : manuscrits, estampes et dessins, cartes et plans, monnaies et médailles.

Musée du Livre. — *Visite : lundi, merc. et sam. 14 h - 17 h; fermé jours fériés.*

Une petite salle renferme de précieux manuscrits ou imprimés. Les cabinets de donation comprennent une reconstitution du cabinet de travail d'Émile Verhaeren à St-Cloud, près de Paris, et de celui de Michel de Ghelderode à Schaerbeek, ainsi qu'un cabinet consacré au souvenir d'Henri van de Velde et de son ami Max Elskamp.

Musée de l'Imprimerie. — *Visite : 9 h - 17 h sauf dim. et jours fériés.*

Série de machines et presses de la fin du 18e s. à la fin du 19e s.

De l'autre côté du jardin du mont des Arts s'élève le **palais de la Dynastie** (FY B), dont une aile sert de **Palais des Congrès.** Au-dessus de l'arcade, horloge à jaquemart.

Du sommet du jardin, belle **vue** sur la flèche de l'hôtel de ville précédée d'une rangée de maisons reconstruites dans le style flamand. La rue Ravenstein proche conserve l'**hôtel Ravenstein** (15e-16e s.) (FY C) dont la façade est flanquée d'une tourelle.

Place Royale★ (FY). — Au sommet du Coudenberg (montagne froide) cette place aux proportions élégantes, de style Louis XVI, fait partie d'un quartier réaménagé à la fin du 18e s. par Charles de Lorraine dont la résidence dite hôtel de Nassau, s'élève encore au Nord (place du Musée). Bâtie par les architectes français Guimard et Barré, la place est dominée par l'église St-Jacques-sur-Coudenberg.

Du centre où se dresse la statue de Godefroy de Bouillon, belle **vue** sur les jardins du Mont des Arts et sur le palais de Justice, à l'extrémité de la rue de la Régence.

Musée d'Art moderne (FY M³). — *Visite : 10 h - 13 h et 14 h - 17 h; fermé lundi; prix variant suivant expositions.*

Ce musée possède une importante collection d'art belge et étranger de 1880 à nos jours. En attendant son transfert dans les nouveaux bâtiments construits en sous-sol, place du Musée, il ne présente que des expositions temporaires renouvelées tous les deux mois.

Une arcade donne accès à la place du Musée, d'une belle ordonnance.

Musée d'Art ancien★★★. — *Visite : 10 h - 17 h; fermé lundi, 1er janv., 1er mai, 1er et 11 nov., 25 déc.; 5 F., gratuit merc. ap.-midi, sam., dim.*

Occupant un palais de style classique exécuté par Alphonse Balat en 1876 et prolongé d'une aile moderne, ce musée est universellement connu pour ses admirables primitifs flamands et les œuvres célèbres de Rubens et de son école.

15ᵉ-16ᵉ s. — *Fermé 13 h - 14 h.* Cette section renferme de véritables trésors des anciens Pays-Bas ainsi que des écoles française et allemande.

On remarque la Vie de la Vierge, œuvre d'un maître limbourgeois anonyme (vers 1400), une Pietà dramatique de Van der Weyden, une Pietà de Petrus Christus dont les œuvres sont si rares, la Justice de l'Empereur Othon par Thierry Bouts, des portraits tout intérieurs et le Martyre de saint Sébastien de Memling, un excellent portrait de l'Allemand Cranach, la charmante Madone à la soupe au lait de Gérard David, la Lignée de sainte Anne de Quentin Metsys, le portrait de Marguerite d'Autriche par Van Orley, chef-d'œuvre du genre.

Dans la salle 31, l'ironie, le réalisme du détail, la sérénité du paysage, si caractéristiques de **Brueghel l'Ancien,** se manifestent dans le fameux Dénombrement de Bethléem et dans la Chute d'Icare, tableau étrange où certains ont voulu voir des symboles alchimiques.

Les salles consacrées au **legs Delporte** (1973) renferment un remarquable Brueghel l'Ancien (Paysage d'hiver avec patineurs) et des œuvres de Brueghel le Jeune.

17ᵉ-18ᵉ s. — *Fermé 12 h - 13 h. Collection provisoirement transférée au sous-sol.* La grande salle **Rubens** contient des œuvres de premier ordre du maître anversois : Adoration des Mages (1615), Montée au Calvaire, Martyre de saint Liévin.

De Rubens également, dans la galerie flamande, les fameuses Têtes de Nègre, un de ses rares paysages, un portrait d'Hélène Fourment plein de malice et de séduction. Une autre salle est occupée par Jordaens : Pan et Syrinx, le Roi Boit, et surtout la Fécondité, peinture très vivante, à la sensualité aiguë.

De bonnes œuvres de Corneille De Vos, Van Dyck, Teniers, Frans Hals, et de paysagistes et peintres de genre hollandais complètent ces collections exceptionnelles.

19ᵉ s. — *Fermé 12 h -13 h.* Consacrée à la peinture et à la sculpture belges, cette section possède également d'intéressantes œuvres de l'école française dont le fameux Marat assassiné, peint en 1793 par David.

Église N.-D.-du-Sablon★ (FY D). — Ce bel édifice flamboyant était à l'origine la chapelle de la guilde des Arbalétriers. La légende raconte qu'en 1348 une Anversoise Baet Soetkens, ayant vu en songe la statue d'une Vierge, l'apporta à Bruxelles dans une barque et en fit don aux Arbalétriers. Devenu lieu de pèlerinage, le sanctuaire dut être agrandi vers 1400 et fut terminé vers 1550 par le portail principal. Le « sacrarium », petite construction très décorée destinée à abriter le Saint Sacrement, a été accolé à l'abside en 1549.

A l'intérieur, on admire le chœur très élancé : entre de hautes verrières s'allongent de fines colonnettes. La chaire date de 1697. Le croisillon Sud est orné d'une belle rosace.

Les chapelles des bas-côtés communiquent entre elles à la manière brabançonne; leurs arcatures inférieures possèdent, comme celles du chœur, des écoinçons historiés.

Dans la chapelle Notre-Dame est placée une copie de la statue de N.-D.-à-l'Arbre *(p. 41).* Près du chœur se trouve la **chapelle sépulcrale des Tour et Taxis** (ou Tassis), famille d'origine autrichienne qui fonda en 1516 la poste internationale. Le décor de marbre noir et blanc est l'œuvre de Luc Fayd'herbe. Une statue de sainte Ursule, en marbre blanc, est due à Jérôme Duquesnoy le Jeune.

De magnifiques tapisseries attribuées à Bernard Van Orley et illustrant la légende de N.-D.-du-Sablon étaient destinées à orner les bas-côtés. L'une est visible au musée Communal de Bruxelles, une autre aux musées royaux d'Art et d'Histoire *(illustration p. 30).*

Place du Grand-Sablon★ (FY). — Encadrée de façades anciennes, cette jolie place est située au cœur du quartier des antiquaires. *Marché des antiquités et du livre : sam. 9 h - 15 h et dim. 9 h - 13 h.*

Square du Petit-Sablon★ (FY). — Transformée en square, cette place est entourée de colonnes portant 48 charmantes statuettes en bronze représentant les métiers bruxellois.

A l'intérieur du square, statues des comtes d'Egmont et de Hornes par Fraikin et des grands humanistes du 16ᵉ s. Au fond s'élève le **palais d'Egmont (FY E)** ou d'Arenberg, où ont lieu les réceptions internationales. A gauche, dans la **rue des Six-Jeunes Hommes,** de jolies maisons anciennes ont été restaurées.

En bordure de la place à droite se trouve le musée Instrumental *(p. 74).*

Place Poelaert (FZ). — Au sommet du Galgenberg ou « mont de la Potence » (là se trouvait le gibet de la ville), cette place est dominée par l'immense **palais de Justice (FZ J),** conçu par Poelaert et réalisé entre 1866 et 1883. *Visite de la salle des Pas Perdus et de la galerie du 1ᵉʳ étage : 8 h 30 - 16 h; fermé sam., dim. et j. fériés; visite accompagnée sur demande 9 h - 15 h.*

De la terrasse, on découvre une vue étendue sur la ville basse et sur le quartier des Marolles, avec N.-D.-de-la-Chapelle *(table orientation).*

Revenir vers la place Royale.

Place des Palais (GY). — Vaste esplanade, elle est dominée par le **palais royal** *(visite : de début août à début sept. 9 h - 16 h.)* dont la façade à colonnade en arc-de-cercle fut construite sous Léopold II; un drapeau au sommet signale la présence du souverain dans le pays. A l'intérieur, la **salle du Trône★,** de 1872, ornée de grands lustres, est somptueuse.

A l'Est de la place, le **palais des Académies,** de 1823, est l'ancienne résidence du prince d'Orange.

A l'Ouest du palais royal, le **palais de Bellevue** a été transformé en **musée★ (GY M¹⁴)** *(p. 74).*

A l'Ouest de la place, en contrebas de la rue Royale, se dissimule le **palais des Beaux-Arts (FY F),** édifié de 1921 à 1928 par Horta; de nombreuses et importantes manifestations culturelles s'y déroulent, expositions, concerts, théâtre, cinéma (musée du Cinéma).

Parc de Bruxelles (GY). — C'est l'ancien terrain de chasse des ducs de Brabant, qui fut transformé en jardin à la française au 18ᵉ s. et peuplé de statues.

Au Nord, le **palais de la Nation (GX)** *(visite : 10 h - 16 h en dehors des jours de séances, celles-ci ayant lieu en principe mardi, merc., jeudi),* édifié sous Charles de Lorraine et réédifié en 1779 après un incendie, est le siège de la Chambre des Représentants et du Sénat. La **salle des Séances du Sénat★** est décorée d'une façon particulièrement raffinée.

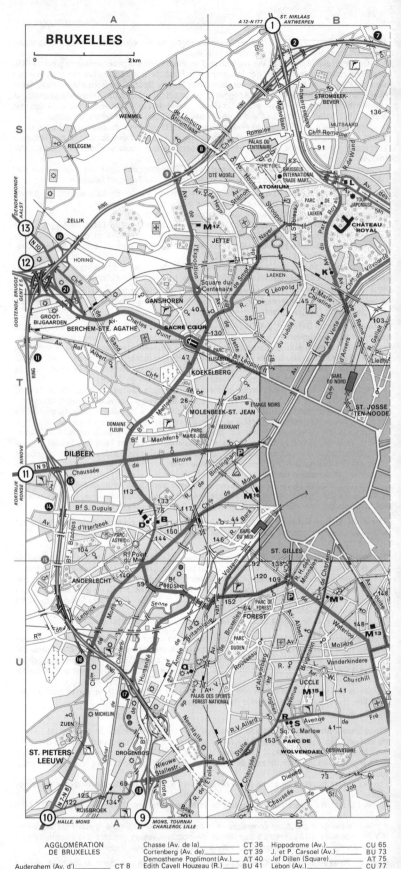

BRUXELLES

0   2 km

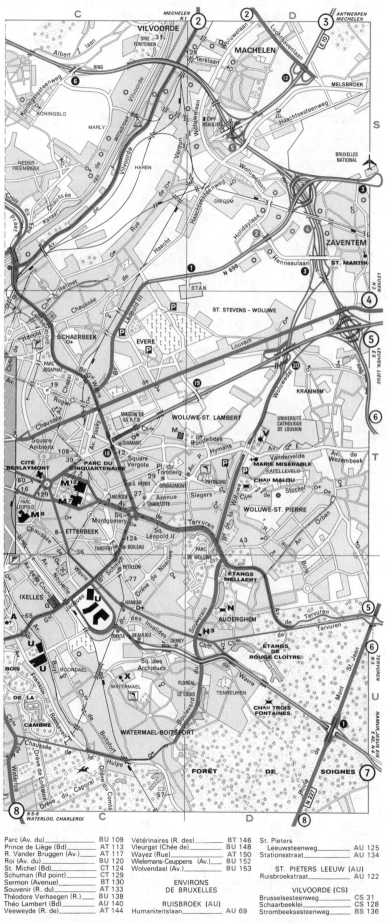

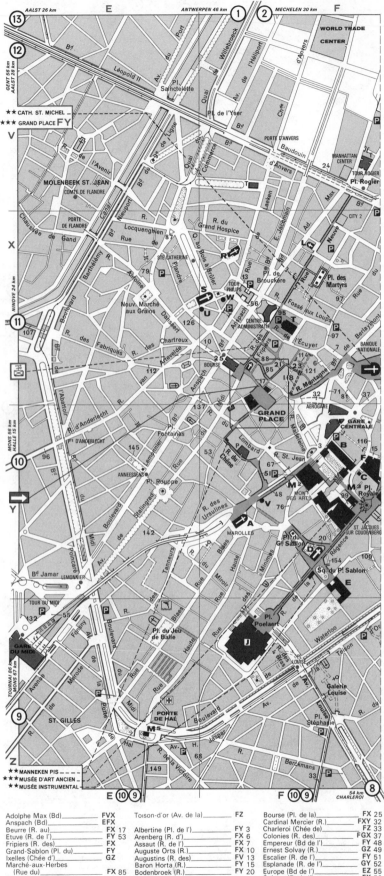

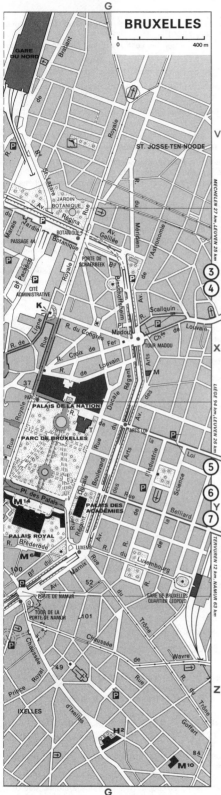

BRUXELLES

0   400 m

Colonne du Congrès (GX K). — Conçu et inauguré par Poelaert en 1859, ce monument commémore le Congrès National qui promulgua, au lendemain de la Révolution de 1830, la constitution belge.

La colonne est surmontée de la statue de Léopold Iᵉʳ sculptée par Guillaume Geefs. Au pied du monument, deux lions gardent la tombe du Soldat Inconnu.

De l'« Esplanade », aménagée entre les édifices de la Cité administrative, s'offre une intéressante **vue** d'ensemble sur la ville.

Cathédrale St-Michel★★. — *Visite 7 h 30 - 18 h (20 h en été); dim. et jours fériés 13 h 30 - 17 h 30.*

Sur les hauteurs du Treurenberg (mont des Larmes), l'ancienne collégiale des Sts-Michel-et-Gudule partage avec Malines, depuis 1962, le titre de cathédrale de l'archidiocèse de Malines-Bruxelles.

« Nef ancrée au chœur de Bruxelles », c'est un très beau monument de style gothique élevé en plusieurs étapes : le chœur est du 13ᵉ s., la nef et les collatéraux des 14ᵉ et 15ᵉ s., les tours du 15ᵉ s. Les chapelles rayonnantes ont été ajoutées aux 16ᵉ et 17ᵉ s. Les deux tours de la façade, puissantes et élancées, ont été construites par Van Ruysbroeck.

Partant du chevet où apparaît pour la première fois le style gothique brabançon, on gagne le porche (15ᵉ s.) du transept Sud surmonté d'une statue de sainte Gudule.

Intérieur. — La nef, brabançonne, est sobre et imposante. Aux colonnes sont adossées les statues des douze apôtres (17ᵉ s.). On remarque la chaire baroque, par H.-F. Verbruggen, où sont représentés Adam et Ève chassés du paradis terrestre.

Le chœur, très pur de lignes, possède un élégant triforium aux supports alternés, un fort, un faible; le mausolée surmonté d'un lion est celui des ducs de Brabant (1610).

Les **vitraux**★ sont remarquables. Au fond de la nef, la **tribune** s'orne d'un Jugement dernier de 1528. Le **transept** est éclairé par deux riches verrières (16ᵉ s.), au remarquable dessin (architecture, perspective, modelé), exécutées d'après les cartons de Bernard van Orley : l'une, dans le bras Nord, représente Charles Quint et Isabelle de Portugal, l'autre, dans le bras Sud, Louis II, roi de Hongrie, et son épouse Marie, sœur de Charles Quint. De très beaux vitraux (16ᵉ s.) décorent la **chapelle du St-Sacrement,** à gauche du chœur, tandis que d'autres du 17ᵉ s., d'un esprit tout rubénien, garnissent la **chapelle de la Vierge** à droite du chœur; ils représentent des épisodes de la vie de la Vierge et, au-dessous, les portraits des donateurs.

Dans la chapelle axiale ou chapelle Maes on admire un retable en albâtre (1533) et une Vierge à l'Enfant, en albâtre également (vers 1500).

Les fouilles ont permis de découvrir, dans la nef, les vestiges d'un avant-corps de type rhénan-mosan.

Rue de la Montagne (FX). — Belle rangée de façades reconstituées dans le style flamand.

Galerie St-Hubert. — Ces passages couverts (1846), au charme désuet, portent les noms des galeries de la Reine, du Roi et des Princes.

Rue des Bouchers (FX). — Pittoresque, cette rue jalonnée de restaurants s'inscrit dans le périmètre de l'Ilot Sacré.

Petite rue des Bouchers (FX). — Dans cette ruelle siège le célèbre théâtre de marionnettes de Toone *(p. 13) (séances tous les soirs sauf dim.; réserver).*

Place de la Bourse. — Elle est dominée par la Bourse, imposante construction de 1871, et la petite **église St-Nicolas** (FX N), contre laquelle se pressent de vieilles demeures. A l'intérieur, on remarque le chœur, désaxé par rapport à la nef, et une toile attribuée à Rubens, la Vierge et l'Enfant endormi.

Place de la Monnaie. — Le **Théâtre de la Monnaie** (FX T), construit en 1856 par Poelaert, fut témoin, le 25 août 1830, d'un épisode historique. Alors qu'on y représentait La Muette de Portici par Auber et qu'on y entonnait le célèbre « Amour sacré de la patrie », les spectateurs déclenchèrent une rébellion, prélude des « journées de septembre » *(p. 66).* Sa troupe de danse, le « Ballet du XXᵉ siècle », dirigée par Maurice Béjart depuis 1960, a acquis une renommée internationale.

Entre la place de la Monnaie et la place de Brouckère, le **Centre administratif de la Ville de Bruxelles** et la **Grand-Poste** (FX) forment un immense édifice au cœur de la cité commerçante.

Rue Neuve (FX). — C'est la grande artère piétonne de Bruxelles (600 m).

A l'Est, la **place des Martyrs** (FX) conçue en 1775, constitue un bel ensemble urbain; au centre, monument dédié aux morts de la révolution de 1830, par Guillaume Geefs (1838).

L'**église du Finistère** (1708) (FX L) renferme une Vierge gothique apportée d'Aberdeen.

A l'extrémité de la rue Neuve s'est édifié le centre commercial City 2 (FX), en partie souterrain et doté de huit salles de cinéma.

La rue Neuve aboutit à la place Rogier *(p. 75).*

■ AUTRES CURIOSITÉS du centre - *Plan p. 72-73*

Musée Instrumental★★. — *Visite : mardi, jeudi, sam. 14 h 30 - 16 h 30, dim. 10 h 30 - 12 h 30, merc. 17 h - 19 h.*

Une partie de la collection (qui compte 4 000 instruments allant de l'âge du bronze à nos jours) est exposée.

Le rez-de-chaussée est consacré aux pièces antérieures à 1750 : instruments très en vogue à partir du 17ᵉ s. comme les virginals et épinettes, clavecins signés de noms célèbres (Ruckers à Anvers), parfois magnifiquement décorés; instruments populaires belges.

Au 1ᵉʳ étage, pianos (remplaçant le clavecin au 18ᵉ s.), instruments des 18ᵉ et 19ᵉ s., orgues de Barbarie.

Au 2ᵉ, instruments non européens (Inde, Indonésie : « gamelan » ou orchestre typique) ou d'art populaire européen.

Musée Bellevue★ (GY M¹⁴). — *Visite accompagnée : 10 h - 17 h; fermé vend., 1ᵉʳ janv., lundis de Pâques et Pentecôte, 1ᵉʳ mai, 11 nov., 25 déc.; 5 F. Visite commentée : sam. 15 h, dim. 11 h 15 et 15 h; 40 F.*

Aménagé dans l'aile droite du palais royal, ce musée renferme de belles collections ayant trait à la vie quotidienne aux 18ᵉ et 19ᵉ s. (mobilier, dentelle, porcelaine, armes).

Musée du Costume et de la Dentelle (M⁴) - *plan p. 67.* — *Mêmes conditions de visite que le musée Communal, p. 67.*

Ce musée est consacré aux divers artisanats du costume du 17ᵉ au 20ᵉ s. : dentelle de Bruxelles, broderie, passementerie.

Porte de Hal (EZ M⁵). — *Mêmes conditions de visite que les musées royaux d'Art et d'Histoire, p. 75.*

Cette porte, seul vestige des fortifications du 14ᵉ s., abrite un **musée d'Armes et Armures** régionales du Moyen Âge au 18ᵉ s.

Musée de la Dynastie (GY M⁶). — *Visite : merc. et sam. 14 h - 17 h; dim. 10 h - 12 h et 14 h - 17 h; 10 F, gratuit pendant l'ouverture du palais royal.*

Il contient une documentation complète sur la famille royale belge de 1831 à nos jours.

Église St-Jean-du-Béguinage (FX R). — *Visite : 12 h - 17 h 30; sam. 9 h 30 - 12 h 30 (sauf en hiver) et 13 h 30 -18 h; dim. 10 h - 12 h 30 et 14 h - 17 h 30 (sauf en hiver) et 19 h 30 - 20 h; fermé lundi, mardi.*

Dans un quartier paisible elle dresse sa belle façade à trois corps de style baroque flamand (1676), attribuée à Luc Fayd'herbe.

L'intérieur, où la décoration baroque s'est plaquée sur des structures gothiques, présente de belles proportions. L'entablement, au-dessus des grandes arcades, est très rythmé; il s'appuie, à la jonction des arcs, sur des têtes d'ange ailées.

Sous la chaire, de 1757, figure saint Dominique terrassant l'hérésie.

On admire des tableaux du Bruxellois **Van Loon** et de différents artistes flamands.

Le béguinage, qui compta jusqu'à 1 200 béguines, a disparu au 19ᵉ s.

A proximité s'élève l'**église Ste-Catherine** (FX S); on a conservé la **tour** (FX U) de l'ancienne église et la **tour Noire** (FX W), vestige de la première enceinte de la ville.

Avenue Louise (FZ). — Créée au milieu du 19ᵉ s. pour relier le bois de la Cambre au centre de la ville, elle a vu ses abords modifiés par l'urbanisation.

Avec l'avenue de la Toison d'Or, c'est le rassemblement d'élégants magasins de mode et d'antiquités. La **galerie Louise** est une version moderne des galeries St-Hubert.

Place Rogier (**FV**). — Elle est dominée par le gratte-ciel du Centre International Rogier, abritant le Théâtre National. De cette place, une vaste perspective se dégage vers la basilique de Koekelberg.

Au sous-sol du Manhattan Center (**FV**), l'**Exotarium** *(visite : 12 h - 18 h ; sam., dim. et j. fériés 11 h - 18 h ; 80 F)* comprend deux sections : l'une avec une centaine d'aquariums à poissons tropicaux et une collection de coquillages, l'autre avec des reptiles, des batraciens, des insectes vivants, des aquariums de poissons des mers froides ou de rivière, des collections d'insectes, de papillons, de coraux, de fossiles.

Place du Jeu de Balle (**EZ**). — Sur cette grande place située au cœur du populaire **quartier des Marolles** a lieu un marché aux puces *(tous les jours et surtout sam., dim.)*.

②️ LA PÉRIPHÉRIE - *Plan p.70-71 et p.72-73*

Quartier du Cinquantenaire

Parc du Cinquantenaire (**CT**). — Créé en 1880 lors de l'exposition du Cinquantenaire de l'indépendance de la Belgique, il entoure un grand palais dont les deux ailes sont réunies par une monumentale arcade, due à l'architecte Girault (1905). L'aile Nord abrite le musée de l'Armée *(p. 77)*, l'aile Sud les musées royaux d'Art et d'Histoire.

Musées royaux d'Art et d'Histoire★★★ (**CT M**[7]). — *Visite : 9 h 30 - 12 h 25 et 13 h 30 - 16 h 50 ; sam. et dim. 9 h 30 - 15 h 50 ; fermé lundi, 1ᵉʳ janv., 1ᵉʳ mai, 1ᵉʳ et 11 nov., 25 déc. ; 5 F., gratuit merc. ap.-midi, sam. ap.-midi, dim. et j. fériés.*

A l'aile dite des Nerviens a été ajoutée en 1966 l'aile Kennedy. Les collections sont extrêmement riches, surtout en ce qui concerne l'antiquité et les arts décoratifs.

Antiquités (Asie antérieure, Grèce, Rome, Égypte). — *Jours pairs. Aile Kennedy.*

Au rez-de-chaussée sont évoquées les civilisations d'**Asie antérieure** (Palestine, Chypre, Mésopotamie). De l'entresol, on découvre la **maquette de Rome** *(commentaire enregistré avec illuminations).*

Le 1ᵉʳ étage est consacré à **Rome** (bronze de Septime-Sévère), à l'**Étrurie**, à la **Grèce**. La fameuse **mosaïque d'Apamée** forme, au centre de la grande cour intérieure, un fabuleux tapis où s'affrontent chasseurs et bêtes fauves. Ce pavement réalisé en 539 occupait une salle de banquet d'Apamée, ville de Syrie détruite par les Perses en 612 et dont les fouilles ont été exécutées par une mission belge.

Le 2ᵉ étage a trait à l'**Égypte** : à signaler le Livre des morts (galerie Nord) et des reconstitutions de mastabas, tombes aux parois historiées.

Arts islamique et byzantin. — *Jours impairs. Aile des Nerviens, accès par l'entresol de l'aile Kennedy.*

La céramique, les armes, les miniatures, les tapis, les métaux de Perse, de Turquie, forment un bel ensemble. Dans la rotonde voisine, des vitrines contiennent des icônes, des pièces d'orfèvrerie russes ou grecques de style byzantin.

Industries d'art. — *Jours impairs. Aile des Nerviens, accès par l'entresol de l'aile Kennedy et les Arts islamique et byzantin.*

Les arts décoratifs de Belgique sont magistralement représentés : sculptures préromanes, orfèvrerie (fonts baptismaux de Tirlemont, 12ᵉ s.), ivoires du 12ᵉ s., céramique (Tournai), argenterie, étains du 16ᵉ au 19ᵉ s., dentelle, tissus et broderies *(au 1ᵉʳ étage)*.

Les **tapisseries** rivalisent par la finesse de leur exécution et la splendeur de leurs coloris : du 14ᵉ siècle, la Tonte des moutons, d'un atelier tournaisien, aux détails savoureux; du début du 16ᵉ s., bruxelloises, la Légende d'Herkenbald, la Légende de N.-D.-du-Sablon *(illustration p. 30)* et l'émouvante Descente de croix, tissée d'or.

Parmi les **retables** en bois, celui de **saint Georges** par Jan Borman (1493), frappe par l'intensité de vie de ses personnages.

Le **mobilier** est extrêmement précieux.

Inde et Sud-Est asiatique. — *Jours pairs. Aile des Nerviens, 1ᵉʳ étage, accès par les Arts islamique et byzantin.*

Cette section illustre les arts, les religions et les traditions de l'Inde (bronze de Çiva Nataraja du 13ᵉ s.), de la Chine (tambours votifs), du Cambodge, de l'Indonésie (maquettes d'habitations, marionnettes), de la Thaïlande et du Tibet (bannières peintes).

Belgique ancienne. — *Jeudi. Aile des Nerviens, accès par les Industries d'art.*

Objets exhumés du paléolithique à l'époque carolingienne, reconstitutions (tombes, four de potier, hypocauste).

(D'après photo A.C.L.)

Retable de saint Georges

Musée de Sciences Naturelles (Institut Royal) (**CT M**[8]). — *Visite : 9 h 30 - 12 h 30 et 14 h - 17 h (16 h oct. - fév.) ; fermé vend., 1ᵉʳ janv., 11 nov.*

Ce musée vaut surtout pour sa collection de **squelettes d'iguanodons★**. Dans une mine de Bernissart, à l'Ouest du pays, on a découvert en 1878 les ossements bien conservés de 29 de ces reptiles dinosauriens, herbivores de l'époque crétacée dont l'espèce a disparu. Dix squelettes atteignant 10 m de long ont été reconstitués, d'autres sont présentés tels qu'ils ont été trouvés, gisant dans le sable.

Cité Berlaymont (**CT**). — Au rond-point Schuman, des bâtiments en forme de X, achevés en 1967, abritent, avec leurs annexes, 5 000 « européens » ou fonctionnaires de la C.E.E.

Quartiers Sud

Abbaye N.-D.-de la Cambre★ (CU A). — Au Sud des étangs d'Ixelles s'élève cette ancienne abbaye à laquelle ils appartenaient. Elle est occupée de nos jours par l'Institut Supérieur d'Architecture et des Arts Décoratifs et par l'Institut National Géographique.

La belle **cour d'honneur,** avec son logis abbatial flanqué de pavillons d'angle et ses communs sur plan semi-circulaire, forme un ensemble du 18e s. très harmonieux.

L'**église** du 14e s. abrite, dans la nef, un admirable **Christ aux outrages★** d'Albert Bouts, un chemin de croix dû à Anto Carte (1886-1954) et, dans le bras gauche du transept, la châsse (17e s.) de saint Boniface, Bruxellois devenu évêque de Lausanne et mort dans le monastère au 13e s.

Dans la chapelle à droite du chœur, la voûte s'appuie sur des consoles sculptées de personnages et d'animaux symboliques.

Le mur Sud du cloître, restauré, est décoré de peintures modernes.

Bois de la Cambre★ (CU). — C'est une oasis de verdure dont le paysage vallonné enserre un lac propice au canotage.

Université (**Université Libre de Bruxelles**) (CU U). — Une partie de cette Université fondée en 1834 est installée à l'Est du bois. D'autres bâtiments sont en construction, entre le boulevard du Général Jacques et le cimetière d'Ixelles.

Cimetière d'Ixelles. — *Visite : 9 h - 16 h 30.* Dans ce cimetière est enterré le général Boulanger qui, réfugié à Bruxelles après sa tentative de coup d'État, se donna la mort en 1891 sur la tombe de sa maîtresse (avenue 3). Sur la tombe de Charles De Coster, statue de Thyl Ulenspiegel (avenue 1).

Musée Horta (BU M⁹). — *A St-Gilles. Visite : 14 h - 17 h 30; fermé lundi, 1ᵉʳ janv., 1ᵉʳ mai, 21 juil., 1ᵉʳ, 11 et 15 nov., 25 déc.; 20 F.*

Les deux étroites maisons construites entre 1898 et 1900 par l'architecte Victor Horta pour en faire son habitation et son atelier ont été converties en musée. Elles constituent un témoignage de l'Art Nouveau dont le baron Horta a été l'un des pionniers.

Surmonté d'une verrière, l'**escalier★**, où la décoration s'allie ingénieusement à l'architecture, est d'une conception particulièrement élégante.

Musée communal d'Ixelles★ (GZ M¹⁰). — *Visite : 13 h - 19 h 30; sam., dim. 10 h - 17 h; fermé lundi.*

Il contient une excellente collection de peintures et de sculptures des 19e et 20e s. où de célèbres artistes belges et français sont représentés. On y voit également un dessin de Dürer (la Cigogne) et des affiches originales de Toulouse-Lautrec (le musée en possède 29).

De nouvelles salles sont consacrées à des expositions temporaires variées.

La **maison communale d'Ixelles** (GZ H²) était la résidence d'été de la Malibran : la célèbre cantatrice avait épousé en 1836 le violoniste belge Bériot et mourut la même année d'une chute de cheval.

Musée David et Alice van Buuren★ (BU M¹⁵). — *A Uccle, av. Léo Errera, 41. Visite accompagnée : lundi 14 h et 15 h; fermé déc., janv.; 50 F.*

La maison de David van Buuren construite en 1928 constitue un cadre privilégié pour exposer une partie de la collection rassemblée par cet amateur d'art : parmi les peintures, une version de la **Chute d'Icare** par Brueghel l'Ancien, des paysages d'Hercule Seghers, de Patinir, des natures mortes de Fantin-Latour, plusieurs Permeke, une importante série de tableaux de **Van de Woestyne;** en outre, des sculptures de Georges Minne, de la céramique de Delft.

Le jardin ne manque pas de charme, avec son Jardin du cœur, son Labyrinthe dont les étapes évoquent des versets du Cantique des Cantiques.

Anderlecht

Maison d'Érasme★ (AT B). — *Visite : 10 h - 12 h et 14 h - 17 h; fermé mardi, vend. et 1ᵉʳ janv.; 20 F.*

Construite en 1468 et agrandie en 1515, « le Cygne » était l'une des maisons du chapitre d'Anderlecht où logeaient les membres de la communauté et leurs hôtes illustres. En 1521, le plus célèbre lui donna son nom : Érasme (1469-1536).

Derrière les murs de briques d'un enclos ombragé, cinq pièces au mobilier gothique et Renaissance, où pénètre une lumière tamisée, évoquent l'ombre du « prince des humanistes ».

En parcourant le rez-de-chaussée, on découvre la chambre de rhétorique, la salle du chapitre abritant des peintures de maîtres dont la superbe Épiphanie de Jérôme Bosch, le **cabinet de travail d'Érasme,** avec sa simple écritoire, les portraits du philosophe par Quentin Metsys, Dürer et Holbein (copie).

Au pied de l'escalier, statue du 16e s. représentant Érasme en pèlerin.

A l'étage, la **salle blanche,** ancien dortoir, abrite de précieuses éditions originales dont la première édition de l'Éloge de la Folie (1511) *(vitrine au centre),* des Colloques, des Adages, ses commentaires savants sur les Anciens, une vitrine contenant des ouvrages censurés, des recueils de lettres de l'auteur.

La bibliothèque renferme des éditions illustrées de l'Éloge de la Folie, des portraits gravés d'Érasme et de ses contemporains.

Collégiale des Sts-Pierre et Guidon (AT D). — *Visite : 8 h 30 - 12 h et 14 h - 19 h sauf dim. matin et pendant les offices.*

Ce bel édifice gothique flamboyant date des 14e et 15e s., sa flèche du 19e s.

A l'intérieur, on verra, dans une chapelle à droite, des vestiges de fresques (vers 1400) illustrant la vie de saint Guidon, laboureur mort en 1012 et très vénéré comme patron des paysans et protecteur des chevaux.

La crypte (fin du 11e s.) renferme la pierre tumulaire de saint Guidon. *Visite : 14 h - 19 h; s'adresser au sacristain.*

Vieux Béguinage (AT Y). — Fondé en 1252 et reconstruit en 1634, il a été restauré.

Laeken

Collégiale N.-D.-de-Laeken (BS K). — *Visite sur demande écrite à M. le Doyen, 6 rue des Artistes, 1020 Bruxelles.*

Construite par Poelaert dans le style néo-gothique, elle abrite les tombeaux de la famille royale (crypte) et une Vierge du 13e s., très vénérée.

Dans le cimetière, on voit le chœur gothique de l'ancienne église.

Château royal de Laeken (BS). — Situé dans la partie orientale *(non accessible au public)* du parc de Laeken, c'est la résidence habituelle des souverains de Belgique. Au-delà des grilles d'entrée on aperçoit sa façade réédifiée en 1902 par l'architecte Girault. En face se dresse, dans le parc public, le **monument** érigé à la mémoire de Léopold Ier.

Non loin de ce monument royal se dissimule le **pavillon du Belvédère,** résidence du prince Albert de Liège et de la princesse Paola.

Plus au Nord du domaine royal se trouvent les **Serres royales** *(visibles quelques jours en avril et mai)* et la **tour japonaise** *(on ne visite pas),* imitation d'un temple bouddhiste provenant de l'exposition universelle de Paris en 1900.

Pavillon chinois (BS L). — *Visite : 9 h 30 - 12 h 25 et 13 h 30 - 16 h 50; fermé lundi, 1er janv., 1er mai, 1er et 11 nov., 25 déc.; 5 F.*

Face à la tour japonaise, ce gracieux édifice, autre rescapé de l'exposition universelle de 1900, renferme de belles collections de porcelaines et d'objets d'art de Chine et du Japon des 17e et 18e s. *(exposées par roulement).*

La **fontaine** voisine est la reproduction de la célèbre fontaine de Neptune à Bologne par Jean Bologne.

Atomium (BS). — *Visite : 9 h 30 - 18 h; 70 F.*

Témoin de l'exposition universelle de 1958, l'Atomium domine de ses 102 m le plateau du Heysel. Symbole de l'âge atomique, il représente une molécule de cristal de fer agrandie 200 milliards de fois. Sa structure, en acier revêtu d'aluminium, est composée de 9 sphères de 18 m de diamètre, reliées entre elles par des tubes de 29 m de long et 3 m de diamètre dans lesquels on peut circuler.

On aperçoit au Nord les **palais du Centenaire,** dans le parc des Expositions, aménagé pour la foire internationale de 1935.

■ AUTRES CURIOSITÉS de la périphérie - *Plan p. 70-71*

Musée royal de l'Armée et d'Histoire militaire (CT M12). — *En cours de réaménagement. Visite : 9 h - 12 h et 13 h - 16 h 45 (16 h de début déc. à mi-mars); fermé lundi, 1er janv., 1er mai, 1er nov., 25 déc.*

Installé dans l'un des palais du Cinquantenaire *(p. 75),* ce musée évoque, par une riche collection d'uniformes, de décorations, d'armes, d'illustrations, l'histoire militaire du pays de 1715 à nos jours. Dans la section Air et Espace : avions de la guerre 1914-1918 et surtout de la Deuxième Guerre mondiale (Spitfire », Messerschmitt, Hunter, etc.).

Anderlecht. — Le **musée de la Gueuze** (BT M16) permet de découvrir la fabrication de cette boisson traditionnelle bruxelloise. *Rue Gheude, 56. Visite : de mi-oct. à fin avril sam. (sauf j. fériés) 10 h - 17 h; 60 F.*

Auderghem. — Au carrefour de la chaussée de Wavre et du boulevard du Souverain, formant une section de la « grande ceinture », l'**hôtel communal d'Auderghem** (DU H3), complexe aux lignes élégantes, inauguré en 1970, abrite un centre culturel.

A l'Est, près des pittoresques **étangs de Rouge Cloître** (DU) subsiste l'ancien prieuré (occupé par un restaurant) où le peintre Hugo Van der Goes *(p. 59)* séjourna jusqu'à sa mort en 1482. Dans les dépendances de l'abbaye, expositions de peinture.

Non loin, dans les bois au Sud de la chaussée de Wavre, s'élèvent les vestiges du **château des Trois Fontaines** (14e s.) (DU).

Au Nord, un vaste parc entoure le **château de Val Duchesse** (DU N), où fut élaboré le traité de Rome, et la chapelle Ste-Anne, du 12e s.

Forest. — Au pied de la colline (qui atteint l'altitude de 100 m) et non loin du fameux palais des sports *(p. 66)* se trouve l'**église St-Denis** (AU Q) *(fermée en dehors des offices; s'adresser à M. le Curé, rue des Abbesses, 15, ☎ 344.87.19),* charmant édifice gothique qui abrite le tombeau de sainte Alène (12e s.). De l'importante abbaye fondée en 1102, il ne reste que le portail d'entrée.

Ixelles. — Le **musée Constantin Meunier** (BU M13) *(rue de l'Abbaye, 59; visite : 9 h - 12 h et 14 h - 17 h, dim. et jours fériés 9 h 30 - 12 h 30 seulement; fermé mardi, jeudi; 3 F)* est installé dans la demeure et l'ancien atelier de cet artiste (1831-1905) qui, tour à tour sculpteur et peintre, se consacra à dépeindre le monde du travail.

Jette. — La **demeure abbatiale de Dieleghem,** seul vestige de cette abbaye fondée au 11e s., abrite, dans de belles salles de style Louis XVI, le **musée national de la Figurine historique** (ABS M17) *(visite : mardi, merc., jeudi 14 h - 17 h; fermé juil.)* : dans des vitrines, une riche collection de figurines illustrent des scènes historiques, le plus souvent militaires, de l'antiquité à nos jours.

Koekelberg. — La **basilique nationale du Sacré-Cœur** (AT), commencée en 1905, fut consacrée en 1951 mais terminée seulement en 1970. Le dôme de cet immense édifice en briques, béton et pierre s'élève à 81 m au-dessus du sommet de la colline de Koekelberg. Contre l'abside se dresse un grand Christ en croix de George Minne.

A l'intérieur, les murs revêtus de brique claire, circonscrivent un très vaste espace; le transept atteint 108 m de longueur. On remarque surtout le **Ciborium,** au-dessus du maître-autel : il est surmonté d'un calvaire et de quatre anges en bronze, agenouillés, exécutés par Harry Elström. De nombreux **vitraux** diffusent une lumière colorée; ceux de la nef ont été réalisés d'après des cartons d'Anto Carte.

On peut monter *(de fin avril à mi-oct. dim. et j. fériés 14 h - 17 h 45 ou 16 h 45 en oct., en outre de début juin à mi-sept. 11 h - 13 h mêmes jours; 20 F)* à la galerie-promenoir et au sommet du dôme : **vue** panoramique sur Bruxelles.

Uccle. — Près du **parc de Wolvendael** (BU) où se voit la statue de Tintin, héros de Hergé, **le Cornet** (BU R) est une charmante auberge de 1570 où serait passé Ulenspiegel *(p. 83).*

Plus au Nord, l'**église orthodoxe russe** (BU S), coquet édifice blanc entouré de bouleaux, reproduit la silhouette d'une église de Novgorod.

Watermael-Boitsfort. — Les cités-jardins « Le Logis » et « Floréal » *(près du square des Archiducs)* (CU) offrent fin avril-début mai le magnifique spectacle rose de leurs cerisiers du Japon en fleurs. L'**église St-Clément** (CU X) avec sa nef et sa tour romane du 12ᵉ s. conserve un cachet campagnard.

Woluwe-St-Lambert. — La charmante **chapelle de Marie la Misérable** (DT) fut érigée en 1360 en l'honneur d'une jeune fille pieuse qui, ayant refusé les avances d'un jeune homme, fut accusée par celui-ci de vol et enterrée vivante. A l'endroit de sa mort se produisirent des miracles.

Non loin, au Nord, se dresse encore, dans un petit bois, un vieux **moulin à vent** à pivot (DT V) *(accès par l'avenue de la Chapelle-aux-Champs).*

Au Sud, dans un vaste parc, le **château Malou** (DT), du 18ᵉ s., transformé en centre culturel, domine un étang.

Plus au Sud, à **Woluwe-St-Pierre,** le joli site des **étangs Mellaert** (DU) est très fréquenté l'été (canotage).

EXCURSIONS — *schéma ci-dessous*

Tervuren★; forêt de Soignes★★; Rixensart. — *36 km au Sud-Est. Sortir par ⑥ du plan.*

Tervuren★. — 18 121 h. Au Nord-Est de la forêt de Soignes *(ci-dessous),* le **parc★** (park) de Tervuren aux pelouses soignées, où s'égrènent de beaux étangs, était à l'origine un rendez-vous de chasse apprécié. Des châteaux et jardins successifs firent sa gloire du 13ᵉ au 19ᵉ s. *Accès principal du parc en voiture par la place de l'église.*

Musée royal de l'Afrique Centrale★ (Koninklijk Museum voor Midden-Afrika). — *Entrée route de Louvain (Leuven). Visite : 9 h - 17 h 30 (10 h - 16 h 30 de mi-oct. à mi-mars).*

A la lisière du parc, ce musée fut construit au début du siècle par le roi Léopold II sur les plans de l'architecte Girault. Il présente un vaste panorama sur l'Afrique, en particulier sur l'ancien Congo belge, devenu Zaïre, et sur l'Amérique et l'Océanie.

Aile droite. — Elle est surtout consacrée à la zoologie, avec de nombreux dioramas (remarquer les groupes d'okapis et de gorilles des montagnes). Dans la section de géologie, la petite salle de **minéralogie★** rayonne d'un éclat particulier : chaque pierre ressemble à un joyau; ne pas manquer d'observer les roches fluorescentes.

Aile gauche. — Deux salles sont consacrées à la production (agriculture, exploitation du bois), deux autres à l'histoire coloniale de l'Afrique.

Mais ce sont les **salles d'art★** (Afrique centrale, surtout le Zaïre, et Afrique occidentale) qui retiennent l'attention : elles font apparaître une variété de sculptures étonnantes en bois, en ivoire, en pierre, en métal. Remarquer également la belle collection de parures.

Grande galerie. — D'un côté de la rotonde est évoquée la vie en Afrique centrale : on y met en relief les points communs existant entre les différentes cultures. De l'autre sont décrites les traditions propres à chaque région du Zaïre.

Prendre la route de Jezus-Eik. A la croisée de plusieurs chemins, on trouve à gauche l'entrée de l'Arboretum.

Arboretum★. — *Visite : du lever au coucher du soleil. Promenades limitées aux sentiers et pelouses.*

L'Arboretum géographique de Tervuren, créé en 1902, occupe le bois des Capucins; il rassemble des espèces forestières de climat tempéré : chênes, ormes, frênes, bouleaux et conifères s'y mêlent à des essences exotiques. On remarque de nombreux araucarias, au feuillage vert foncé et aux branches recourbées.

Jezus-Eik. — Charmante localité, nommée en français **N.-D.-au-Bois,** où convergent les promeneurs du dimanche. On vient s'y restaurer, boire de la bière, déguster une de

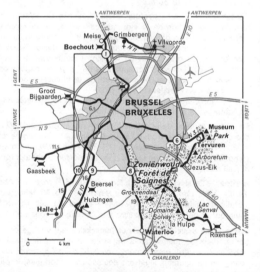

ces fameuses tartines au fromage blanc, aux oignons et aux radis, spécialité de la région de Bruxelles.

Prendre une petite route menant à Groenendael et passer au-dessus de l'autoroute.

Forêt de Soignes★★ (Zoniënwoud) (DU). — Cette superbe forêt témoigne, sur 4 300 ha, de l'ancienne **forêt charbonnière,** cette partie Ouest de la forêt ardennaise, située entre la Sambre et l'Escaut, où l'on fabriquait, du temps des Romains, du charbon de bois, d'où son nom. De magnifiques hêtres se pressent sur le territoire vallonné de cet ancien rendez-vous de chasse. Maints vestiges de domaines abbatiaux occupent le creux des vallons : ainsi **Groenendael** (Groenendaal), beau **site★** romantique jalonné d'étangs qui fut célèbre, du 14ᵉ au 18ᵉ s. pour son abbaye. Là vécut au 13ᵉ s. le grand mystique **Jan van Ruusbroec,** surnommé l'Admirable. En dehors des grandes voies de circulation, de nombreux sentiers et allées cavalières, quelques pistes cyclables, permettent des promenades agréables.

La Hulpe. — 6 981 h. Parmi les collines se disséminent résidences et châteaux. Le **domaine Solvay**, propriété de 220 ha, qui appartenait à la famille de l'industriel Solvay *(p. 20)* a été légué à l'État. Le **parc**★ magnifique *(visite : d'avril à sept. 8 h - 20 h ; le reste de l'année 9 h - 16 h et 9 h - 17 h merc., sam., dim.)* parsemé d'étangs, est dominé par un château de 1840 transformé en centre culturel *(on ne visite pas)*.

Lac de Genval. — C'est l'un des grands rendez-vous de week-end des Bruxellois : vaste, il permet la pratique de nombreux sports nautiques; boisés, ses abords autorisent de belles promenades.

Château de Rixensart. — Imposant quadrilatère de briques flanqué de tourelles d'angle, de style Renaissance, il date du 17ᵉ s. *Visite accompagnée : de Pâques à début nov., sam. dim. et j. fériés 14 h - 18 h ; 70 F.*

Le domaine appartient depuis plus d'un siècle à la famille de Merode dont l'un des membres, Félix de Merode, fit partie du gouvernement provisoire en 1830. L'une des filles de ce dernier épousa le célèbre écrivain catholique français Montalembert.

L'intérieur renferme en particulier de belles tapisseries (Beauvais, Gobelins), des peintures françaises (Valentin, Nattier) et une collection d'armes rapportées de la campagne d'Égypte par le mathématicien français Monge.

Waterloo★. — *19 km au Sud. Sortir par ⑧ du plan. Description p. 168.*

Beersel; Huizigen. — *16 km au Sud. Sortir par ⑨ du plan.*

Le bourg de **Beersel** (20 611 h.) possède un joli **château fort**★, en briques, construit entre 1300 et 1310. *Visite : de début mars à mi-nov. 10 h - 12 h et 14 h - 18 h ; le reste de l'année sam., dim. et j. fériés seulement ; 30F. Suivre le circuit fléché.*

Une restauration à partir de gravures qui le représentent à la fin du 17ᵉ s., lui a rendu son éclat d'antan.

Avec sa couronne de douves où se reflètent les chemins de ronde à mâchicoulis, ses trois tours à échauguettes et pignons à redans, il a une allure romantique.

(D'après photo A.R.D.H. de Belgique)

Château de Beersel

Dans une salle du rez-de-chaussée de la plus haute tour (surmontée d'une loge de guetteur), ont été reconstitués des instruments de torture.

Huizingen propose son **domaine récréatif provincial** : 90 ha bien entretenus, boisés, fleuris, parsemés d'étangs, jalonnés de circuits de promenades et équipés de multiples installations sportives, oasis de verdure au sein d'une région industrielle *(parking : 20 F)*.

Halle★ (Hal). — *15 km au Sud-Ouest. Sortir par ⑩ du plan. Description p. 99.*

Gaasbeek. — *12 km au Sud-Ouest.* En bordure du parc vallonné du **domaine de Gaasbeek**★, le château, très restauré à la fin du 19ᵉ s., abrite un riche musée. L'ensemble a été légué à l'État par sa propriétaire en 1921. Le château appartint au célèbre comte d'Egmont qui y passa les trois dernières années de sa vie. *Visite : avril-oct. 10 h -17 h ; fermé lundi, vend.*

Un circuit fléché permet d'admirer un beau mobilier, une multitude d'objets anciens et de magnifiques **tapisseries**★. Remarquer celles de la Chambre des Tapisseries gothiques (Tournai, 15ᵉ s., et Bruxelles, 16ᵉ et 17ᵉ s.), et les trois épisodes de l'histoire de Tobie (escalier d'honneur). La chambre des archives conserve le testament de Rubens.

De la terrasse, la jolie **vue** sur la campagne évoque les œuvres de Brueghel l'Ancien qui vint peindre dans cette région du Payottenland, en particulier à St.-Anna-Pede : on reconnaît l'église de cette localité sur certains de ses tableaux.

Meise; Grimbergen; Vilvoorde (Vilvorde). — *15 km au Nord, par ① du plan, A 12, puis quitter l'autoroute et la longer à l'Ouest.*

A l'entrée Sud de **Meise** (14 510 h.) s'étend le **domaine de Bouchout**★ (domein van Boechout) *(visite : de 9 h au coucher du soleil)*. Un magnifique parc entoure le château (12ᵉ et 17ᵉ s.) où mourut l'impératrice Charlotte, sœur du roi Léopold II et veuve de Maximilien, empereur du Mexique. Mirant ses tours crénelées dans les eaux paisibles des anciennes douves, il forme un joli **tableau**★.

Le parc est occupé par le nouveau **Jardin Botanique National** (Nationale Plantentuin), dont on admire surtout le **Palais des Plantes**★★. *Visite : lundi-jeudi 14 h - 16 h et en outre dim. et j. fériés 14 h - 18 h de Pâques au dernier dim. d'oct. ; 30 F.* Dans ces pavillons bien entretenus, un circuit fléché parcourt un univers de plantes tropicales et sub-tropicales. Le classement par secteurs géographiques ne nuit nullement à la beauté d'une végétation luxuriante.

Grimbergen. — 31 781 h. L'**église abbatiale** des Prémontrés *(p. 53)*, est un des plus intéressants ensembles d'architecture et de décoration baroques de Belgique (1660-1725). Restée inachevée, elle présente un chœur très allongé que prolonge une tour carrée.

L'intérieur tient sa majesté de la hauteur des voûtes et de la coupole. Il conserve un riche mobilier, notamment les quatre **confessionnaux**★ où alternent allégories et personnages de l'Ancien ou du Nouveau Testament, par le sculpteur anversois Henri-François Verbruggen. Les stalles, du 17ᵉ s., sont intéressantes. L'église renferme en outre 15 tableaux d'anciens maîtres flamands (17ᵉ-18ᵉ s.).

La grande sacristie (1763), à gauche du chœur, est décorée de lambris remarquables; au plafond, la fresque et les grisailles sont consacrées à saint Norbert, fondateur de l'Ordre. Dans la petite sacristie, beaux tableaux du 17ᵉ s.

Vilvoorde (Vilvorde). — 33 644 h. L'église **Notre-Dame** (O.-L.-Vrouwkerk), gothique *(visite sauf pendant les offices : 7 h - 18 h, dim. 14 h - 17 h)*, renferme de magnifiques **stalles★** baroques (1663), en bois sculpté, provenant de l'abbaye de Groenendael *(p. 78)*. Chaire d'Artus Quellin le Jeune (17ᵉ s.).

Zaventem. — 25 141 h. *10 km à l'Est par la chaussée de Louvain et ensuite à gauche.*

Dans l'**église St-Martin** (St.-Maartenskerk) (DS) se trouve un intéressant tableau de **Van Dyck** : Saint Martin partageant son manteau.

CHARLEROI Hainaut ────────────────────────

Cartes Michelin nᵒˢ **409** - pli 13 et **4** - pli 3 — 221 911 h. (agglomération). *Plan dans le guide Michelin Benelux.*

Grand nœud routier et ferroviaire, Charleroi est, à proximité du bassin houiller, une des métropoles de l'économie belge. Ses rues animées, ses boutiques, sa gaîté même font de la capitale du Pays Noir une cité attrayante.

Deux quartiers principaux se dessinent au sein de cette agglomération tentaculaire : la **ville haute**, groupée autour de son moderne beffroi; au Sud, dans une ancienne île de la Sambre dont un bras a été comblé, la **ville basse**, à vocation commerciale.

Passé militaire. — En 1666, le roi d'Espagne Charles II, inquiet des prétentions de Louis XIV, fait transformer en forteresse le village de Charnoy qui, en hommage, prend le nom de Charleroy. Dès juin 1667, Louis XIV s'empare de la place forte. Vauban renforce les remparts de la ville haute, puis on édifie la ville basse pour entretenir l'activité économique. La présence de la houille dans la région va attirer les industries (verreries).

Jusqu'en 1868, date de la transformation des remparts en boulevards, Charleroi est l'enjeu de durs combats. Prise par Jourdan en 1794, elle sert de base aux armées de la République puis aux troupes napoléoniennes.

En août 1914, a lieu la bataille de Charleroi (21-23 août) au cours de laquelle les troupes françaises échouent dans leur courageuse tentative d'interdire à l'ennemi la traversée de la Sambre le 21 : Charleroi est prise. Cependant, l'avance allemande est contenue un instant puis, devant la menace d'encerclement, l'armée française doit battre en retraite dans la soirée du 23, juste avant l'arrivée des renforts allemands le 24.

L'industrie. — C'est la houille qui a attiré l'industrie : d'abord la verrerie (1ʳᵉ usine en 1577), puis la métallurgie (fonderies, tréfileries et laminoirs) qui s'est particulièrement bien développée dès le début du 19ᵉ s. La construction électrique, l'industrie aéronautique, l'industrie chimique, sont également représentées ainsi que la fabrication de la céramique. Le canal de Charleroi (1832) unit la Sambre à l'Escaut via Bruxelles; des travaux l'ont rendu accessible aux péniches de 1 350 t. Deux Universités du Travail forment ouvriers qualifiés, techniciens et ingénieurs (12 000 élèves).

Des bâtiments modernes s'élèvent sur la place du Manège : un palais des Expositions construit en 1954 où toutes les branches de l'industrie et de la technique moderne sont présentées et, contigu, un palais des Beaux Arts (spectacles, concerts, etc.).

Pour faciliter la circulation, Charleroi s'est entourée depuis 1974 d'une Petite ceinture, large boulevard périphérique de 5 km, en sens unique, qui évite la traversée du centre.

Les « marches » d'Entre-Sambre-et-Meuse. — Particulièrement imprégnés de souvenirs guerriers, les villes et villages de la région qui s'étend du Sud de Charleroi, entre la Sambre et la Meuse, sont célèbres dans le calendrier folklorique belge pour leurs marches militaires qui remontent au 17ᵉ s.

Vestiges probables de l'époque troublée des réformes où les processions religieuses étaient encadrées par des milices rurales en armes, ces manifestations aux dehors très martiaux honorent un saint local. Le jour de sa fête, c'est une véritable petite armée qui défile dans les rues, escortant parfois la statue du saint. En tête vont les « sapeurs », puis les tambours, les fifres et la fanfare, ensuite les soldats armés d'un fusil et tirant des salves; parmi eux, des cavaliers et même des cantinières. Depuis le passage de Napoléon, l'uniforme du Premier Empire connaît un grand succès.

Une quarantaine de localités organisent des marches militaires *(p. 12)*.

A **Ham-sur-Heure** défilent plus de 700 marcheurs parmi lesquels figurent des « volontaires montois de la révolution brabançonne de 1789 » *(p. 163)*. La plus longue marche est celle de **Gerpinnes** : 35 km. Celle de **Fosses-la-Ville**, aussi splendide que rare, a lieu tous les sept ans *(p. 136)*.

En dehors de l'Entre-Sambre-et-Meuse, il faut signaler la marche de la Madeleine à **Jumet** *(4 km au Nord de Charleroi)*. Remontant à l'an 1380, c'est la plus ancienne de toute la Wallonie. Elle est remarquable par la variété de ses costumes.

■ LA VILLE HAUTE *visite : 1 h*

Beffroi. — Il est accolé à l'hôtel de ville construit en 1930-1936 sur la place Charles II aux rues en étoile. L'hôtel de ville abrite le **musée des Beaux-Arts** : œuvres de Paulus, Wathelet, et du Carolorégien François-Joseph Navez (1787-1869), élève de David *(p. 66)*. Visite : 10 h - 18 h *(fermé à 15 h sam. et 13 h dim.)*; fermé lundi et j. fériés.

Musée du Verre★. — *10, bd Defontaine, près du palais de Justice. Visite : 10 h - 18 h (sam. 10 h - 15 h, dim. 10 h - 13 h); fermé lundi, 1ᵉʳ janv., dim. et lundi de Pâques et de Pentecôte, 21 juil., 15 août, 1ᵉʳ et 15 nov., 25 déc.*

Dans l'édifice de l'Institut National du Verre, reconnaissable à ses baies vitrées de teinte rousse, ce musée, d'une présentation remarquable, expose d'une manière vivante *(commentaire enregistré de 40 mn en plusieurs langues)* la technique et l'art du verre, des origines à nos jours.

Au sous-sol, exposition permanente et produits verriers belges contemporains.

Musée archéologique de Charleroi. — Au sous-sol du musée du Verre, une salle évoque le passé romain et mérovingien de la région et l'artisanat de la poterie et notamment du grès, dans le bassin de la Sambre.

EXCURSION

Vallée de la Sambre. — *26 km. Sortir de Charleroi par ⑤ du plan. A 5 km du centre, tourner vers Montignies-le-Tilleul et gagner Landelies en traversant la N 21 puis la Sambre.*

Verdoyante et encaissée, la vallée de la Sambre en amont de Landelies est fort appréciée des pêcheurs et des plaisanciers.

Abbaye d'Aulne★. — *Page 53.*

Poursuivre la route pour atteindre Gozée. En s'élevant au-dessus de l'abbaye, on a une belle vue d'ensemble des ruines.

Gozée. — Au passage, voir la **pierre de Zeupire** *(à gauche en allant vers Beaumont, près d'un grand café).* C'est un mégalithe en grès rose, pesant 20 t, qui serait le seul vestige d'un ancien cromlech.

Revenir sur ses pas et prendre la N 6.

Thuin. — *Page 155.*

Lobbes. — 4 976 h. Sa célèbre abbaye fondée comme celle d'Aulne, au 7ᵉ s., par saint Landelin, s'élevait près de la Sambre et fut détruite en 1794.

Au sommet de la colline, la **collégiale St-Ursmer** est l'ancienne église funéraire des moines. Remontant à l'époque carolingienne, elle a été agrandie au 11ᵉ s. : le chœur et la crypte sont romans, ainsi que le porche et la tour Ouest, qui se rattachent à l'école mosane. Au 19ᵉ s. a été édifiée la tour de croisée. Dans la crypte dont les piliers ont été refaits au 16ᵉ s., tombeaux de saint Ursmer et saint Erme.

CHIMAY ★

Cartes Michelin nᵒˢ 409 - pli 23 et 4 - pli 13 — 9 323 h.

Au fond de la « botte du Hainaut », à la lisière Sud de la vaste forêt de Rance, la petite ville de Chimay est connue pour son château dont on a une jolie vue depuis le pont sur l'Eau Blanche et pour son festival annuel *(p. 12).* Elle conserve le souvenir de **Froissart,** auteur, au 14ᵉ s., de célèbres Chroniques, et de Mme Tallien.

La princesse de Chimay. - Mme Tallien, née Thérésa Cabarrus, l'une des plus jolies femmes de son temps, épousa en troisièmes noces (1805) François-Joseph de Caraman, prince de Chimay, et termina dignement en son château une existence agitée (1773-1835).

Sauvée de l'échafaud à Bordeaux par le proconsul Tallien, elle avait été réincarcérée à Paris. De sa prison, elle inspira à Tallien, qui devint peu après son mari, le courage nécessaire pour renverser Robespierre d'où son surnom de Notre-Dame-de-Thermidor.

Château. — *Visite accompagnée : de Pâques à fin oct. 10 h - 12 h et 13 h 30 - 18 h 30; fermé sam. dim. et j. fériés; 50 F.*

Il appartint à la famille de Croy puis, en 1804, à un Riquet de Caraman, descendant du Riquet constructeur du Canal du Midi (17ᵉ s.) et parent du fameux Mirabeau. Incendié en 1935, il a été reconstruit sur des plans anciens dans le style de la Renaissance finissante. Sa façade en calcaire gris bleuté se dissimule au fond d'une vaste esplanade.

A l'intérieur, dans un salon dont la terrasse domine de 16 m la vallée de l'Eau Blanche, deux portraits font revivre l'ombre de Mme Tallien, l'un par Gérard, l'autre exécuté alors qu'elle était emprisonnée, par La Neuville. Son fils aîné, Joseph, fit bâtir en 1838 le charmant théâtre rococo chargé de stucs dorés, réplique de celui de Fontainebleau. Là chanta la Malibran. Chaque année, lors du festival, on y donne des récitals de musique.

La chapelle aux jolies voûtes surbaissées contient des bannières de Louis XI provenant du château de Carrouges en Normandie (Louis XI s'empara du château de Chimay en 1447) et une Madeleine d'Otto Venius (16ᵉ s.), le maître de Rubens.

Dans un petit salon : robe de baptême du roi de Rome et souvenirs de Napoléon.

Collégiale des Sts-Pierre-et-Paul. — *Visite : 8 h - 19 h (17 h nov.-mars).*

Cette église construite en brique, au 16ᵉ s., a conservé un beau chœur, en pierre, du 13ᵉ s. Dans celui-ci se trouvent le remarquable gisant de Charles de Croy, chambellan et parrain de Charles Quint (mort en 1552), quatre plaques funéraires à la mémoire de membres illustres de la famille de Chimay, d'intéressantes stalles du 17ᵉ s. et une croix triomphale (vers 1550). Remarquer, dans la première chapelle à droite en entrant dans l'église, l'épitaphe en latin du chroniqueur Froissart qui fut chanoine à Chimay et y mourut en 1410.

Sur la place, on remarque le monument où figurent des membres de la famille de Chimay dont Mme Tallien et son mari, vêtu d'une cape.

EXCURSIONS

Étang de Virelles★. — *3 km au Nord-Est. Accès : de Pâques à fin sept. 9 h - 18 h; 35 F.*

Entouré de bois, cet étang, très fréquenté, est l'un des plus vastes de Belgique : il couvre plus de 100 ha *(natation, pêche; location de pédalos, canots, bateaux à voile ou à moteur; attractions pour enfants; régates).*

Abbaye N.-D.-de-Scourmont. — *10 km au Sud par Bourlers.*

Fondée en 1850, elle est occupée par des trappistes. Ses sobres bâtiments s'ordonnent autour d'une cour centrale où se dresse la façade dépouillée de l'église (1949).

Les Pères fabriquent du fromage et de la bière connue sous le nom de Trappiste de Chimay.

*Pour circuler en ville, utilisez les plans du **guide Rouge Michelin Benelux***

— *axes de pénétration ou de contournement*

— *carrefours aménagés, rues nouvelles*

— *parcs de stationnement, sens interdits...*

Une abondante documentation, mise à jour chaque année.

Cartes Michelin n°s **409** - pli 16 et **4** - pli 8 — 8,5 km à l'Ouest de Stavelot — *Schéma p. 39.*

Dans un cadre montagneux (pistes de ski à Wanne et à Brume), cette station de villégiature animée s'enorgueillit d'une magnifique **cascade★** par laquelle se précipitent avec un bruit de tonnerre les eaux bouillonnantes et écumantes de l'Amblève. Au 18ᵉ s., l'Amblève traçait ici un long méandre dont les racines se rejoignaient presque sous l'effet de l'érosion. Les moines de Stavelot eurent-ils l'idée de percer le rocher pour compléter le travail de la nature? Une cascade finit par se former, par suite de la dénivellation.

Montagne de Lancre. — Du sommet du télésiège, on découvre un vaste **panorama★** sur la vallée de l'Amblève et l'ensemble des installations électriques de pompage de Coo-Trois-Ponts dont le méandre ou Tour de Coo, retenu par deux digues, constitue le bassin inférieur. Comme à Vianden *(p. 184),* la nuit, des pompes en remontent l'eau aux réservoirs des bassins supérieurs de Brume, ce qui permet de produire de l'énergie supplémentaire aux heures de pointe.

COURTRAI ★ Voir Kortrijk

LES GUIDES VERTS MICHELIN

Paysages
Monuments
Routes touristiques
Géographie, Économie
Histoire, Art
Itinéraires de visite
Plans de villes et de monuments

Un choix de 31 guides pour vos vacances

COUVIN Namur

Cartes Michelin n°s **409** - pli 23 et **4** - plis 13, 14 — 12 867 h.

Couvin aligne ses toits d'ardoise le long des quais ombragés de l'Eau Noire. Elle est dominée par un rocher calcaire (Falize) où s'élevait le château détruit en 1672 par Louis XIV.

C'est une avenante cité de villégiature située au cœur d'une région riche en promenades balisées et en rivières propices à la pêche. Couvin est réputée pour sa cuisine : poulet à la Couvinoise, escavèche...

Les fonderies sont une très ancienne activité de la région. Aux Fonderies de l'Eau Noire, on peut voir une exposition de plaques de cheminées (ou taques).

Le pays fut évangélisé par des bénédictins venus de l'abbaye St-Germain-des-Prés, de Paris, en 872, aussi la rue principale porte-t-elle le nom du Faubourg St-Germain.

Cavernes de l'Abîme. — *Visite : juin, juil., août 9 h - 12 h et 13 h 30 - 18 h; sam. et dim. seulement le reste de l'année; fermé nov.-avril; 70 F.*

Dans l'une des plus impressionnantes de ces grottes qui furent habitées par l'homme préhistorique et servirent de refuge à l'époque romaine et au Moyen Age, est présenté un spectacle audiovisuel sur la préhistoire en Belgique.

Un petit musée complète cette évocation.

A l'extérieur, du sommet d'un escalier, jolie vue sur Couvin.

EXCURSIONS

Brûly-de-Pesche; Cul-des-Sarts. — *20 km au Sud.*

Près de la frontière s'étend le sauvage **Pays des Rièzes et des Sarts,** région de landes marécageuses et de forêts dont les rièzes, terres peu fertiles, sont en partie vouées à l'élevage, permettant la fabrication d'un beurre et d'un fromage réputés.

Brûly-de-Pesche. — Dans un bois, près d'une source, lieu traditionnel de pèlerinage à saint Méen, se dissimule l'**abri d'Hitler.** *Visite accompagnée : de Pâques à fin sept. 9 h - 12 h et 13 h - 19 h; 30 F.*

Du 6 juin au 4 juillet 1940, Hitler fit de cet endroit son quartier général et y dirigea, en compagnie de son état-major, la campagne de France. En toute hâte il y avait fait construire un petit abri (bunker) en béton.

Cul-des-Sarts. — Le **musée des Rièzes et des Sarts** *(visite : de Pâques à fin sept. 14 h - 18 h; 30 F)* est installé derrière l'église, dans une maison à colombage et toit de chaume dont l'intérieur évoque la vie traditionnelle dans la région.

Nismes; Mariembourg. — *Circuit de 17 km. Prendre la route de Petigny puis tourner à gauche.*

Grottes de Neptune★. — *Visite accompagnée : de fin avril à fin sept. 9 h - 12 h et 13 h 30 - 18 h; en outre sam. et dim. de Pâques et d'oct. 10 h - 12 h et 13 h 30 - 18 h; 120 F.*

Une grande partie de l'Eau Noire disparaît dans l'Adugeoir (gouffre) pour ressortir près de Nismes.

On visite les trois galeries superposées aux belles concrétions, bien mises en valeur. Si la galerie supérieure est abandonnée depuis des siècles par l'Eau Noire, celle du centre est inondée lors des crues. La partie inférieure des grottes, où coule la rivière souterraine, permet d'effectuer une agréable promenade en barque au cours de laquelle on admire une spectaculaire cascade.

Le parcours s'agrémente d'un spectacle son et lumière.

Nismes. — C'est une station estivale fréquentée, près de l'endroit où l'Eau Noire réapparue se mêle à l'Eau Blanche pour former le Viroin. Les environs calcaires recèlent de nombreuses curiosités géologiques. Il faut citer le **Fondry des Chiens** *(accès*

par la rue Orgeveau), le plus imposant de ces gouffres tourmentés, hérissés de mono-
lithes, qui parsèment le plateau situé à l'Est de la ville; belle vue sur la campagne
environnante.

Mariembourg. — 1 817 h. Pour faire face à la place de Maubert-Fontaine, située en territoire français, Marie de Hongrie, gouvernante des Pays-Bas, fit construire en 1542, sur
un plan géométrique (rues en étoiles), une ville qu'elle dota de fortifications (dont il ne
reste rien) et à laquelle elle donna son nom. Réputée imprenable, Mariembourg fut
enlevée dès 1554 par le roi de France Henri II *(p. 55),* obligeant Charles Quint à édifier
une nouvelle place, Philippeville.

Mariembourg est le point de départ d'un **train touristique** ou Chemin de fer des Trois
Vallées qui se rend jusqu'à Treignes en suivant la pittoresque **vallée du Viroin.** *Départs :
de Pâques à fin sept. sam., dim. et j. fériés, en outre mardi et jeudi de début juil. à
mi-août; 5 départs par jour en saison; 150 F AR.*

COXYDE Voir Koksijde

DAMME ★ West-Vlaanderen ──────────────────────
Cartes Michelin n°s **409** - pli 2 et **2** - pli 3 - 7 km au Nord de Bruges - *Schéma p. 122* -
9 866 h.

La jolie petite ville de Damme, un peu mélancolique dans son abandon, était, sur
l'ancien estuaire du Zwin, l'avant-port de Bruges à qui elle dut son développement et avec
qui son histoire se confond. Toutes sortes de marchandises y transitaient; cependant
Damme était spécialisée dans le commerce du vin.

En 1468, on y célèbre avec faste le mariage de Charles le Téméraire et de Marguerite
d'York. Mais, dès la fin du 15e s., l'essor de Damme est affecté par le déclin de Bruges.

Damme est la patrie d'un des plus anciens écrivains flamands, **Jacob van Maerlant**
(1235-1300); là vit le jour également, « quand Mai ouvrait les fleurs aux aubépines », **Thyl
Ulenspiegel,** héros du roman picaresque de Charles de Coster (1867), en lutte perpétuelle
contre la tyrannie de Charles Quint.

■ **CURIOSITÉS** *visite : 1 h 1/2*

Hôtel de ville★ (Stadhuis). — *En cours de restauration.*
Du 15e s., il a été restauré au 19e s.; les halles occupaient jadis le rez-de-chaussée.

Son élégante façade, avec ses échauguettes et son perron, est ornée de jolies statues
supportées par des consoles historiées avec une verve malicieuse ou charmante : de sa
niche, Charles le Téméraire tend à sa fiancée, Marguerite d'York, l'anneau nuptial.

L'intérieur, aménagé en **musée communal** *(visite temporairement suspendue),* conserve de
magnifiques poutres sculptées. L'un des personnages représentés serait l'écrivain Jacob van
Maerlant.

Église Notre-Dame (O. L. Vrouwekerk). — Elle date des 13e et 14e s. Elle a été incendiée en
1578 par les soldats du prince d'Orange. Entre les chevets plats des deux chapelles latérales, l'abside présente de belles baies lancéolées. L'église étant devenue trop spacieuse, la
nef a été démolie en 1725 : les murs de celle-ci conservent les vestiges d'une galerie à
triplets de style tournaisien. La haute **tour★** carrée dépourvue de flèche, qui rappelle celles de
N.-Dame de Bruges et de Lissewege *(p. 170)* est remarquable. Elle domine une charmante
petite place plantée d'arbres, bordée par l'hospice aux grands toits.

A l'intérieur de l'église actuelle on voit huit statues d'apôtres en bois, des 13e et 14e s.
et, sur un retable baroque placé contre le mur Nord, un Christ miraculeux qui est transporté
chaque année à l'occasion de la procession du Saint-Sang à Bruges.

Du sommet de la tour *(☎ 35.59.23; 10 F; montée difficile),* **vue** sur la ville; des tertres
marquent l'emplacement des fortifications de 1616. Si le temps le permet, on aperçoit la
côte.

Hôpital St-Jean (St.-Jans Hospitaal). — *Visite accompagnée : avril-oct. 9 h - 12 h et 14 h -
18 h; fermé j. fériés; 20 F.*
Fondé au 13e s., il a été agrandi et transformé en hospice. On visite la chapelle et le
musée dont les meubles, tableaux, faïences, objets liturgiques, sculptures (statuette de sainte
Marguerite d'Antioche) évoquent le riche passé de l'hôpital et de la ville.

Musée Thyl Ulenspiegel (Tijl Uilenspiegelmuseum). — *Visite : 10 h - 12 h et 14 h - 17 h;
14 h - 18 h seulement sam., dim. et j. fériés; 20 F.*
Près de l'hôtel de ville, dans la pittoresque maison à double pignon nommé De Grote
Sterre (la grande étoile), du 15e s., des livres, dessins, peintures, vitraux évoquent l'illustre
Thyl et son entourage.

Moulin (De Scellemolen). — *Visite : Pâques, Pentecôte et de juin à sept. sam., dim. et j.
fériés 15 h - 17 h 30; 10 F.*
Au bord du canal, ce moulin, restauré, moud de nouveau du grain.

DENDERMONDE ★ **(TERMONDE)** Oost-Vlaanderen ──────────────
Cartes Michelin n°s **409** - pli 3, 4 et **2** - pli 5 — 40 856 h.

Termonde occupe une position stratégique au confluent de la Dendre et de l'Escaut
(Dendermonde : bouche de la Dendre). Louis XIV dut en abandonner le siège en 1667, à
cause de l'inondation provoquée par les habitants : « Ville maudite, s'écria-t-il, que n'ai-je
pour la prendre une armée de canards ! ».

En septembre 1914, peu après la capitulation d'Anvers, Termonde fut très éprouvée.

Chaque année *(p. 12)* se déroulent ici un cortège de géants et un festival de jazz. A
l'occasion d'événements exceptionnels est organisé le cortège du cheval Bayard, chevauché
par les quatre fils Aymon *(p. 129).* La légende raconte que l'illustre cheval fut noyé dans
l'Escaut, à Termonde, sur ordre de Charlemagne.

DENDERMONDE★

■ **CURIOSITÉS** *Visite : 1 h 1/2*

Grand-Place (Grote Markt). — Bien qu'en partie reconstruite, elle conserve un cachet ancien; deux monuments importants s'y remarquent.

Hôtel de ville (Stadhuis). — Cette ancienne halle aux draps a été reconstruite après la Première Guerre mondiale, dans le style Renaissance flamande, de part et d'autre d'un beffroi carré avec tourelles d'angle du 14ᵉ s.

Derrière l'hôtel de ville, jolie vue sur la Dendre où s'agglutinent les péniches.

Musée municipal (Oudheidkundig Museum Vleeshuis). — *Visite : de mai à sept. dim. et j. fériés 10 h - 12 h et 15 h - 18 h; en outre sam. en juil.-août.*

Situé dans l'ancienne halle aux viandes (vleeshuis), de 1460, flanquée d'une tourelle octogonale, ce musée présente, dans un joli cadre médiéval, des collections concernant l'archéologie et l'histoire de la ville.

Église Notre-Dame★★ (O.L. Vrouwekerk). — *Pour visiter,* ☏ *(052) 21.23.30.*

Elle est située sur une place flanquée de marronniers qu'on aperçoit depuis la façade arrière du musée. Cet édifice des 13ᵉ-14ᵉ s., surmonté d'une tour de croisée octogonale, est une alliance de styles gothique, brabançon et scaldien.

L'intérieur contient un bel ensemble d'**œuvres d'art★**. Dans le bas-côté droit, on peut voir : une cuve baptismale romane, en pierre bleue de Tournai dont les faces représentent la Cène, la vision de saint Paul et saint Pierre devant le paradis, et des animaux symboliques; une toile de Van Dyck (Saint François au pied du Christ en croix); une Adoration des Bergers attribuée au peintre Henri Blès (16ᵉ s.). Dans le déambulatoire, remarquer une Pietà de l'école flamande (15ᵉ s.). Une autre œuvre de Van Dyck, l'Adoration des Bergers, se trouve au bas du collatéral gauche.

Le croisillon gauche du transept et le chœur ont conservé des fresques gothiques (Crucifixion).

Béguinage (Begijnhof). — *Accès par la route de Bruxelles (Brusselsestraat) et à droite.*

Autour de la cour intérieure sont groupées de hautes maisons du 17ᵉ s. Au n° 11, petit **musée.** *Visite : 1ᵉʳ sam. du mois 14 h - 17 h.*

DEURLE Oost-Vlaanderen ───────────────────────────

Cartes Michelin Nᵒˢ 409 - pli 3 et 2 - pli 4 — 11 km au Sud-Ouest de Grand — *Schéma p. 98.*

Au bord de la Lys, dans la région chère aux peintres de Laethem-St-Martin *(p. 98),* Deurle dissimule dans la verdure de nombreuses villas fleuries.

Musée Gust De Smet. — *Visite : 10 h - 12 h et 14 h - 18 h; fermé lundi; 10 F.*

La maison où le Gantois Gust De Smet (1877-1943) se retira pour peindre de 1935 à sa mort, est devenue musée. L'intérieur, l'atelier sont restés inchangés et abritent de nombreuses œuvres de cet artiste du deuxième groupe de Laethem.

Musée (Museum) Léon De Smet. — *Visite : 14 h - 18 h et en outre 10 h - 12 h dim. et j. fériés; fermé lundi, mardi, 1ʳᵉ quinzaine de janv. et en juil.*

La maison (reconstruite) où vécut Léon De Smet (1881-1966), frère de Gust, conserve les meubles et objets familiers du peintre qu'il reproduisait sur ses toiles.

Musée (Museum) Mevrouw Jules Dhondt-Dhaenens. — *Visite : 14 h - 17 h (18 h avril-sept.) et en outre 10 h - 12 h sam., dim. et j. fériés; fermé lundi, mardi et de mi-déc. à mi-janv.; 20 F.*

À côté du musée Léon de Smet, ce long bâtiment de briques blanc créé en 1969 offre un bon aperçu de l'expressionnisme flamand, issu de l'art de Laethem, avec des œuvres de grands maîtres comme Permeke (Dame au chapeau vert, Paysage doré), Van den Berghe, Gust De Smet (Crépuscule, Ferme, Baraque de Tir) et du précurseur Albert Servaes, au mysticisme tragique (Bourreau, la Passion, la Sépulture, la Résurrection).

Quelques sculptures et une salle pour expositions complètent cet ensemble.

DIEST ★ Brabant ──────────────────────────────────

Cartes Michelin nᵒˢ 409 - pli 5 et 2 - plis 8, 9 — 20 589 h.

Dans une boucle formée par le Demer, Diest est une cité paisible entourée d'une forte ceinture de remparts, en partie conservée.

Au même titre que Breda aux Pays-Bas, Dillenburg en Allemagne, Orange en France, Diest fut le fief de la **maison d'Orange** dont le représentant le plus célèbre fut Guillaume de Nassau. Plus connu sous le nom de **Guillaume le Taciturne** (1533-1584), il prit la tête de la révolte des Provinces-Unies contre l'Espagne. Héritier de son cousin René de Chalon, prince d'Orange né à Diest, il fut le fondateur de la dynastie d'Orange-Nassau à laquelle appartient encore la reine Beatrix, aux Pays-Bas. Le fils aîné du Taciturne, Philippe-Guillaume, est enterré dans l'église St-Sulpice.

Diest est la ville natale de **saint Jean Berchmans :** mort en 1621 à 22 ans, il est devenu le patron des jeunes (maison natale au 24 de la rue de même nom).

■ **CURIOSITÉS** *visite : 2 h 1/2*

Grand-Place (Grote Markt) (AZ). - Elle est bordée de maisons des 16ᵉ au 18ᵉ s. et de l'hôtel de ville du 18ᵉ s.; au centre se dresse l'église.

Église St-Sulpice (St-Sulpitiuskerk) (AZ A). — *Visite : juil.-août 10 h - 12 h (sauf dim. et j. fériés) et 14 h - 17 h; le reste de l'année* ☏ *(013) 33.20.07.*

C'est un édifice des 14ᵉ-16ᵉ s. de style brabançon dont les campagnes de construction sont marquées par la juxtaposition du grès ferrugineux de la région (chœur, nef) et de la pierre blanche (tour inachevée du 16ᵉ s.). Elle possède un important carillon.

L'intérieur montre un triforium ajouré et contient d'intéressantes **œuvres d'art★**. De belles boiseries du 18ᵉ s. - chaire, orgues - sont à remarquer.

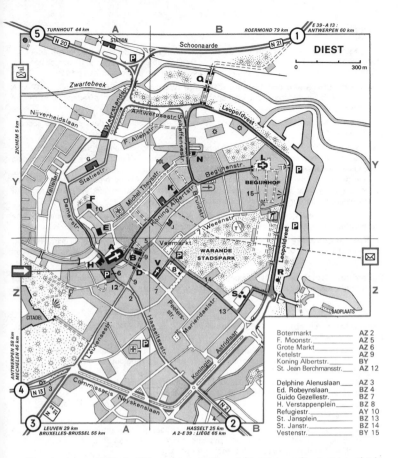

Botermarkt	AZ 2
F. Moonstr.	AZ 5
Grote Markt	AZ 6
Ketelstr.	AZ 9
Koning Albertstr.	BY
St. Jean Berchmansstr.	AZ 12
Delphine Alenuslaan	AZ 3
Ed. Robeynslaan	BZ 4
Guido Gezellestr.	BZ 7
H. Verstappenplein	BZ 8
Refugiestr.	AY 10
St. Jansplein	BZ 13
St. Janstr.	BZ 14
Vestenstr.	BY 15

Dans le chœur, **stalles** du 15ᵉ s. aux amusantes miséricordes représentant les péchés capitaux, des proverbes; tabernacle (17ᵉ s.) dont les niches sont décorées à l'italienne; triptyque du 16ᵉ s., Adoration des Mages; Vierge à l'Enfant (Sedes Sapientiae) du 13ᵉ s.

Derrière le chœur est exposé pendant l'été le trésor de l'église.

Musée communal★ (Stedelijk Museum) (AZ H). – *Visite d'avril à oct. 9 h - 12 h et 14 h - 17 h; dim. et j. fériés 10 h - 12 h et 14 h - 18 h.*

Situé dans les cryptes de l'hôtel de ville *(porte à droite sous le perron),* ce musée est mis en valeur par son cadre moyenâgeux. Sous les voûtes gothiques en grès rouge (14ᵉ s.) sont présentés un **Jugement dernier** du 15ᵉ s., peint sur bois, une Vierge à l'Enfant de 1345, en marbre, provenant du béguinage, des armures des 15ᵉ et 16ᵉ s.

La salle suivante, d'influence romane, aux coupoles de brique soutenues par de courts piliers, est une ancienne brasserie seigneuriale dont subsiste le puits; on remarque le lustre en bois de cerf et orfèvrerie (15ᵉ s.).

La salle des guildes et la chambre des échevins, avec leur mobilier sculpté et leurs statues, les vitrines d'orfèvrerie où sont présentés de beaux **colliers de guildes** des 17ᵉ et 18ᵉ s. complètent cet ensemble.

Halle aux draps (AZ B). – 14ᵉ s. La façade a été reconstruite au 19ᵉ s.; tout près a été déposée la Holle Griet, bombarde du 15ᵉ s. Contourner l'édifice pour voir la façade ancienne.

Au carrefour des rues piétonnes voisines se dressent deux pittoresques **maisons en encorbellement** du 15ᵉ s. (AZ D).

Les refuges. – En faisant quelques pas dans la Demerstraat, on aperçoit à droite près d'un canal le **refuge de l'abbaye de Tongerlo,** ou Het Spijker, datant du 16ᵉ s. (AY E).

Plus loin, se dissimule dans la verdure, celui d'**Averbode** du 15ᵉ s. (AY F).

Se rendre en voiture au béguinage par la Koning Albertstraat. Aux nᵒˢ 72 et 74 (BY K), on admire les pignons de deux anciennes brasseries, sculptées d'outils de brasseurs.

Béguinage★ (Begijnhof) (BY). – Fondé au 13ᵉ s., c'est l'un des plus importants de Belgique. On y pénètre par une belle porte baroque de 1671 dont la niche est garnie d'une Vierge à l'Enfant.

Les maisons, à pignons et niches, datent du 16ᵉ au 18ᵉ s. On peut en visiter une au nᵒ 5, Engelen Conventstraat (rue centrale).

(D'après photo F. Loosen, Diest)

Collier de guilde

DIEST*

L'**église** *(pour visiter, s'adresser au 9, Kerkstraat)* (BY L), de style gothique brabançon, renferme de belles boiseries; chaire de 1671, remarquable par l'élégance de ses sculptures, clôture de chœur de la même époque, finement ouvragée. Intéressantes statues.

Ancien moulin à eau des princes d'Orange (Watermolen van Oranje) (BY N). — 16e s. A l'ombre d'un saule pleureur, sur un canal où se reflète son pignon à redans, il forme un charmant tableau.

Porte de Schaffen (Schaffensepoort) (BY Q). — Elle est percée dans deux enceintes successives du 19e s.

Leopoldvest (BYZ). — Ce boulevard longeant les remparts (vest : rempart) offre une jolie **vue** sur le béguinage : derrière la clôture de briques s'étendent les jardins, au-delà se pressent les maisons à hautes toitures.

On découvre ensuite le **Lindenmolen** (BZ R), moulin en bois de type standard du 18e s., provenant du village voisin d'Assent. Ses abords ont été aménagés en centre récréatif (vaste baignade entourée de sable) : **De Halve Maan.**

Ruines de l'église St-Jean (Ruïnes van de St.-Janskerk) (BZ S). — Au centre d'une place se dressent les vestiges de son chœur gothique, en grès rouge, couvert de lierre.

H. Verstappenplein (BZ). — Sur cette place on voit l'entrée principale du **parc Warande :** situé sur la butte où se trouvait le château, c'est l'ancienne réserve de chasse des princes d'Orange. Leur hôtel (1516), flanqué d'une tourelle, lui fait face.

Église des Croisiers (St.-Barbarakerk) (BZ V). — Cette église baroque contient six somptueux confessionnaux en bois sculpté, du 17e s. L'un d'entre eux forme la base de la chaire.

EXCURSION

Tessenderlo; Averbode*; Scherpenheuvel. — *Circuit de 37 km. Sortir par ① du plan et tourner à gauche.*

Tessenderlo. — 13 556 h. L'**église St-Martin** (St.-Maartenskerk) renferme un beau **jubé***, du début du 16e s., aux trois arcades finement sculptées reposant sur six piliers. Entre les arcs se dressent huit grandes statues des évangélistes et de Pères de l'église. De petits personnages en costumes du Moyen Age animent dans quatre médaillons surmontant les arcs, des scènes de la vie de la Vierge et au-dessus, sous des dais ajourés, des scènes de la vie du Christ. Les fonts baptismaux ont été sculptés au 12e s.

Averbode*. — *Page 53.*

Zichem. — L'église de ce bourg où naquit Ernest Claes *(p. 53)* contient un beau triptyque du 16e s. illustrant la vie de saint Eustache, patron de l'église et, au-dessus du maître-autel, un vitrail de 1397, le plus ancien du pays.

Scherpenheuvel (Montaigu). — 20 584 h. Au sommet d'une butte de 77 m d'altitude, c'est, pour la Belgique, le lieu de pèlerinage national à la Vierge. Le dimanche suivant la Toussaint se déroule, l'après-midi, une procession aux chandelles.

La basilique a été construite par Cœbergher *(p. 51)* entre 1609 et 1627. Au centre d'un plan urbain géométrique, sept avenues convergent en effet vers l'édifice à sept pans, surmonté d'un dôme baroque, qui marque l'introduction de ce style en Belgique; à l'arrière se dresse une haute tour carrée.

A l'intérieur, sont disposées dans les chapelles rayonnantes six toiles de Van Loon, Vie de sainte Anne et de la Vierge, d'un franc coloris.

DIKSMUIDE (DIXMUDE) West-Vlaanderen ——————————

Cartes Michelin nos 409 - pli 1 et 2 - plis 1, 2 — *Schéma p. 122* — 15 488 h.

Port sur l'Yser et ville drapière au Moyen Age, Dixmude fut détruite en 1914 puis bombardée en 1940. Elle a été reconstruite, comme Ypres, dans le style flamand.

Dixmude fut un des points stratégiques de la bataille de l'Yser *(p. 136)*. Le nom de la ville est lié au souvenir des soldats belges et des fusiliers marins français de l'amiral Ronarc'h qui y résistèrent héroïquement à des forces supérieures, du 16 octobre au 10 novembre 1914.

■ CURIOSITÉS *visite : 1 h*

Béguinage (Begijnhof). — *Pour y accéder, passer devant le portail de l'église et tourner à gauche au Vismarkt.* Il a été reconstruit à l'image de l'ancien. Les maisons blanches s'alignent autour d'un puits, de part et d'autre d'une charmante chapelle à hauts pignons.

Tour de l'Yser (IJzertoren). — *Visite : de début mars à mi-nov. 9 h - 17 h, 18 h ou 19 h suivant la saison (8 h - 20 h en juil.-août); 40 F.*

Sur la rive opposée de l'Yser, cette tour de 84 m a été élevée à la mémoire des héros de l'Yser. Elle porte les lettres A.V.V.-V.V.K., initiales d'une devise signifiant « Tout pour la Flandre, la Flandre au Christ ».

Du sommet *(ascenseur)*, beau **panorama*** sur la plaine flamande parcourue par l'Yser sinueux, et sur Dixmude. On aperçoit par beau temps, de droite à gauche, les beffrois de Bruges, d'Ostende, de Nieuport, les monts de Flandre — mont Rouge et mont Noir — *(table d'orientation)*. Au 1er étage, **musée** de la bataille de l'Yser.

Boyau de la Mort (Dodengang). — *3 km au Nord-Ouest, sur la rive gauche de l'Yser. Visite : de début avril à mi-oct. 9 h - 17 h, 18 h ou 19 h suivant la saison (dim. et j. fériés seulement en oct. 9 h - 17 h); 15 F.*

Dans les tranchées ainsi dénommées, les soldats belges ont résisté pendant quatre ans (1914-1918) face aux lignes allemandes qui avaient réussi, en octobre 1914, à franchir l'Yser à cet endroit *(p. 136)* et se trouvaient à quelques mètres.

Au 1er étage de la maison, une table d'orientation permet de situer les points stratégiques. On peut circuler ensuite dans deux longs couloirs de tranchées dont les parapets formés de sacs de terre sont fidèlement reproduits en béton.

Cartes Michelin n°s **409** - pli 14 et **4** - pli 5 – *Schémas ci-dessous et p. 130* – 12 253 h. *Plan dans le guide Michelin Benelux.*

Dinant occupe un **site★★** remarquable dans la vallée de la Meuse. Dominée par le clocher bulbeux de sa collégiale et la masse de sa citadelle, la ville étire sur 4 km, entre le fleuve et le roc, ses maisons aux toits bleutés.

C'est un centre de tourisme réputé. Dinant a donné son nom à la **dinanderie,** art de fondre et battre le cuivre ou le laiton, pratiqué ici dès le 12e s. Dinant a pour autre spécialité les « couques », gâteaux au miel auxquels la cuisson dans un moule en bois sculpté donne des formes décoratives.

Ici naquit à la fin du 15e s. **Joachim Patinir** (ou Patenier) : ce peintre insère des scènes bibliques dans de vastes paysages évoquant ceux de la Meuse. Au Dinantais **Adolphe Sax** (1814-1894), on doit l'invention... du saxophone.

Un passé mouvementé. – Dinant fut constamment en conflit avec Bouvignes, pour des rivalités de dinanderie, ainsi qu'avec Namur, Liège ou les ducs de Bourgogne. Cela lui valut d'être détruite en 1466 par Charles le Téméraire. Occupant une position-clé sur la vallée de la Meuse, elle vit défiler de nombreuses armées de conquérants. En 1554, ce sont les troupes du roi de France Henri II; en 1675 et en 1692, celles de Louis XIV.

La ville est de celles qui, en Belgique, ont le plus souffert des deux dernières guerres. En 1914, elle fut mise à sac par les Allemands : 1 100 maisons furent incendiées et 674 civils fusillés.

En 1940 et en 1944, elle fut bombardée et en partie incendiée.

Promenades en bateau. – *Jusqu'à Namur : sam. juin, juil., août à 15 h, 200 F aller (retour dim. seulement). Jusqu'à Heer-Agimont : dim. juin et tous les jours en juil.-août à 14 h, 200 F AR. Jusqu'à Anseremme tous les jours de Pâques à mi-oct. (nombreux départs) ; 90 F AR. Embarquement face à l'hôtel de ville.*

■ CURIOSITÉS visite : 2 h

Citadelle★. – *Accès par téléphérique, à pied (plus de 400 marches), ou en voiture par ① du plan, route de Sorinnes. Visite accompagnée : de début avril à mi-oct. 9 h - 18 h (18 h 30 j. fériés) ; le reste de l'année 10 h - 16 h (16 h 30 dim. et j. fériés) ; fermé vend. de fin nov. à fin fév.; 80 F (téléphérique inclus).*

Un château fort fut élevé là en 1051. Reconstruit en 1523 par l'évêque de Liège, il fut détruit par les Français en 1703. Sa physionomie actuelle date de l'occupation hollandaise (1818-1821).

La citadelle a été transformée en **musée.** Des objets, des reconstitutions, un petit musée d'armes évoquent le passé de la citadelle et de la ville.

Du haut des murs, à 100 m au-dessus de la Meuse, très jolie **vue★★** sur la ville, avec la collégiale et le rocher Bayard, et sur la vallée de la Meuse, avec Bouvignes.

Grotte la Merveilleuse★. – *Rive gauche de la Meuse, route de Philippeville. Visite accompagnée : avril-sept. 10 h - 18 h ; oct. 11 h, 13 h, 14 h et 15 h ; 100 F.*

Elle est remarquable par la profusion et la blancheur de ses concrétions.

Rocher Bayard★. – *A 1 km au Sud de la ville (par ② du plan)* se dresse cette aiguille que le cheval Bayard *(p. 129)* aurait fendue d'un coup de sabot pour échapper à Charlemagne. Il n'existait jadis qu'un étroit sentier qui fut élargi en 1661, puis en 1698 pour les troupes de Louis XIV.

Tour Montfort. – De la terrasse de cette tour élevée en 1910 *(parc d'attractions)* on découvre un vaste panorama sur Dinant et la vallée de la Meuse. *Accès par télésiège : 9 h 30 - 19 h ; 70 F ou 120 F avec entrée à la grotte.*

Grotte de Mont-Fat. – *Visite accompagnée : 10 h - 18 h ; fermé oct.-mars ; 70 F.*

A mi-pente, cet habitat préhistorique devenu temple de Diane à l'époque romaine, est orné de concrétions.

EXCURSIONS

Bouvignes. – *3,5 km au Nord par ⑤ du plan.* La ville, fusionnée avec Dinant, est dominée par les ruines du château de Crèvecœur, qui reçut ce nom après qu'il eut été rasé en 1554 par les troupes du roi de France Henri II. Ici est né **Henri Blès,** admirable paysagiste, continuateur de Patinir *(ci-dessus).* Ses tableaux *(p. 134)* ont la particularité de dissimuler une petite chouette, qu'il avait l'habitude de peindre en guise de signature.

Maison espagnole. – Elle se dresse sur la Grand-Place. Ainsi appelée en raison de l'époque de sa construction (16e s.), c'est l'ancien hôtel de ville, à pignons à volutes et fenêtres Renaissance. Elle renferme un musée d'histoire locale où l'on admire le trésor de l'église St-Lambert. *Visite : de Pâques à fin sept. 9 h - 12 h et 14 h - 18 h ; 20 F.*

DINANT★★

Église St-Lambert. — *Ouverte : sam. soir et dim. matin ; s'adresser à M. le Curé, à Mlle Witry ou à M. Amand.*

Des 13e et 16e s., restaurée, elle conserve d'intéressantes œuvres d'art : Christ aux liens (16e s.), chaire et lutrin du 17e s.

A côté de l'église, on est en train de dégager les vestiges d'un château qui daterait du 11e s.

Château de Crèvecœur. — *Accès par la route de Falaën (4 km) ou par un escalier.* On aperçoit face au départ de l'escalier une porte, vestige des fortifications. Du château, la **vue★★** est fort belle sur la ville, l'église et la Maison espagnole, ainsi que sur la vallée de la Meuse, avec Dinant à l'horizon.

Anseremme★; Falmignoul. — *11 km au Sud par ② du plan.*

Anseremme★. — Centre de villégiature bien situé au confluent de la Lesse et de la Meuse, ce bourg fusionné avec Dinant s'allonge sur la rive droite du fleuve. Le **pont St-Jean** (16e s.) sur la Lesse et, au Sud dans le Vieil Anseremme, en bordure du fleuve, un **prieuré** du 15e s. *(propriété privée)* et son église, entourée d'un cimetière, sont à signaler.

Vallée de la Lesse. — *4 km.* Une route très étroite longe la vallée encaissée et verdoyante de la Lesse, jusqu'au rocher qui porte le château de Walzin.

Descente de la Lesse★. — *Il est possible de descendre la Lesse en kayak ou en barque pilotée, de Houyet à Anseremme. Prix : de 400 à 850 F. ; 5 h environ. Houyet est accessible par train depuis Anseremme (plusieurs départs chaque matin). Réserver à Lesse Kayaks, rue Defoin 75, 5500 Dinant, ☏ (082) 22.43.97 ou 22.31.20.*

Prendre la route de Beauraing. Dans un virage, près d'un café, le point de vue de Freÿr *(accès payant)* offre une **vue plongeante★** sur les jardins du château de Freÿr *(p. 91).* Plus loin, un autre point de vue *(accès payant)* permet d'admirer une large **perspective★** sur la vallée, avec, au premier plan, les aiguilles de Freÿr et, au loin, le château.

Falmignoul. — Le **musée du Cycle, de la Moto et de l'Affiche 1900** *(visite : 9 h - 12 h et 14 h - 18 h ou 17 h sept.-avril ; fermé merc. en hiver et 15 janv.-15 fév. ; 80 F)* abrite une **collection★** comprenant des affiches de la fin du 19e s. et du début du 20e s. et plus de 300 véhicules, principalement des cycles du 19e s. et des motos de 1900 à 1925. Remarquer les célérifères, ancêtres de la bicyclette, la draisienne de 1817, avec roue pivotant autour d'un axe, des vélocipèdes variés (bicycle, triplette, etc.) et la bicyclette qui permit à Eddy Merckx de gagner son deuxième tour de France en 1970.

Furfooz; Vêves; Celles; Foy-Notre-Dame. — *Circuit de 26 km.* Sortir de Dinant par le Sud, ② du plan, et prendre à gauche la route de Furfooz.

On trouve bientôt dans la montée une route à droite : à quelques mètres de l'embranchement, jolie **vue★** plongeante sur Anseremme.

Furfooz. — A 500 m au Sud du village, le **parc naturel de Furfooz★** est aménagé dans un massif rocheux calcaire que contourne une boucle de la Lesse. La rivière y a d'ailleurs creusé un lit souterrain exploré depuis 1962. *Visite : de mi-mars à mi-nov. 10 h - 18 h ; le reste de l'année sam., dim. et j. fériés seulement ; fermé du 24 déc. à fin janv. ; 45 F.* Suivre le circuit fléché.

Forteresse naturelle, le site a été occupé jusqu'au 10e s. En témoignent les bains romains, sur hypocauste, reconstitués, les ruines au sommet du plateau, d'où l'on découvre de belles perspectives sur la vallée de la Lesse, boisée en cet endroit.

Le promontoire est truffé de grottes où ont été découvertes des traces de vie préhistorique.

Vêves. — Dominant le hameau, un élégant **château★** au donjon et aux tourelles coiffées de poivrières aiguës, se détache sur les bois. Il appartient à la lignée des Beaufort depuis le 12e s. L'un des seigneurs ayant participé au siège de Dinant en 1466, sa forteresse fut détruite par les Dinantais. Reconstruite aussitôt, puis remaniée à la Renaissance, elle fut réaménagée au début du 18e s. *Visite : de Pâques à fin oct. 10 h 30 - 12 h et 14 h - 18 h ; 70 F.*

Dans la cour, on découvre une galerie à arcs surmontée de colombages.

Un mobilier français du 18e s. et des souvenirs de famille ornent l'intérieur fidèlement restauré.

Celles. — Ce village est situé dans un joli val. A l'entrée Nord, un char allemand rappelle l'extrême limite atteinte par l'avance allemande en 1944 *(p. 53).* L'**église romane St-Hadelin** (11e s.) est un excellent exemple de style mosan, par sa tour-façade massive flanquée de deux tourelles, sa décoration extérieure faite de bandes lombardes, ses absides en cul-de-four.

A l'intérieur sont à signaler des grisailles (17e s.) d'un vivant modelé, des stalles du 13e s., les plus anciennes de Belgique, et surtout une superbe **dalle funéraire★** (16e s.) en marbre noir de Dinant : Louis de Beaufort et son épouse encadrant un calvaire. L'église conserve deux cryptes du 11e s.

Foy-Notre-Dame. — En 1609 fut découverte à Foy, dans un vieux chêne, une statue de la Vierge dont les dons miraculeux, reconnus par le prince-évêque de Liège, firent de la bourgade un important centre de pèlerinage.

L'église date de 1623. L'intérieur renferme des lambris Louis XIII et un remarquable **plafond★** à caissons, en bois, décoré de 145 peintures du 17e s. dues aux frères Stilmant et à Guillaume Goblet, peintres dinantais. Offertes par les pèlerins, elles représentent la vie de la Vierge et du Christ, les évangélistes, les docteurs de l'Église et des saints ou bienheureux.

Regagner Dinant par Sorinnes. On passe près de la Citadelle (p. 87).

DIXMUDE Voir Diksmuide

Pour trouver la description d'une ville ou d'une curiosité isolée, consultez l'index alphabétique à la fin du volume.

Cartes Michelin nᵒˢ 409 - pli 13 et 4 - pli 3 — 32 km au Sud de Charleroi.

Cette région vallonnée et bien irriguée a été choisie pour l'implantation d'une chaîne de
lacs de retenue destinés à ali-
menter la Sambre et, par là
même, le canal de Charleroi
dont le volume d'eau est insuffisant depuis qu'il a été
rendu accessible à des gabarits internationaux.

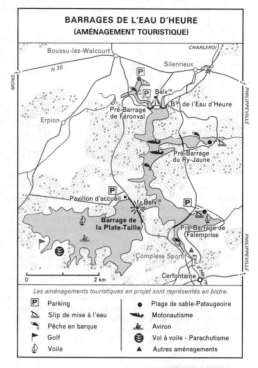

Deux grands barrages ont
été aménagés : celui de l'Eau
d'Heure, grande digue en en-
rochement d'une longueur de
crête de 250 m, et celui de la
Plate-Taille, équipé d'une centrale hydro-électrique. Plus
élevée, mais insuffisamment
alimentée, la retenue de
la Plate-Taille doit être rem-
plie par pompage, de nuit, à
l'aide de turbo-pompes de la
retenue de l'Eau d'Heure.

Trois prébarrages, Féron-
val, Ry Jaune et Falemprise,
construits pour faciliter les
travaux, ont permis en outre
l'implantation d'un nouveau
réseau routier. Un vaste projet d'aménagement touristique aux abords des lacs,
comprenant différentes possibilités d'hébergement, de
sports, de distractions, est en
cours de réalisation.

**Barrage de la Plate-
Taille★.** — *Accès par une
large route au départ de
Boussu.*

Construit en 1977, c'est le plus important de Belgique. De type poids, il possède une
longueur de crête de 790 m. La retenue, d'une superficie de 347 ha, a une capacité de
66,5 millions de m³, soit près de trois fois plus que la Gileppe; elle est réservée à la voile et
à l'aviron. Une **tour-belvédère,** de 110 m de haut, a été édifiée sur la crête du barrage.

Pavillon d'accueil. — Exposition et spectacle audio-visuel : aménagements hydro-élec-
triques de l'Eau d'Heure et de Belgique, équipements touristiques.

ENGHIEN Hainaut

Cartes Michelin nᵒˢ 409 - pli 12 et 2 - pli 17 - 9 860 h.

Situé à la frontière linguistique, Enghien fut le fief de la famille d'Arenberg. Le château a
été démoli au 19ᵉ s. Seul subsiste le parc créé de 1630 à 1665 par Charles d'Arenberg
(visite momentanément suspendue).

Église des Capucins. — *Accès par la route de Ninove et, à gauche, rue des Capucins.*
Cet édifice de 1615 contient, dans une chapelle, un beau mausolée Renaissance exécuté par le sculpteur de Charles Quint, Jean Mone, pour Guillaume de Croy. Au maître-autel,
un retable en ébène et ivoire de 1616 encadre une Adoration des Mages dont les 51 personnages sont des portraits de la famille d'Arenberg.

Église St-Nicolas. — Sur la Grand-Place, cette vaste église gothique au carillon de 51 cloches a été restaurée. A l'intérieur, vitraux modernes dont certains de Max Ingrand, statues
du 15ᵉ au 17ᵉ s., fonts baptismaux du 15ᵉ s. et, dans la chapelle St-Éloi, beau retable de la
vie de la Vierge du 16ᵉ s.

EUPEN Liège

Cartes Michelin nᵒˢ 409 - pli 16 - et 2 - pli 24 — 17 072 h. — *Plan dans le guide Michelin
Benelux.*

Sur un versant de la vallée de la Vesdre, à proximité des Hautes Fagnes *(p. 90),* Eupen
est une importante ville industrielle dont les usines se disséminent le long de la rivière.

Elle date du 18ᵉ s., époque à laquelle furent construites, par de riches lainiers du pays
de Gand attirés par les eaux de la Vesdre, ses belles maisons patriciennes, son **église
St-Nicolas** avec d'amusantes tours à bulbe de couleur verte et d'exubérants autels baroques.

Eupen, où l'on parle un dialecte germanique appartint à l'Allemagne pendant cent ans
et fut rattachée à la Belgique en 1925, comme Moresnet, Malmédy et St-Vith.

Le Carnaval★★ *(p. 12).* — De caractère rhénan, il est préparé dès la mi-novembre. Le samedi
apparaît le prince Sa Folie au chef orné de plumes de faisans. Le dimanche après-midi a lieu
le cortège des enfants. La fête atteint son point culminant la veille du Mardi gras avec le
défilé du Rosenmontag (Lundi des Roses).

Musée Communal. — *Au nᵒ 52, Gospert Straße. Visite : merc. 18 h - 20 h, sam. 14 h -
17 h, dim. et j. fériés 10 h - 12 h et 14 h - 17 h ; 30 F.*
Installé dans une pittoresque maison du 17ᵉ s. il a trait à l'architecture du 18ᵉ s., à
l'histoire de la ville, à l'évolution de la mode et contient un atelier d'orfèvre.

EUPEN

EXCURSIONS

Barrage★ *(signalé : Talsperre). — 5 km. Quitter Eupen par ② du plan et tourner à gauche.*

En amont de la ville, au confluent de la Vesdre et de la Getzbach, ce barrage inauguré en 1950 est l'un des plus grands ouvrages de cet ordre en Belgique avec celui de la Gileppe et le complexe de l'Eau d'Heure.

Du type barrage-poids, il est haut de plus de 63 m et long de près de 410 m, avec une épaisseur de 55 m à la base. Sa capacité est de 25 000 000 m³.

Destiné, comme la Gileppe, à l'alimentation en eau des environs d'Eupen ainsi que de la région liégeoise, il est équipé d'une station de traitement des eaux et d'une petite centrale électrique. On peut y pratiquer la voile (Yacht Club de la Vesdre) mais la navigation à moteur, la pêche et la baignade y sont interdites.

Belvédère. — *Entrée : 15 F.* Il permet de contempler le lac et son environnement de forêts de l'Hertogenwald (épicéas, bouleaux).

Henri-Chapelle; Les Trois Bornes★. — *11 km au Nord-Ouest par ⑥ du plan.*

A 4,5 km au Nord de **Henri-Chapelle** à Vogelsang-Hombourg, se trouve un **cimetière américain** *(visite : 8 h - 18 h été; 8 h - 17 h hiver),* endroit fleuri de roses et de rhododendrons, remarquablement entretenu, où reposent 7 989 soldats américains morts en 1944-1945 en Ardenne ou en Allemagne.

Sur une pelouse légèrement inclinée, des croix de marbre blanc (ou des stèles gravées d'une étoile de David pour les Israélites) forment des arcs de cercle convergeant vers le mémorial. A l'intérieur de celui-ci, un petit musée présente, gravés dans le marbre, le récit et les cartes de la fin de la campagne américaine.

De la terrasse face au cimetière, **panorama★** sur le plateau de Herve, aux prairies bordées de haies, campagne vallonnée au peuplement très dense, mais dispersé.

Continuer en direction d'Aubel, puis tourner à droite vers Gemmenich.

Les Trois Bornes★ (Drielandenpunt). — Sur ce plateau boisé où l'on accède de Gemmenich par une route en lacet, se rejoignent les frontières des Pays-Bas, de Belgique et d'Allemagne. Avant 1918 s'y ajoutait la frontière du petit territoire neutre de Moresnet, aujourd'hui belge. A 321 m d'altitude, c'est aussi le point culminant des Pays-Bas.

Le sommet de la **tour Baudouin,** haute construction métallique *(15 F),* offre un beau **panorama★** sur la région, l'agglomération d'Aix-la-Chapelle et les forêts de l'Eifel en Allemagne, et, à l'horizon, Maastricht dans un paysage de collines boisées.

A 500 m au-delà, sur la route de Vaals (Pays-Bas), un beau **point de vue★** s'ouvre à droite sur la plaine allemande et Aix-la-Chapelle.

FAGNES (Hautes) ★★ Liège

Cartes Michelin nᵒˢ **409** - pli 16 et **2** - pli 24 — *Schéma p. 153.*

Entre Eupen et Malmédy s'étendent les Hautes Fagnes, plateau balayé par le vent, nostalgique et désolé, allongeant à l'infini ses tourbières humides et des champs de bruyère qu'interrompent les masses noires des plantations d'épicéas, ou quelques bouquets de feuillus (hêtres, chênes, bouleaux).

Pratiquement déserte de nos jours, cette région connut jadis une importante occupation humaine : on a retrouvé des vestiges d'une chaussée romaine : la Via Mansuerisca, qui reliait Trèves à Maastricht.

Une réserve. — En 1957 fut créée la Réserve naturelle domaniale des Hautes Fagnes. Couvrant plus de 4 200 ha, c'est une aire où sont protégés intégralement la faune, la flore, le sol et le paysage. La plupart des tourbières sont incluses dans la réserve. L'altitude du plateau n'est guère élevée, mais son climat rigoureux permet la reproduction de nombreux spécimens de la flore et de la faune de régions montagnardes, voire boréales.

Deux dangers menacent les tourbières. Le piétinement, en paralysant leur développement, entraîne, à long terme, leur destruction : c'est pourquoi il est interdit de s'écarter des sentiers balisés autorisés. L'incendie, fatal à ce milieu, s'y produit fréquemment; une très grande prudence est recommandée, surtout en période sèche.

Excursions guidées : s'adresser au Secrétariat, Av. Peltzer 25, Boîte 6 - 4800 Verviers.

Un parc naturel. — Depuis 1971, la réserve est englobée dans le **parc naturel Hautes Fagnes-Eifel.** Celui-ci, qui comprend en outre les lacs de Robertville et Bütgenbach, de la Gileppe et d'Eupen, la vallée de l'Our et l'Eifel, communique avec le parc naturel allemand du Nordeifel.

L'ensemble nommé **Deutsch-Belgischer Naturpark** représente un territoire de 2 400 km², dont 700 km² en Belgique, et rejoint au Sud le parc naturel germano-luxembourgeois *(p. 17).*

QUELQUES SITES

La Baraque-Michel. — Station géodésique (1886-1888) située à 675 m d'altitude, la Baraque-Michel occupe, avec le Signal de Botrange, le centre de ce plateau bombé qui s'étend sur les terres sauvages et marécageuses hérissées de touffes de linaigrettes au plumet blanc. Au **Mont Rigi,** tout proche, l'Université de Liège a installé une station scientifique.

Le Signal de Botrange. — 694 m. Situé dans la forêt de résineux, c'est le point culminant de Belgique.

Du sommet de la **tour** qui s'y dresse *(accès : d'avril à oct. 9 h - 19 h; 5 F.)* on découvre un lointain panorama *(tables d'orientation).* Par temps clair, la **vue★** la plus dégagée concerne le secteur Nord-Est : au-delà des conifères, les landes coupées de bois rejoignent l'Allemagne vers Roetgen et Aix-la-Chapelle.

De l'autre côté de la route, un peu plus au Nord, un chemin permet d'accéder à la réserve : **point de vue** étendu sur les tourbières.

Les FOURONS (VOERSTREEK) Limburg ————————————

Cartes Michelin n°s 409 - pli 15, 16 et 2 - pli 23 – 4 178 h.

Enclave du Limbourg dans la province de Liège, c'est une région verdoyante où de petites rivières comme la Voer, la Gulp et la Berwinne se sont tracé une vallée sinueuse à travers d'agréables collines boisées et de gras pâturages.

St.-Martens-Voeren (Fouron-St-Martin). — L'église avec sa tour romane et un petit château du 18e s. transformé en centre culturel, Het Veltmanshuis, sont à remarquer.

St.-Pieters-Voeren (Fouron-St-Pierre). — Près d'un étang se dressent encore les beaux bâtiments d'une ancienne **Commanderie** de l'ordre Teutonique. Fondée en 1242, celle-ci fut réédifiée au 17e s. *(on ne visite pas).*

FREYR (Château de) ★ Namur ————————————

Cartes Michelin n°s 409 - pli 14 et 4 - pli 5 – *Schéma p. 130.*

Le domaine s'étend en bordure de la route longeant la Meuse, dans un **cadre★★** superbe : cet ensemble classique contraste avec les rochers tourmentés qui, sur la rive opposée, plonge dans le fleuve *(p. 129). Visite accompagnée du château et du parc : 14 h - 18 h 30 sam., dim. et j. fériés juil.-août ; 110 F.*

Château★. — Construit du 16e au 18e s., restauré en 1972, il est de style Renaissance mosane et Louis XV. On visite une suite de salons aux belles boiseries et cheminées, ornés de meubles des 17e et 18e s. Là fut reçu Louis XIV lors du siège de Dinant en mai 1675 et de la signature du traité de Freÿr, en octobre, puis la gouvernante des Pays-Bas, Marie-Christine, en 1785.

Un grand vestibule est décoré de toiles représentant des scènes de chasse (atelier de Snyders); au balcon, belle rampe en fer forgé inspirée de la place Stanislas à Nancy.

Parc★. — Les jardins à la française, dessinés en 1760 par les comtes de Beaufort-Spontin selon les principes de Le Nôtre, s'étagent, parallèles au fleuve, sur trois terrasses ornées de miroirs d'eau : la plus basse, plantée de tilleuls, porte une collection de 33 **orangers** en caisses dont certains sont tricentenaires, les autres sont couvertes d'une haute **charmille** en labyrinthe.

Au sommet du jardin, près de Frédéric's Hall, pavillon décoré intérieurement par les frères Moretti comme à Annevoie, on domine l'ensemble du domaine.

FURNES ★ Voir Veurne

GAND ★★★ Voir Gent

GEMBLOUX Namur ————————————

Cartes Michelin n°s 409 - pli 14 et 2 - plis 19, 20 – 17 621 h.

Ce petit centre industriel (coutelleries, constructions métalliques) fut célèbre pour son abbaye bénédictine qui, fondée au 10e s., eut bientôt un grand rayonnement culturel. Le moine **Sigebert,** mort en 1112, laissa une importante Chronique Universelle concernant la période de 381 à 1111.

L'abbaye est occupée depuis 1860 par la Faculté des Sciences Agronomiques de l'État.

Gembloux conserve plusieurs vestiges de ses remparts du 12e s.

Ancienne abbaye. — Au sommet de la ville, c'est un ensemble de bâtiments construits en 1779 par l'architecte Dewez. On admire la belle ordonnance de la **cour d'honneur** au fond de laquelle s'élève l'ancien palais : la mitre sculptée au fronton en rappelle la destination religieuse.

Le cloître a été restauré; il est construit sur une crypte du 12e s.

A proximité se trouve l'ancienne **église** abbatiale, devenue paroissiale, du 18e s.

Maison du Bailli. — Cette ancienne « maison forte » du 12e s., très remaniée au 16e s., sert d'hôtel de ville. Elle abrite également un petit musée de la coutellerie *(en cours d'aménagement).*

EXCURSIONS

Corroy-le-Château. — *5 km au Sud-Ouest.*

Son beau **château** féodal du 13e s., flanqué de sept épaisses tours cylindriques, entouré de douves et précédé d'un châtelet d'entrée bien défendu, conserve une allure militaire. Il est habité par la famille du marquis de Trazegnies. *Visite accompagnée : de mai à sept. sam., dim. et j. fériés 10 h - 12 h et 14 h - 18 h ; 75 F.*

On visite à l'intérieur la chapelle du 13e s. aménagée au 19e s. et une partie des appartements décorés de toiles peintes du 18e s. Une salle contient une collection de poupées anciennes.

Petit-Leez. — *8 km au Nord-Est par la route de Namur, puis à gauche vers Grand-Leez.*

Datant de 1830, le **moulin** Defrenne, le seul en exercice dans la province de Namur, moud encore le blé. C'est un moulin tronconique, à calotte tournante. *Visite sur demande,* ℡ *(081) 67.72.78.* Les bâtiments de la ferme ont été transformés en auberge.

Gentinnes. — *12 km. Route de Charleroi puis à droite.*

A Gentinnes est installé depuis 1904 un centre d'études et de formation de futurs missionnaires de la congrégation des Pères du St-Esprit.

Le **Mémorial-Kongolo** est une chapelle élevée en 1967 à la mémoire de 21 missionnaires belges de cet ordre massacrés en 1962, lors d'une révolte, à Kongolo au Zaïre. Leurs noms sont gravés sur la façade ainsi que ceux de 196 autres victimes, religieux ou laïques, catholiques ou protestants.

GENK Limburg ──────────────

Cartes Michelin n°s 409 - pli 6 et 2 - pli 10 — 61 512 h. *Plan dans le guide Michelin Benelux.*

Au cœur de la Campine, bien desservi par le canal Albert et par deux autoroutes, Genk est le plus important centre industriel du Limbourg, grâce à deux mines de charbon exploitées au Nord de la ville et deux importantes usines (montage automobile, aciérie) au Sud.

Genk est aussi une cité prospère, disposant de trois centres commerciaux modernes et du **Limburghal** (1979), où sont organisés congrès et expositions.

La ville possède le **Molenvijver,** superbe jardin public de 15 ha s'ordonnant autour d'un vaste étang et d'un moulin à eau, ainsi que des parcs récréatifs comme Kattevennen ou sportifs comme Kattevenia.

On remarque à Genk, sur une petite éminence, une sobre église de brique (1954), aux voûtes élancées.

EXCURSIONS

Réserve (Natuurreservaat) De Maten. — *2 km. Route de Hasselt, puis à gauche après le pont de chemin de fer. Fermé de mars à juin. Visite guidée : s'adresser à Mr. Van Duffel, Postbaan 8, 3600 Genk, ☎ (011) 35.41.25.*

Entre les collines de bruyères s'étend une zone marécageuse occupée par un chapelet d'étangs où évoluent de nombreux oiseaux aquatiques *(sentiers de promenade).*

Zwartberg. — *6 km au Nord.* Le zoo★ (Limburgse zoo) rassemble, sur 30 ha, plus de 1 000 animaux dont d'importantes colonies d'ours, de singes et d'oiseaux. *Visite : de Pâques à fin oct. 9 h - 19 h ; 140 F (enfants : 70 F).*

Réserve De Mechelse Heide. — *14 km par la route de As puis de Maasmechelen.*

Cernée par les bois, c'est une immense clairière (400 ha) offrant un magnifique paysage de landes à bruyère (« heide »), un des rares vestiges de la végétation primitive de la Campine. *Circuits de promenades balisés.*

GENT ★★★ **(GAND)** Oost-Vlaanderen ⓟ ──────────────

Cartes n°s 409 - pli 3 et 2 - pli 4 — *Schéma p. 98* — 241 695 h.

Citadelle spirituelle de la Flandre, ville universitaire, Gand, second port belge et grand centre industriel, dégage une impression de grande vitalité.

Bâtie sur de nombreuses îles au confluent de la Lys et de l'Escaut, elle est sillonnée de canaux et de cours d'eau.

La cité natale de **Charles Quint** (1500-1558), chargée d'histoire et de monuments, offre aussi, entre la cathédrale et le château des Comtes de Flandre la poésie intime de ses vieux quartiers et de ses quais.

Au nombre des Gantois célèbres figure le grand écrivain d'expression française **Maurice Maeterlinck** (1862-1949).

Promenades en bateau. — *Sur les canaux (rondvaart) : de Pâques à fin sept. 10 h - 17 h ; 75 F. ; départ toutes les 10 mn du Koornlei ; s'adresser à Rederij De Hooiaard. Dans le port, jusqu'à Terneuzen, en juil.-août, départ Terneuzenlaan, accès par Sleepstraat (V), s'adresser à Rederij Benelux, ☎ (091) 23.98.48. Sur la Lys, p. 98.*

UN PEU D'HISTOIRE

Gand fut un des derniers réduits du paganisme en Gaule : saint Amand, venu l'évangéliser au 7e s., fut jeté dans l'Escaut. Gand se développe alors autour de deux monastères : St-Pierre, fondé par saint Amand, et, près de la Lys, la future abbaye St-Bavon.

Vers l'an 1000 est édifiée, à l'emplacement de l'actuel château des Comtes, une forteresse en pierre, dominant un troisième noyau urbain.

À la fin du 12e s., l'industrie drapière est florissante : la ville s'érige en « commune » et acquiert des privilèges importants ; les bourgeois se construisent des demeures en pierre fortifiées ou « stenen ». Au milieu du 12e s. s'élève l'église St-Jean, de nos jours la cathédrale St-Bavon.

Voulant marquer sa présence sur les puissants drapiers, le comte Philippe d'Alsace fait rééedifier le château en 1180.

D'incessants conflits. — Bientôt de féroces luttes intestines vont déchirer les Gantois : comme à Bruges, les ouvriers de la laine, soutenus par le comte Guy de Dampierre, se soulèvent, en 1280, contre les patriciens, défendus par le roi de France *(p. 59).*

Au 14e s., pendant la guerre de Cent Ans, c'est la lutte contre la France. Le comte de Flandre Louis de Nevers prend parti pour le roi de France contre l'Angleterre. Comme celle-ci bloque l'importation des laines anglaises en Flandre, le peuple gantois se révolte. Il prend pour chef **Jacques Van Artevelde** qui s'allie aux Anglais et se met à la tête des villes flamandes.

Van Artevelde est assassiné, par le doyen de la corporation des tisserands, en 1345, mais son fils Philippe réussit à imposer à toute la Flandre la prépondérance gantoise. Finalement les Flamands sont battus par la chevalerie française à la bataille de Westrozebeke en 1382 *(p. 109).*

(D'après photo A.C.L.)

Château des Comtes de Flandre

Au 15ᵉ s., Gand, passée sous la domination des ducs de Bourgogne, s'insurge contre Philippe le Bon qui veut lui imposer une nouvelle taxe (1452). Battus à Gavere *(18 km au Sud-Ouest)*, les Gantois se soumettent (1453). La ville se révolte encore contre Charles le Téméraire en 1469, puis en 1477 contre Marie de Bourgogne qui doit concéder de nouveaux privilèges aux provinces des Pays-Bas.

A la fin du siècle, la draperie est en décadence. Mais Gand est devenue l'entrepôt (ou étape) principal des céréales de l'Europe et s'est assuré une nouvelle prospérité.

Au 16ᵉ s., refusant de payer de trop lourds impôts, les habitants se soulèvent de nouveau contre Charles Quint, né cependant à Gand et qui disait avec fierté : « Je mettrais Paris dans mon Gand ». Charles Quint réplique par la **Concession caroline** (1540) qui fait perdre à la commune ses privilèges.

A la fin du siècle, les luttes religieuses troublent la vie communale. Un soulèvement de calvinistes iconoclastes en 1567 est étouffé par le duc d'Albe, mais les protestants réagissent et, quatre jours après la « Furie » d'Anvers *(p. 41)*, Philippe II est obligé de concéder la célèbre **Pacification de Gand** (1576) libérant les 17 provinces des Pays-Bas des troupes espagnoles.

Organisée en République à partir de 1577, la ville révoltée contre les Espagnols est reprise par Farnèse en 1584.

En 1815, **Louis XVIII** se réfugie à Gand, dans l'ancien hôtel d'Hane Steenhuyse *(47, Veldstraat, Z A)*, du 18ᵉ s. C'est la « fuite de Gand ».

De la décadence au renouveau. — Au 17ᵉ s., le déclin économique de Gand s'accentue. La fermeture de l'Escaut en 1648 porte un coup fatal à ses activités commerciales et industrielles. Toutefois, au début du 19ᵉ s., Gand, annexée à la France, reprend vie avec les tissages de coton créés par le Gantois **Liévin Bauwens,** qui a introduit la mule-jenny, procédé anglais de filature mécanique. Gand file et tisse également le lin, les eaux de la Lys permettant, alors, comme à Courtrai, un rouissage remarquable. L'industrie textile occupe actuellement plus de 10 000 personnes.

Le **port** est relié à l'Escaut occidental depuis 1827 par le canal de Gand à Terneuzen, long de 33 km. Rendu accessible fin 1968 aux navires de plus de 60 000 tonnes, il a vu son trafic international de marchandises atteindre 18,3 millions de tonnes en 1979. Les travaux en cours permettront l'accès aux navires de 125 000 t.

Tout au long du canal sont installées de nouvelles industries : métallurgiques, chimiques, pétrolières. Dans la partie Nord de la zone portuaire, à côté d'installations permettant de recevoir de grands minéraliers, le complexe sidérurgique Sidmar construit de 1964 à 1969 a produit 2,75 millions de tonnes d'acier en 1979.

Par ailleurs Gand assure le débouché d'une importante activité horticole régionale (localisée surtout à l'Est de la ville) qui l'a fait surnommer « la ville des fleurs ». Une grande partie de la production est exportée. Tous les cinq ans, le palais des Floralies *(p. 96)* sert de cadre aux **Floralies gantoises** universellement connues *(les prochaines auront lieu en 1985)*.

1 LA VIEILLE VILLE ★★★ *visite : 1/2 journée*

Les illuminations rendent la promenade nocturne extraordinaire : d'avril à oct. tous les soirs ; le reste de l'année, vend., sam. et en outre dim. fériés.

Cathédrale St-Bavon★★ (St.-Baafskathedraal). — Visite : d'avril à sept. 9 h 30 - 12 h et 14 h - 18 h (dim. et j. fériés 13 h - 18 h seulement) ; le reste de l'année 10 h 30 - 12 h et 14 h 30 - 16 h (dim. et j. fériés 14 h - 16 h seulement).

Élevée sur l'emplacement de l'ancienne église St-Jean, du 12ᵉ s., dont il subsiste quelques vestiges de la crypte, elle prit le nom de collégiale St-Bavon en 1540, sur l'ordre de Charles Quint lorsqu'il fit démolir l'abbaye St-Bavon *(p. 97)* pour édifier le château des Espagnols. Elle devint cathédrale en 1561 mais ne fut achevée qu'en 1569.

Cet édifice d'une sobre élégance possède une **tour** remarquable formant façade et porche, en style gothique brabançon; la foudre en 1602 devait abattre le clocher et trois tourelles, rétablies au 19ᵉ s.

L'**intérieur** serait plus majestueux sans la clôture de marbre néo-classique, ornée de grisailles qui, au 18ᵉ s., a coupé la belle ordonnance du vaisseau. Un peu surélevé par rapport à la nef, le chœur ou « église haute », très élancé, en pierre de Tournai, date du 14ᵉ s. Il a été agrandi au 15ᵉ s. de cinq chapelles rayonnantes et surmonté d'un triforium; le déambulatoire est jalonné de colonnes de marbre et de portes ouvragées.

La nef du 16ᵉ s., en grès et brique, est sobre mais harmonieuse avec ses gracieuses balustrades flamboyantes et ses voûtes à nervures multiples. La chaire baroque, aux statues de marbre, est de Delvaux.

Dans le chœur, le maître-autel a été exécuté par Henri-François Verbruggen, dans le style baroque, et représente l'apothéose de saint Bavon. A gauche du chœur, mausolée de Mgr Triest (1654) par Jérôme Duquesnoy le Jeune : remarquer l'expression lasse du personnage.

Entrer dans le déambulatoire à droite. Dans la 1ᵉ chapelle, retable de **Jésus parmi les docteurs** (1571) par François Pourbus le Vieux : y figurent nombre de personnages célèbres dont Charles Quint, dans le coin inférieur gauche.

Polyptyque de l'Adoration de l'Agneau Mystique★★★. — *Dans la 6ᵉ chapelle du déambulatoire à droite ; 15 F ; en saison : 30 F (billet valable pour la crypte).*

Ce polyptyque, merveille de la peinture, a connu bien des vicissitudes. Offert par Josse Vijd, il fut installé solennellement en 1432; Philippe II désira s'en emparer, les Protestants voulurent le brûler en 1566, Joseph II en fit retirer Adam et Ève qu'il jugeait choquants, le Directoire le fit envoyer à Paris d'où il ne revint qu'en 1815; il fut alors amputé de plusieurs panneaux qu'exposa le musée de Berlin. Reconstitué en 1920, il perdit en 1934, à la suite d'un vol, le panneau des Juges intègres qui, depuis 1941, est remplacé par une copie. Pendant la Deuxième Guerre mondiale, le polyptyque, d'abord confié à la France, fut transféré par les autorités allemandes en Autriche où les troupes américaines le trouvèrent, en 1945, dans une mine de sel de Styrie près de Altaussee. Il a enfin repris sa place dans la chapelle choisie par le donateur.

GENT

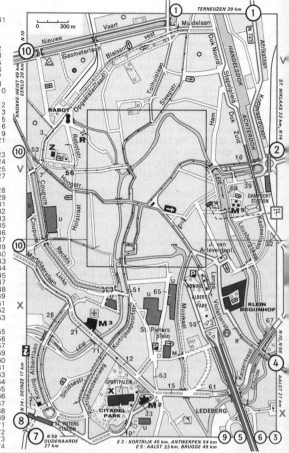

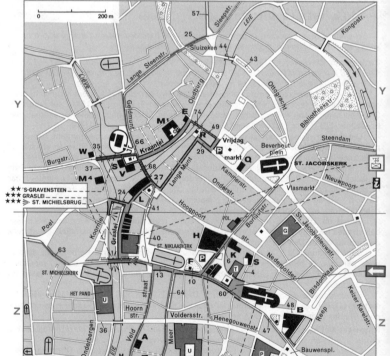

L'attribution du retable a alimenté d'innombrables discussions : est-il entièrement de **Jean Van Eyck** *(p. 59)* ou bien, comme le dit une inscription en latin placée sur le cadre du polyptyque, a-t-il été commencé par son frère aîné Hubert, dont on ne connaît aucun autre tableau? Telle quelle, cette œuvre colossale ne comprend pas moins de 248 figures éclairées par une lumière unique venant de droite et semblant tomber des vitraux mêmes de la chapelle pour laquelle elle a été conçue; d'une technique et d'un style magnifiques, c'est aussi un témoignage capital sur l'idéal chrétien du Moyen Age.

Les panneaux du **registre inférieur** montrent, sur un autel, l'Agneau Mystique entouré d'anges, vers lequel se dirigent, de part et d'autre de la fontaine de vie, à gauche les Chevaliers et les Juges intègres, à droite les Ermites et les Pèlerins, tandis qu'au fond sont rassemblés, à droite les Vierges, à gauche les Martyrs et Confesseurs. Le paysage est lumineux, la végétation précise : des botanistes ont identifié 42 espèces de plantes et de fleurs.

Au centre du **registre supérieur** trône le Christ triomphant sous les traits du Grand Prêtre, à gauche se tiennent la Vierge, des chœurs d'anges, Adam; à droite, saint Jean-Baptiste, des Anges musiciens et Ève; remarquer le réalisme des personnages et la beauté décorative des broderies.

Fermés, les panneaux représentent en haut, l'Annonciation, les Prophètes, les Sibylles; en bas, saint Jean-Baptiste, saint Jean l'Évangéliste et les donateurs, Josse Vijd et sa femme Élisabeth Borluut.

Dans la 10e chapelle du déambulatoire, on verra la **Vocation de saint Bavon** (1624), par Rubens qui s'est peint sous la cape rouge du converti.

Crypte★. — *Fermée hors saison ; 30 F (billet valable pour le polyptyque).*

Elle est construite sur le même plan que le chœur qu'elle supporte. Un tracé de carreaux noirs limite sur le sol la partie la plus ancienne (1150). De naïfs ex-voto des 15e et 16e s. sont peints sur les piliers et les voûtes romanes. La crypte renferme un riche **trésor** : châsse d'argent signée Hugo de la Vigne (1616), évangéliaire du 9e s., rouleau nécrologique retraçant la vie monastique au Moyen Age. Les chapelles abritent des pierres tombales — à remarquer dans l'une d'elles le **triptyque du Calvaire** (1466) par Juste de Gand, aux tonalités acides.

La tour. — *Fermée hors saison ; 10 F.*

Du sommet, belle vue sur la ville.

A l'extérieur de la cathédrale, du chevet, on aperçoit le **château de Gérard le Diable** (Z B). Cette austère demeure médiévale (13e s.), restaurée au 19e s., a appartenu à un châtelain de Gand, ainsi surnommé. *Visite de la crypte en saison ; 30 F.*

Beffroi★★★ (Belfort) et Halle aux Draps (Lakenhalle) (Z). — *Dans la Halle aux draps a lieu un jeu audio-visuel en plusieurs langues : « Gand et Charles Quint » : 8 h 30 - 11 h 30 et 13 h 17 h 30 (15 h 30 du dim. suivant le 1er nov. au dim. des Rameaux) ; fermé 1er janv., 25 déc. ; 15 F.*

La puissante silhouette du beffroi (91 m), dominée par un dragon de cuivre doré, symbolise la puissance des corporations gantoises au Moyen Age. Construit aux 13e s. et 14e s., souvent modifié et restauré, il est accolé à la **Halle aux Draps** (15e s., Z). Il abrite un carillon de 52 cloches.

A l'intérieur du beffroi *(on ne visite pas; restauration en cours)*, la salle appelée « Secret » abritait jadis les archives; on y voit une farouche statue d'homme d'armes, seule survivante des quatre qui ornaient les angles du beffroi. Aux étages, quelques souvenirs historiques et le clavier du carillon sont à signaler. De la plate-forme supérieure, belle vue sur la ville. C'est là que François 1er disait à Charles Quint lui faisant admirer la cité : « Que de peaux d'Espagne il faudrait pour faire un gant de cette grandeur ».

Contourner le beffroi pour aller voir la porte classique (1741) de l'**ancienne prison** (Z) ornée de « l'homme qui tète », **le mammelokker,** bas-relief baroque symbolique de la charité chrétienne : Cimon, vieillard romain condamné à mourir de faim, est allaité par sa fille.

Dans le square au pied du beffroi se trouve une cloche nommée **« La Triomphante »** (Z F), héritière de celle qui occupait jadis le beffroi et portait pour devise : « Cette cloche a nom Roeland; quand elle s'ébranle, elle sème l'orage dans la contrée ».

Hôtel de ville (Stadhuis) (Z H). — *En cours de restauration jusqu'en 1985. Visite : sur demande, ☎ (091) 22.45.50.* On y observe deux styles très différents. Commencés en 1518 sur les plans de Waghemakere et Keldermans *(p. 42)*, les travaux furent en effet interrompus en 1535 et repris 60 ans plus tard.

Ornée d'une tourelle d'angle, la **maison de la Keure** (« charte »), à droite, est d'un style gothique fleuri (16e s.); sur la façade Nord, la chapelle, une petite loggia (pour les proclamations) et un perron fort saillie.

La partie gauche (début 17e s.), inspirée de la Renaissance italienne, est la **maison des Parchons,** échevins chargés d'apaiser les différends.

A l'**intérieur,** on traverse une partie de la maison de la Keure, notamment la salle de justice, au pavement en labyrinthe, donnant sur la loggia où fut proclamée la Pacification de Gand, la chapelle surmontée d'une belle voûte gothique et, à l'étage, la salle du Trône aux voûtes Renaissance.

Face à l'hôtel de ville se dresse **St.-Jorishof** (Z K), ancienne maison de la guilde des arbalétriers (1478), occupée par un hôtel.

Passer devant St-Nicolas pour gagner le pont St-Michel.

Pont St-Michel (St.-Michielsbrug). — Il offre une **perspective★★★** étonnante sur les monuments et les façades de la vieille cité.

On admire d'abord, en se retournant, l'enfilade des tours de St-Nicolas, du beffroi et de St-Bavon.

Du centre du pont on voit, au Sud, l'abside de St-Michel, accolée à l'ancien couvent des Dominicains du 15e s., actuellement bâtiment universitaire (Het Pand), au Nord les créneaux du château des Comtes de Flandre avec, au premier plan, les maisons du quai aux Herbes et du quai au Blé.

Gagner le quai aux Herbes par les escaliers.

Quai aux Herbes★★★ (Graslei). — Ses maisons du 12ᵉ s. au 17ᵉ s., d'un style architectural très pur, bordent la Lys. Là se trouvait jadis le port de Gand.

Pour bien voir l'ensemble des façades, se placer de l'autre côté de la Lys. Du quai au Blé (Koornlei), qui possède lui aussi quelques demeures anciennes, remarquer, de gauche à droite, les six maisons les plus intéressantes :
— la maison des Maçons (16ᵉ s.), avec une haute façade en pierre prolongée d'élégants pinacles;
— la première maison des Mesureurs de grains (1600);
— la large maison de l'Étape, en style roman scaldien, qui servait d'entrepôt pour les grains perçus comme droit d'étape;
— la minuscule maison du Tonlieu (1682) où logeait le receveur de l'étape;
— la seconde maison des Mesureurs de grains (1698);
— la maison des Francs-Bateliers, au portail surmonté d'une nef et dont l'admirable façade, couronnée d'un pignon aux lignes souples, date de 1531.

Revenir sur le quai aux Herbes.

Marché aux légumes (Groentenmarkt) (Y). — A gauche se dresse la **Grande Boucherie** (1404) (Y L), aux nombreuses lucarnes à redans.

Marché du Vendredi (Vrijdagmarkt) (Y). — Ce vaste marché fut le théâtre de nombreux épisodes historiques. Les souverains de Flandre venaient y haranguer le peuple; des luttes sanglantes s'y déroulèrent en mai 1345 entre tisserands et ouvriers de la laine.

Au fond, la maison à tourelle, **Het Toreken** de 1480 (Y Q), appartenait à la corporation des Tanneurs.

Plus à l'Est, on aperçoit trois tours de l'**église St-Jacques** (St.-Jacobskerk) (Y); les deux tours de façade sont romanes, mais l'une a reçu au 15ᵉ s. une toiture en grès, à crochets.

La statue au centre est celle de Jacques Van Artevelde.

Dulle Griet (Marguerite l'Enragée) (Y R). — Près d'un pont sur la Lys, a été placée cette bombarde (petit canon) du 15ᵉ s.

Quai de la Grue (Kraanlei) (Y). — On y voit d'intéressantes maisons anciennes, en particulier celle du **Cerf-Volant** (ou du Joueur de flûte) (Y E) qu'avoisine une autre dont les bas-reliefs représentent les œuvres de miséricorde.

Musée du Folklore★ (Museum voor Volkskunde) (Y M¹). — *Visite : d'avril à oct. 9 h - 12 h 30 et 13 h 30 - 18 h ; le reste de l'année 10 h - 12 h et 13 h 30 - 17 h (fermé mardi) ; fermé 25 déc. et 1ᵉʳ janv. ; 20 F.*

Il est installé dans les maisonnettes et la chapelle gothique de l'**hospice des Enfants Alyn**, fondé au 14ᵉ s. La **cour★** intérieure autour de laquelle s'alignent les ravissantes maisons blanches à haute lucarne forme un joli tableau.

Le musée évoque, dans une quarantaine de petites salles, les arts et traditions populaires de la Flandre. De remarquables reconstitutions de boutiques (épicerie, estaminet, pharmacie), d'intérieurs, d'ateliers d'artisans (savetier, cirier, tourneur) évoquent la vie de Gand vers l'an 1900. Le musée présente aussi un théâtre de traditionnelles marionnettes flamandes et des expositions artisanales.

Place Ste-Pharaïlde (St.-Veerleplein) (Y). — Cette place, où se pratiquaient les exécutions capitales, groupe ses maisons anciennes, l'**hospice St-Laurent** (Y S) ou de Wenemaer dont la façade date de 1564, et l'**ancien marché aux poissons** (1690) (Y V), de style baroque, avec des hauts reliefs au beau modelé représentant Neptune, la Lys et l'Escaut.

Château des Comtes de Flandre★★ ('s Gravensteen). — *Visite : 9 h - 18 h (16 h oct.-mars) ; 10 F.*

Le château, construit en 1180 par le comte de Flandre sur un donjon plus ancien, a été radicalement restauré à la fin du 19ᵉ s. Son architecture est inspirée des forts des croisés en Syrie. Sa couronne de courtines munies de bretèches, d'échauguettes et de merlons se mire dans les eaux de la Lième. *Illustration p. 92.*

A l'occasion du septième chapitre (assemblée) de la Toison d'or en 1445, un banquet y fut donné par Philippe le Bon.

Du 14ᵉ au 18ᵉ s. la justice fut rendue dans le château qui servait de prison et renfermait des salles de torture.

A l'intérieur de l'enceinte, on visite le chemin de ronde (remarquer les baies géminées romanes sur le mur Est du donjon), les belles salles du palais des comtes, qui contiennent une collection d'instruments de torture, le donjon au sommet duquel on a une fort belle **vue**, et les caves dont l'une servit d'écurie, puis de salle de torture.

Au début de la Burgstraat s'élève, à droite, la **maison des Têtes Couronnées** (Y W), ornée de médaillons avec bustes des comtes de Flandre.

② LES GRANDS MUSÉES★★ *visite : 1/2 journée*

Musée des Beaux-Arts★★ (Museum voor Schone Kunsten) (X M²). — *Visite : 9 h - 12 h et 14 h - 17 h ; fermé 1ᵉʳ et 2 janv., 25 et 26 déc.*

Il est situé en bordure du **parc de la Citadelle** entourant le **palais des Floralies** (X X) *(p. 93).* Il possède de riches et intéressantes collections d'art ancien et moderne du 15ᵉ au 20ᵉ s. Si quelques sculptures et les tapisseries de Bruxelles méritent d'être citées, ce sont surtout les peintures qui retiendront l'attention.

Peinture ancienne *(aile droite).* — A côté des tableaux excellents du Gantois Horenbaut, surtout connu comme miniaturiste (16ᵉ s.), on remarque deux œuvres de Jérôme **Bosch**, le Portement de croix où s'exerce la verve de l'artiste et Saint Jérôme en prière.

Viennent ensuite des œuvres de Pierre Brueghel le Jeune et Roland Savery.

Sont également à signaler : un admirable portrait de femme de Pourbus le Vieux, des Rubens et une étude de têtes par Jordaens, d'une rare vigueur, les disciples d'Emmaüs et un portrait de Pierre Camus par Philippe de Champaigne, un Butor de Fyt et un portrait de Frans Hals.

Le musée possède en outre une riche collection d'icônes russes.

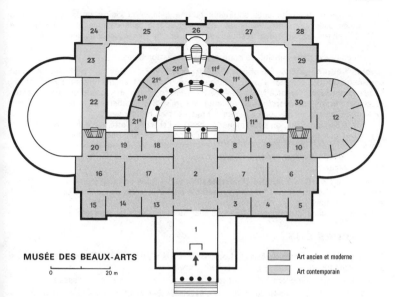

MUSÉE DES BEAUX-ARTS

0   20 m

Art ancien et moderne

Art contemporain

Peinture moderne *(aile gauche)*. — La collection est très importante et présente, en particulier, des peintures des Belges Ensor, Evenepoel, Spilliaert, Émile Claus, Van Rysselberghe (la Lecture) et du Français Rouault.

Quelques salles sont consacrées aux peintres du premier groupe de Laethem-St-Martin *(p. 98)*, avec Permeke, Minne, Van de Woestijne, De Saedeleer, et à ceux du deuxième groupe : Gust De Smet, Servaes.

Une salle rassemble des œuvres de l'école française du 19e s. (Géricault, Corot, Courbet, Fantin-Latour, Daubigny, Millet).

Musée d'Art contemporain (Museum van Hedendaagse Kunst). — Installé dans les locaux du musée des Beaux-Arts, ce musée a été inauguré en 1976. Les tendances de l'art contemporain (Cobra, Hyperréalisme, art Minimal, art Conceptuel, Pop Art) avec Poliakoff, Karel Appel, Bacon, Andy Warhol, y sont représentées ainsi que celles de quelques précurseurs (Magritte, Delvaux, Servranckx).

Musée de la Byloke★★ (Bijloke Museum) (X M³). — *Visite : 10 h - 12 h et 13 h 30 - 17 h.*

L'ancienne abbaye de cisterciennes de la Byloke fut fondée au 13e s. Ce remarquable ensemble de constructions de briques datant du 14e au 17e s., abrite un musée d'archéologie.

A l'intérieur des bâtiments conventuels, on parcourt de belles pièces, où ont été reconstitués d'anciens intérieurs gantois, et les galeries du cloître où sont exposées d'importantes **collections d'arts décoratifs** (ferronnerie, objets en cuivre, bronze, poteries et céramiques), des costumes, des armes.

Au premier étage, le **réfectoire** du 14e s. est remarquable avec sa grande voûte lambrissée et ses fresques dont l'une représente la Cène. Au centre, beau gisant en pierre de Tournai, d'un châtelain gantois, mort en 1232.

La salle des Corporations, ancien dortoir, renferme de magnifiques **torchères** en bois sculpté, du 18e s., symbolisant les différents métiers.

Au rez-de-chaussée, deux salles sont consacrées aux confréries militaires de Gand.

En traversant la petite galerie donnant sur une seconde cour, remarquer le pignon du réfectoire délicatement sculpté de briques moulurées.

Dans la maison de l'abbesse (17e s.) ont été remplacées de belles cheminées du 17e s. provenant de l'hôtel de ville.

Dans la salle de la commune de Gand, on admire les insignes en argent des musiciens communaux (15e et 16e s.).

■ AUTRES CURIOSITÉS

Petit béguinage★ (Klein Begijnhof) (X). — Fondé en 1234 par Jeanne de Constantinople, ce calme enclos n'a pas changé depuis le 17e s. et une quinzaine de béguines l'habitent encore.

Les charmantes maisons en brique, précédées de jardinets aux murs blanchis à la chaux, encadrent l'église et deux pâturages.

Musée d'Arts décoratifs (Museum voor Sierkunst) (Y M⁴). — *Visite : 9 h - 12 h et 13 h 30 -17 h 15; fermé 1er et 2 janv., 25 et 26 déc.*

Les élégantes pièces de l'ancien hôtel de Coninck (18e s.) abritent de beaux meubles groupés par époque, des tapisseries, des objets d'art recréant l'atmosphère d'une demeure patricienne d'autrefois.

Certaines salles sont décorées de panneaux de toile peinte. Avec son plafond peint, ses boiseries, son mobilier, ses porcelaines de Chine, la **salle à manger** (salle 7) forme un ensemble du 18e s. particulièrement gracieux.

Ruines de l'abbaye St-Bavon (Ruïnes van de Sint-Baafsabdij) (V M⁵). — *Visite : 9 h - 12 h et 14 h - 17 h; fermé 1er janv. et 25 déc.*

Fondée au 7e s., l'abbaye fut reconstruite au 10e s.

En 1540, après avoir promulgué la Concession caroline *(p. 93)*, Charles Quint transforma l'abbaye en citadelle. Elle fut démolie au 19e s.

Il ne reste des bâtiments abbatiaux qu'une galerie du cloître gothique, le lavabo roman, les baies géminées, romanes également, de la salle capitulaire et le réfectoire (12e s.). Celui-ci renferme des fresques romanes et une remarquable série de dalles funéraires.

On peut voir dans l'enclos de nombreuses pierres tombales.

Ancien béguinage Ste-Élisabeth (Oude Begijnhof) (V Z). — Devenu insuffisant, le grand béguinage, fondé, comme le petit béguinage, en 1234, fut abandonné au 19e s. par les béguines qui s'installèrent à Mont-St-Amand (ci-dessous). Il n'en subsiste qu'une rue pittoresque et étroite, **Provenierstraat,** à proximité de l'église Ste-Élisabeth, et, non loin du porche de l'église, trois jolies maisons à pignons à redans, bien restaurées.

Par la Begijnhoflaan, on peut gagner au Nord le **Rabot (V).** Cette porte de 1489 aux toits pointus et aux pignons à redans est une ancienne écluse sous laquelle disparaît la Lieve, devenue en partie souterraine.

Non loin, la **Donkere Poort (V R)** est le seul vestige du palais (le Prinsenhof) où naquit Charles Quint.

Maison de l'Arrière-Faucille (Achtersikkel) (Z S). — Dans une ruelle proche de la cathédrale (Biezekapelstraat), elle forme un ensemble du 16e s., pittoresque avec ses tourelles et sa cour à arcades.

Non loin, dans la Hoogpoortstraat, se succèdent plusieurs façades anciennes.

EXCURSIONS

St.-Amandsberg (Mont-St-Amand); Lochristi. — 9 km au Nord-Est ② du plan. Voir aussi plan d'agglomération dans le guide Michelin Benelux.

Franchir le viaduc de chemin de fer et tourner à droite après une station d'essence.

St.-Amandsberg (Mont-St-Amand). — Le **béguinage** (Begijnhof) a succédé en 1874 à l'ancien béguinage Ste-Élisabeth (ci-dessus) dont il conserve le nom. C'est un immense enclos qui présente l'aspect traditionnel des béguinages. Au centre s'élève l'église, de style néo-gothique. Une vingtaine de béguines y habitent.
Le musée donne un aperçu de la vie des béguinages. Oostakkerstraat 53; visite : d'avril à oct. 9 h - 11 h et 14 h - 18 h (17 h en oct.); 20 F.

Lochristi. — 15 836 h. Dans cet important centre horticole prédomine la culture du bégonia (floraison en été) et de l'azalée.
Lors du **festival Bégonia** (p. 12), le centre du village et ses jardins publics sont ornés de motifs floraux.

Watervliet. — 32 km au Nord. Sortir par ⑩ du plan.

Eeklo. — 19 541 h. Joli petit **hôtel de ville** de style Renaissance, à pignons et lucarnes à redans et volets de couleurs gaies.

Waterliet. — Situé près de la frontière des Pays-Bas, ce bourg possède une église du 16e s., abritant un beau triptyque du 15e s. peint sur bois et un intéressant mobilier baroque. Pour visiter, s'adresser à Dhr Versluys Alfons, Stee.

Laarne★. — 15 km à l'Est. Sortir par ④ du plan et tourner à gauche vers Heusden. On découvre avant Heudsen de superbes propriétés. Description de Laarne p. 110.

Région de la Lys (Leiestreek). — 22 km — schéma ci-dessous. Sortir de Gand par Afsneelaan, près de la gare (St.-Pietersstation) (X).

Les bords de la Lys ont inspiré bien des peintres. Le nom de la petite localité de **Laethem-St-Martin** (St.-Martens-Latem) est resté dans l'histoire de l'art.

A la fin du 19e s., un groupe d'artiste se forma autour du sculpteur Georges Minne installé dans le village depuis 1897 : Gustave Van de Woestijne (1881-1947), les paysagistes Van den Abeele (1835-1918) et Valérius de Saedeleer (1867-1941).

Leurs recherches aboutirent, après la guerre, à l'expressionnisme très marqué du deuxième groupe de Laethem dont le précurseur est **Albert Servaes** (1873-1967), et les principaux représentants, **Constant Permeke** (1886-1952), le chef de file, **Gust De Smet** (1877-1943) et **Frits Van den Berghe** (1883-1939).

Aucune route ne suivant vraiment la Lys, une promenade en bateau est la meilleur façon d'en découvrir les paysages : de mai à sept. dim. et j. fériés (en outre merc. et sam. certains mois); 125 F; départ du palais de justice 13 h 30; s'adresser à Rederij Benelux, ☎ (091) 23.98.48.

Afsnee. — Sa charmante église romane dont le chevet borde la Lys est souvent reproduite sur les toiles.

St-Martens-Latem (Laethem-St-Martin). — 7 640 h. Situé près de la Lys, c'est un village dont les environs, comme ceux de Deurle, sont très fréquentés par les Gantois. De la route qui le traverse, on aperçoit à gauche un moulin à vent en bois datant du 15e s.

Deurle. — Page 84.

En quittant Deurle, on longe un instant la Lys (jolie vue à gauche), puis, en franchissant un pont, on a un beau **point de vue** sur la rivière qui s'écoule paresseusement entre de gras pâturages.

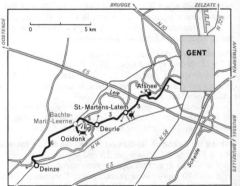

Château d'Ooidonk (Kasteel Ooidonk) — *Visite accompagnée : Ascension, Pentecôte, 11 et 21 juil., 15 août, le dim. en juil.-août, les deux 1ers dim. de sept. 14 h - 18 h ; 60 F., parc seul 25 F.*

À proximité du village de Bachte-Maria-Leerne, dans un domaine boisé, l'ancienne forteresse du 13e s., cernée d'eau, était un des domaines du baron de Nevele. Incendié au 16e s., au cours des guerres de religion, le château fut réédifié en 1595. Avec ses pignons à redans, ses tours à bulbe, il est caractéristique du style hispano-flamand. L'intérieur redécoré au 19e s. contient une belle suite d'appartements. Parmi les portraits du 16e s., figurent celui de Philippe de Montmorency, comte de Hornes et propriétaire du château et celui du comte d'Egmont. Tous deux furent décapités à Bruxelles en 1568.

Deinze. — 24 802 h. Deinze, ville industrielle, possède une belle église gothique sur le quai de la Lys. A côté, le **musée communal** (gemeentemuseum) *(visite : merc. et sam. 8 h - 12 h et 13 h 30 - 17 h 30 ; dim. et jours fériés 8 h 30 - 12 h 30 et 14 h - 18 h)* présente une collection de peintures où le groupe de Laethem est bien représenté ainsi que de nombreux artistes ayant travaillé près de la Lys : Émile Claus (la Récolte des betteraves), Albert Saverys, Maurits Schelck. A l'étage, archéologie et folklore.

GERAARDSBERGEN ★ (GRAMMONT) Oost-Vlaanderen ─────────

Cartes Michelin nos **409** - pli 12 et **2** - pli 17 — 30 447 h. *Plan dans le guide Michelin Benelux.*

Grammont dont le nom exprime la **situation★** dominante est accrochée au flanc d'une colline surplombant la Dendre. Elle est célèbre dans le monde des courses cyclistes pour sa terrible côte, « le mur de Grammont ». Elle possède une très importante fabrique d'allumettes. La tarte au maton (lait caillé) est une spécialité de la ville.

■ CURIOSITÉS *visite : 1 h*

Grand-Place (Grote Markt). — Là se dressent l'église St-Barthélemy et l'hôtel de ville à pignons dentés et tourelles d'angle (19e s.). Adossé à ce dernier, un petit Manneken Pis serait le plus ancien de Belgique (1455).

Au centre de la place, fontaine gothique, le Marbol, de 1475.

Ancienne abbaye St-Adrien (St.-Adriaansabdij). — *Suivre la rue à gauche de l'hôtel de ville ou Vredestraat, puis à droite Abdijstraat. Visite : de Pâques à fin sept. 9 h - 12 h et 14 h - 17 h (12 h - 19 h dim. et j. fériés) ; musée : 10 F (avec zoo : 40 F).*

Un monastère bénédictin fut fondé ici en 1081. Les bâtiments abbatiaux du 18e s., transformés en **musée** *(1er étage)* abritent un mobilier provenant de l'église St-Barthélemy à Grammont et de l'hôtel d'Hane Steenhuyse à Gand *(p. 93)* ainsi que quelques tableaux anciens.

Dans le parc, aménagé autour d'un étang *(pêche)*, petit **zoo** (Dierenpark).

Vieille Montagne (Oudenberg). — *Accès en voiture par Abdijstraat.*

Une chapelle de pèlerinage est érigée sur ce mont dont le sommet, à 110 m d'altitude, offre une belle vue sur le paysage environnant.

Là a lieu la fête du **Krakelingenworp** ou « jet des craquelins » *(p. 12)*. A 15 h, un cortège folklorique (800 participants) commence à gravir la colline. A l'arrivée, 10 000 craquelins, sortes de biscuits, sont lancés à la volée sur la foule et les notables doivent boire, dans un gobelet en argent, de petits poissons vivants. Le soir lors du **Tonnekenbrand**, le feu est mis à un tonneau. L'origine de ces manifestations, qu'on suppose très anciennes, reste mystérieuse.

HALLE ★ (HAL) Brabant ──────────────────

Cartes Michelin nos **409** - pli 13 et **2** - pli 18 — *Schéma p. 78* — 32 124 h. *Plan dans le guide Michelin Benelux.*

La ville est vouée depuis le 13e s. au culte de la Vierge Noire, objet d'un pèlerinage fameux : la procession de la Pentecôte avec cortège historique *(p. 12)*, celles du 1er dimanche de septembre et du 1er dimanche d'octobre sont les plus importantes.

Par ailleurs, le carnaval *(dim. après la mi-carême)* est réputé.

■ BASILIQUE★★ (Basiliek) *visite : 3/4 h*

Il est conseillé de visiter l'après-midi (en dehors des offices).

Elle a été bâtie au 14e s. Son plan, sans transept saillant, constitue un bon exemple du style gothique brabançon d'origine. Elle est précédée d'une puissante **tour** carrée, surmontée de clochetons d'angle et, depuis 1775, d'une lanterne baroque. Hors œuvre à droite, une petite mongolfière coiffe la chapelle baptismale (15e s.). Le carillon installé en 1973 possède 54 cloches.

Remarquer le **portail Sud** avec sa Vierge à l'Enfant entourée d'anges musiciens et, un peu plus loin, une petite porte où figure le couronnement de la Vierge. Le chevet, d'harmonieuses proportions, et les flancs de l'édifice sont ornés de superbes culs-de-lampe historiés et d'un double étage de balustrades.

Intérieur. — La nef, élégante, possède un triforium à remplage flamboyant; au-dessus du porche, le mur est ajouré d'un double étage de baies également flamboyantes. On y admire de nombreux **objets d'art** ainsi que de belles sculptures.

Les fonts baptimaux *(chapelle à droite de la tour)* datent de 1466 : en laiton, ils sont recouverts d'un riche couvercle décoré d'apôtres, de cavaliers (saint Martin, saint Georges, saint Hubert) et d'un groupe représentant le Baptême du Christ.

Dans le chœur, statues d'apôtres de 1410 inspirées de l'art de Claus Sluter, célèbre sculpteur des ducs de Bourgogne à Dijon; au milieu trône la célèbre Vierge Noire; dans le déambulatoire, les écoinçons des arcatures sont sculptées de scènes remarquables (15e s.).

HALLE★

Dans la chapelle de Trazegnies, construite hors œuvre le long du bas-côté gauche, un retable représentant les sept Sacrements a été exécuté par Jean Mone, sculpteur de Charles Quint, dans la ligne de la Renaissance italienne. Remarquer encore, dans une chapelle orientée à gauche du chœur, le minuscule gisant de Joachim, fils de Louis XI, mort en 1460 alors que son père, encore dauphin, s'était réfugié à Genappe *(7 km à l'Est).*

Trésor. – *Visite : dim. et lundi de Pentecôte, Ascension.*

Dans la crypte, sont exposées les plus belles pièces du trésor, témoignant de la générosité de protecteurs illustres : en particulier, deux ostensoirs bruxellois, l'un, du 15⁰ s., donné par Louis XI, l'autre, du 16⁰ s. offert par Henri VIII.

Voisin de la basilique, l'**hôtel de ville,** construit au début du 17⁰ s. dans le style Renaissance et restauré au 19⁰ s., présente une façade harmonieuse. L'ancien **collège des Jésuites,** du 17⁰ s. *(près du flanc droit de la basilique),* a été restauré.

EXCURSION

Rebecq. – 8988 h. *10 km au Sud-Ouest par 4 du plan, puis une route à droite.*

Un **train touristique** tracté par une petite locomotive relie l'ancienne gare de Rebecq à la halte de Rognon, dans la vallée de la Senne. *Départs : de Pâques à fin sept. dim. et j. fériés à partir de 14 h 30; 45 mn AR; 60 F.*

Dans le **moulin d'Arenberg,** situé sur la Senne, sont organisées des expositions.

HAN-SUR-LESSE ★ Namur ─────────────────────────

Cartes Michelin n⁰ˢ **409** - plis 14, 15 et **4** - pli 6.

Au cœur du **parc national de Lesse et Lomme,** vaste massif calcaire traversé par deux rivières, Han-sur-Lesse doit sa célébrité à sa magnifique grotte et à sa réserve d'animaux.

■ CURIOSITÉS visite : 1/2 journée

Grotte de Han★★★. – *Visite accompagnée : 9 h 30 - 11 h 30 et 13 h - 17 h 30 (13 h 30 - 15 h 30 de mi-sept. à Pâques); 150 F. L'entrée de la grotte, située dans la réserve, n'est accessible que par tramway. Le retour s'effectue à pied (400 m).*

La grotte calcaire géante creusée par la Lesse sur 10 km offre à la visite le tiers de son réseau. Elle servit de refuge de la fin du néolithique au 18⁰ s. Très humide, d'une température de 12⁰ C, elle abrite de gigantesques concrétions dont la progression est de 4 cm par siècle, telle l'élégante stalagmite du **Minaret.**

Exploitées depuis 1856, certaines galeries sont noircies par les torches. La **Salle des Mystérieuses** garde toutefois la magie d'un palais de cristal. L'imposante **Salle d'Armes,** de 50 m de diamètre, traversée par la Lesse, précède la **Salle du Dôme** de 129 m de hauteur où l'on voit un porteur de torche dévaler le prodigieux amoncellement, et celle des **Draperies** à la voûte hérissée de stalactites marbrées.

De larges barques descendent le cours souterrain de la Lesse et ramènent au jour au **Trou de Han.**

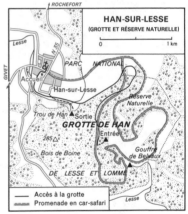

Musée du Monde Souterrain. – *Visite : de début avril à mi-oct. 10 h - 12 h et 13 h - 18 h; 30 F. Spectacle audio-visuel.*

Ce petit musée présente les résultats de fouilles pratiquées par des plongeurs dans la grotte de Han, au fond de la rivière ou sur ses berges : armes et outils de silex taillé de 2 000 ans avant J.-C., bijoux en or de l'âge du bronze final, fibules de l'âge du fer, fragment de diplôme d'un vétéran romain (an 108), armes mérovingiennes, poteries du Moyen Age, étains espagnols du 17⁰ s.

Safari★. – *Visite en car-safari, même horaire que la grotte; 120 F.*

Dans un magnifique domaine d'environ 250 ha où vient s'engouffrer la Lesse, une **réserve naturelle** rassemble la faune des forêts d'Ardenne (cerfs, daims, sangliers) et, dans une vaste clairière, les principaux animaux sauvages ayant vécu autrefois dans la région : bisons, tarpans (petits chevaux), aurochs dont l'espèce éteinte a été reconstituée par croisements.

Au **gouffre de Belvaux,** la Lesse se perd sous un arc rocheux du mont de Boine pour ressurgir au Trou de Han *(ci-dessus).*

EXCURSION

Lavaux - Ste-Anne. – *10 km à l'Ouest par la route de Dinant.*

Entouré de douves alimentées par les eaux de la Wimbe, le **château féodal** se présente comme une forteresse encore flanquée aux angles de trois tours massives du 15⁰ s. coiffées de bulbes et d'un donjon du 14⁰ s.

Aux 17⁰ et 18⁰ s., les courtines reliant les tours ont laissé place à des corps de logis disposés en U.

L'intérieur abrite un **musée de la Chasse et de la Conservation de la nature.** *Visite : de mars à oct. 9 h - 12 h et 13 h - 18 h (17 h le reste de l'année); 70 F.*

Animaux naturalisés, trophées de chasse et documentation sur la faune européenne.

Cartes Michelin n°s **409** - pli 6 et **🔲** - pli 9 – 64 439 h.

Aux confins de la Campine et de la Hesbaye, Hasselt est depuis 1839 le chef-lieu du Limbourg belge, un traité, signé à Londres, ayant alors partagé cette province, reste d'un ancien duché, entre la Belgique et les Pays-Bas.

C'est une ville active qui voit son importance croître avec l'industrialisation de la région. Ses distilleries fabriquent un excellent genièvre.

Du 14e au 18e s., la ville dépendit de l'évêché de Liège, non sans se soulever parfois, comme au 16e s., lorsque les protestants hasseltois participèrent aux troubles religieux fomentés contre les princes-évêques.

Hasselt s'est dotée en 1959 d'un centre culturel moderne *(par Kunstlaan, Z)*.

En 1967 fut fondé le diocèse de Hasselt qui couvre la province du Limbourg.

Les fêtes. – Tous les sept ans, en août *(prochaine manifestation en 1982)*, la Madone Virga Jesse, patronne de la ville, est honorée par une importante procession religieuse, présidée par le géant hasseltois « De Langeman » ou Don Christophe.

Chaque année, le 30 avril, sur la Grand-Place, a lieu une fête folklorique, le Meieavond-viering. L'arbre de mai y est porté en cortège, puis planté tandis qu'on brûle des manne-quins représentant la mauvaise saison et que dansent les sorcières. Puis retentissent des chants hasseltois, notamment le Meiliedeke.

■ **CURIOSITÉS** *visite : 1 h*

Grand-Place (Grote Markt) (Z). – On y admire, abritant une pharmacie, une maison à colombages datée de 1659 et nommée d'après son enseigne, **Het Sweert (Z A)**, l'Épée.

Toute proche est la **cathédrale St-Quentin (Z B)**, dont on aperçoit la tour trapue du 13e s., couronnée par une flèche du 18e s. La nef et les bas-côtés ont été construits au 14e s. et agrandis progressivement du chœur, des chapelles latérales, puis du déambulatoire.

Église Notre-Dame (O. L. Vrouw-kerk) (Z D). – Cette église du 18e s. abrite des œuvres d'art en marbre sculpté, provenant de l'abbaye cistercienne d'Herkenrode *(5 km au Nord-Ouest de Hasselt)* qui fut fondée à la fin du 12e s., supprimée en 1797, et dont l'église fut détruite au 16e s. par un incendie.

Le **maître-autel** est le chef-d'œuvre du sculpteur liégeois Jean Delcour, mort en 1707 *(p. 114);* les statues de saint Bernard et de l'Immaculée Conception sont aussi des œuvres de Delcour.

Dans le transept les deux **mausolées** d'abbesses d'Herkenrode ont été réalisés l'un à droite (Christ au Tombeau), par Artus Quellin le Jeune (1625-1700), l'autre à gauche (Résurrection du Christ), par Laurent Delvaux (1696-1778).

Dans le chœur est exposée la Virga Jesse, Vierge du 14e s., à l'origine de la procession septennale.

Ancien refuge de l'abbaye d'Herkenrode (Y E). – Ce bel édifice gothique-Renaissance du 16e s., actuellement occupé par

HASSELT

Boter Markt	Y 4	Bampslaan		Y 3
Demerstr.	Y	Kempischesteenweg		Y 13
Diesterstr.	Z 7	Kolonel Dusartpl.		Y 14
Grote Markt	Z 8	Koningin Astridlaan		Y 17
Havermarkt	Z 9	Lombaardstr.		Y 18
Hoogstr.	Y 12	Maastrichtersteenweg		Y 20
Koning Albertstr.	Z 16	Maastrichterstr.		Z 21
Ridders Portmanstr.	Z 22	de Schiervellaan		Z 25
		Sint Jozefstr.		Z 26
		Sint Truidersteenweg		Z 27
		Zuivelmarkt		Y 28

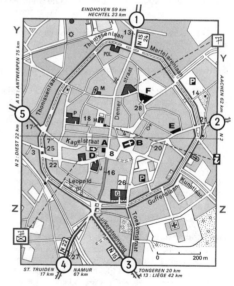

des services publics, était, aux époques troublées, l'un des refuges des cisterciennes d'Herkenrode.

Ancien béguinage (Begijnhof) (Y F). – Le jardin est encore entouré de sa rangée de maisons de béguines du 18e s., précédées d'une petite cour. Elles sont de style mosan, avec des murs de brique entrecoupés de rangées de pierre. Un petit bâtiment moderne (1973) abrite des expositions.

Des ruines couvertes de lierre et quelques pierres sculptées sont les seuls vestiges de l'église détruite par un bombardement en 1944.

EXCURSIONS

Bokrijk★; Kelchterhoef; Zwartberg; Genk. – *42 km. Sortir par ① du plan et prendre à droite après le pont sur le canal Albert.*

Domaine de Bokrijk★. – *Page 57.*

Contourner le domaine par l'Est. On traverse bientôt de magnifiques collines de bruyère, caractéristiques de la Campine, puis on dépasse le domaine récréatif de **Hengelhoef**, avant d'atteindre la route de Houthalen à Zwartberg.

Kelchterhoef. – C'est un grand domaine récréatif boisé, parsemé d'étangs (pêche) où subsiste une ancienne ferme abbatiale à colombages, transformée en auberge.

A proximité se trouve le **musée provincial d'Automobiles de Houthalen★** (Provinciaal Automuseum). *Visite : 10 h - 19 h (17 h oct.-mars) ; fermé déc.-janv. ; 75 F.*

Installé dans un bâtiment construit en 1970, ouvrant sur la verdure par de larges baies, il contient une centaine de véhicules, principalement de rutilantes automobiles, dont la plus ancienne remonte à 1899. Toutes sont en état de marche.

Une Panhard Levassor de 1907 est présentée dans l'état où elle a été découverte, enfouie dans le foin d'une grange.

Se diriger vers l'Est pour se rendre à Zwartberg.

Zwartberg. — *Page 92.*

Genk. — *Page 92.*

En rentrant à Hasselt, on peut faire une halte à la **réserve De Maten** *(p. 92).*

Zolder; 't Fonteintje; Molenheide. — *59 km au Nord. Sortir par ⑤ du plan et prendre à droite après le passage sous l'autoroute.*

Zolder. — Au Sud de la ville, près de la colline du **Bolderberg** (alt. 60 m), couverte de pins, le **circuit automobile de Terlamen** (Omloop van Terlamen) de 4,5 km est un important centre de compétition où se dispute chaque année le Grand Prix de Belgique Formule 1.

't Fonteintje. — A l'est de Koersel, c'est un centre récréatif situé au milieu des pins. Du sommet de la **tour** (uitkijktoren), vue sur la Campine *(accès en saison seulement).*

Molenheide. — Au Nord de Helchteren, ce vaste parc récréatif aménagé dans les bois dispose de nombreuses ressources. Dans le **parc à gibier** (Wildpark), les animaux (daims, chevreuils etc.) évoluent en liberté, à l'exception des sangliers groupés dans un grand enclos, près d'un petit chalet (boskantine). *Visite : 10 h - 17 h (20 h en été); 30 F.*

HERENTALS Antwerpen ─────────────────────────

Cartes Michelin nᵒˢ **409** - pli 5 et **2** - pli 8 — 23 682 h.

Jadis florissante ville drapière, Herentals garde de son passé quelques souvenirs, notamment, au Sud et à l'Est, deux **portes** de son enceinte du 14ᵉ s.

■ **CURIOSITÉS** visite : 1 h

Hôtel de ville (Stadhuis). — Au centre d'une Grand-Place allongée, c'est l'ancienne halle aux draps. Du 16ᵉ s., en brique et grès, il est surmonté d'un minuscule beffroi octogonal à carillon.

Les combles abritent le **musée** (museum) **Fraikin.** *Visite : de mai à sept. 10 h - 12 h et 14 h - 17 h.* Collection de plâtres du sculpteur Charles Fraikin, né à Herentals (1817-1893).

Église Ste-Waudru (St-Waldetrudiskerk). — Cette église de style gothique brabançon a conservé sa tour centrale carrée, du 14ᵉ s.

L'intérieur abrite un mobilier intéressant. Le **retable★** des saints Crépin et Crépinien, patrons des cordonniers et des tanneurs, où est représenté leur martyre, a été sculpté en bois au début du 16ᵉ s. par Pasquier Borremans.

On peut voir également des stalles sculptées du 17ᵉ s., des tableaux (16ᵉ-17ᵉ s.) d'Ambrosius et de **Frans Francken le Vieux,** ce dernier étant né à Herentals, de Pierre-Joseph Verhagen (18ᵉ s.). Fonts baptismaux romans.

Béguinage (Begijnhof). — *Accès par Fraikinstraat et Begijnenstraat.*

Fondé au 13ᵉ s., il connut une grande prospérité mais, détruit par les iconoclastes en 1578, il dut être reconstruit. Les maisons encadrent un jardin où se dresse une charmante église de style gothique (1614). *Pour visiter, s'adresser au nᵒ 4 ou au nᵒ 18 (sauf dim.).*

EXCURSION

Geel; Mol; Postel; Kasterlee. — *Circuit de 65 km.*

Geel. — 31450 h. La ville est connue pour sa colonie d'aliénés inoffensifs hébergés dans des familles. La spécialisation de Geel serait née à la suite de la décapitation de saint Dymphne, princesse d'Irlande, par son père que le démon avait rendu fou.

L'**église Ste-Dymphne** (St.-Dimpnakerk) s'élève à la sortie de la ville, route de Mol. *Fermée en dehors des offices religieux.*

Cette église flamboyante contient un riche mobilier : dans le chœur, un beau **mausolée★** en marbre noir et albâtre par l'Anversois Corneille Floris (16ᵉ s.); sur l'autel, un retable (1513) illustrant la vie de la sainte; dans le bras droit du transept, un retable brabançon (fin du 15ᵉ s.) représentant des scènes de la Passion; dans la première chapelle du déambulatoire, le retable aux douze apôtres (14ᵉ s.). Un petit édifice accolé à la tour de l'église, et nommé Chambre des Malades, montre une jolie façade Renaissance.

Mol. — 29 474 h. Mol est connu pour son Centre National d'Études nucléaires créé en 1952. L'**église des Sts-Pierre et Paul** (St.-Pieter-en-Pauluskerk) renferme une épine de la couronne du Christ en l'honneur de laquelle a lieu chaque année une procession (H. Doornprocessie). Près de l'église s'élève un **pilori.**

Jacob Smits (1855-1928) qui vécut dans le village voisin de **Achterbos,** est le grand peintre de la Campine. Sa maison, près de l'église du village, a été transformée en **musée.** *Visite : sam., dim. et j. fériés 14 h - 18 h; tous les jours sauf lundi pendant vacances de Noël, de Pâques et d'été; fermé 1ᵉʳ janv., dim. de Pâques, 25 déc.; 20 F.*

Ginderbuiten. — Une église moderne (St.-Jozef Ambachtsman), construite par Meekels, est à signaler.

Zilvermeer. — A 1,5 km au Nord de Sluis, dans les pinèdes, cet important domaine récréatif provincial entoure deux lacs, l'un réservé à la baignade et au canotage, l'autre à la voile.

Abbaye de Postel (Abdij van Postel). – *Visite sur demande écrite adressée à Pater J. Folens, Abdijlaan 16, 2400 Mol ; 15 F.*

Au cœur d'une forêt de pins, c'est une abbaye de Prémontrés *(p. 53)* fondée au 12e s. par les moines de Floreffe. Les bâtiments du 18e s. sont flanqués d'une tour Renaissance à carillon (concerts). L'**église,** romane, des 12e et 13e s., a été modifiée au 17e s. On y donne des concerts d'orgue.

Kasterlee. – 14510 h. Au milieu des pinèdes, c'est le grand centre touristique de la Campine anversoise.

Au Sud, face à un petit cimetière britannique de la dernière guerre, abondamment fleuri, on peut voir un joli **moulin à vent,** et plus au Sud, sur la Nèthe (Nete), un moulin à eau, transformé en restaurant *(panneaux : « De Watermolen »).*

Belvédère (Toeristentoren) **de Papekelders.** – *Visite : d'avril à sept. 9 h - 12 h et 13 h - 19 h; 20 F. A l'entrée d'Herentals, juste avant la voie ferrée, tourner à droite vers le bois Bosbergen et continuer à pied.* Au point culminant du bois (altitude 24 m) a été aménagée une tour-belvédère : panorama sur la région.

HOUFFALIZE   Luxembourg

Cartes Michelin nᵒˢ **409** - Sud-Ouest du pli 16 et **4** - pli 8 – 4 031 h.

Au cœur de l'Ardenne, à 370 m d'altitude, Houffalize, centre de villégiature animé, occupe un joli **site★** dans la verdoyante vallée de l'Ourthe orientale.

Détruit en 1944 pendant la bataille des Ardennes *(p. 53),* le bourg a été reconstruit. Les routes qui viennent du Sud et de l'Ouest offrent de beaux points de vue sur ses toits d'ardoise.

HUY ★★ Liège

Cartes Michelin nᵒˢ **409** - pli 15 et **2** - pli 21 – 18 038 h.

Au confluent de la Meuse et du Hoyoux, Huy (prononcer : « houy ») est une charmante petite ville blottie au pied de sa collégiale et de sa citadelle. Jadis, les Hutois s'enorgueillissaient de posséder quatre merveilles : li pontia, le pont (gothique, reconstruit en 1956), li rondia, la rose de la collégiale, li bassinia, la fontaine de la Grand-Place, li tchestia, le château (citadelle). Huy fit partie de la province de Liège de 985 à 1789. Sa situation stratégique lui valut une trentaine de sièges et une longue série de destructions.

La ville vit naître les fameux orfèvres mosans du 12e s. : **Renier de Huy,** auteur des fonts baptismaux de St-Barthélemy à Liège *(p. 116),* et Godefroy de Claire, nommé aussi **Godefroy de Huy.** Depuis le 7e s. les étains sont une spécialité locale.

En 1095, **Pierre l'Ermite** prêcha ici la première croisade. Il vint terminer sa vie dans le couvent de Neufmoustier où il fut enterré en 1115. Les vestiges du cloître, au Nord de la rue de Neufmoustier *(accès par av. Delchambre),* abritent son mausolée (1857).

Promenades sur la Meuse. – *Sur le plan d'eau de Huy; 55 mn; de Pâques à fin sept.; 80 F.; départ au pied de la citadelle.*

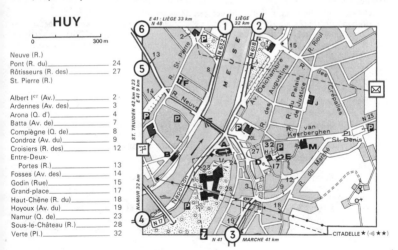

■ CURIOSITÉS *visite : 2 h*

Collégiale Notre-Dame★ (A). – *Visite : 9 h - 12 h et 14 h - 17 h.*

C'est un vaste édifice gothique rayonnant du 14e s. Des tendances flamboyantes apparaissent dans les fenêtres hautes, terminées à la fin du 15e s. Une imposante tour ornée d'une belle **rosace** (li rondia) d'un diamètre de 9 m précède la collégiale.

Le chevet est flanqué de deux tours carrées, fait exceptionnel en Belgique. Le **portail du Bethléem,** qui donnait sur le cloître, présente un tympan où figurent la Nativité (à gauche les bergers, à droite les Rois mages) et, au-dessus, le Massacre des Innocents. La fluidité des étoffes et le pittoresque de certains détails sont bien rendus.

L'intérieur, à trois nefs, est d'une belle envolée, en particulier les fenêtres de l'extrémité du chœur. Sous le chœur s'étend une crypte romane.

Trésor★. – *Visite : 40 F.* Il abrite, outre d'intéressantes statues de saints en bois (14e au 16e s.), une riche collection d'orfèvrerie comprenant quatre magnifiques **châsses** des 12e et 13e s. : celles des saints Domitien et Mengold, patrons de la ville, très endommagées, attribuées à Godefroy de Huy; la châsse de saint Marc (début du 13e s.), remarquable pour ses figurines pleines de vie dont les lignes souples sont rehaussées par des émaux champlevés; la châsse de la Vierge (vers 1265) dont les personnages en cuivre repoussé s'inscrivent dans un décor extrêmement riche.

Au pied de la citadelle se dresse l'ancien **Hospice d'Oultremont,** occupé par l'Office du Tourisme. En face, sur la rive opposée, belle **maison de Batta (B)** de style Renaissance mosane.

Citadelle★. — *Accès à pied ou par le téléphérique allant à la Sarte (départ rive gauche; 60 F). Visite : de Pâques au 30 sept. sam., dim. 10 h - 19 h; tous les jours en juil.-août; 50 F.*

La citadelle a été construite de 1818 à 1823 par les Hollandais sur l'emplacement de l'ancien château des princes-évêques (li tchestia) démantelé en 1717. Entre 1940 et 1944 elle servit de prison pour résistants et otages. Plus de 7 000 personnes y ont été internées.

On visite *(circuit fléché)* les locaux qui ont servi de cachots, la salle d'interrogation et quelques salles aménagées en musée militaire. Du glacis, **vues★★** splendides sur la vieille ville, la Meuse et les environs; au Nord-Est, centrale nucléaire de Tihange (1975).

Grand-Place. — Devant l'élégant hôtel de ville de 1766 se dresse « li bassinia », belle **fontaine** du 18e s. **(D)** surmontée de personnages en bronze, datant de 1406 et 1597.

Par de charmantes ruelles tortueuses, on gagne le musée, en traversant la **place Verte** où s'élève la jolie petite église gothique St-Mengold **(E)**.

Musée communal★ (M). — *Visite : de début avril à mi-oct. 14 h - 18 h, en outre 10 h - 12 h dim. et j. fériés; 20 F.*

Installé dans les bâtiments et le cloître de l'ancien couvent des frères Mineurs (17e s.), il contient d'importantes collections relatives à l'histoire et au folklore local : intérieur régional orné d'une belle cheminée en grès de 1621, pièces archéologiques, estampes de la ville, céramiques fabriquées à Huy au 19e s., étains, objets d'art religieux parmi lesquels on remarque le Christ du 13e s. nommé **« le beau Dieu de Huy ».**

Église St-Pierre (F). — Fonts baptismaux romans ornés d'animaux symboliques (lion, dragon).

La Sarte. — A l'arrivée du téléphérique le **parc d'attractions Montmosan** *(ouvert : mai-sept., 99 F; billet combiné avec promenade sur la Meuse : 150 F)* comprend des jeux pour enfants, un parc et un **otarium** avec spectacle donné par des otaries de Californie.

(D'après photo musée communal, Huy)

Les enfants de saint Nicolas

EXCURSIONS

Amay; Flône; Jehay. — *12 km. Sortir par ① du plan.*

Amay. — 12 799 h. La **collégiale St-Georges,** d'origine romane, restaurée au 18e s., abrite une belle œuvre d'orfèvrerie mosane, la **châsse★,** en cuivre doré et argent, de sainte Ode et saint Georges, réalisée vers 1230 (bras gauche du transept), et un **sarcophage mérovingien★** (sous le chœur) qui porte l'inscription Santa Chrodoara mais pourrait être celui de sainte Ode.

Le cloître abrite un petit **musée communal** d'archéologie et d'art religieux. *Visite : sam. 10 h - 12 h et 14 h - 17 h; dim. 14 h - 17 h seulement; le reste du temps, s'adresser à M. le Curé, Place Ste-Ode; 30 F.*

Flône. — Entre le rocher et la Meuse se dresse l'abbaye de Flône, des 17e et 18e s. Dans l'église, beaux fonts baptismaux romans du 12e s.

Jehay-Bodegnée. — Le **château** de Jehay reflète dans ses douves une jolie façade en damier de pierres blanches et brunes. L'édifice actuel date du 16e s., mais l'occupation du site est très ancienne : les fouilles ont permis de retrouver les restes d'une cité lacustre vieille de 12 000 ans. *Visite : juil.-août sam., dim. et j. fériés 14 h - 18 h ; 140 F.*

L'intérieur, orné de meubles de valeur, contient de riches **colleions★** comprenant : tapisseries, tableaux, porcelaines, orfèvrerie. Sont à signaler : la pendule commandée pour Marie-Antoinette, le voile de mariage en dentelle de l'épouse du premier duc de Marlborough (1678). Les caves du 13e s. font office de **musée archéologique** : silex, crânes, patin à glace en os de cervidé préhistorique, têtes sculptées gallo-romaines. Dans une dépendance, collection de cartes d'état-major du 17e et 19e s., certaines ayant appartenu à Marlborough.

Modave; Bois-et-Borsu. — *20 km par ③. Carte Michelin n° **4** - Nord du pli 6.*

Modave. — 3 140 h. Bâti à l'extrémité d'un rocher surplombant le Hoyoux, le **château** du 17e s. englobe un donjon plus ancien. Sa large façade classique est précédée d'une vaste cour d'honneur. *Visite : de début avril à mi-nov. 9 h - 17 h, toutes les heures sauf 12 h et 13 h ; 50 F.* A l'intérieur *(circuit fléché)*, on visite des pièces élégamment meublées. Des **stucs** polychromes de Jean-Christian Hansche *(p. 113)* décorent le plafond du vestibule (arbre généalogique des comtes de Marchin) et de la salle d'Hercule (travaux d'Hercule). A l'étage, chambre de la duchesse de Montmorency qui fut propriétaire du château à la fin du 18e s.

Dans le parc fut installée (fin du 17e s.), pour alimenter les pièces d'eau, une machine hydraulique conçue par Rennequin Sualem qui devait créer ensuite pour Louis XIV la machine de Marly, près de Versailles. De nos jours les eaux du Hoyoux alimentent Bruxelles.

Bois-et-Borsu. — A Bois, dans l'**église romane** à trois nefs, les voûtes et murs du chœur et de la nef principale conservent de belles fresques (fin 14e s.) illustrant la vie du Christ et les légendes de saint Lambert et de saint Hubert. *Visite : mai-oct.*

Cartes Michelin n⁰ˢ **409** - pli 10 et **2** - plis 13, 14 — 34 446 h.

Ypres, presque entièrement démolie en 1914-1918, a été rebâtie après la guerre. C'était au 13ᵉ s., avec Bruges et Gand, la plus puissante des villes flamandes.

UN PEU D'HISTOIRE

Une grande ville drapière (12ᵉ-13ᵉ s.). — Fondée au 10ᵉ s., Ypres aurait compté 40 000 h. vers l'an 1260. A cette époque sont construites les halles et la nouvelle église St-Martin.

Au 14ᵉ s., pendant la guerre de Cent Ans, Ypres s'allie à l'Angleterre qui lui procure la laine nécessaire à son activité et subit de ce fait les représailles du roi de France. C'est alors le début du déclin économique de la ville que Bruges remplace sur le marché international. Ypres souffre de troubles internes : les dissensions entre patriciens et gens de métiers la conduisent à subir la prépondérance de ces derniers, après la bataille des Éperons d'Or (1302, p. 109).

Une épidémie en 1316, la destruction de ses faubourgs ouvriers en 1383 pendant le siège des Gantois et des Anglais, précipitent sa décadence. Au 16ᵉ s., la répression succède aux troubles religieux; de nombreux tisserands s'expatrient.

Siège d'un nouvel évêché en 1559 (supprimé en 1801), Ypres devient cité religieuse; des couvents y sont créés. L'un des évêques sera le célèbre Jansénius (p. 111).

Une place forte (17ᵉ-18ᵉ). — Sa situation stratégique lui vaut de soutenir de nombreux sièges et de passer de mains en mains. En 1678 les Français s'en emparent et Vauban l'entoure de bastions. Sous le règne des Habsbourg, Ypres occupe la frontière méridionale d'un vaste empire et voit ses fortifications renforcées.

En 1852, ses remparts sont démolis. Ils ont été aménagés en promenade.

Le saillant d'Ypres (1914-1918). — La guerre de 1914-1918 anéantit la ville qui, la tourmente passée, renaît de ses cendres et retrouve ses activités (textiles et industries).

Après les inondations de Nieuport (p. 136), les Allemands ont reporté leurs attaques sur la région d'Ypres, en octobre 1914. Pendant quatre ans, jusqu'en octobre 1918, celle-ci est le centre de sanglantes batailles pour la possession d'un saillant tenu à l'Est de la ville par des troupes en majorité britanniques. Comme sur l'Yser, le front va rester stable malgré tous les efforts allemands et, en particulier, l'utilisation, pour la première fois en avril 1915, de gaz asphyxiants à Steenstraat (au Nord d'Ypres).

En avril 1918 une importante offensive allemande est arrêtée à Merkem, au Nord, par les troupes belges, et aux monts de Flandre (p. 106) par les Britanniques et les Français. A partir de septembre la contre-attaque des Alliés, commandée par le maréchal Foch, va permettre de libérer la Belgique.

Plus de 300 000 Alliés dont 250 000 Britanniques ont trouvé la mort au cours des combats. La campagne environnant Ypres n'est qu'une vaste nécropole : on y compte plus de 170 cimetières militaires.

A **Poelkapelle** (9 km par ① du plan) fut abattu en 1917 le capitaine Guynemer (monument commémoratif).

Un itinéraire jalonné de panneaux hexagonaux, « Route 14-18 », partant d'Ypres, permet de découvrir les sites et cimetières militaires au Nord-Est de la ville.

■ CURIOSITÉS visite : 2 h

Halles aux draps★ (Lakenhalle) (Y A). — Achevées en 1304, elles ont été détruites en 1914-1918 et reconstruites avec soin, en grès, dans le style primitif.

En forme de long rectangle entourant deux étroites cours, elles montrent sur la Grand-Place Albert Iᵉʳ une façade de 133 m interrompue par un très beau **beffroi** carré flanqué de quatre tourelles. Du 2ᵉ étage de ce beffroi, le jour de la **fête des Chats** (p. 12) sont lancés des animaux en peluche. La fête remonte au 10ᵉ s. Les chats étaient alors vivants. C'était un défi au diable et à la sorcellerie. Depuis 1955, la manifestation est précédée d'un grand cortège de chats.

Les halles sont flanquées à droite du **Nieuwerk** (Y H), gracieux édifice Renaissance construit en 1619 pour abriter l'hôtel de ville.

Montée au beffroi. — Accès par le musée d'Art moderne; 10 F.

Du sommet (264 marches), bonne vue sur la ville et la cathédrale.

Musée d'Art moderne (Provinciaal Museum voor Moderne Kunst). — Visite : 10 h - 12 h 30 et 13 h 30 - 18 h (13 h 30 - 17 h 30 seulement nov.-mars) ; fermé lundi.

Installé au 1ᵉʳ étage des halles, ce musée réunit dans un décor remarquable des peintures et sculptures belges allant de l'expressionnisme à nos jours (exposées par roulement) et comprenant notamment une intéressante collection de tableaux des artistes de Laethem (p. 98).

Musée du Souvenir (Herinneringsmuseum). — Visite : d'avril à oct. 9 h 45 - 12 h et 13 h 30 - 18 h ; 15 F.

Au rez-de-chaussée des halles, nombreux documents sur la guerre de 1914-1918 et sur la bataille du Saillant. Une vitrine est consacrée à Guynemer.

Musée Merghelynck (Hotel-Museum Merghelynck) (Z M¹). — Visite accompagnée : 10 h - 12 h et 14 h - 17 h ; fermé certains dim. ; 30 F.

Cet hôtel de 1774, détruit en 1915 et reconstruit en 1932, a retrouvé ses collections sauvées du désastre.

Un beau mobilier, des objets d'art (tableaux, porcelaines) agrémentent les belles pièces auxquelles on a restitué leur décoration raffinée du 18ᵉ s.

Musée (Museum) O.C.M.W. (Z M²). — Visite : juil.-août 10 h - 13 h et 15 h - 18 h (fermé lundi); le reste de l'année 10 h-12 h et 14 h-17 h (fermé sam., dim., lundi) ; fermé j. fériés ; 10 F.

Installé dans la chapelle de l'**hospice Belle,** aux lambris Renaissance, il renferme du mobilier ancien et des œuvres d'art : sculpture, orfèvrerie, peintures, parmi lesquelles la Vierge aux donateurs (1420), belle composition à fond doré.

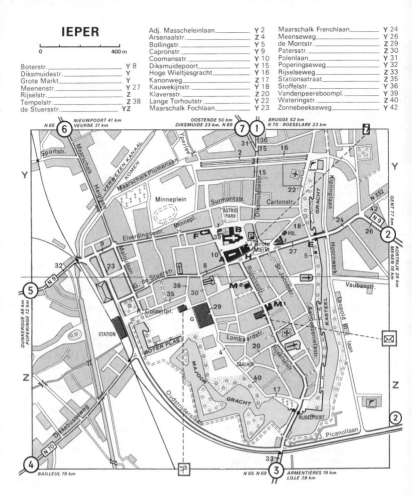

Mémorial de la Porte de Menin (Menenpoort) (Y E). — Ses murs, conservant les noms de 54 896 Britanniques disparus pendant les batailles précédant le 16 août 1917, rappellent leur sacrifice. Tous les soirs à 20 h, des clairons y sonnent le « last post », sonnerie du couvre-feu britannique.

■ AUTRES CURIOSITÉS

Cathédrale St-Martin (St.-Maartenskathedraal) (Y B). — Détruite pendant la guerre, elle a été rebâtie dans son style d'origine (13e-15e s.).

A l'intérieur, on admire, à droite en entrant, un polyptyque du 16e s. et, à gauche, des statues d'albâtre du 17e s., couronnant la clôture de la chapelle baptismale.

St.-George's Memorial Church (Y F). — *Visite : 9 h - 17 h (21 h mai-sept.).*

Cette église anglicane construite en 1929 commémore de nos jours les militaires britanniques morts pendant les deux guerres mondiales. Les pièces du mobilier et de la décoration sont dues à la générosité de donateurs de Grande-Bretagne ou du Commonwealth.

EXCURSIONS

Bellewaerde Park; Tyne Cot Cemetery. — *25 km à l'Est. Sortir par ② du plan.*
On dépasse la porte de Menin *(ci-dessus)* et plusieurs cimetières militaires, notamment le **Hooghe Crater Cemetery,** à droite, qui groupe plus de 6 800 tombes britanniques.

Bellewaerde Park. — *Visite : de début avril à mi-oct. 10 h - 18 h ; 200 F.*
Les visiteurs se promènent parmi les antilopes, les autruches, les cerfs, les lamas, les zèbres; ils traversent en « tram-safari » le parc aux lions et aux tigres, assistent à un spectacle donné par un éléphant, circulent en bateau dans un paysage africain après être passés sous une cascade magique...

En prenant la direction de Zonnebeke on atteint, au-delà de ce village et à gauche, le cimetière militaire de Tyne Cot.

Tyne Cot Military Cemetery. — Ce cimetière britannique est le plus important de la région. Autour de la haute « Croix du Sacrifice », s'alignent 11 856 stèles blanches se détachant sur une pelouse fleurie remarquablement entretenue. Sur le mur en hémicycle fermant le cimetière sont inscrits près de 35 000 noms de soldats disparus après le 16 août 1917. Le site domine la contrée sur laquelle il offre une jolie vue.

Au nord-Est, le village de **Westrozebeke** *(13 km)* évoque par son nom une bataille du 14e s. *(p. 109).*

Monts de Flandre (Heuvelland). — *17 km au Sud par ③ du plan ; prendre à droite la N 331.*

Mont Kemmel (Kemmelberg). — Ce mont boisé (alt. 159 m) fait partie de la chaîne des monts de Flandre qui s'étend de part et d'autre de la frontière. De très violents combats se livrèrent dans la région en avril 1918, au début de la dernière grande offensive allemande *(p. 105).*

La montée procure d'intéressantes échappées sur la campagne. Près du sommet, une tour néo-gothique *(visite : de la semaine avant Pâques à fin août : 8 h - 18 h ; 10 F)* procure un intéressant panorama.
Sur le versant Sud, un obélisque marque l'emplacement de l'**Ossuaire français** où sont enterrés plus de 5 000 soldats inconnus.

Traverser le D 23.

Mont Rouge (Rodeberg). – Il s'élève à 143 m et constitue avec le mont Noir situé en France un centre touristique très fréquenté. Un petit moulin à vent s'y dresse.

JODOIGNE Brabant

Cartes Michelin n⁰ˢ **409** - pli 14 et **2** - pli 20 – 8 951 h.

Ancienne place forte, sur un versant de la vallée de la Gette, Jodoigne est un important marché agricole.

Église St-Médard. – *Visite : 9 h - 18 h sauf pendant les offices.*
Cet édifice, bâti à la fin du 12ᵉ s. dans un style de transition, est flanqué à l'Ouest d'une tour carrée massive.
L'**abside** est harmonieuse, avec sa double rangée de baies dont les arcades s'appuient sur des colonnettes. Elle est encadrée de deux absidioles isolées du chœur.
A l'intérieur, le chœur montre des colonnettes à chapiteaux. On remarque, dans une niche du bras gauche du transept, derrière une grille, la châsse de saint Médard.

KNOKKE-HEIST ★★ West-Vlaanderen

Cartes Michelin n⁰ˢ **409** - pli 2 et **2** - pli 3 – *Schéma p. 122* – 28 757 h. – *Plan dans le guide Michelin Benelux.*

Heist, Duinbergen, Albert-Strand, Knokke et le Zoute (Het Zoute) ne forment qu'une seule station balnéaire, réputée pour son élégance et qui se flatte de posséder, notamment au Zoute, les plus belles villas de la côte.
Les distractions y sont particulièrement nombreuses. Un marché folklorique se tient au **centre De Bolle** *(non loin du Casino)* le jeudi après-midi en juillet et en août. Dans le **casino** et le **centre de rencontre Scharpoord** (Ontmoetingscentrum, *Meerlaan 30 a*), qui servent aussi de centre de congrès, sont présentées chaque année d'importantes expositions artistiques. Un festival international du feu d'artifice et un salon mondial de l'Humour ont également lieu ici en saison.
La station détient en outre un équipement sportif très complet (golf, piscines, tir à l'arc, stade, gymnase), un lac artificiel (Zegemeer) et un institut de thalassothérapie.

Promenades à pied. – Plusieurs circuits pédestres peuvent être effectués au départ de la station. *S'adresser à l'Office de Tourisme (VVV) pour obtenir les itinéraires.*
La **promenade des fleurs (Bloemenwandeling),** longue de 8 km et balisée, permet de découvrir les avenues ombragées de saules et les cossues villas du Zoute dissimulées dans de beaux jardins.
Deux promenades dans l'arrière-pays (Landelijke Knokke et Polderwandeling naar Ramskapelle), de 8 km également, font traverser une campagne verdoyante parsemée de coquettes fermes blanches, aux toits de tuiles rouges.

■ CURIOSITÉS *visite : 3 h*

Casino (Kursaal). – Dans le hall central, on admire un très grand lustre en cristal de Venise. Devant l'édifice se dresse une statue en bronze (1965) de Zadkine : le Poète.

Le Zwin★ (Het Zwin). – *Visite : 9 h - 19 h (17 h de début oct. à mi-mars) ; 50 F.*
Seule la visite guidée (jeudi en saison et dim. toute l'année 10 h) permet d'accéder à la partie de la réserve habituellement interdite au public (bottes indispensables, jumelles recommandées).
Entre la station et la frontière belgo-hollandaise s'étend le Zwin, ancien bras de mer aujourd'hui ensablé qui desservait jadis les ports de Sluis, Damme et Bruges.
Entouré par les dunes qui l'isolent de la mer et les digues qui protègent la campagne des inondations, c'est un univers de chenaux soumis à la marée, de prés-salés, de bois. Le Zwin a été converti en **réserve naturelle** (150 ha) et abrite une flore et une faune très intéressantes. Une partie de la réserve (90 ha) est accessible au public.

Le meilleur moment pour visiter est le printemps, pour les oiseaux, et l'été, pour les fleurs. De mi-juillet à fin août en effet, le « statice des limons », ou fleur du Zwin, forme un merveilleux tapis mauve.
Avant d'entreprendre la promenade, visiter les volières et enclos : là nichent les cigognes et pataugent les canards et l'on peut aussi observer quelques oiseaux propres à la réserve.
En traversant le bois, on atteint le sommet de la digue, où la vue embrasse l'ensemble de la réserve.
Parmi les innombrables espèces peuplant le Zwin, citons la colonie des sternes, des échassiers comme l'avocette au fin bec recourbé, des canards comme le tadorne (au bec rouge) et plusieurs migrateurs comme le pluvier argenté et différentes espèces de bécasseaux.

(D'après photo C. Pissavini, Jacana)

Avocette

Gourmets... Chaque année, le guide Rouge Michelin Benelux vous propose un choix révisé de bonnes tables.

Cartes Michelin nᵒˢ 409 - pli 1 et 2 - pli 1 – *Schéma p. 122* – 13 298 h.

Cette localité qui comprend la station balnéaire de **Koksijde-Bad** englobe la plus haute dune du littoral belge, le **Hoge Blekker**, de 33 m.

Parmi les nombreuses manifestations de Coxyde, citons un grand marché aux fleurs *(sam. 10 h - 17 h),* une fête folklorique des pêcheurs *(juin)* et un cortège « Hommage à la peinture flamande » *(p. 12).*

■ CURIOSITÉS *visite : 2 h*

Musée de l'orgue (Orgelmuseum) (M¹). – *Visite : d'avril à sept. 14 h - 19 h ; fermé vend. sauf en juil.-août ; 40 F.*

Ce musée renferme une centaine d'instruments de musique mécanique belges ou étrangers : orgues de Barbarie, pianos mécaniques, vieux phonographes. La plupart fonctionnent (certains figurent aux fêtes folkloriques) et on peut les entendre au cours de la visite.

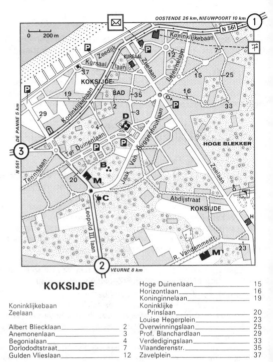

Abbaye des Dunes (Duinenabdij) (B). – *Visite du musée et des fouilles 9 h - 12 h et 12 h 30 - 16 h (18 h en été) ; fermé janv. ; 25 F.*

Fondée en 1107, cette importante abbaye cistercienne fut détruite en 1578.

Les fouilles archéologiques, effectuées chaque été depuis 1949 par des bénévoles, ont permis d'en retrouver les vestiges ainsi que les traces d'une ancienne population qui aurait été décimée par les Vikings au 9ᵉ s. et dont la nécropole se trouve sous la basilique et sous le cloître.

Dans le **musée (M)** sont exposés les produits des fouilles. Dans l'entrée, maquette des ruines à comparer avec celle de l'abbaye au Moyen Age.

KOKSIJDE

Les **ruines** laissent apparaître les lignes majestueuses de l'abbatiale; le cloître a conservé de jolis culs-de-lampe; les belles colonnes en grès appartenaient à la salle du chapitre et au réfectoire des convers.

A proximité de l'abbaye des Dunes se dresse un **moulin à vent (C)** en bois, à pivot, de 1773.

Église N.-D.-des-Dunes (O.L.V.-ter-Duinenkerk) (D). – Au Nord de l'abbaye se dresse cette église aux lignes souples, en forme d'arc de cercle, construite en 1964. La forme ondulante du toit et sa couleur bleu marine évoquent les vagues de la mer, tandis que le coloris beige des murs de brique s'assimile à celui des dunes voisines.

A l'intérieur, les vitraux diffusent des lumières chatoyantes.

La crypte *(accès par l'extérieur)* renferme le tombeau de saint Idesbald qui fut au 12ᵉ s. abbé de l'abbaye des Dunes.

EXCURSIONS

Oostduinkerke – *4,5 km à l'Est.* Sur la plage d'**Oostduinkerke-Bad,** quelques pêcheurs pratiquent encore la pêche aux crevettes à cheval : à marée basse, le cheval, qui a remplacé le mulet, traîne un lourd chalut et s'enfonce dans l'eau jusqu'au poitrail. Chaque année a lieu la fête de la Crevette *(avant-dernier week-end de juin)* avec sortie du cortège le dimanche. Ici comme à la Panne, la largeur des plages permet de pratiquer le char à voile (club S.Y.C.O.).

Église St-Nicolas (St.-Niklaaskerk). – Cette église de 1954, en brique brune, est couverte de grands toits pointus. Elle est réunie par des arcades à une massive tour carrée appelant celle de Lissewege.

A l'intérieur, les tons jaunes dominants contrastent avec la couleur bleutée du pavement. L'absence de chœur, la succession d'arcs aigus très rapprochés, prenant naissance au-dessous du sol, font l'originalité de l'édifice.

Musée de la pêche (Nationaal Visserijmuseum). – *Pastoor Schmitzsstraat 4. Visite : 10 h - 12 h et 14 h - 18 h ; fermé 1ᵉʳ janv., 1ᵉʳ nov., 25 déc. ; 20 F.*

Un petit édifice bas, moderne, abrite ce musée consacré à la pêche. Il contient des maquettes de bateaux, des instruments de marine et des peintures d'artistes ayant travaillé à Oostduinkerke vers 1900, comme **Artan,** peintre belge né à la Haye (1837-1890).

A côté, une maison de pêcheur et une taverne typiques ont été reconstituées. Dans la cour a été placé un bateau de pêche.

Musée du folklore (Folklore Museum) **Florishof.** — *Koksijde Steenweg 24. Visite : de juin à sept. et quinzaine de Pâques 9 h - 12 h et 13 h - 18 h ; sam., dim. et j. fériés seulement le reste de l'année ; fermé mardi et de mi-sept. à mi-oct. ; 20 F.*

Reconstitution d'un intérieur régional, d'ateliers (dentellière, sabotier, etc.), d'une chapelle, d'une épicerie, d'une grange.

Ferme de Ten Bogaerde. — *4 km au Sud par la route de Furnes (Veurne).*

A droite de la route se remarque cette ferme, bel ensemble de briques qui appartenait à l'abbaye des Dunes.

De la grange monumentale, qui est comparable à celle de Ter Doest *(p. 170)*, il ne reste que des ruines.

KORTRIJK ★ (COURTRAI) West-Vlaanderen

Cartes Michelin nos **409** - pli 11 et **2** - pli 15 — 76 424 h.

Courtrai, que traverse la Lys, est une cité d'affaires dynamique au centre d'une zone industrielle en plein essor : ses rues piétonnes et ses magasins luxueux exercent leur attraction sur toute la région.

Les géants de Courtrai défilent tous les ans en septembre à l'occasion de la grande Braderie annuelle *(p. 12)*.

A Courtrai naquit **Roland Savery** (1576-1639). Remarquable peintre de fleurs ou de paysages avec animaux, il travailla pour l'empereur Rodolphe II à Prague, voyagea dans les Alpes pour observer la nature et termina ses jours à Utrecht. Son art est très voisin de celui de Brueghel de Velours.

UN PEU D'HISTOIRE

Une ville prospère. — Elle est connue dès l'époque romaine (on a découvert en 1959, dans la Molenstraat, un cimetière gallo-romain du 1er s.) mais son apogée se situe au 15e s. au moment de l'épanouissement de son industrie drapière. Le tissage de la laine fit bientôt place à celui du lin favorisé par la qualité des eaux de la Lys qui, exemptes de calcaire, étaient particulièrement propices au rouissage. Courtrai devint réputée pour la fabrication de la toile et se fit une spécialité du damassé.

Courtrai reste un centre textile de réputation internationale (tapis, tissus d'ameublement, confection).

A cela s'ajoutent d'autres secteurs en expansion : métallurgie, électronique et aussi orfèvrerie, huilerie, bois, industries chimiques, construction.

Les **Halles** (Hallen) *(accès par ④)*, ensemble moderne (1967) destiné aux congrès, expositions, concerts, témoignent du développement industriel et culturel de la ville qui joue par ailleurs un rôle important dans l'enseignement (20 000 élèves), notamment grâce à son campus appartenant à la K.U.L. *(p. 111)*.

La bataille des Éperons d'Or. — Sous les murs mêmes de Courtrai (près de l'actuelle Groeningelaan), eut lieu le 11 juillet 1302 une bataille qui, marquant la lutte des Flamands contre l'hégémonie du roi de France, n'est pas étrangère à la formation de la Belgique.

La chevalerie française de Philippe le Bel y fut battue par les gens de métier (artisans) d'Ypres et de Bruges commandés par Pieter de Coninck *(p. 59)*. Les éperons d'or ramassés sur le champ de bataille ont tapissé les voûtes de l'église Notre-Dame jusqu'en 1382, date à laquelle ils ont été repris par l'armée française, victorieuse des Flamands à la bataille de Westrozebeke *(p. 92)*.

Ce fut alors, dit-on, que le duc de Bourgogne, Philippe le Hardi, vola les statues du jaquemart qui couronnaient le beffroi et les donna à l'église Notre-Dame de Dijon. Une restitution symbolique eut lieu le 23 septembre 1961 : Manten et son épouse Kalle surmontent de nouveau le beffroi.

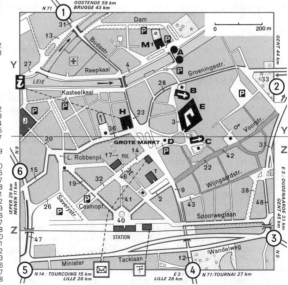

KORTRIJK

■ CURIOSITÉS *visite : 1 h 1/2*

Grand-Place (Grote Markt) (YZ). — C'est le centre de l'activité commerciale de cette ville aux nombreuses rues piétonnes.

Beffroi (Z D). — 14ᵉ s. Coiffé de cinq tourelles à toit pointu, surmonté de son fameux jaquemart, il se dresse au milieu de la Grand-Place.

A l'Est de la place, on aperçoit l'imposante tour de l'**église St-Martin** (15ᵉ s.) **(Z C)**.

Hôtel de Ville (Stadhuis) (Y H). — Il montre une façade flamboyante, restaurée; les statues, renouvelées au 19ᵉ s., représentent les comtes de Flandre.

L'intérieur, modernisé, conserve de magnifiques salles. Au rez-de-chaussée, la **salle des Échevins★** (Schepenzaal) est ornée d'une remarquable cheminée en pierre, de style gothique flamboyant (1527) dont les niches abritent les statues de la Vierge, des saints patrons des villes de la région et, aux angles, des archiducs Albert et Isabelle. Au plafond, les extrémités des poutres sont ornées de scènes polychromes pittoresques dont le personnage principal est la Justice, représentée par une jeune femme couronnée.

(D'après photo C.G.T., Sergifsels)

Dans le béguinage

L'ancienne **salle du Conseil★** (Oude Raadzaal), au 1ᵉʳ étage, présente également une cheminée de 1527, ornée de trois registres de sculptures : en haut, les vertus; au centre, de part et d'autre de la statue de Charles Quint, les vices; en bas, l'idolâtrie et les péchés capitaux.

Les sculptures des poutres du plafond représentent ici des scènes très pittoresques illustrant l'influence néfaste de la femme sur l'homme, par exemple le lai (poème médiéval) d'Aristote : le philosophe est chevauché par un femme.

Béguinage★ (Begijnhof) (Y E). — Entre St-Martin et Notre-Dame, c'est un charmant petit village dont le calme surprend dans ce quartier bourdonnant d'activité.

Le béguinage, fondé en 1238 fut richement doté en 1242 par la comtesse de Flandre, Jeanne de Constantinople, dont on voit la statue. Les 41 maisonnettes actuelles datent du 17ᵉ s. La maison de la Supérieure se distingue par son double pignon à redans. Un petit **musée** (begijnhofmuseum) restitue l'atmosphère du passé. *Pour visiter, s'adresser à la béguine Mlle Laura, de Pâques à fin sept. 10 h - 12 h et 14 h - 18 h ; 10 F.*

Église Notre-Dame★ (O.-L.-Vrouwekerk) (Y B). — *Visite : 7 h 30 - 12 h et 14 h - 19 h (dim. et j. fériés 9 h - 12 h seulement).*

Les tours de cette église dominent des ruelles pittoresques. Fondée au 13ᵉ s. par Baudouin de Constantinople, elle eut pour vicaire au 19ᵉ s. le poète Guido Gezelle *(p. 59).*

A l'intérieur, la chapelle des comtes de Flandre (14ᵉ s.), qui s'ouvre sur le côté droit du déambulatoire, a des arcatures aux curieux écoinçons sculptés. Elle abrite une **statue de sainte Catherine★** (1380), en albâtre, attribuée à Beauneveu, dont le drapé du vêtement est d'une distinction rare. Une belle toile de Van Dyck, l'**Élévation de la Croix★**, où se reconnaît l'influence de Rubens, est placée dans le croisillon gauche du transept.

Tours du Broel (Broeltorens) (Y A). — Vestige des anciennes fortifications détruites par Louis XIV en 1684, elles protégeaient le pont sur la Lys (reconstruit après la Première Guerre mondiale). La tour Sud date du 12ᵉ s., la tour Nord, du 13ᵉ s.

Musée communal (Stedelijk Museum voor Schone Kunsten en Oudheidkunde) (Y M¹). — *Visite : 10 h - 12 h et 14 h - 18 h ; dim. et j. fériés 10 h - 13 h et 15 h - 18 h ; fermé à 17 h d'oct. à mars, merc., vend., 1ᵉʳ janv.*

Ce musée, agréablement présenté, possède une belle collection de céramique, d'argenterie, d'objets anciens, de sculptures et une intéressante série de peintures du 16ᵉ s. à nos jours : remarquer le Pillage d'un village par Roland Savery.

EXCURSION

Rumbeke. — *18 km au Nord-Ouest. Sortir par ① du plan vers Roeselare.*

Un beau parc (Sterrebos) entoure le **château** de Rumbeke. *Visite réservée aux groupes, sauf pour le parc.*

Dès 15ᵉ et 16ᵉ s., le château est hérissé de multiples tourelles dont l'une est coiffée d'un bulbe, et de pignons à redans. Baudouin Bras de Fer, qui venait d'enlever Judith, fille du roi de France Charles le Chauve, s'y réfugia en 862. C'est à la suite de cet épisode qu'il obtint du roi le territoire de Flandre dont il devint le premier comte. La décoration intérieure date du 18ᵉ s.

■ LAARNE ★ Oost-Vlaanderen ─────────────────

Cartes Michelin nᵒˢ **409** - pli 3 et **2** - pli 5 — 11 187 h.

Encerclé de douves, le **château★** de Laarne présente de hauts murs gris flanqués de tours à toit de pierre et d'un donjon à tourelles. Édifié au 12ᵉ s. pour servir à la défense de Gand, il fut modifié au 17ᵉ s. De cette époque datent la cour d'honneur et l'entrée actuelle, précédée d'un pont de pierre et surmontée d'une loggia. *Visite : 10 h - 12 h et 14 h - 18 h ; fermé lundis non fériés sauf en juil.-août ; 60 F.*

L'**intérieur** a été remeublé de façon à restituer l'atmosphère du château au 17ᵉ s.

Dans les salles aux belles cheminées sont disposés de grands bahuts anversois et italiens; aux murs pendent de belles tapisseries dont deux, réalisées à Bruxelles au 16e s., appartiennent à la série des Chasses de Maximilien. A signaler, au rez-de-chaussée, les voûtes Renaissance de la galerie donnant sur la cour intérieure; au 1er étage, une élégante tapisserie du 16e s., illustrant la vie seigneuriale, et surtout la **collection d'argenterie★** (15e-18e s.), de divers pays européens, donation de M. Claude d'Allemagne.

LÉAU ★ Voir Zoutleeuw

LEUVEN ★★ (LOUVAIN) Brabant ——————————————————

Cartes Michelin nos **409** - Nord des plis 13, 14 et **2** — Nord du pli 19 — 85 632 h.

Siège d'une fameuse université, Louvain, bâtie sur les bords de la Dyle, garde d'un passé brillant de beaux monuments religieux et surtout un admirable hôtel de ville.

UN PEU D'HISTOIRE

Le premier château fort de Louvain est pris par les Vikings qui peu après sont défaits par Arnold de Carinthie (891). Un nouveau château édifié au 11e s. par Lambert Ier le Barbu, comte de Louvain, est à l'origine du développement de la ville.

Capitale du duché de Brabant, favorisée par sa situation à l'extrémité de la section navigable de la Dyle et sur la route reliant les régions rhénanes à la mer, Louvain devient un important centre drapier. Un rempart est édifié au 12e s. dont il subsiste quelques traces, en particulier dans le **parc St-Donat** (St.-Donatus Park) (Z) puis, au 13e s., une forteresse s'élève au Nord sur le **Mont-César** (Cesarsberg) (Y).

La **Joyeuse Entrée**, charte de libertés du Brabant à laquelle les nouveaux souverains doivent jurer fidélité, est signée à Louvain en 1356; elle dura jusqu'en 1789.

Louvain s'entoure alors d'une deuxième enceinte, longue d'environ 7 km. Mais de vives luttes opposent les membres des corporations de drapiers aux patriciens. Une grande émeute éclate en 1378 et aboutit à la prise de l'hôtel de ville; les patriciens qui s'y étaient réfugiés sont précipités par les fenêtres.

Sa draperie ruinée par la guerre civile, Louvain subit la concurrence de Bruxelles. Cependant, sous la domination bourguignonne, elle se pare de monuments (l'hôtel de ville est construit à la fin du 15e s.) et se dote d'une université.

Au 18e s., Louvain développe ses activités, en particulier la fabrication de la bière, dont l'origine remonte ici au 14e s. *(pour visiter la brasserie Artois, ☎ (016) 22.19.21).*

Le sac et l'incendie de Louvain en 1914 détruisent 1 800 maisons et la bibliothèque de l'Université. En 1940, celle-ci est incendiée et la ville bombardée; en mai 1944, Louvain est touchée par les bombes alliées. Rapidement, la ville s'est relevée de ses ruines.

L'Université Catholique de Louvain (Y). — En 1425 est fondée l'« Alma Mater » qui devient bientôt une des plus prestigieuses institutions d'Europe. En 1517 on y crée le Collège des Trois Langues où l'on enseigne hébreu, latin, grec, et qui servira de modèle au Collège de France à Paris.

Résistant aux troubles religieux du 16e s., l'Université de Louvain reste longtemps la championne de l'orthodoxie. Elle héberge d'illustres personnages : l'un de ses recteurs, précepteur de Charles Quint, deviendra le pape Adrien VI (1459-1523). Au 16e s., viennent y enseigner Erasme, Juste Lipse *(p. 113)*, Mercator *(p. 149)* et au 17e s. **Jansénius** (1585-1638). Après la mort de ce dernier paraît à Louvain, en 1640, l'Augustinus, ouvrage qui, condamné en 1642 par le pape, donna naissance au jansénisme.

L'université s'était constitué une magnifique bibliothèque que les deux guerres mondiales endommagèrent gravement.

Depuis 1968, l'Université Catholique de Louvain est divisée. L'université francophone ou U.C.L. est installée à Louvain-la-Neuve *(p. 123)*. A Louvain, la Katholieke Universiteit Leuven dite **K.U.L.** conserve 20 500 étudiants dont un millier d'étrangers.

Thierry Bouts. — Parmi les primitifs du 15e s., Thierry (ou Dirk) Bouts occupe une place de choix. Après avoir étudié à Bruxelles dans l'atelier de Van der Weyden, cet artiste, originaire de Haarlem (Hollande), s'installe en 1450 dans la ville de Louvain dont il devient peintre officiel en 1468. Son chef-d'œuvre, la Cène, peut encore être admiré dans la collégiale St-Pierre.

Si dans ses tableaux le dépouillement et la sobriété de la composition dénotent l'influence de Van der Weyden, le style est bien caractéristique : impassibilité des expressions, tempérée par la finesse de la touche, la richesse des coloris, la minutie du décor.

Thierry Bouts meurt à Louvain en 1475. Ses deux fils, Thierry et surtout **Albert** (ou Albrecht) héritent de son talent pictural.

En 1466 naît à Louvain **Quentin Metsys**; ce remarquable portraitiste s'installe à Anvers, où il meurt en 1530.

■ **PRINCIPALES CURIOSITÉS** *visite : 3 h*

Hôtel de ville★★★ (Stadhuis). — *Visite accompagnée : à 11 h et à 15 h. S'adresser à l'Office de Tourisme ; fermé sam., dim. et j. fériés de nov. à avril.*

De style flamboyant, il a été construit au milieu du 15e s. sous le duc de Bourgogne Philippe le Bon, par **Mathieu de Layens**.

Il faut prendre du recul pour apprécier les lignes verticales de cette châsse de pierre élégamment ciselée avec ses pignons à tourelles et pinacles, ses lucarnes et près de 300 niches (regarnies de statues au 19e s.). Les culs-de-lampe des niches sont ornés de petites scènes naïves et pittoresques qui content des épisodes bibliques.

A l'**intérieur**, on visite notamment le grand hall aux collections de sculptures (Constantin Meunier, Jef Lambeaux); on y admire de même que dans la salle du Conseil, des poutres aux consoles sculptées de scènes bibliques (16e s.).

Les **caves** (Raadskelder) abritent une brasserie et un petit musée de la bière.

Collégiale St-Pierre★ (St.-Pieterskerk) (Z A). — *Visite, sauf pendant les offices : 10 h - 12 h (sauf dim. et j. fériés) et 14 h - 17 h.*

Elle fut bâtie au 15e s. dans le style gothique brabançon, à l'emplacement d'une église romane.

Sa façade devait comporter au 16e s. trois hautes tours, suivant les plans audacieux de Josse Metsys; le sol menaçant de s'affaisser, elle resta inachevée.

L'**intérieur** *(entrer par le bras droit du transept)* est remarquable pour la pureté du vaisseau gothique aux piliers énormes rejoignant la voûte d'un seul jet, avec une élévation à deux étages et un triforium qui se prolonge par de nombreuses fenêtres hautes à lancettes.

La chaire du 18e s. est d'un baroque exubérant : au pied d'un rocher hérissé de palmiers, on voit saint Norbert foudroyé.

Un **jubé★** à trois arches légères (1499), dominé par un grand Christ en bois, précède le chœur.

Dans le bras gauche du transept trône la Sedes Sapientiae, Vierge à l'enfant de 1441, patronne de l'Université de Louvain.

Musée d'Art religieux★★ (Museum voor Religieuze Kunst). — Le déambulatoire et le chœur abritent les pièces du trésor et de magnifiques peintures.

La **Cène★★** de Thierry Bouts (1468) est un calme et lumineux chef-d'œuvre d'une admira-ble simplicité de composition. La profondeur de la perspective, la finesse du dessin s'y allie à la variété de la palette. Le peintre, qui s'est représenté debout à droite sous un bonnet rouge, n'a pas mis l'accent sur la trahison de Judas, mais sur le mystère de l'Eucharistie. Sur les volets du retable, quatre scènes bibliques, aux riches couleurs, préfigurent l'institution de ce sacrement.

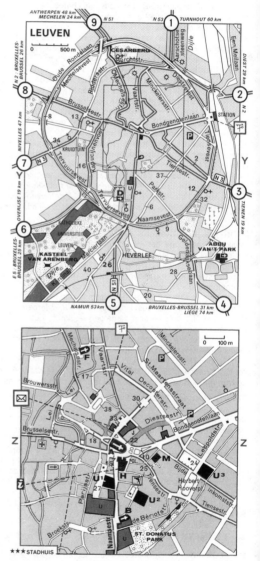

Du même artiste, le triptyque du Martyre de saint Erasme montre les bourreaux enroulant sur un treuil les entrailles du saint impassible.

Une copie réduite de la Descente de Croix, triptyque de Van der Weyden dont l'original est exposé au Prado à Madrid, a été réalisée par le maître en 1440.

Une remarquable **Tête de Christ★** dite « de la Croix tortuée » en bois, du 13e s., incendiée en 1914, montre un émouvant visage.

Dans le chœur orné de chapes et chasubles du 16e s. et de tapisseries du 17e s., se dresse un superbe **tabernacle★**, tour de dentelle en pierre d'Avesnes, œuvre de Mathieu de Layens (1450). Les stalles sont sculptées de sujets satiriques (15e s.).

La crypte romane servit de sépulture aux comtes de Louvain.

Rue de Namur (Naamse-straat). — Elle est jalonnée de nombreux collèges universitaires.

Halles universitaires (Universiteitshalle) (Z U¹). — L'Université s'installa en 1425 dans cette halle aux draps du 14e s. Au 17e s. l'édifice fut surélevé d'un étage, puis rebâti après sa destruction en 1914.

Il est occupé actuellement par le centre administratif de l'Université.

Collège du Pape (Pauscollege) (Z U²). — Fondé par le pape Adrien VI *(p. 111)*, c'est un vaste bâtiment du 18e s. dont les deux ailes et la sévère façade à portique encadrent une cour d'honneur.

Église St-Michel (St.-Michielskerk) (**Z B**). — 17e s. Conçue par le père Hésius, sa splendide **façade*** baroque, d'harmonieuses proportions, montre un bel élan vertical.

Grand béguinage* (Groot Begijnhof) (**Y D**). — Fondé au 13e s., il a été acheté par l'Université en 1962 et transformé en cité universitaire.

Derrière ses vieux murs de brique bombés, c'est un bel ensemble soigneusement restauré, traversé par un bras de la Dyle. Les maisons, à étage, s'ouvrent sur de petites portes surmontées d'un arc et parfois, comme dans le quartier espagnol, de petites niches abritant des statues.

La dernière béguine fait visiter sa maison, modernisée *(deuxième à droite en entrant)*, et l'**église** en face : du 14e s., celle-ci présente un chevet éclairé par une belle baie à deux lancettes et un intérieur décoré au 18e s.

■ AUTRES CURIOSITÉS

Musée communal (Stedelijk Museum) **Vanderkelen-Mertens*** (**Z M**). — *Visite : 10 h - 12 h et 14 h - 17 h (sam., dim. et j. fériés 10 h - 13 h seulement) ; entrée payante lors des expositions.*

Installé dans l'ancien collège de Savoie, il contient de riches collections artistiques.

Dans la **section de peinture** sont représentés les principaux peintres de Louvain : Quentin Metsys, Albert Bouts, Jan Rombouts, nés dans la ville, et Pierre-Joseph Verhagen qui y finit ses jours.

La **section de sculpture** montre l'importance de la production brabançonne aux 15e et 16e s. avec des œuvres de Joes Beyaert, Hendrik Roesen, Jan van Kessele.

Enfin, la **section des métiers d'art** permet d'admirer vitraux, orfèvrerie, broderies, ornements liturgiques, porcelaines (Chine, Japon) et faïences (Delft, Bruxelles).

A proximité s'élève la **Bibliothèque Universitaire** (Z U³). Construite en 1927 après la destruction de l'ancienne bibliothèque (1914), c'est un énorme édifice de style néo-gothique couronné d'une tour imitée de la Giralda de Séville. Incendiée en 1940, elle a été restaurée.

Église Ste-Gertrude (St.-Gertrudiskerk) (**Z F**). — *Pour visiter, s'adresser à l'Office de Tourisme.*

Elle conserve une belle tour construite au milieu du 15e s. par Jan Van Ruysbroek, architecte de l'hôtel de ville de Bruxelles, et surmontée d'une flèche de pierre ajourée.

On peut voir à l'intérieur d'intéressantes **stalles** en bois du 16e s. sculptées de scènes de la Bible.

Abbaye du Parc* (Abdij van 't Park) (**Y**). — *A Heverlee. Sortir par Geldenaaksebaan et tourner à gauche après le pont du chemin de fer.*

Au bord de vastes étangs alimentés par le Molenbeek se dressent les bâtiments (16e au 18e s.) de cette abbaye de Prémontrés *(p. 53)* fondée en 1129 par Godefroid I le Barbu.

Passés plusieurs porches monumentaux où s'allient la brique et la pierre, puis le moulin à eau et la ferme, on aboutit à la charmante cour de la prélature, gardée par deux lions de pierre.

Bâtiments abbatiaux. — *Pour visiter, ☏ (016) 22.45.38 ; 40 F.*

On visite le cloître et ses dépendances. Les **plafonds** du réfectoire (1679) et de la bibliothèque (1672) sont ornés de hauts-reliefs en stuc de Jean-Christian Hansche.

Église. — Romane, elle a été transformée en 1729.

L'intérieur baroque est agrémenté de plusieurs toiles de Pierre-Joseph Verhagen (dans le chœur et la tribune).

Château d'Arenberg (Kasteel van Arenberg) (**Y**). — *A Heverlee. On ne visite pas.*

Cet immense château du début du 16e s., dont l'imposante façade, couronnée de lucarnes et flanquée de deux tours à bulbe, se dresse à l'extrémité d'une large pelouse, appartient à l'Université.

Les **facultés** de sciences exactes sont installées dans le domaine environnant.

EXCURSION

Vallée de l'IJse. — *25 km. Sortir par ⑥ du plan et prendre à gauche la N 53 vers Overijse.*

On traverse bientôt une campagne agréable plantée de nombreux peupliers.

Koorbeek-Dijle. — L'église St-Barthélemy *(fermée en dehors des offices ; s'adresser : Nijvelsebaan 37, ☏ (016) 47.70.60)* contient un superbe **retable** de bois sculpté aux volets peints, de 1522, ayant trait au martyre et au culte de saint Étienne.

't Zoet Water. — *3 km au départ de Koorbeek-Dijle.*

Ce joli site boisé (en français : Les Eaux Douces) où se succèdent cinq étangs est très fréquenté par les touristes *(équitation, pêche, canotage, parc récréatif)*. La maison espagnole, vestige d'un manoir du 16e s., transformé en restaurant, se mire dans l'un des étangs.

A Neerijse on pénètre dans la vallée de l'IJse, affluent de la Dyle (Dijle).

Huldenberg. — Ici apparaissent les premières **serres à raisin**. La culture du raisin en serres chauffées, qui fut inaugurée dans la région en 1865, est très répandue dans toute la vallée de l'IJse et aux environs de Duisburg.

Overijse. — 20 503 h. C'est la ville natale de **Juste Lipse** (1547-1606), humaniste du 16e s., qui enseigna à Louvain et fut l'ami de Plantin *(p. 40)*.

Au cœur de la région viticole, Overijse organise tous les ans *(p. 12)* les fêtes du raisin, qui sont l'occasion de grandes réjouissances.

Hoeilaart. — 8 757 h. Hoeilaart, bâtie sur des collines dont la moindre parcelle de terre est occupée par une serre, a été surnommée la « cité de verre ». De grandes fêtes des Vendanges s'y déroulent le troisième week-end de septembre.

Cartes Michelin n°s 🖪🅾🖪 - plis 15, 17, 18 (agrandissement) ou 🖪 - pli 22 — *Schéma p. 143* — 220 183 h. *Plan d'agglomération dans le guide Michelin Benelux.*

Au confluent de la Meuse et de l'Ourthe, dans un bassin entouré de collines, Liège, grande ville animée, entourée d'une banlieue sans fin, donne bien l'image d'une métropole économique et industrielle : la troisième de Belgique. C'est un très important nœud de communications.

Siège d'une puissante principauté ecclésiastique, centre de l'école mosane au Moyen Age, la « Cité Ardente » est aussi une ville d'art dont les églises et musées conservent des œuvres magnifiques.

Liège est un centre universitaire depuis 1917 : son vaste campus occupe le plateau du Sart Tilmann *(p. 119)*.

Points de vue. — Plusieurs collines de Liège sont équipées de belvédères.

Citadelle (EY). — *Accès en voiture par la sortie ⑪⑫ ou à pied par les 407 marches de la montagne de Bueren.*

De la table d'orientation, la **vue★★** est splendide. On surplombe Liège, son large fleuve très animé bordé d'immeubles, ses rues étroites et ses nombreux clochers, son immense banlieue industrielle hérissée de cheminées et de hauts fourneaux.

Parc de Cointe (DZ). — Près de la table d'orientation, **vue★** intéressante sur Liège.

Promenades sur la Meuse (BX). — *Jusqu'à Huy : merc., sam. en juin, juil., août, départ le matin près de la passerelle rive droite ; 200 F. Mini-croisière (1 h) : dim. de juin à sept., départ près de la passerelle rive gauche ; 50 F. S'adresser à Navilège, ☎ (041) 23.59.07.*

Marché de la Batte (CX). — Sur le quai de Maestricht et le quai de la Batte se tient le dimanche matin *(9 h - 13 h)* un très important marché offrant les produits les plus variés (antiquités, volailles, articles ménagers, etc.).

UN PEU D'HISTOIRE

La principauté ecclésiastique (10e-18e s.). — Liège est née d'une chapelle édifiée à la suite de l'assassinat de saint Lambert en 705 et devenue lieu de pèlerinage. Saint Hubert *(p. 146)* transfère au 8e s. son évêché de Maastricht à Liège. La ville prend un caractère nettement religieux.

A la fin du 10e s. l'**évêque Notger** fait de ses possessions une principauté. L'histoire de cette dernière ne sera qu'une longue série de luttes : celles des princes pour maintenir leur indépendance, celles des sujets contre leur prince.

En 1316 puis en 1343, des privilèges sont obtenus par les Liégeois. Ils leur sont repris en 1408 après un soulève- ment des communes de la principauté. Une autre révolte est écrasée par Charles le Téméraire qui fait raser la ville (1468), n'épargnant que les églises ; il est vrai, que plus tard, repen- tant, il offre à Liège le beau reliquaire du trésor de la cathé- drale St-Paul.

Au 15e s., le féroce **Guillaume de la Marck,** nommé « le san- glier des Ardennes » parce que ses partisans se couvrent de peaux de sangliers, terrorise la principauté et tue de sa main le prince-évêque Louis de Bourbon (1482).

Sous le règne d'**Érard de la Marck** (1506-1538), la ville retrouve sa prospérité. A sa mort, la lutte reprend entre parti- sants et adversaires de l'évêque.

Au 18e s., Liège se jette dans le « parti des lumières » et accueille sans déplaisir la révolution de 1789. La domination des princes-évêques prend fin en 1794 : la ville devient bien- tôt possession française puis hollandaise jusqu'en 1830.

(D'après photo A.C.L.)

Reliquaire de Charles le Téméraire

L'essor économique. — Grâce à l'extraction de la houille, découverte au 12e s., de nom- breux forgerons ont exercé leur activité à Liège dès le 14e s. La ville s'est fait bientôt une spécialité de l'**armurerie.**

Au 19e s. Liège connaît un prodigieux développement industriel, favorisé par sa situa- tion sur une grande voie navigable et sur un riche bassin houiller.

Hauts fourneaux et industries lourdes s'installent sur les bords de la Meuse. On y construit la première locomotive européenne et on y expérimente le procédé Bessemer de fabrication de l'acier. La Fabrique Nationale d'Armes de Herstal est fondée en 1889.

L'essor industriel est interrompu par les deux guerres mondiales qui touchent durement la ville. En août 1914, la résistance héroïque de la citadelle et de la couronne de forts permet la concentration des armées belge et française. En 1944-1945, plus de 1 500 V1 et V2 tombent sur l'agglomération.

Cependant la création du canal Albert (1939) reliant la Meuse à l'Escaut a permis à Liège de devenir le troisième port intérieur d'Europe. Un port pétrolier a été aménagé entre 1951 et 1964.

Aujourd'hui, le travail des métaux reste la principale activité de Liège : sidérurgie (40 % de l'acier belge), métallurgie lourde et de transformation, traitement des métaux non ferreux notamment du zinc (Seraing). Sont à citer également l'industrie chimique, la verrerie (Val- St-Lambert), les cimenteries et les manufactures de caoutchouc.

Un important centre artistique. — Dans la principauté s'est développée au Moyen Age l'**école mosane** *(p. 24),* illustrée par les ivoires, la dinanderie, l'orfèvrerie.

A la Renaissance, **Lambert Lombard** (1505-1566) se distingue dans la peinture et l'archi- tecture. **Jean Delcour** (1627-1727), appelé parfois le Bernin liégeois, est le plus fécond des sculpteurs du 17e s. Ses innombrables statues aux draperies mouvementées, parmi les- quelles de gracieuses Madones, ornent les églises et les fontaines de la ville.

Du 16e au 18e s., l'architecture est à l'honneur.

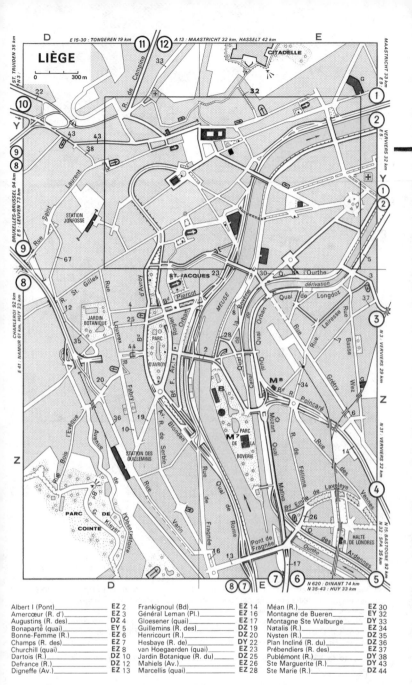

Le 18e s. est la grande époque de l'ébénisterie liégeoise qui s'inspire alors du style « rocaille »; la sculpture décorative du meuble est toujours exécutée dans la masse.

La musique brille avec **André Grétry, César Franck, Eugène Isaye** *(p. 32)*, la littérature romanesque avec **Georges Simenon** (né en 1903) qui a évoqué sa ville natale dans plusieurs de ses œuvres.

Signalons aussi le folklore avec trois théâtres de marionnettes dont le personnage le plus connu est, depuis la fin du 19e s., **Tchantchès,** incarnation bon enfant de l'âme liégeoise *(p. 118).*

■ VIEILLE VILLE★★ *visite : 1/2 journée*

Palais des Princes-Évêques★ **(BX).** — Son imposante façade domine le fond de la **place St-Lambert,** centre de la vie commerciale de Liège où s'élevait jadis la cathédrale St-Lambert. Édifié vers l'an mil par l'évêque Notger, il a été entièrement rebâti sur l'ordre de l'évêque Erard de la Marck à partir de 1526.

La façade principale a été refaite après son incendie en 1734; l'aile gauche date du siècle dernier.

Le palais est occupé par les services provinciaux et par le palais de Justice.

La **première cour**★★ *(visite à l'aide des bornes sonores : 5 F)* est entourée de galeries aux arcades surhaussées et de 60 colonnes galbées, à la fois massives et élégantes, surmontées de chapiteaux richement ornés. La variété de la décoration des colonnes est extraordinaire.

La deuxième cour à laquelle on accède par des couloirs paraît plus intime.

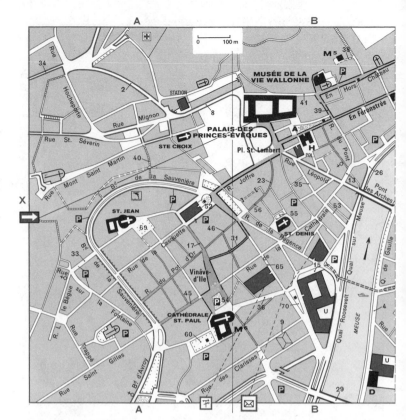

Le Perron★ (BX A). – Sur la place du Marché, face à l'élégant **hôtel de ville** du 18e s. qui dissimule une belle façade arrière, ce perron est le plus célèbre des monuments de ce type en Belgique. Érigé en 1697 à l'emplacement de l'ancien perron détruit par une tempête, il surmonte une fontaine sculptée par Jean Delcour. Au sommet, les Trois Grâces supportent une pomme de pin et une croix.

D'abord emblème de la juridiction épiscopale, le perron devint le symbole des libertés communales. C'est à ce titre qu'il fut enlevé en 1468 par Charles le Téméraire pour être transféré à Bruges. Il ne fut restitué qu'en 1478.

Musée de la Vie wallonne★★ (BX). – *Visite : 10 h - 12 h 30 et 14 h - 17 h ; dim. et j. fériés 10 h - 16 h ; fermé lundi, 1er janv., 1er mai, 1er nov., 25 déc. ; 20 F, gratuit sam., dim.*

Installé dans la Cour des Mineurs, partie d'un ancien couvent franciscain du 17e s., restauré, ce musée est consacré au pays wallon. Une multitude de reconstitutions (ateliers, intérieurs) et d'objets en évoquent les activités artisanales ou industrielles ainsi que la vie quotidienne et les traditions (fêtes, croyances) des habitants.

Au 2e étage, collection exceptionnelle de cadrans solaires et belle série de marionnettes liégeoises *(p. 115)*.

Un théâtre de marionnettes fonctionne en hiver *(merc., dim.)*.

Au sous-sol, reconstitution d'une mine de charbon en 1900 *(s'adresser au guichet)*.

Église St-Barthélemy (CX). – *En cours de restauration. Visite sauf pendant les offices : 9 h - 18 h ; fermé lundis de Pâques et de Pentecôte.*

Cette église romane est précédée d'un avant-corps massif surmonté de deux tours, très caractéristique du style rhénan-mosan du 12e s.

L'intérieur abrite la **cuve baptismale★★★**, en laiton, exécutée par Renier de Huy de 1107 à 1118 pour l'église N.-D.-aux-Fonts. Reposant sur 12 bœufs, symbole des apôtres, la cuve présente une succession de scènes dont la principale est le Baptême du Christ. Sur le fond lisse se détachent les personnages en haut-relief. Avec leurs formes stylisées, leur attitude d'une grande souplesse, ils atteignent une perfection plastique qui évoque l'art antique. *Illustration p. 25.*

Musée Curtius★ (CX M¹). – *Mêmes conditions de visite que le musée de la Vie wallonne, mais fermé mardi et ouvert en outre merc. 19 h - 22 h.*

De style Renaissance mosane, cette haute maison patricienne du début du 17e s., construite par Curtius, riche munitionnaire des armées espagnoles dans les Pays-Bas, abrite de précieuses collections d'archéologie et d'arts décoratifs.

Au 1er étage, trois remarquables **œuvres mosanes** sont à signaler : l'**évangéliaire***** de Notger, ivoire des environs de l'an mil, orné d'émaux champlevés du 12e s. et de plaques de cuivre ajoutées postérieurement; la Vierge de Dom Rupert, sculpture en grès du 12e s., d'allure encore byzantine; le mystère d'Apollon, tympan en pierre sculpté du 12e s.

Au fond de la cour, le **musée du Verre** *(même billet d'entrée)* montre une **collection*** d'objets de verre des origines à nos jours.

Passer devant les musées d'Armes et d'Ansembourg (ci-dessous).

En Féronstrée (**BX**). — Cette rue tient son nom des « férons » ou forgerons qui travaillaient ici au Moyen Age.

Salle St-Georges (**CX M⁴**). — *Visite : 10 h - 18 h ; fermé lundi.*

Dans l'**îlot St-Georges,** ce musée présente d'importantes expositions temporaires.

Aux étages supérieurs se trouve le **musée de l'Art wallon,** consacré à la peinture et à la sculpture de Wallonie du 16e s. à nos jours. *Mêmes conditions de visite que le musée d'Armes, ci-dessous.*

Vinâve-d'Ile (**AX**). — Sur cette place située au cœur du quartier commerçant réservé aux piétons, se dresse, au-dessus d'une fontaine, une Vierge à l'Enfant de Delcour.

Cathédrale St-Paul (**AX**). — *Visite : 7 h 30 - 18 h (17 h de nov. à Pâques) ; fermé 12 h 30 - 14 h dim., j. fériés, juil.*

Cet édifice gothique, à trois nefs élancées et triforium, contient quelques œuvres de Delcour (Saint Pierre et saint Paul, Christ au tombeau), une chaire sculptée par Guillaume Geefs au 19e s. et un remarquable trésor.

Trésor**. — *Visite accompagnée : 10 h - 12 h et 14 h - 17 h ; dim. et j. fériés à 11 h 15 et 14 h ; 20 F. S'adresser à M. Ch. Zeevaert, 2A rue St-Paul.*

Une pièce située dans le cloître contient le **reliquaire de Charles le Téméraire** *(illustration p. 114)* : en or, rehaussé d'émaux, il a été offert par le duc en 1471 et le représente près de saint Georges dont la figure est identique à la sienne. Le majestueux **buste-reliquaire de saint Lambert** datant de 1512, en vermeil, haut de 1,50 m, surmonte un socle très ouvragé (scènes de la vie du saint). Deux ivoires du 11e s., l'un byzantin, l'autre mosan, sont également à remarquer.

■ AUTRES CURIOSITÉS

Rive gauche

Église St-Jacques* (**DZ**). — *Visite : 8 h - 12 h (13 h dim. et j. fériés) et 17 h - 19 h ; fermé ap.-midi du 1er mai, du lundi de Pentecôte et d'oct. à avril ; ouvert 14 h - 19 h seulement en juil.-août (sauf dim.).*

Cette église, de style gothique flamboyant, conserve, à l'Ouest, une partie romane subsistant d'une abbatiale bénédictine fondée au 11e s. Sur le porche Nord a été plaquée une intéressante façade Renaissance (1558) exécutée par Lambert Lombard. Sous le porche, bas-relief de 1380 représentant le Couronnement de la Vierge.

A l'intérieur, la décoration architecturale est somptueuse. Les voûtes de la nef aux multiples nervures sont ornées de peintures et de médaillons à figures sculptées. Au bas de la nef, superbe buffet d'orgues (17e s.), reposant sur une tribune. Quelques objets d'art sont à signaler : une Pietà du 15e s., une Vierge du 16e s. en pierre, des statues de Delcour.

Musée d'Ansembourg* (**CX M²**). — *Mêmes conditions de visite que le musée Curtius, sauf visite nocturne : jeudi.*

Tout contribue à donner à l'intérieur de ce bel hôtel du 18e s. l'atmosphère raffinée de l'époque : plafonds ornés de stucs, murs tendus de cuirs de Malines, de tapisseries d'Audenarde, meubles caractéristiques de l'ébénisterie liégeoise, cuisine décorée de carreaux de Delft. Au départ de l'escalier, une Vierge en bois de Jean Delcour surmonte la rampe.

Musée d'Armes* (**CX M³**). — *Mêmes conditions de visite que le musée de la Vie wallonne p. 116, ouvert en outre merc. 19 h - 22 h.*

Aménagé dans un bel hôtel du 18e s. où siégea, de 1800 à 1814, la préfecture du département de l'Ourthe et qui hébergea Napoléon en 1811, ce musée présente d'une façon attrayante une riche collection d'armes à feu portatives de 1350 à nos jours ainsi qu'une importante série d'armes blanches du 6e au 18e s., des armures, médailles, décorations.

Église St-Denis (BX). — Au cœur d'un quartier commerçant, cette église, fondée par l'évêque Notger au 10e s. et modifiée à plusieurs reprises par la suite, conserve la base d'un important avant-corps du 12e s.

A l'intérieur, dans le bras-droit du transept, se trouve un beau **retable★** en bois de style brabançon du début du 16e s., illustrant la Passion du Christ; à la prédelle, un peu plus tardive, est représentée la vie de saint Denis.

Église St-Jean (AX). — *Visite : 9 h - 12 h et 15 h - 18 h ; dim. 10 h 30 - 13 h et 19 h 30 - 21 h.*

Cette église dont la forme — octogone surmonté d'une coupole — est inspirée de la cathédrale d'Aix-la-Chapelle, a été édifiée par le prince-évêque Notger à la fin du 10e s. Son avant-corps fut surélevé vers l'an 1200 et la nef reconstruite au 18e s.

A l'intérieur, la rotonde et le chœur ont été décorés dans le style néo-classique à la fin du 18e s.

Une sacristie abrite un calvaire avec de belles **statues★** en bois de la Vierge et de saint Jean, du 13e s. et une magnifique Vierge à l'Enfant ou **Sedes Sapientiae★** *(p. 25)*, sculptée dans le bois vers 1220, dont on admire les draperies fluides, la féminité du visage.

Le cloître a été ajouté au 16e s., puis modifié au 18e s. Sa galerie Sud conserve du 16e s. une belle voûte dont les nervures et les liernes dessinent d'élégantes rosaces.

Église Ste-Croix (AX). — Précédée d'un avant-corps de style roman, cette église des 13e et 14e s. est de type halle avec ses trois nefs d'égale hauteur. Elle présente la particularité de posséder deux chœurs opposés, celui qui est situé à l'Ouest servant actuellement de baptistère.

Le **trésor** *(s'adresser au sacristain, no 9 dans les Cloîtres)* renferme de précieux ornements liturgiques et de pièces d'orfèvrerie, en particulier la **clef** symbolique, en bronze, offerte à saint Hubert par le pape Grégoire II en 722, et un triptyque-reliquaire en laiton doré repoussé (12e s.) attribué à Godefroy de Huy.

Musée d'Architecture (BX M⁵). — *Visite accompagnée : 10 h - 12 h 30 et 14 h - 17 h ; dim. et j. fériés 10 h - 16 h ; fermé lundi ; 20 F, gratuit sam., dim.*

Les façades à colombages de l'**ancien béguinage du St-Esprit**, l'une des 17 institutions de ce genre que possédait Liège, ont été restaurées. Fondé en 1614, il hébergea en 1627 une communauté d'ursulines.

Un musée d'architecture y a été installé. Il présente des expositions temporaires sur l'architecture.

A côté, un ancien relais de poste, transféré ici, renferme le studio, reconstitué, du violoniste Eugène Isaye.

Rive droite

Palais des Congrès (EZ B). — Construit en 1958 dans le parc de la Boverie, il reflète sa longue façade vitrée dans les eaux de la Meuse.

A côté depuis 1961, une **tour cybernétique** de 52 m de hauteur, conçue par Nicolas Schöffer, matérialise par un jeu de pales mobiles les changements atmosphériques.

Musée du parc de la Boverie (EZ M⁷). — *Mêmes conditions de visite que le musée de la Vie wallonne, p. 116.*

Il renferme des peintures et sculptures des 19e et 20e s., en particulier de l'école française avec Corot, Monet, Pissarro, Signac, Gauguin, Picasso, Mathieu. L'école belge est également bien représentée avec Evenepoel, Van Rysselberghe, Ensor, Permeke, Van de Woestijne, De Smet.

La collection Graindorge comprend des œuvres de Magritte, Orp, Matisse.

Le musée expose également des œuvres contemporaines.

Musée du Fer et du Charbon (EZ M⁸). — *Visite : 14 h - 17 h ; fermé dim., lundi, j. fériés, 1er janv., 1er mai, 1er nov., 25 déc. ; 20 F.*

Dans de vastes ateliers du 19e s., on a installé une forge wallonne avec un haut fourneau à charbon de bois du 17e s. et deux énormes « makas » (marteaux hydrauliques) du 18e s.

La production traditionnelle des « férons » liégeois est exposée ici : plaques et « taques » de cheminée, chenets.

Une documentation concernant l'histoire de la métallurgie en Belgique est répartie dans les étages.

Aquarium★ (BX D). — *Visite : 14 h - 18 h, en outre dim. et j. fériés 10 h 30 - 12 h 30 ; fermé 1er janv., 1er mai, 21 juil., 1er et 2 nov., 24, 25 et 31 déc. ; 20 F.*

L'institut de Zoologie de l'Université possède un très bel aquarium. Dans 25 bassins, situés au sous-sol du bâtiment, sont présentés des poissons du monde entier.

Au 1er étage, une intéressante collection de madrépores a été rapportée d'une expédition à la Grande Barrière de Corail d'Australie.

Au 2e étage, le musée de zoologie présente plus de 18 000 pièces.

Musée Tchantchès (CX M⁹). — *Visite : de mi-sept. aux Rameaux merc. et jeudi 14 h - 17 h et dim. 12 h - 13 h ; en outre en mai-juin merc. et jeudi ; 10 F.*

Au cœur du quartier d'**Outre-Meuse**, ce musée appartenant à une association nommée République libre d'Outre-Meuse, est consacré à Tchantchès (nom wallon pour François), héros populaire du théâtre de marionnettes liégeois *(illustration p. 13)*. Le musée rassemble les costumes qui lui ont été offerts et une collection de marionnettes du Théâtre Royal Ancien Impérial de Roture.

On peut assister à des spectacles de marionnettes *(dim.)*.

Sur la **place de l'Yser**, à l'extrémité de la rue Surlet, se dresse le **monument à Tchantchès**.

Dans les rues avoisinantes, on remarque plusieurs niches ou **potales,** abritant des christs ou des madones.

Le 15 août a lieu la fête des potales.

EXCURSIONS

Fort de Loncin. — *8 km au Nord par la route de St-Trond, en direction de la sortie ⑩. Après avoir franchi le viaduc sur l'autoroute, on découvre le fort sur la droite, au fond d'un jardin public. Visite : 9 h - 17 h ; fermé lundi-mardi.*

Ce fort, qui défendait en août 1914 la route de Bruxelles, fut alors détruit par l'explosion de son magasin à poudres.

Chaudfontaine. — 10 699 h. *10 km. Sortir par ④ du plan.*

Dans la vallée de la Vesdre, Chaudfontaine est, depuis la fin du 17ᵉ s., une station thermale très fréquentée. Ses sources chaudes (36,6°), les seules de Belgique, sont employées dans le traitement des rhumatismes.

Parmi les atouts de Chaudfontaine figurent une piscine d'eau thermale à toit ouvrant et un **casino** dont le hall est décoré d'une grande fresque de Paul Delvaux, Le Voyage légendaire.

Dans le parc des Sources la maison Sauveur, du 17ᵉ s., restaurée, abrite le Syndicat d'Initiative *(spectacle audio-visuel sur demande).*

Château d'Aigremont. — *16 km. Sortir par ⑧ du plan, autoroute de Charleroi que l'on quitte à l'échangeur n° 4. Visite accompagnée : de la veille de Pentecôte au 1ᵉʳ nov. 10 h - 12 h et 14 h - 18 h ; fermé lundis non fériés ; 40 F.*

Situé comme celui de Chokier au sommet d'un rocher à pic dominant la Meuse, le château d'Aigremont aurait été élevé par les quatre fils Aymon *(p. 129)*. Ce fut au 15ᵉ s. l'un des repaires de Guillaume de La Marck *(p. 114)*. Il a été reconstruit au début du 18ᵉ s. en brique et pierre de taille.

L'intérieur, garni de beaux meubles du 18ᵉ s., a pour plus bel ornement sa cage d'escalier à fresques en trompe-l'œil, recréant l'architecture d'un palais italien. La cuisine est tapissée de carreaux de Delft présentant plus de 1 000 motifs.

Les terrasses portent un joli jardin à la française.

Neuville-en-Condroz; St-Séverin. — *27 km au Sud-Ouest. Sortir par ⑥ du plan.*

Sart Tilman. — Sur ce plateau boisé, l'Université de Liège a installé son campus de 740 ha et un centre de recherches métallurgiques. Le château de Colonster (17ᵉ s.), à l'extrémité Est du domaine, a été transformé en centre de congrès.

Neuville-en-Condroz. — 3 060 h. Dans le **cimetière Américain des Ardennes** *(visite : 8 h - 18 h ; sam., dim. et j. fériés 9 h - 18 h ; fermé à 17 h de début oct. à mi-mars)*, un magnifique parc soigné précède le mémorial et la pelouse où sont enterrés 5 310 Américains morts pendant la dernière guerre, la plupart lors de la bataille des Ardennes *(p. 53)*. L'ensemble des stèles blanches dessine une immense croix grecque. A l'intérieur du mémorial, des cartes gravées évoquent la bataille fameuse; à l'extérieur sont inscrits les noms de 462 disparus.

St-Séverin. — L'**église★** de ce bourg, harmonieux édifice roman, en pierre, du 12ᵉ s., est un ancien prieuré de l'abbaye de Cluny : la tour de croisée octogonale s'inspire d'ailleurs du clocher de l'Eau Bénite à Cluny.
Visite : en cas de fermeture, sonner au n° 17 dans la cour; ☎ de préférence : (041) 71.40.34.

A l'intérieur, la restauration, dégageant la maçonnerie d'origine, a mis en valeur l'architecture de l'édifice. Si le plafond de la nef centrale, les voûtes du transept et du chœur sont à la même hauteur, celles de l'abside et des chapelles orientées sont beaucoup plus basses. Dans la grande nef intervient un décor discret : alternance de colonnes ou groupes de colonnettes et de piliers, et, au-dessus de ceux-ci, colonnettes géminées torsadées.

Les **fonts baptismaux★**, de la fin du 12ᵉ s., sont originaux : la cuve est supportée par 12 colonnettes entourant un fût central et sculptée de lions placés dos à dos; aux angles, quatre têtes humaines d'inspiration syrienne.

Du jardin du presbytère, l'église montre un bel étagement de volumes.

Visé. — 16 530 h. *17 km au Nord par ① du plan.* Sur les bords de la Meuse, Visé est un centre touristique très fréquenté. On y pratique les sports nautiques à l'île Robinson.

L'oie à l'instar de Visé, préparée avec une sauce à la crème relevée d'ail, est la spécialité gastronomique renommée.

La ville fut pillée et incendiée par les Allemands en août 1914.

Visé est fière de ses trois guildes, d'arbalétriers, d'arquebusiers et de francs-arquebusiers, qu'on peut voir défiler à l'occasion de plusieurs fêtes annuelles.

La **collégiale** abrite, dans le bras droit du transept, la **châsse de saint Hadelin★**, œuvre mosane du 12ᵉ s., en argent repoussé. Les pignons provenant d'une châsse plus ancienne (1046) représentent le Christ, d'un côté foulant l'aspic et le basilic (animal fabuleux), de l'autre couronnant les deux saints amis, Remacle *(p. 154)* et Hadelin. Certaines des scènes des panneaux latéraux, qui illustrent la vie de saint Hadelin, sont attribuées à Godefroy de Huy *(p. 103)*. Saint Hadelin fut le fondateur, au 7ᵉ s., du monastère de Celles, près de Dinant, dont la communauté fut transférée à Visé au 14ᵉ s.

Blégny. — 10 699 h. *20 km au Nord-Est par ① du plan.*

A **Trembleur,** les galeries de l'**ancien charbonnage d'Argenteau,** le dernier de la province, ont été ouvertes au public en juin 1980. *Visite accompagnée : 10 h - 16 h (11 h - 15 h en mars, nov., déc.) ; dim. et j. fériés 10 h - 17 h ; fermé janv., fév. ; 280 F., enfants : 160 F., billet combiné (mine + train) : 340 F.*

Le **Trimbleu,** petit train touristique tracté par une machine Diesel, circule à travers le comté de Dalhem, de Trembleur à Warsage, avec halte à Mortroux. *Départs : avril-oct. ap.-midi ; 130 F.*

Le **Tortillard de la Berwinne,** train autoroutier, suit la vallée de la Berwinne depuis Mortroux jusqu'à l'abbaye du Val-Dieu *(p. 165)*. *Départs : avril-oct., ap.-midi ; 70 F.*

Dans l'ancienne gare de **Mortroux,** le **musée de la Roue et de la Vie régionale** renferme de nombreux instruments agricoles et toutes sortes de véhicules hippomobiles. *Accès par le café. Visite : 10 h - 19 h ; fermé janv.-fév. ; 30 F.*

LIER ★★ (LIERRE) Antwerpen

Cartes Michelin nos 409 - pli 4 et 2 - pli 7 – 31 319 h.

Touristes, écrivains et artistes ont, nombreux, été séduits par l'atmosphère, les promenades, les monuments, les façades anciennes de cette ville située aux confins de la Campine anversoise et du Brabant.

La ville est encore ceinte de remparts du 16e s., bordés par un canal et aménagés en promenades.

Lierre a vu naître le ferronnier d'art Van Boeckel (1857-1944), le portraitiste Opsomer (1878-1967), l'écrivain **Félix Timmermans** (1886-1947) et le grand horloger Zimmer (1888-1970).

Les « Lierse Vlaaikens » ou tartelettes de Lierre sont une savoureuse spécialité locale.

■ PRINCIPALES CURIOSITÉS *visite : 2 h*

Grand-Place (**Grote Markt**) (**Z**). – Au centre, l'**hôtel de ville** (**H**), élégante construction du 18e s. dont les baies comptent plus de 3 900 vitres, est flanqué d'un grêle **beffroi** gothique (1369); surmonté de quatre tourelles d'angle et pourvu d'un carillon, celui-ci est le vestige de l'ancienne halle aux draps. *Visite sur demande adressée à l'Office de Tourisme.*

La place est entourée de plusieurs anciennes maisons de corporations. Près du beffroi, la maison des Bouchers, au pignon à redans, au perron gardé par deux lions héraldiques, sert pour les expositions (Tentoonstelling).

Église St-Gommaire★★ (**St.-Gummaruskerk**). – *Visite : 9 h - 12 h et 14 h - 17 h (16 h de mi-nov. à Pâques).*

Elle a été construite du 14e au 16e s., dans le style gothique brabançon. A sa construction participèrent les Keldermans et les de Waghemakere *(p. 42)*.

La tour massive, terminée par un clocher octogonal, renferme un carillon de 45 cloches.

On a une bonne vue d'ensemble de l'extérieur de l'église, près du transept gauche.

Dans cette église, en 1496, Philippe le Beau épousa Jeanne la Folle.

L'**intérieur**, pavé de pierres tombales, comporte de belles clés de voûte. Les colonnes épaisses où sont adossées de grandes statues d'apôtres, le triforium à remplages, sont caractéristiques du style brabançon. D'intéressantes œuvres d'art se remarquent.

En pierre blanche, le magnifique **jubé**★★, flamboyant malgré sa date tardive (1536), est l'œuvre de sculpteurs malinois; des statues d'évangélistes et de Pères de l'Église (refaites en 1850) sont disposées sur les colonnes; au-dessus, des scènes de la Passion se détachent au milieu d'une décoration luxuriante. La tourelle a été ajoutée en 1850.

L'église possède un bel ensemble de vitraux. Dans le collatéral droit, une **verrière**★ du 15e s. représente, en médaillon, un Couronnement de la Vierge dont le dessin souple s'apparente à l'art de Van der Weyden. Dans le chœur, trois des vitraux ont été offerts par Maximilien d'Autriche lors de sa visite en 1516 : celui-ci figure avec son épouse Marie de Bourgogne.

Les stalles du chœur (1555) sont sculptées de motifs pittoresques. Au centre du chœur, lutrin en cuivre du 17e s.

La chaire baroque a été sculptée par trois artistes dont Artus Quellin le Vieux.

Dans la 1re chapelle du déambulatoire à gauche, est exposé un triptyque dont les volets, Sainte Claire et Saint François, seraient de Rubens. Dans la 4e chapelle, le triptyque dit de Colibrant, le Mariage de la Vierge, est attribué à Goswyn van der Weyden, petit-fils de Roger (1516).

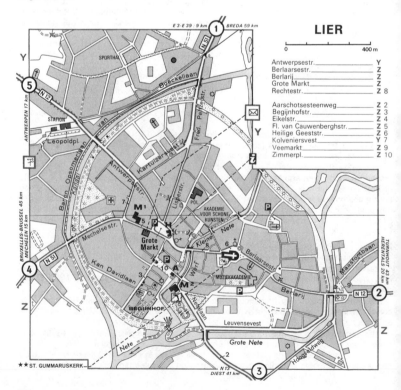

On remarque également, dans le transept droit, un triptyque d'Otto Venius, maître de Rubens, datant de 1612 (Descente du Saint-Esprit).

Deux fois par an, la châsse en argent repoussé du 17e s., contenant les reliques de saint Gommaire, est portée en procession à travers les rues de Lierre.

Tour Zimmer (Zimmertoren) (Z A). — *Visite : 9 h - 12 h et 14 h - 19 h (16 h en hiver) ; 15 F.*

Sur la Zimmerplein où se tient le samedi un marché, se dressent deux vestiges de la première enceinte du 14e s. : la **porte des Prisonniers** (Gevangenenpoort) et la tour Zimmer, jadis tour Cornelius.

La façade de la tour Zimmer aborde l'étonnante **horloge astronomique**★ exécutée en 1930 par le Lierrois Zimmer et où figurent 11 cadrans, la terre et la lune; sur la face droite de la tour a lieu tous les jours à 12 h un défilé d'automates.

A l'intérieur de la tour, le **studio astronomique** possède 57 cadrans, montrant le cycle lunaire, les marées, le zodiaque et les principaux phénomènes cosmiques.

Dans le pavillon voisin de la tour, on visite la **Wonderklok,** autre horloge astronomique dotée de 93 cadrans et de 14 automates.

Béguinage★ (Begijnhof) (Z). — Le béguinage a été fondé au début du 13e s. et remanié au 17e s.

Un monumental portique Renaissance, de la fin du 17e s., surmonté de la statue de sainte Begge, en marque l'accès. De là s'offre une belle perspective sur la porte des Prisonniers et le beffroi.

Dans l'enclos, les maisons, certaines précédées d'un jardin dissimulé par un muret, se pressent le long d'étroites ruelles pavées où se dissémine un chemin de croix.

L'église montre une façade Renaissance (17e s.) couronnée au 18e s. de volutes et d'un lanternon.

Une vieille fontaine, l'insolite disposition des toitures et des lucarnes composent de pittoresques recoins.

■ AUTRES CURIOSITÉS

Musée (Museum) **Wuyts - Van Campen et** (en) **Baron Caroly** (YZ M[1]). — *Visite : 10 h - 12 h et 13 h 30 - 17 h 30 (fermé merc. et vend.) ; de début nov. au Samedi saint dim. seulement et fermé 16 h 30 ; 10 F.*

Il possède une bonne collection de tableaux du 16e s. à nos jours.

Brueghel le Jeune, Brueghel de Velours, Rubens figurent parmi les peintres de l'école flamande dont on admire notamment un remarquable portrait collectif de **Frans Floris : la famille Van Berchem.**

Des tableaux de l'école hollandaise (Van de Velde, Jan Steen), espagnole (Murillo), française (Poussin, Le Lorrain), des œuvres belges des 19e et 20e s. (Henri De Braekeleer, Tytgat, Opsomer) sont à remarquer.

Maison Timmermans-Opsomer (Timmermans-Opsomerhuis) (Z M[2]). — *Mêmes conditions de visite que le musée Wuyts-Van Campen.*

Ce musée évoque le souvenir d'artistes lierrois contemporains.

La forge de Van Broeckel groupe, sous un lustre à fleurs, des œuvres du célèbre ferronnier d'art.

L'atelier de peinture, reconstitué, du baron **Opsomer** présente des paysages (le Béguinage de Lierre) et de nombreux portraits : Albert Ier, Félix Timmermans, Opsomer lui-même.

A l'étage, plusieurs salles consacrées à l'écrivain flamand Félix **Timmermans** qui fut aussi dessinateur humoriste, musicien et peintre, nous rappellent ses ouvrages les plus célèbres : Contes du béguinage, Crépuscule de la Mort, **Pallieter** (1916), roman truculent et plein de verve, et Psaumes des Paysans.

Une salle contient des œuvres et des souvenirs du musicien Renaat **Veremans** (1894-1969), auteur de Vlaanderen (Les Flandres), air populaire fameux, et pour qui Timmermans écrivit plusieurs livrets d'opéra.

Le LITTORAL ★ West-Vlaanderen

Cartes Michelin nos **409** - plis 1, 2 et **2** - plis 1, 2, 3 – *Schéma p. 122.*

La Belgique s'entrouvre sur la mer du Nord par une côte rectiligne de près de 70 km soumise aux vents du large mais bénéficiant d'un air très pur et d'un climat plus doux que le reste du pays.

« La côte ». — Nivelée par les flots depuis le Moyen Age, c'est, à l'exception de l'échancrure et des principaux ports (Nieuport, Ostende, Blankenberge, Zeebrugge), une succession de plages de sable en pente très douce que la mer découvre largement à marée basse et que limite un cordon de **dunes** couvertes d'oyats.

La route s'y aventure rarement : la mer est longée, soit par des digues aménagées en **promenoirs** pour piétons et cyclistes, soit par les dunes.

Les stations. — Cernées d'un côté par la mer, de l'autre par un arrière-pays de polders fertiles s'étendent les stations balnéaires; une rangée d'immeubles en bordure de mer y dissimule, généralement à l'arrière, des villas dispersées dans les dunes.

Qu'elles soient familiales ou cossues, le touriste y est roi. Il dispose d'immenses espaces sablonneux où se pratiquent différents sports (char à voile, équitation), d'**« estacades »** ou jetées pour la pêche au carrelet, de sentiers balisés (piétons, cyclistes, cavaliers) permettant les promenades dans les dunes et bois environnants.

Partout se louent les fameux bicycles ou tricycles bas nommés « cuisse-tax ». Un tramway fait la navette entre Knokke et La Panne.

Outre les fameuses « anguilles au vert », on déguste tout au long de la côte poissons, crustacés et fruits de mer qui sont l'objet, dans les ports de pêche, de pittoresques ventes à la criée ou **« minques ».**

Le LITTORAL*

Guerres et tempêtes. – La région a été dévastée pendant les deux guerres mondiales. En 1940, plusieurs stations ont été bombardées; le littoral a été ensuite fortifié : çà et là subsistent des blockhaus de la prolongation du « mur de l'Atlantique ».

En 1953, une grande tempête a ravagé la côte jusqu'en Zélande, aux Pays-Bas.

LES STATIONS
De la Panne à Knokke-Heist – *64 km – schéma ci-dessous.*

De Panne (La Panne). – 9 563 h. *Plan dans le guide Michelin Benelux.*

Jouxtant la frontière, la Panne est une station balnéaire très fréquentée par les touristes français.

Sa **plage*,** dépourvue de brise-lames et dont la largeur atteint par endroit 250 m à marée basse, est particulièrement propice à la pratique du char à voile (zeilwagen).

Près de la plage se dresse le **monument au roi Léopold Ier**, rappelant l'endroit où le premier souverain de Belgique débarqua en 1831, venant d'Angleterre, après une escale à Calais.

C'est à la Panne que résida pendant la guerre de 1914–1918 la reine Elisabeth tandis que le Q.G. du roi Albert se trouvait à Furnes.

Westhoek. – *Promenades guidées en français certains jours de l'année : s'adresser à l'Office de Tourisme. Brochures concernant les promenades et la flore de la réserve : de 15 à 40 F.*

Autour de la station s'étendent des dunes dont une partie forme, à l'Ouest, le Westhoek, réserve naturelle appartenant à l'État et couvrant 340 ha jusqu'à la frontière.

Le Westhoek est traversé par cinq sentiers balisés pour des promenades de 1,6 km à 2,4 km de long.

Si les oyats ou quelques arbustes (saule rampant, argousier, sureau noir) revêtent généralement les dunes, au centre se trouve une clairière dépourvue de végétation appelée parfois le Sahara.

Oosthoek. – Cette réserve naturelle communale s'étend sur 61 ha de dunes et de bois au Sud de la Panne.

Adinkerke. – *3 km au départ de la Panne.* A Adinkerke se trouve le **Meli,** parc récréatif de 20 ha (animaux, attractions, village de contes de fée). *Visite : de début avril à début nov. 9 h - 19 h ; 220 F.*

Koksijde (Coxyde). – *Page 108.*

Oostduinkerke. – *Page 108.*

Nieuwpoort (Nieuport). – *Page 136.*

Oostende** (Ostende). – *Page 139.*

De Haan (Le Coq). – 8 436 h. Charmante station fleurie groupant ses villas dans un environnement de bois et de dunes que sillonnent des promenades.

Klemskerke. – *4 km au départ du Coq.* C'est un plaisant village de polders. **St-Clément,** église-halle (à trois nefs d'égale hauteur), renferme des boiseries du 17e s. : bancs, confessionnaux.

A proximité se dresse un moulin à vent à pivot.

Wenduine. – La plus haute des dunes (Spioenkop) à l'Ouest de l'agglomération, est surmontée d'un petit **belvédère :** vue intéressante sur les plages, le cordon de dunes et la station avec son hôtel de ville reconstruit dans le style flamand. A remarquer : un petit moulin à vent à pivot.

Blankenberge*. – 14 630 h. *Plan dans le guide Michelin Benelux.*

Ce petit port de pêche est devenu une importante station balnéaire, bien aménagée et pourvue de nombreuses ressources. Un casino (Kursaal), une grande jetée (Pier) et un port de plaisance figurent parmi les principaux atouts de Blankenberge.

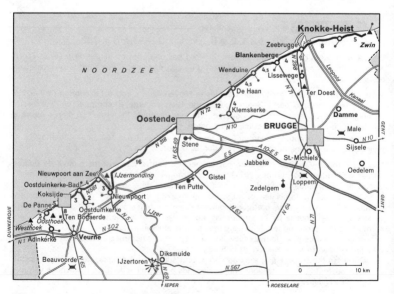

Les festivités ne manquent pas dans cette station *(p. 12)*. Le carnaval y est particulièrement animé. Les **fêtes du port,** en mai, sont marquées par un cortège folklorique suivi d'un spectacle de danses.

En juillet a lieu la bénédiction de la mer avec messe sur la plage, l'autel étant dressé sur un bateau au mât en forme de croix.

En août se déroule un célèbre corso fleuri.

Église St-Antoine (St.-Antoniuskerk). — Remplaçant l'église Notre-Dame endommagée par la tempête pendant l'hiver de 1334-1335, elle fut inaugurée en 1358. Elle a été modifiée à plusieurs reprises et présente un intérieur agrémenté de belles œuvres d'art des 17e et 18e s. : retables, banc de communion, confessionnal, chaire, orgues.

Zeebrugge. — *Page 169.*

Knokke-Heist★★. — *Page 107.*

LOMMEL Limburg ─────────────────────────

Cartes Michelin n° 409 - pli 6 et n° 2 - Nord du pli 9 — 25 020 h.

Lommel est connu pour son important cimetière militaire allemand qui se trouve dans les pinèdes, à quelques kilomètres au Sud du bourg.

Cimetière militaire allemand. — Cet enclos de 16 ha a recueilli les restes de tous les soldats allemands tombés en Belgique pendant la Deuxième Guerre mondiale, ainsi que de quelques autres soldats morts dans l'Est de l'Allemagne ou pendant la Première Guerre mondiale.

Un calvaire en basalte de 6 m de haut, bâti sur une crypte, précède le cimetière.

Près de 20 000 croix (une croix représente deux tombes) s'alignent sur des tapis de bruyère parsemés de pins et de bouleaux et séparées par des allées de gazon.

Réserve naturelle (Natuurreservaat) de Kattenbos. — Elle fait partie, avec le bois de Pijnven, au Sud près d'Eksel et celui de Holven, à l'Est près d'Overpelt, du **Parc de la Basse-Campine** (Park der Lage Kempen), couvrant plus de 12 000 ha, disséminés dans la province du Limbourg.

Au Nord de la réserve de Kattenbos, près de la route, se dresse un moulin à vent (1809) en bois, à pivot. C'est le point de départ de plusieurs circuits fléchés permettant une promenade à travers la pinède.

Pour circuler en ville utilisez les plans du guide Rouge Michelin Benelux :

— axes de pénétration ou de contournement

— carrefours aménagés, rues nouvelles

— parcs de stationnement, sens interdits...

Une abondante documentation, mise à jour chaque année.

LOUVAIN ★ Voir Leuven

LOUVAIN-LA-NEUVE ★ Brabant ──────────────

Cartes Michelin nos 409 - pli 13 et 2 - pli 19 — 7 km au Sud de Wavre.

En cours de réalisation, cette ville nouvelle prévue pour 50 000 h. s'étend sur la commune d'**Ottignies - Louvain-la-Neuve.** (18 807 h.)

L'Université Catholique de Louvain (U.C.L.). — Depuis la scission en 1968 de l'Université Catholique fondée à Leuven (Louvain) en 1425, les étudiants d'expression française se sont installés progressivement à Louvain-la-Neuve, à l'exception des étudiants en médecine dont la Faculté est implantée à **Woluwe-St-Lambert,** sur le site de Louvain-en-Woluwe.

La ville a reçu ses premiers étudiants, élèves de polytechnique (école d'ingénieurs) en octobre 1972.

Le transfert a été achevé en 1979. L'U.C.L. compte 17 000 étudiants dont 12 000 à Louvain-la-Neuve.

L'Université dans la ville. — Centre urbain mais aussi cité universitaire, Louvain-la-Neuve est d'une conception originale.

Elle est divisée en quatre quartiers. **– Hocaille, Biéreau, Bruyères, Lauzelle** — mais dans chacun l'interpénétration des différents secteurs — commerces, habitations, facultés — doit faciliter les échanges.

Au cœur de la ville, le **Centre urbain** a été conçu comme lieu de rencontre et d'animation.

A proximité de la ville ont été aménagés un parc scientifique regroupant des entreprises et des laboratoires de recherche et le complexe du Cyclotron.

Le site naturel a été respecté. Les quartiers sont établis sur quatre collines du plateau de Lauzelle qui dominent la petite vallée de la Malaise. Cette dernière est recouverte par une dalle de béton abritant des parkings et une gare souterraine et portant les bâtiments du centre-ville parmi lesquels l'édifice central de l'Université, les **Halles Universitaires.**

L'architecture contemporaine a été mise au service d'un urbanisme qui s'inspire des cités médiévales et garde une échelle humaine. Des rues étroites, de petites places, des escaliers, des bâtiments en retrait, ménagent des surprises et évitent toute monotonie.

Priorité a été accordée à la circulation piétonnière; les voitures particulières empruntent la rocade extérieure ou des voies de pénétration menant à des parkings.

La ville est desservie par une autoroute (Bruxelles-Namur) et par le chemin de fer : une voie ferrée branchée sur la ligne Bruxelles-Namur aboutit à la gare souterraine.

Dans le bâtiment d'accueil (suivre la direction REUL) on peut voir une maquette de Louvain-la-Neuve.

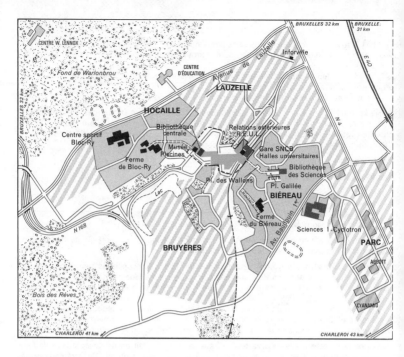

Musée (Musée de l'Institut supérieur d'architecture et d'histoire de l'art de l'U.C.L.). — *Place Blaise-Pascal. Visite : 12 h - 18 h (14 h - 18 h sam., dim. et j. fériés) ; fermé 2e quinzaine d'avril, juil.-août, du 23 déc. au 31 janv.*

Outre des collections permanentes concernant la sculpture européenne (12e-18e s.) et d'Afrique centrale, les antiquités classiques grecques et romaines, ce musée présente des expositions temporaires.

MAASEIK Limbourg

Cartes Michelin nos **409** - plis 6, 7 et **2** - pli 11 — 19 706 h.

Située au bord de la Meuse, à l'extrémité Nord-Est de la Campine limbourgeoise, Maaseik est la ville natale des frères **Van Eyck,** Jean *(p. 59)* et Hubert.

Vers la mi-carême, son cortège de carnaval (halfvastenstoet) attire une foule considérable *(p. 12).* Le « Mai touristique » de Maaseik donne lieu à de nombreuses manifestations.

La ville conserve quelques traces de ses remparts construits en 1672 sous Louis XIV.

Promenades sur la Meuse jusqu'à Roermond et Liège, en saison : s'adresser à Raedschelders Vita-Bene.

■ CURIOSITÉS *visite : 1 h*

Grand-Place (Grote Markt). — Cette vaste place carrée ombragée de tilleuls est entourée de maisons anciennes aux baies étroites souvent garnies de petits carreaux sertis de plomb. Au Nord, l'hôtel de ville (stadhuis) occupe une belle demeure bourgeoise du 18e s. Au centre se dresse la statue de Jean et Hubert Van Eyck.

Musée communal (Stedelijk museum). — *Au no 46. Visite : 10 h - 12 h et 14 h - 18 h ; d'oct. à mars dim. et j. fériés seulement 14 h - 16 h ; fermé juil.-août et 1er janv., 25 déc. ; 10 F.*

Derrière une façade de style mosan du début du 18e s., il est installé dans la plus **ancienne pharmacie** de Belgique dont l'atmosphère d'antan est parfaitement restituée. Il contient en outre d'intéressantes collections régionales : ivoires, objets préhistoriques.

Bosstraat. — Cette rue est bordée de demeures anciennes.

Au no 7, vieille maison de brique, De Verkeerde Wereld (Le Monde à l'Envers).

A l'angle de Halstraat, maison médiévale à colombages.

La maison du no 19 montre une belle façade blanche (1620), en saillie sur arcs, d'un type courant dans la région.

Celle du 21, Stenen Huis (maison de pierre) ou Drossaardshuis (maison du Bailli), présente une façade classique plus solennelle.

Église Ste-Catherine (St.-Catharinakerk). — 19e s. Sa sacristie abrite un remarquable **trésor** (kerkschat). *Pour visiter s'adresser à Heer Guido Henkens, ☎ (011) 56.45.11.*

Les pièces proviennent pour la plupart de l'ancienne abbaye d'Aldeneik *(ci-dessous).* Remarquer : le codex eykhensis ou évangéliaire de sainte Harlinde qui, datant du 8e s., serait le plus ancien livre de Belgique; un reliquaire en vermeil du 10e s.

Aldeneik. — *2 km à l'Est.*

L'église d'Aldeneik est l'ancienne abbatiale d'un monastère fondé au 8e s. par les saintes Harlinde et Relinde. *Pour visiter, ☎ (011) 56.46.02.* Agrandie au 12e s., augmentée au 13e s. d'un chœur gothique et restaurée au 19e s., elle conserve de l'époque romane son porche massif et sa nef centrale à piliers carrés ornée de peintures murales. Elle contient le tombeau des saintes, du 18e s.

MALINES ★★ Voir Mechelen

LOUVAIN-LA-NEUVE

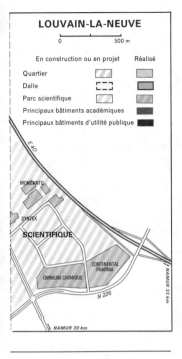

0   500 m

En construction ou en projet   Réalisé

Quartier

Dalle

Parc scientifique

Principaux bâtiments académiques

Principaux bâtiments d'utilité publique

Cartes Michelin n°s **409** - pli 16 et **4** - Nord-Ouest du pli 9 — *Schéma p. 153* — 9 990 h.

Malmédy, sur la Warche, occupe un **site★** pittoresque, à 340 m d'altitude, au centre d'un bassin entouré de collines escarpées et boisées. On pratique le ski dans les environs : à la **Ferme Libert** (au Nord, route de Bévercé) et à **Ovifat,** près de Robertville.

Les papeteries et tanneries de Malmédy sont connues. Les « baisers de Malmédy » sont une excellente pâtisserie locale.

Jusqu'en 1794, la ville formait avec Stavelot une principauté abbatiale. Malmédy, où l'on parle un dialecte wallon, fut prussienne de 1815 à 1925 *(p. 89)*. En décembre 1944, le centre de la ville fut détruit par un bombardement aérien.

Guillaume Apollinaire séjourna à Malmédy en 1899. Un monument lui a été élevé en 1935 sur l'ancienne route de Francorchamps.

Carnaval★. — *P. 12.* Très populaire, le « Cwarmê » de Malmédy est l'un des plus joyeux de Belgique. Pendant 4 jours, la ville est en ébullition. Le samedi après-midi, un cortège humoristique accompagne le « Trouv'Lê », sorte de roi du carnaval qu'on intronise à l'hôtel de ville. Le dimanche est le jour du grand cortège à la suite duquel les « banes corantes » (bandes courantes) pourchassent le public : parmi les personnages masqués traditionnels, les plus redoutés sont les **« haguètes »,** au dos blasonné de l'aigle autrichien, coiffés d'un bicorne rehaussé de plumes et porteurs d'une longue pince articulée. Le lundi, dans les rues, sont joués les « roles », saynètes satiriques en dialecte local.

Cathédrale Sts-Pierre, Paul et Quirin. — Ancienne abbatiale bénédictine, cette église de 1782 présente une façade encadrée de deux hautes tours. Elle a été cathédrale du diocèse d'Eupen-Malmédy de 1921 à 1925.

L'**intérieur** est intéressant par son mobilier (chaire sculptée du 18e s., confessionnaux de la fin du 17e s.) et par ses objets d'art : dans le bras gauche du transept, Vierge de Delcour (17e s.), châsse de saint Quirin en bois, avec dorures, de 1698; dans le chœur, bustes-reliquaires en argent de saint Géréon et de ses compagnons, soldats romains (18e s.).

EXCURSIONS

Robertville; Château de Reinhardstein; Bütgenbach. — *20 km au Nord-Est. Sortir de Malmédy en direction de Robertville.* Carte Michelin n° **2** - pli 24.

Passé Walk, on pénètre dans le parc naturel Hautes Fagnes-Eifel *(p. 90).*

Barrage de Robertville. — Créé en 1928, de type poids-voûte, il domine la Warche de 55 m. Sa retenue forme un **lac★** de 62 ha qui fournit de l'eau potable à Malmédy et alimente une centrale électrique située à Bévercé.

Château de Reinhardstein. — *Accès par un sentier partant du barrage ou par la première route à gauche après le barrage (panneaux), et 800 m à pied au-delà d'un parking. Visite accompagnée : dim. et j. fériés de mi-juin à mi-sept., dim. de Pâques, Ascension et dim. de Pentecôte 14 h 15 - 17 h 15 ; en outre dernier dim. de l'année 14 h 15 et 15 h 15 ; 80 F. Se munir de la carte d'identité.* Enfouie au milieu des bois, dominant la vallée de la Warche, c'est une très ancienne forteresse à laquelle une restauration a rendu son allure du 17e s. Du début du 16e s. au début du 19e s., ce fut le fief de la famille des Metternich d'où est issue l'illustre prince de Metternich. A l'intérieur, meubles, objets d'art, portraits évoquent l'histoire du château. La salle des Chevaliers et la chapelle retiennent l'attention.

Robertville. — En arrivant, belle **vue★** sur la retenue découpée, cernée d'une dense forêt de conifères. Le lac et ses abords offrent de nombreuses ressources sportives *(pêche, canotage, yachting, bassin de natation, équitation, ski nautique).*

Bütgenbach. — 4 996 h. Également sur la Warche, le barrage (1929) ferme une vaste retenue, d'une capacité de 11 millions de m³, grand centre touristique *(natation, voile, canotage, pédalos, pêche, tennis, planche à voile).*

Rocher de Falize★; Bellevaux. — *6 km au Sud-Ouest. Sortir par la route de Stavelot. Avant le viaduc, prendre une petite route à gauche, puis une route à droite.*

Rocher de Falize★. — Magnifique aiguille dont l'à-pic surplombe la vallée de la Warche. En face, sur la hauteur, une flèche signale la présence de l'abbaye de Wavreumont, fondée en 1950 par des bénédictins venus de Louvain.

Bellevaux-Ligneuville. — Dans la haute vallée de l'Amblève, ce village conserve une jolie maison à colombages, typique de la région, la Maison Maraite (1592).

Faymonville. — *11 km au Sud-Est.* A la suite d'une légende très ancienne, les habitants de ce village sont nommés « turcs ». Cette appellation est illustrée par la grande parade carnavalesque du Lundi gras.

Les cartes Michelin sont constamment tenues à jour.
Ne voyagez pas aujourd'hui avec une carte d'hier

Cartes Michelin n°s 409 - pli 4 et 2 - plis 6, 7 — 77 667 h.

Ville d'Église, résidence du primat de Belgique, tranquille et un peu désuète avec ses maisons anciennes bordant les places et les quais de la Dyle, Malines est dominée par l'altière et magnifique tour de St-Rombaut, au célèbre carillon.

Dans cette cité se perpétuent de traditionnelles industries d'art : la dentelle, la tapisserie. C'est un atelier de Malines qui a exécuté la tapisserie offerte par la Belgique à l'O.N.U. en 1954, pour le Palais des Nations à New York, et celle remise en 1964 à l'O.T.A.N. à Paris. Malines est également un important centre d'industrie du meuble.

Par ailleurs, la brasserie occupe une place non négligeable parmi les activités de la ville. Enfin la région est connue pour ses cultures maraîchères (asperges).

Le carillon de Malines. — Au Moyen Age, les fondeurs de cloches malinois sont déjà estimés. Cependant, en 1674, Malines fait appel au fondeur amstellodamois Hemony, se constituant ainsi, dans la tour St-Rombaut, un important carillon dont, à la fin du 19e s., le maître Jef Denyn, carillonneur d'une virtuosité exceptionnelle, assure la renommée. Ce dernier est le fondateur en 1922 d'une école de carillon, dont les élèves exercent dans le monde entier.

Le carillon de St-Rombaut est composé de 49 cloches dont le poids total est de 38 t. Il est prévu de le remplacer par un carillon plus moderne.

Des concerts de carillon sont donnés à St-Rombaut, à N.-D.-au-delà-de-la-Dyle ou à l'hôtel de Busleyden (p. 128) : sam. et lundi à 12 h, dim. à 11 h 30 toute l'année et lundi à 20 h 30 de début juin à mi-sept.

UN PEU D'HISTOIRE

Cité lacustre aux temps préhistoriques, Malines aurait été évangélisée au 8e s. par saint Rombaut venu d'Irlande. Elle appartient aux princes-évêques de Liège qui l'entourent d'une enceinte.

Grâce à sa situation sur la Dyle, la ville joue un rôle portuaire et le commerce y prospère, puis la draperie. Vers 1300, elle reçoit sa seconde enceinte.

L'âge d'or. — Au 14e s., Malines appartient au comte de Flandre puis revint par succession aux ducs de Bourgogne. C'est alors le début d'une période brillante. En 1473, Charles le Téméraire installe à Malines la cour des Comptes (réunion de celles de Lille et de Bruxelles) et le Parlement des États bourguignons. Nommé **Grand Conseil** en 1503, le Parlement fait office de Cour Suprême jusqu'à la fin de l'Ancien Régime.

Sous la domination de **Marguerite d'Autriche,** tante de Charles Quint, qui gouverne pendant la minorité de celui-ci puis de 1519 à 1530, la ville connaît son apogée. Très lettrée, cette princesse goûte les arts et s'entoure des grands esprits de son temps : les philosophes Érasme et Thomas More, l'historien Lemaire de Belges, les musiciens Pierre de la Rue et Josquin Des Prés, les peintres Gossart et Van Orley.

Sous l'impulsion de Marguerite s'édifient maints hôtels. L'architecte Rombaut Keldermans, né à Malines, lui bâtit un palais.

Du 16e s. à nos jours. — La cour est transférée à Bruxelles en 1531. Si le Grand Conseil demeure à Malines, c'en est fini de la prépondérance de la ville qui ne conserve que son importance religieuse : en 1559 elle est érigée en archevêché (depuis 1961, elle partage ce titre avec Bruxelles) : son prélat devient alors primat des Pays-Bas. Le premier est le cardinal de Granvelle, ministre de Philippe II.

En 1572, les Espagnols mettent la ville à feu et à sang. Aux 17e et 18e s., cependant, la dentelle atteint sa plus grande renommée. Le mobilier baroque prolifère. Des sculpteurs malinois tels que **Luc Fayd'herbe** (1617-1697), élève de Rubens, ou **Théodore Verhaegen** (1700-1759), disciple de Fayd'herbe, affirment une virtuosité incomparable.

Durant la guerre de 1914-1918, le cardinal Mercier, archevêque de Malines, par son héroïque fermeté en face de l'envahisseur, illustre superbement la vieille cité épiscopale.

■ PRINCIPALES CURIOSITÉS *visite : 2 h*

Grand-Place★ (Grote Markt) (AY). — *Illustration p. 25.* Dominée au Nord-Ouest par l'imposante tour de la cathédrale, elle est bordée de belles façades du 16e au 18e s. à pignons dentés ou à volutes.

Au centre, statue de Marguerite d'Autriche.

Hôtel de ville★ (Stadhuis) (BY H). — Il se dresse à l'Est de la place et occupe deux vastes bâtiments contigus, d'aspect très différent.

A gauche, le **Palais,** de style flamboyant, fut commencé au début du 16e s. Resté inachevé, il fut terminé au début du 20e s., sur les plans primitivement conçus par Rombaut Keldermans. On y reconnaît, dans une niche, l'effigie de Charles Quint.

Au centre, l'ancienne **Halle aux Draps,** sobre édifice du 14e s., est surmontée de tourelles en encorbellement. Il était prévu un beffroi, dans le style de celui de Bruges, qui ne fut jamais terminé. Le pignon à droite a été ajouté au 17e s.

Maison échevinale (Schepenhuis) **(AY A).** — Au Sud-Ouest, un peu en retrait et isolé, s'élève le « vieux palais », de la fin du 14e s., qui renferme les archives de la ville.

Hôtel des Postes (Postgebouw). — Très restauré, c'est l'ancien hôtel de ville.

Cathédrale St-Rombaut★★ (St-Romboutskathedraal). — *Visite : 9 h 30 - 16 h (19 h mai-sept.); dim. et j. fériés 13 h - 17 h.*

Cet édifice gothique est remarquable par sa tour grandiose, aussi large que le vaisseau même. Les contreforts des bas-côtés sont ornés de gracieux pinacles et le chevet comporte des gâbles élégants.

La tour★★★. — *En cours de restauration.* Formant façade et porche, cette tour, la plus belle de Belgique, mesure 97 m. Commencée en 1452, elle avait été prévue pour atteindre la hauteur surprenante de 167 m, mais les travaux furent abandonnés en 1520. C'est la dynastie des Keldermans qui en dirigea la construction. Admirable de proportions avec ses lignes verticales à la fois puissantes et légères, elle laisse une impression inoubliable. Vauban disait d'elle que c'était la 8e merveille du monde. A l'intérieur est logé le carillon *(concerts ci-dessus).*

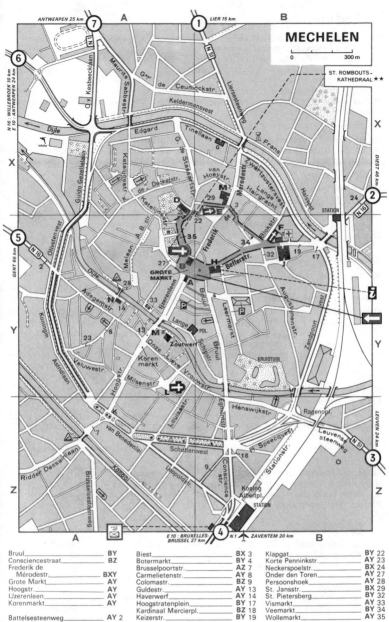

MECHELEN

0   300 m

ST. ROMBOUTS-KATHEDRAAL ★★

ANTWERPEN 25 km   7   A   1   LIER 15 km   B

N 16 : WILLEBROEK 10 km / E 10 : ANTWERPEN 24 km   6

GENT 66 km   5

DIEST 46 km   2

LEUVEN 24 km   3

E 10 : BRUXELLES-BRUSSEL 27 km   4   N 1   ZAVENTEM 20 km

Intérieur. − *Pénétrer dans l'église par le portail Sud.* Celui-ci s'ouvre sous une haute verrière aux remplages flamboyants, dominée par un fronton à fine arcature.

L'intérieur surprend par son ampleur (99 m de long pour 28 m de haut) mais reste harmonieux. La nef centrale remonte au 13e s. Large de 13 m, elle compte six travées que séparent de robustes piliers cylindriques où sont adossées des statues d'apôtres (17e s.). Après l'incendie de 1342 elle fut rehaussée d'une balustrade, et le chœur agrandi d'un déambulatoire et d'une abside à sept chapelles rayonnantes. De 1498 à 1502, les chapelles du bas-côté Nord furent ajoutées..

La chaire du 18e s. par Michel Vervoort le Vieux présente dans le style rocaille un figuier où se cachent Adam et Ève, de nombreux animaux sculptés en plein mouvement et un grand Christ dominant la représentation de la conversion de saint Norbert.

Parmi de nombreuses **œuvres d'art,** remarquer : dans le bras droit du transept, une pathétique Crucifixion de Van Dyck, aux tons assourdis, où les figures douloureuses de Marie et de Madeleine, l'attitude du mauvais larron sont particulièrement expressives; le maître-autel en marbre noir et blanc, œuvre de Luc Fayd'herbe; au fond, près de la tour, dans la chapelle du St-Sacrement, le banc de communion en marbre blanc délicatement travaillé attribué à Artus Quellin le Jeune. Dans le bas-côté gauche, dans la chapelle près du transept, mausolée du cardinal Mercier, mort en 1926.

Sortir par le bras gauche du transept. Remarquer auparavant à gauche un tableau représentant l'intérieur de l'église métropolitaine en 1775.

Prendre le Wollemarkt (marché aux Laines) qui conduit à un petit pont : **vue★** ravissante à gauche sur l'**ancien refuge de l'abbaye de St-Trond (AX D),** du 16e s. Le fronton denté et le clocheton se détachent sur de grands arbres, les murs de brique rose plongent dans le canal couvert de lentilles d'eau.

Tourner à droite dans un passage couvert.

MECHELEN**

Église St-Jean (St.-Janskerk) (BX E). – *Visite seulement pour groupes, sur demande préalable adressée au Syndicat d'Initiative (V.V.V.).*

Cette église du 15ᵉ s. renferme des bancs d'œuvre baroques et surtout un triptyque de Rubens, peint en 1619, l'Adoration des Mages. Le panneau central est d'une remarquable composition divisée en deux registres ; l'un sombre, l'autre clair ; la finesse du coloris, le contraste entre la douceur du profil de la Vierge et la rudesse attendrie des visages des Mages tendus vers l'Enfant blond font de ce panneau une œuvre exceptionnelle. Isabelle Brant, première femme de Rubens, a posé pour la figure de la Vierge.

En suivant le flanc gauche de l'église on atteint la Frederik de Merodestraat.

Hôtel de (Hof van) **Busleyden** (BX M¹). – 16ᵉ s. Dominé par sa tourelle, ce palais de brique, qui s'élève au fond d'une cour ornée de pelouses et bordée d'arcades, fut construit pour un conseiller de Charles Quint. Il abrite l'école de carillon et le musée communal.

Gagner le Veemarkt (marché au bétail) et la Befferstraat.

Église St-Pierre-et-St-Paul (BY F). – Belle façade baroque, restaurée.

Palais de Marguerite d'Autriche (Palais de Justice) (BY J). – Exécuté par Rombaut Keldermans au début du 16ᵉ s., cet édifice devint palais de Justice en 1796. Ses bâtiments Renaissance encore imprégnés de style gothique s'ordonnent autour d'une jolie cour à arcades.

■ AUTRES CURIOSITÉS

Bailles de Fer (IJzerenleen) (AY). – Cette longue place servant de marché doit son nom aux balustrades (« bailles ») en fer forgé qui protégeaient l'ancien canal au 16ᵉ s. De belles façades restaurées l'encadrent.

Quai au Sel (Zoutwerf) (AY). – On remarque sur ce quai d'intéressantes façades et en particulier celle de la **maison du Saumon** (De Zalm) (AY M²), bâtie au 16ᵉ s. pour la corporation des poissonniers. Au-dessus de la porte, la pierre de façade représente un saumon doré. L'intérieur abrite un **musée** de l'artisanat malinois *(visite : 10 h - 12 h et 14 h - 17 h ou 16 h en hiver ; fermé vend. et 1ᵉʳ janv. ; 30 F)* où sont évoquées les spécialités de la ville : dentelle, tentures de cuir repoussé, travail des métaux (étain, bronze, fer forgé).

Porte de Bruxelles (Brusselseport) (AZ K). – Unique vestige de l'enceinte du 14ᵉ s., cette porte est flanquée de deux tours dont les toits pointus datent du 17ᵉ s.

Église N.-D.-au-delà-de-la-Dyle (Kerk van O.-L.-Vrouw o/d Dijle) (AY L). – *Visite, en dehors des offices : 9 h - 18 h (13 h - 16 h en hiver) ; sam. 9 h - 18 h 45; dim. 9 h 30 - 16 h.*

Elle abrite un triptyque de Rubens, la Pêche miraculeuse, commandée par la corporation des poissonniers.

Quai aux Avoines (Haverwerf) (AY 14). – Face au marché aux Poissons (Vismarkt), près d'un petit pont, subsistent trois pittoresques **maisons anciennes** (AY N) : la maison St-Joseph, au pignon à volutes, la maison du Diable, en bois, décorée de cariatides, et la maison du Paradis, dont les tympans représentent Adam et Ève.

EXCURSIONS

Fort de Breendonk. – *12 km à l'Ouest par ⑥ du plan de Willebroek. Visite : 9 h - 18 h (16 h oct.-mars) ; fermé 1ᵉʳ janv. et 25 déc. ; 50 F. ; commentaires enregistrés.*

Ce fort (Memorial National) fut construit entre 1906 et 1914 pour compléter la défense d'Anvers. Bombardé en 1914, il fut le dernier fort d'Anvers à se rendre aux Allemands. En mai 1940 il fut choisi par l'armée belge comme G.Q.G. (le roi Léopold III y séjourna), mais l'avance allemande ayant obligé les troupes à se replier sur le littoral, le fort dut être abandonné. De septembre 1940 à août 1944 les nazis y établirent un « camp de réception », en fait un véritable camp de concentration : y furent emprisonnés au total près de 4 000 personnes dont une partie fut déportée.

Un circuit fléché *(par endroits on peut écouter des témoignages enregistrés)* fait traverser les chambrées de prisonniers, la salle de torture, les dortoirs installés dans les baraquements, l'enclos des exécutions d'otages et le gibet des condamnés à mort.

La documentation du petit musée évoque les deux guerres mondiales, la vie dans le camp de Breendonk et dans d'autres établissements répressifs nazis.

Muizen; Elewijt. – *12 km par ③ du plan.*

Muizen. – Au Sud, le **parc zoologique de Plankendael★★**, vaste jardin d'une trentaine d'hectares, fleuri et planté de beaux arbres, a été aménagé par le zoo d'Anvers en station d'élevage. *Ouvert entre 8 h 30 et 10 h, fermé entre 17 h et 18 h selon la saison ; 120 F (enfants : 60 F).* On y trouve des espèces rares ou menacées d'extinction, des volières d'oiseaux exotiques, un aquarium et des étangs fréquentés par des oiseaux aquatiques.

Hofstade. – Immense parc récréatif de près de 150 ha aménagé autour de deux lacs et doté d'une réserve ornithologique.

Elewijt. – A l'Ouest se trouve le château (Rubensteen) où Rubens passa les cinq dernières années de sa vie (1635-1640) *(on ne visite pas)*. Il conserve une jolie façade Nord, avec pignons à redans.

Keerbergen; Tremelo. – *23 km à l'Est par ② du plan.*

Keerbergen. – 8 934 h. Dans la Campine brabançonne, c'est un agréable centre de villégiature dont les villas luxueuses se disséminent parmi les bois de pins.

Tremelo. – 10 256 h. Le **musée du Père Damien** (Pater Damiaanmuseum) *(visite : 10 h - 12 h et 14 h - 18 h ; fermé dim. et j. fériés le matin et lundi; 50 F)* évoque la vie de ce missionnaire qui mourut en soignant les lépreux aux îles Hawaï (1840-1889) : collection d'objets lui ayant appartenu, reconstitution de sa chambre, montage audio-visuel en plusieurs langues.

Cartes Michelin nᵒˢ **409** - pli 14, **2** - plis 20, 21 et **4** - pli 5.

La Meuse naît en France, à 409 m d'altitude, et traverse la Belgique et le Sud des Pays-Bas, parcourant 950 km avant de se jeter dans la mer du Nord.

La Meuse namuroise. — C'est lorsqu'elle traverse la province de Namur que la Meuse effectue son tracé le plus pittoresque. Son cours déjà puissant s'est frayé un sillon profond dans le moyen plateau ardennais qui, vers la frontière belgo-française, culmine à quelque 300 m d'altitude et s'abaisse progressivement vers le Nord. La Meuse suit d'abord la direction Sud-Nord commune à la plupart des cours d'eau belges. Elle forme soudain à Namur un coude prononcé : rencontrant un couloir, elle s'y est en effet insinuée.

La variété du paysage manifeste la nature du sol : les pentes de schiste boisées alternent avec les roches dures (calcaires, grès) qui, mises à nu, encadrent la rivière, formant de magnifiques escarpements, d'étroites lames, des aiguilles effilées, ou souvent de profondes grottes. Tous ces rochers sont hantés par les amateurs d'escalade.

De nombreux chalands animent les eaux du fleuve accessibles aux unités de 1 350 t (gabarit international) en aval de Givet et de 2 000 t de Huy à Liège (p. 18).

Les quatre fils Aymon. — Depuis la célèbre chanson de geste Renaud de Montauban, les exploits de Renaud, Alart, Guichard et Richard fuyant, sur leur magnifique **cheval Bayard,** la haine de Charlemagne, dont Renaud avait tué le neveu, ont défrayé bien des chroniques. Les quatre fils du duc Aymes de Dordogne ne se réfugient qu'un temps en Ardenne, au bord de la Meuse, à Château-Regnault, en France, mais les lieux qui évoquent leur légende y sont légion, notamment le long de la Meuse namuroise.

Promenades en bateau, voir Dinant, Huy et Namur.

① De Hastière-Lavaux à Namur★★ — *59 km — compter 6 h — schéma p. 130*

D'imposantes parois rocheuses et, perchées au sommet, les ruines de plusieurs châteaux forts donnent à ce trajet un caractère romantique. La présence de ces forteresses souligne l'importance stratégique de la vallée. Axe traditionnel de circulation Sud-Nord, elle a subi de nombreuses invasions dont l'une des plus désastreuses fut, en 1554, celle du roi de France **Henri II,** en lutte contre Charles Quint.

La vallée est plus peuplée que les plateaux d'alentour (Condroz à l'Est, Entre-Sambre-et-Meuse à l'Ouest); au pied du décor sauvage des roches, s'étalent de nombreuses bourgades, tandis que villas, hostelleries, guinguettes se pressent le long des rives.

Hastière-Lavaux. — Les **grottes du Pont d'Arcole** *(route d'Anthée; visite accompagnée d'avril à nov. 9 h - 12 h et 12 h 30 - 18 h ; fermé mardi ; 100 F)* possèdent trois galeries ornées de concrétions et un puits au fond duquel coule une rivière souterraine. La galerie supérieure est ornée de fines stalactites, certaines d'un blanc très pur.

Hastière-par-delà. — « Par-delà » la Meuse, l'**église Notre-Dame,** vestige d'un ancien prieuré, est de style roman mosan (1033-1035), à l'exception du chœur, gothique. *Visite : 9 h - 12 h et 14 h - 18 h (16 h de début nov. à Pâques).*

Elle présente des points communs avec St-Hadelin de Celles : importante tour-porche, arcatures lombardes, nef à plafond de bois, grandes arcades sur piliers carrés.

Les stalles du 13ᵉ s. sont sculptées de motifs très variés. Les fonts baptismaux datent du 14ᵉ s. La **crypte,** romane, contient deux sarcophages mérovingiens *(pour visiter, s'adresser 150, rue Moussia).*

Regagner la rive gauche.

Waulsort. — Petit centre de villégiature dans un site agréable. De l'importante abbaye de Waulsort fondée au 11ᵉ s., il reste le château actuel, ancien palais abbatial.

Bientôt le lit du fleuve se rétrécit et sur la rive opposée apparaissent de beaux rochers gris tourmentés qui plongent leur abrupt dans la Meuse. Ce sont les célèbres **rochers de Freÿr★,** fief de l'école d'escalade du Club Alpin Belge.

Château de Freÿr★. — *Page 91.*

On aperçoit bientôt le prieuré du Vieil Anseremme qui se dresse, parmi de beaux arbres, dans la boucle du fleuve.

Grotte la Merveilleuse★ et **Dinant★★.** — *Page 87.*

Au-delà du Rocher Bayard, sur la rive droite, on atteint au Sud Anseremme.

Anseremme★. — *Page 88.*

Revenir à Dinant et traverser la Meuse.

Bouvignes. — *Page 87.*

Au dessus du village de Houx on aperçoit les ruines de la **tour de Géronsart,** puis celles du **château de Poilvache** *(visite momentanément suspendue)* à 125 m au-dessus de la Meuse. Détruit par les Liégeois en 1430, le château est envahi par la végétation. La légende attribue sa construction aux quatre fils Aymon. Appelée d'abord château d'Émeraude, cette forteresse du 10ᵉ s. prit le nom de Poilvache au 14ᵉ s. à la suite d'une ruse de guerre : des assiégés, sortis en quête de bétail, avaient été capturés par les Dinantais. Ces derniers se revêtirent les uns des vêtements des prisonniers, les autres de peaux de bêtes, et, environnés de troupeaux, pénétrèrent dans la place.

Après Anhée commence la **vallée de la Molignée★** *(p. 131).*

Traverser la Meuse en direction d'Yvoir.

Yvoir. — Ancien centre métallurgique, c'est une villégiature appréciée pour son **île** aménagée en parc récréatif *(de mai à août 9 h - 20 h ; 25 F)*. On pratique la spéléologie dans les environs, au Nord. Au Sud d'Yvoir, l'**Oasis Nature** comprend un parc à gibier (cerfs, sangliers, mouflons) établi autour du château Champalle, et un centre de documentation sur la nature. *Visite : d'avril à oct. 9 h 30 - 18 h ; 60 F.*

Variante par Spontin. — *Au départ d'Yvoir, prendre une route en forte montée. Allongement de parcours, 23 km.*

Spontin★. — *Page 153.*

Crupet. — Ce village situé entre deux vallons, possède un charmant **manoir** des 14e et 16e s., entouré d'eau *(on ne visite pas)*.

C'est en fait une puissante tour carrée portant bretèche sur une face, flanquée d'une tourelle d'angle et coiffée d'un hourd à colombages. Occupé jusqu'en 1621 par les Carondelet, ce château porte les armes de cette famille franc-comtoise sur le fronton du porche d'entrée. Dans l'**église** de Crupet, à l'entrée, à gauche, se trouve la pierre tombale de ces seigneurs, représentés dans leur rigide vêtement d'apparat.

A l'entrée de Godinne, traverser la Meuse.

Annevoie-Rouillon★. — *Page 40.*

Quelques kilomètres après Annevoie, jolie **vue★** sur le prieuré de Godinne, charmante construction du 16e s. attenante à une église au chœur gothique (16e s.).

Par le pont suivant gagner la route de Lustin.

Rochers de Frênes★. — *Visite : de mi-fév. à fin déc. de 10 h 30 au coucher du soleil; fermé merc. hors saison; 25 F.* Du belvédère aménagé au sommet des rochers *(accès par le café),* belle **vue★** sur la vallée de la Meuse et Profondeville.

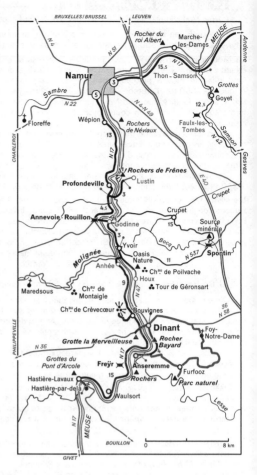

Revenir sur la rive gauche.

Profondeville★. — 8 794 h. Charmant centre de tourisme, agréablement situé dans un méandre de la Meuse.
Sur la rive opposée se dressent les rochers de Frênes.

Wépion. — Face à cette localité, jadis important centre de culture de la fraise, s'observent les imposants **rochers de Néviaux.**

On arrive à Namur (p. 133) par ⑤ du plan, au pied de la citadelle.

② De Namur à Andenne★ – *21 km – Schéma ci-dessus.*

Ici la Meuse s'élargit et la vallée prend de l'ampleur; si des rochers, témoins de roches dures, subsistent çà et là, les pentes sont en général moins escarpées.
De nombreuses carrières, notamment de calcaire et de dolomie, sont exploitées sur les rives du fleuve.

Quitter Namur (p. 133) par ③ du plan.

A l'Est du viaduc autoroutier, sur la rive opposée, apparaît le **Rocher du roi Albert** *(p. 136).*

Vallée du Samson. — *13 km de Thon-Samson à Gesves.* C'est une vallée verdoyante et pittoresque. A **Goyet,** les **cavernes** donnent un aperçu de la vie dans les grottes à l'époque préhistorique; à côté, des **grottes** présentent de belles concrétions. *Visite accompagnée : d'avril à sept. 9 h - 18 h; 110 F; supplément de 20 F pour la visite des grottes à concrétions.* Un peu avant Faulx-les-Tombes apparaît un château (19e s.), saisissant pastiche d'une forteresse médiévale. **Gesves** se niche au creux d'un vallon verdoyant.

Andenne. — 22 091 h. Cette petite ville a pour origine un monastère de femmes fondé par sainte Begge, sœur de sainte Gertrude de Nivelles, en 692. Andenne était jadis connue pour ses porcelaines. La **collégiale Ste-Begge,** édifiée au 18e s. d'après des plans de Dewez, contient le tombeau gothique de la sainte, en pierre bleue *(chapelle à gauche du chœur).* Le trésor renferme la châsse de sainte Begge (vers 1570-1580), finement ciselée. *Visite : de mi-juil. à mi-août dim. 15 h - 18 h (10 F) ou sur demande préalable : ℡ (085) 22.29.94.*

C'est à Andenne qu'a débuté en 1273 la fameuse **guerre de la Vache.** Un paysan qui avait volé une vache à un bourgeois de Ciney fut reconnu à la foire d'Andenne. Alors qu'il tentait de restituer la vache à son propriétaire, il fut arrêté puis pendu par des hommes de Ciney. En représailles, le comte de Namur dont le paysan était l'un des sujets, vint, aidé des Luxembourgeois, assiéger Ciney. Le prince-évêque de Liège, souverain de Ciney, appela à l'aide les Dinantais. La guerre dura deux ans et ravagea le Condroz.

MOLIGNÉE (Vallée de la) ★ Namur

Cartes Michelin nᵒ **409** - pli 14 et **4** - plis 5, 6 – *schéma p. 130.*

La Molignée est un petit cours d'eau qui s'écoule dans un cadre très verdoyant avant de se jeter dans la Meuse.

D'Anhée à Furnaux – *20 km – environ 3 h*

Château de Montaigle. – Les ruines de cette forteresse détruite en 1554 par Henri II se dressent sur une butte escarpée.

Abbaye de Maredsous. – Elle a été fondée en 1872 par des bénédictins. C'est un vaste ensemble de style néo-gothique situé sur un plateau boisé dominant la vallée.
Les moines se consacrent à la prière *(heure des prières communes et des messes affichées à l'entrée de l'église)*. Ils exercent aussi les activités les plus diverses : enseignement, recherche, hôtellerie, retraites, artisanat d'art, fromagerie, etc.

Maredret. – Ce village où se trouve également une abbaye, est spécialisé dans l'artisanat (bois, etc.).

Ermeton-sur-Biert. – L'ancien château qui domine le site très boisé de ce bourg a été transformé en couvent.

Après la gare, tourner à droite et passer sous la voie ferrée.

Furnaux. – L'église abrite de magnifiques **fonts baptismaux★**, exécutés vers 1135-1150. La cuve supportée par quatre lions est ornée de scènes de l'Ancien et du Nouveau Testament, en particulier le Baptême du Christ.

MONS ★ Hainaut ⊞

Cartes Michelin nᵒˢ **409** - pli 12 et **4** - pli 2 - 96 784 h. *Plan d'agglomération dans le guide Michelin Benelux*

Mons, capitale du Hainaut, dont le beffroi marque l'importance, est, à proximité de la frontière française, le grand centre commercial du **Borinage.**
Ses vieilles rues montueuses, bordées d'élégantes demeures des 17ᵉ et 18ᵉ s. ne manquent pas d'attrait.
Au 16ᵉ s., Mons voit naître le sculpteur et architecte **Jacques Du Broeucq**, le musicien **Roland de Lassus** (1531-1594). **Verlaine,** emprisonné à Mons de 1873 à 1875 pour avoir tiré sur son ami Rimbaud *(p. 66),* écrit là « Romances sans parole » et quelques fragments de « Sagesse ». A Ghlin *(4 km à l'Ouest)* est né le romancier et poète **Charles Plisnier** (1896-1952).
Mons est le siège depuis 1971 d'une Université de l'État comprenant quatre facultés. La ville possède également une École polytechnique, une Faculté catholique de sciences économiques et une École d'interprètes internationaux.
Au Nord, le lac Grand Large a été aménagé pour les loisirs.

Un peu d'histoire. – Mons, comme l'indique son nom, tient son origine d'une éminence. Elle se développe autour d'une forteresse et d'un monastère fondé au 7ᵉ s. par sainte Waudru. A l'emplacement de cette forteresse, les comtes de Hainaut firent construire un château.
La ville connut au Moyen Age et sous Charles Quint, grâce à ses manufactures de draps, sa plus grande splendeur. Mais sa position stratégique lui valut d'être plusieurs fois assiégée, surtout aux 17ᵉ et 18ᵉ s. En 1691, Louis XIV s'empare de la ville : le style de la plupart des maisons date de cette époque.
A Jemappes *(5 km à l'Ouest),* en 1792, Dumouriez remporta sur les Autrichiens une victoire qui livra momentanément le pays à la France.
Mons est devenue un véritable symbole de la guerre de 1914-1918 pour l'Empire britannique. C'est sous ses murs que l'armée du général French arrêta les Allemands de Von Kluck pendant 48 h. Enfin, à l'aube du 11 novembre 1918, les Canadiens libéraient la ville après trois jours de féroces combats.
En 1967, le SHAPE, commandement suprême des Forces alliées en Europe, s'est installé sur le territoire des communes de Maisières et de Casteau, au Nord-Est.

Le Lumeçon. – Chaque année *(p. 12),* au milieu des carillons, des oriflammes et des fanfares se déroulent la procession du Car d'Or *(ci-dessous)* et, sur la Grand-Place, au son de « l'air du doudou », le Lumeçon, combat à l'issue duquel saint Georges à cheval terrasse le dragon.

■ PRINCIPALES CURIOSITÉS *visite : 3 h*

Collégiale Ste-Waudru★★. – De style gothique brabançon, elle fut bâtie par le chapitre noble des chanoinesses de Ste-Waudru, entre 1450 et 1686, sous la direction de Mathieu de Layens *(p. 111).* Elle montre un extérieur imposant, un peu trapu car la tour-façade prévue n'a jamais été terminée. L'ensemble est bordé de 29 chapelles.

Intérieur. – *Accès par le portail Sud.* Il contient un abondant mobilier.
La nef, très vaste (108 m de longueur) possède des piliers s'élevant d'un seul jet jusqu'à la voûte en brique.
Un **jubé** en albâtre, exécuté au 16ᵉ s., dans le style de la Renaissance italienne par Jacques Du Broeucq, a été démoli en 1797 : ses fragments sont dispersés dans l'église (chapelles, bras du transept, maître-autel). De belles tapisseries d'Enghien du 17ᵉ s. sont également réparties dans les chapelles.
Dans la dernière chapelle du bas-côté gauche *(à droite en entrant),* statue de la Vierge à l'Enfant en pierre argentée (16ᵉ s.); près de la 1ʳᵉ chapelle, on voit le **Car d'Or** (1780), carrosse qui porte la châsse (19ᵉ s.) de sainte Waudru lors de la procession annuelle.
Au mur de la 3ᵉ chapelle du bas-côté droit, beau Christ bénissant, en albâtre, par Du Broeucq.
Le **chœur** est entouré de statues en albâtre, exécutées par du Broeucq : celles des Vertus sont d'une grâce très étudiée. Les fenêtres hautes sont garnies de beaux vitraux des 16ᵉ et 17ᵉ s. dont certains ont été offerts par Maximilien d'Autriche.

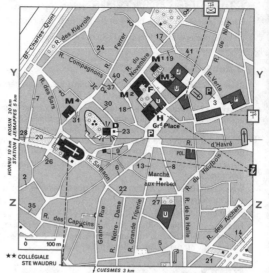

★★ COLLÉGIALE STE WAUDRU

CUESMES 3 km

Dans la 1re chapelle à droite du **déambulatoire,** retable gothique en pierre, du 16e s. (registre supérieur); dans la 10e chapelle, statues en pierre blanche de saint Michel (15e s.) et de sainte Waudru (16e s.); dans la 12e chapelle, un beau retable en marbre noir et albâtre de Du Broeucq (1549) est surmonté d'une harmonieuse statue de Marie-Madeleine; au-dessous, le devant d'autel porte une Mise au tombeau, inspirée de Jean Goujon.

Trésor. − *Visite : juil.-août 14 h - 17 h ; fermé lundi ; 10 F.*

Il contient d'intéressants objets d'art religieux : statues en bois, ornements liturgiques, pièces d'orfèvrerie parmi lesquelles on remarque un reliquaire de saint Vincent, en vermeil (13e-14e s.) finement travaillé, un autre de saint Éloi, orfèvrerie parisienne de 1396.

Beffroi★ (Y D). − Il est bâti au sommet de la ville dans le charmant square du Château d'où se dégagent de belles échappées et où se remarquent des vestiges du **château des comtes de Hainaut** (12e s.) et de sa chapelle romane St-Calixte (11e s.).

Le **beffroi,** haut de 87 m, de style baroque (1662), est couronné par de gracieux bulbes. Le carillon compte 47 cloches.

Hôtel de ville (Y H). − *S'adresser à l'Office de Tourisme 10 h - 18 h sauf lundi ; 10 F.*

Situé sur la Grand-Place, il a été édifié en 1458. A la mort de Charles le Téméraire (1477), la construction s'interrompit faute d'argent. Elle fut reprise du 16e au 19e s.

La belle façade gothique surmontée d'un campanile est flanquée de deux pavillons du 17e s. à fronton à volutes.

Près de la porte principale, le « singe du Grand-Garde », figurine en fer forgé d'origine mystérieuse, a la tête polie par les caresses des personnes désirant s'assurer le bonheur.

Sous le porche, remarquer les clés de voûte sculptées, du 15e s., ayant trait à la justice.

A l'**intérieur,** on visite de nombreuses salles de différentes époques, ornées d'un beau mobilier, de tapisseries. Dans la salle gothique au 1er étage, les poutres s'appuient sur de belles consoles sculptées. De la pièce voisine, on découvre la voûte gothique (édifiée au 17e s.) de l'ancienne chapelle St-Georges, occupée par des expositions temporaires.

Jardin du Mayeur (Maire) **(Y F).** − Derrière l'hôtel de ville, il forme un joli cadre à des bâtiments anciens dont l'un, Mont-de-Piété du 17e s., est affecté aux musées du Centenaire *(voir Autres curiosités).*

Le beffroi

La fontaine du Ropieur, sculptée par Gobert, représente un jeune garçon aspergeant les passants avec l'eau d'une fontaine.

■ AUTRES CURIOSITÉS

Musée de la Vie montoise★ (Maison Jean Lescarts) (Y M[1]). − *Visite : 10 h - 12 h 30 et 14 h - 18 h (17 h vend. été et dim. hiver) ; fermé lundi, 1er janv., 1er nov., 25 déc.; 10 F.*

La maison Jean Lescarts, isolée au fond d'un jardin et accessible par un escalier, c'est un charmant édifice de 1636, ancienne infirmerie d'un couvent.

L'intérieur évoque par son mobilier, sa décoration rustique, ses collections, sa documentation, l'histoire et la vie traditionnelle de la région.

Musée de Céramique (Y M²). – *Mêmes conditions de visite que le musée de la Vie montoise, p. 132.*

C'est au fond du jardin du Mayeur, l'un des musées du Centenaire. Il contient une importante collection de céramique (3 600 pièces) du 17ᵉ au 20ᵉ s. Remarquer la production de Delft, St-Amand-les-Eaux (France), Bruxelles.

Musée des Beaux-Arts (Y M³). – *Visite 10 h - 18 h ; fermé lundi ; prix variable selon les expositions.*

Des œuvres d'art du 16ᵉ s. à nos jours y sont présentées par roulement et chaque année y sont organisées d'importantes expositions temporaires.

Le Vieux Logis (Y M⁴). – *Visite : 10 h - 18 h ; fermé lundi ; 10 F.*

Avant sa mort en 1934, le chanoine Puissant, grand amateur d'art, avait rassemblé dans cette petite maison du 16ᵉ s. de riches collections : meubles anciens, plafond Renaissance en bois sculpté, statues, orfèvrerie, dessins.

EXCURSIONS

Cuesmes. – *3,5 km au Sud. Partir de la Grand-Rue.* Dans un joli site champêtre s'élève la **maison de Van Gogh** où l'artiste habita en 1879 et 1880 parmi une famille de mineurs, les Decrucq. Il était arrivé en décembre 1878 dans le Borinage pour pratiquer l'apostolat. A Cuesmes il commença à dessiner la campagne et la vie des mineurs. On peut voir sa chambre reconstituée et une salle de documentation. *Visite : 10 h - 18 h ; fermé lundi, 1ᵉʳ janv., 1ᵉʳ nov., 25 déc.*

Hornu; Blaugies; Roisin. – *30 km au Sud-Ouest.*

Hornu. – A Hornu, cité du Borinage, les ateliers et la cité ouvrière de l'ancienne mine du **Grand Hornu** constituent un remarquable complexe architectural industriel. Construite entre 1814 et 1832 par l'architecte Bruno Renard, c'est, après la Saline d'Arc-en-Senans en France, la dernière réalisation en Europe d'un complexe où l'usine et l'habitat sont incorporés dans un ensemble urbain de type monumental. Une cour fermée (la Basse-Cour) précède l'enclos de brique ovale, entourée d'arcades, où étaient installés les ateliers (occupés actuellement par des bureaux). A gauche, une partie des anciennes écuries est convertie en galerie d'art. Autour de l'usine, plus de 400 maisons ouvrières s'alignent de part et d'autre de rues rectilignes, inscrites dans un rectangle. La cité comptait 2 500 h. en 1829.

Par la N 22 et la route de Dour à gauche, gagner Blaugies.

Blaugies. – L'**église** renferme un petit retable du 15ᵉ s. en bois polychrome représentant une Mise au Tombeau d'une facture mouvementée, et des fonts baptismaux du 12ᵉ s. sur une face desquels figurent des dragons mordant une grappe de raisin.

Se diriger vers Fayt-le-Franc et Roisin pour atteindre le Caillou-qui-bique.

Roisin. – Au Nord du village, près du **Caillou-qui-bique** s'élève la **maison de Verhaeren** *(p. 149)* où l'écrivain vécut, en compagnie de sa femme Marthe, les dernières années de sa vie, de 1900 à 1916 *(la maison est occupée par une auberge; on ne visite pas).* Dans la cour de l'auberge du Caillou, petit **musée Verhaeren,** comprenant en particulier la reconstitution du cabinet de travail du poète. *Visite accompagnée : 10 h - 12 h et 14 h - 18 h ; fermé vend. ; 20 F. Sonner au parking ou à la porte de l'auberge.*

NAMUR ★★ ℗

Cartes Michelin nᵒˢ **409** - pli 14 et **4** - pli 5 – *Schéma p. 130* – 100 712 h.

Sa position au confluent de la Sambre et de la Meuse, que franchit le beau pont de Jambes, en a fait une place militaire de premier ordre. Dominée par son énorme citadelle couvrant la colline du Champeau, Namur est groupée autour de nombreuses églises. C'est de nos jours une prospère cité commerçante et un centre touristique. Ses Facultés Universitaires N.-D. de la Paix, fondées en 1831, sont réputées.

Une ville maintes fois assiégée. – L'histoire du comté de Namur est essentiellement guerrière. Sa situation stratégique valut à la ville de subir une multitude de sièges. Dès l'époque romaine, César vint y investir les Aduatuques qui s'y étaient réfugiés. En 1577, le château est pris par Don Juan d'Autriche. A partir de la fin du 17ᵉ s. les attaques se succèdent. Le siège de 1692 dirigé par Vauban en présence de Louis XIV a un grand retentissement. La prise de la ville est célébrée par des odes pompeuses de Boileau et Racine, historiographes du Grand Roi, et par le pinceau de Van der Meulen, son peintre officiel. Vauban renforce les fortifications, mais la ville est reprise en 1695 par Guillaume III d'Orange. En 1746, ce sont les armées de Louis XV qui investissent la ville. Celle-ci en 1748 est rendue à l'Autriche et l'empereur Joseph II démolit ses fortifications.

1792 : les révolutionnaires s'emparent de Namur dont ils sont chassés l'année suivante par les Autrichiens. Le dernier siège de la ville, en 1794, la rend aux Français.

En 1815, après Waterloo, l'arrière-garde du corps de Grouchy, installée à Namur, protégea brillamment la retraite du gros des forces du maréchal vers la vallée de la Meuse et Givet-Charlemont. En 1816, les Hollandais reconstruisent la citadelle.

Pendant la guerre de 1914-1918, la ceinture de forts, construits à la fin du 19ᵉ s. opposa une héroïque résistance à l'ennemi. Cependant la ville fut envahie et, en outre, pillée et incendiée en partie le 23 août 1914.

Prise en mai 1940, Namur fut touchée jusqu'en 1944 par plusieurs bombardements.

Les fêtes. – Le premier week-end de juillet, la **Féerie de Namur** est l'occasion de multiples festivités *(p. 12).* Tous les ans en septembre, pendant les **fêtes de Wallonie,** les **« échasseurs »,** dont l'existence est connue depuis le 15ᵉ s., participent, vêtus en costumes du 17ᵉ s., à des combats d'échasses.

Promenades sur la Meuse. – *Jusqu'à Dinant, dim. en saison, départ le matin bd Baron L. Huart* (C Z) *; 400 F AR.*

■ PRINCIPALES CURIOSITÉS

visite : 1/2 journée

Citadelle★. — *Accès par la route Merveilleuse (1,5 km) ou par un téléphérique partant de la place Pied-du-Château et aboutissant au stade (fonctionnant de Pâques à fin sept. ; 80 F AR).*

Route Merveilleuse. — On découvre, à droite en montant, la **tour Joyeuse** (BZ L), vestige de l'ancien château des Comtes.

A la pointe Nord-Est de l'éperon rocheux, dans un virage, une terrasse offre un magnifique **panorama★★** sur la vallée de la Sambre et de la Meuse. Non loin, sur la gauche, un petit chemin descendant vers Namur surplombe les toits d'ardoise et les nombreux clochers.

La route atteint ensuite le **Donjon**, passe entre deux **tours** (BZ) de l'ancien château (l'une renferme un musée d'Armes), et franchit le fossé isolant le Donjon de la forteresse de Mediane.

Domaine Fortifié. — *Visite : vacances de Pâques et juin-sept. 13 h - 19 h ; 80 F ; circuit en petit train : 50 F ; visite accompagnée dim. 15 h, 120 F.*

Le bastion de Mediane (fin 15e s.-16e s.) fut renforcé en 1640 par celui de Terra Nova réalisé par les Espagnols. Un large fossé sépare les deux appareils.

La visite fait découvrir l'architecture défensive complexe de chacun des bastions, tant à l'extérieur *(bornes sonores)* qu'à l'intérieur, avec la traversée *(guidée)* de deux souterrains.

Musée provincial de la forêt (AZ M²). — *Visite : 9 h - 12 h et 14 h - 17 h ; ouvert à 10 h sam., dim. et j. fériés sept.-mars ; fermé vend., 1er mai, 11 nov., quinzaine de Noël ; 20 F.*

Entouré de beaux arbres, il présente la flore et la faune forestières : grand diorama sonorisé de la forêt d'Ardenne.

A l'étage, collections d'insectes exotiques, en particulier de papillons.

Fort d'Orange. — Près du **parc d'attractions Reine Fabiola** (AZ), ce fort, édifié en 1691 pour protéger Terra Nova, fut reconstruit en partie en 1816 par les Hollandais.

Route des Panoramas (AZ). — Elle descend à travers bois, vers le centre de la ville.

Ange (R. de l')	BZ 2
Fer (R. de)	BY
Marchovelette (R. de)	BCZ 32
St. Jacques (R.)	BYZ 39

Armes (Pl. d')	CZ 3
Arthur Borlée (R.)	CZ 4
Baron de Moreau (Av.)	BZ 7

Musée archéologique★ (CZ M³). — *Visite : avril-nov. 10 h - 12 h et 14 h - 17 h ; fermé mardi ; 15 F.*

Installé dans l'ancienne halle aux viandes, bel édifice du 16e s., ce musée expose le produit des fouilles effectuées dans la province, particulièrement riche en antiquités romaines et mérovingiennes.

L'art de la bijouterie et de la verrerie du 1er au 7e s. y est représenté par de magnifiques spécimens.

En arrière du musée se dresse la **maison de la Culture** (CZ B), édifiée en 1964.

Établissement des Sœurs de Notre-Dame (CZ K). — *Visite : 10 h - 12 h et 14 h - 17 h ; fermé dim. matin, mardi et j. fériés ; 20 F.*

Une salle abrite le très riche **trésor★★** du prieuré d'Oignies qui a été sauvé des bombardements de 1940. On y voit les œuvres d'un délicat orfèvre mosan du début du 13e s., le frère **Hugo d'Oignies** : évangéliaires, reliquaires, etc.

La finesse du travail est remarquable, particulièrement dans les nielles (incrustations d'émail noir), les filigranes et le décor du feuillage où l'on distingue souvent de petites scènes de chasse.

Passé le théâtre, on aperçoit à gauche la **tour St-Jacques** (CZ D). Utilisée comme **beffroi** depuis le 18e s., elle est surmontée d'un clocheton octogonal.

Musée des Arts anciens du Namurois★ (BY M⁴). — *Visite : 10 h - 12 h et 14 h - 17 h ; fermé mardi et de mi-déc. à mi-janv. ; 20 F.*

Installé dans l'hôtel de Gaiffier d'Hestroy, ce musée rassemble de belles pièces produites par l'art régional au Moyen Age et à la Renaissance.

La collection d'orfèvrerie est particulièrement riche; on peut y voir en particulier de beaux reliquaires d'art mosan.

De nombreuses sculptures sur pierre (fonts baptismaux; tombeau), sur bois (retables, statues), des objets en dinanderie témoignent de l'intérêt de la production artistique de la région de Namur. On admire également quatre beaux paysages de Henri Blès, du début du 16e s. *(p. 87).*

Un bâtiment annexe abrite le **musée Félicien Rops**, consacré à cet illustre dessinateur satirique (1833-1898) : lithographies, eaux-fortes (les Sataniques), dessins, peintures.

Église St-Loup★ (BZ E). — *En cours de restauration jusqu'à fin 1982.*

Ancienne église du collège des Jésuites, actuellement Athénée royal (lycée), c'est un remarquable monument de style baroque, construit de 1621 à 1645, sur des plans de Pierre Huyssens.

Des colonnes annelées, surmontées d'un entablement de marbre rouge et noir, supportent des voûtes en pierre de sable montrant un abondant décor en haut-relief. On admire également le riche mobilier.

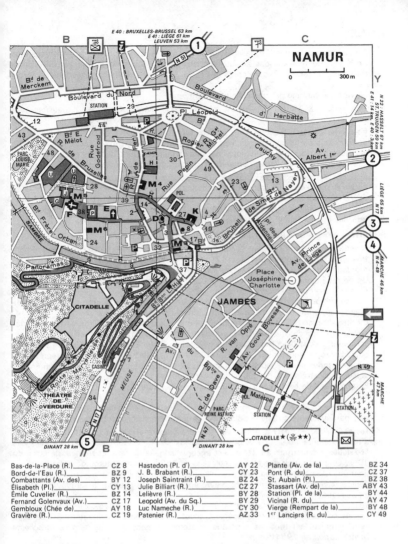

Cathédrale St-Aubain (BZ F). – *Visite : 8 h - 18 h (17 h en hiver).*

Cet édifice de style classique, surmonté d'un dôme, a été construit en 1751 par l'architecte italien Pizzoni, à l'emplacement de l'ancienne cathédrale.

L'intérieur renferme de belles œuvres d'art baroque, provenant pour la plupart d'églises ou abbayes de la région, tels les tableaux surmontant les stalles provenant de l'église St-Loup.

En face de la cathédrale s'élève l'ancien palais épiscopal du 18e s., occupé par le Gouvernement provincial.

■ AUTRES CURIOSITÉS

Musée diocésain et trésor de la cathédrale★ (BYZ M⁵). – *Visite : 10 h - 12 h et 14 h 30 - 18 h ; de nov. à Pâques seulement 14 h 30 - 16 h 30 ; fermé lundi et pendant les offices de la cathédrale ; 30 F.*

Situé à droite de la cathédrale, le musée conserve une belle collection d'objets du culte : précieuse couronne-reliquaire, avec écrin décoré de disques d'émal (vers 1210), autel portatif orné de plaques d'ivoire (11e-12e s.), bras-reliquaire de saint Adrien (vers 1235), statue de saint Blaise (vers 1280), en vermeil, Vierge mosane (vers 1220), série rare de verres (16e-18e s.), orfèvrerie, sculptures.

Musée de Croix★ (BZ M⁶). – *Visite accompagnée : 10 h, 11 h, 14 h, 15 h et 16 h ; fermé mardi ; 30 F.*

Il est installé dans un élégant hôtel du 18e s. construit dans le style Louis XV.

On visite de nombreuses salles dont la décoration s'intègre parfaitement à l'architecture : plafonds garnis de stucs, boiseries (lambris, portes, escalier d'honneur), cheminées en marbre de St-Rémy.

Remarquer les nombreuses armoires à haute corniche, ornées de panneaux rapportés, de style rocaille, caractéristiques de l'ébénisterie namuroise, et d'intéressants objets d'art régional (peintures, sculptures, faïence, verrerie, orfèvrerie).

EXCURSIONS

Franc-Waret ; Marche-les-Dames. – *22 km au Nord-Est. Sortir par ② du plan.*

Franc-Waret. – Entouré de douves, le **château** est une noble et imposante construction du 18e s., flanquée de deux ailes en retour. A l'arrière se dissimulent une tourelle et une tour carrée, vestiges du 16e s. *Visite accompagnée : de juin à sept. sam., dim. et j. fériés 14 h - 17 h 30 ; 60 F.*

A l'intérieur, on admire l'escalier d'honneur à double révolution, des salles ornées d'un beau mobilier, de tableaux des écoles flamande et française (portrait par Largillière), des tapisseries de Bruxelles (17ᵉ s.) d'après des cartons de Van Orley, des collections de porce-laine.

La visite se termine par une belle salle voûtée.

Pour se rendre à Marche-les-Dames, revenir vers Namur et tourner à gauche après Gelbressée.

Marche-les-Dames. — L'**abbaye N.-D. du Vivier** fut fondée au début du 12ᵉ s. par les veuves de Namurois partis en croisade avec Godefroy de Bouillon. Devenu cistercien en 1380, le couvent est occupé de nos jours par des carmélites. Les bâtiments abbatiaux datent des 13ᵉ et 18ᵉ s. *Visite sur demande préalable adressée à : Abbé J. Woitrin, rue N.-D. du Vivier 151, 5024 Marche-les-Dames.*

Rocher du roi Albert. — En amont de Marche-les-Dames, des roches surplombent la Meuse de 70 m. C'est là que le roi **Albert 1ᵉʳ** trouva la mort, le 17 février 1934, dans une chute lors d'une escalade. Une croix à mi-pente indique l'endroit où fut retrouvé son corps. La forêt environnante est devenue **Parc National.** Un petit **musée** a été érigé.

Floreffe; Fosses-la-Ville. — *18 km à l'Ouest. Sortir par ⑥ du plan.*

Floreffe. — 6 024 h. Dominant la Sambre, l'**abbaye** fut fondée en 1121 par des Prémon-trés *(p. 53)* et reconstruite aux 17ᵉ et 18ᵉ s. *Visite : 10 h - 12 h et 14 h - 18 h ; montage audio-visuel (pour groupes seulement, ap.-midi) : 30 F.*

Un petit séminaire occupe actuellement ce vaste ensemble qui s'est agrandi en 1964 d'une longue construction en béton.

La cour d'honneur qui s'ouvre en terrasse est bordée de bâtiments du 18ᵉ s. Au-delà d'un jardin, on aperçoit une tour et un bâtiment à portique, du 17ᵉ s.

L'**église-abbatiale** (13ᵉ-18ᵉ s.), flanquée d'une tour, est longue de 90 m. Au 18ᵉ s., l'inté-rieur a été transformé par Dewez dans le style néo-classique. Le chœur, immense, comprend des **stalles**★ remarquables, taillées par Pieter Enderlin de 1632 à 1648. Une quarantaine de personnages, la plupart fondateurs d'ordres religieux, sont représentés sur les panneaux supérieurs. Les huit angelots musiciens ou chanteurs surmontant les joues des extrémités sont particulièrement admirables.

En contrebas de l'abbaye, le moulin-brasserie, qui date du 13ᵉ s., a été transformé en auberge.

Les **grottes de Floreffe** *(visite momentanément suspendue)* creusées dans le calcaire et plus particulièrement dans la dolomie, montrent de belles concrétions.

Fosses-la-Ville. — 7 497 h. Cette ville d'Entre-Sambre-et-Meuse *(p. 80)* fondée autour d'un monastère du 7ᵉ s. a subi de nombreux sièges, surtout au 17ᵉ s. La **collégiale St-Feuillen,** reconstruite au 18ᵉ s., est encore flanquée de sa tour romane de la fin du 10ᵉ s. On peut y voir des stalles sculptées de 1524, des sculptures de la fin du 16ᵉ s. dont une Mise au tombeau, le buste-reliquaire de saint Feuillen (fin du 16ᵉ s.). A l'Est de l'église, « crypte » construite hors-œuvre en 1086 : c'est la seule de ce type conservée en Belgique.

Fosses est connue pour ses fêtes *(p. 12),* d'une part le cortège carnavalesque des **Chinels,** sortes de polichinelles facétieux, d'autre part la marche militaire *(p. 80)* de Saint Feuillen qui a lieu tous les sept ans, le dernier dimanche de septembre *(prochaine manifestation en 1984).*

NIEUWPOORT **(NIEUPORT)** (West Vlaanderen) ────────────────
Cartes Michelin nᵒ **409** - pli 1 et nᵒ **2** - pli 1 — 8 210 h.

A l'embouchure de l'Yser, c'est une ancienne place-forte reconstruite après 1918 dans le style flamand. Nieuport possède une active flottille de pêche et une « minque » importante *(p. 121).*

Comme à Ostende, le chenal du port est protégé par deux longues digues s'avançant loin en mer et portant deux estacades. Sur l'estacade Ouest sont suspendus des filets de pêche carrés ou carrelets *(location possible).*

Nieuport est aussi une station balnéaire **(Nieuwpoort-aan-Zee)** et un centre de sports nautiques dont le port de plaisance peut accueillir 3 000 bateaux.

Bataille de l'Yser. — La région de Nieuport a été le théâtre de ce terrible épisode de la guerre. En août 1914, les Allemands envahissent la Belgique puis la France. Arrêtés sur la Marne par Joffre, ils attaquent aussitôt Anvers *(p. 41)* que l'armée belge réussit à évacuer à temps, pour se retrancher à l'Ouest de l'Yser, auprès du roi Albert *(p. 122).* Elle est soute-nue par quelques troupes françaises et britanniques.

Le 16 octobre, les Allemands s'en prennent au dernier bastion du territoire belge; ils parviennent bientôt à franchir l'Yser à Tervate, au Nord de Dixmude.

Les renforts alliés n'arrivant pas, on fait ouvrir à Nieuport, le 28 octobre, les **écluses** de l'Yser : l'inondation des polders environnants permet d'arrêter immédiatement l'avance alle-mande.

Alors que le front se stabilise au Sud de Dixmude jusqu'à la fin de la guerre, les Allemands se tournent vers le saillant d'Ypres *(p. 105).*

■ **CURIOSITÉS** *visite : 3/4 h*

Église Notre-Dame (O.-L.-Vrouwkerk). — Sa tour édifiée en 1951 abrite un **carillon** de 67 cloches. *Concerts : de mi-juin à mi-sept. merc. et sam. 20 h 30, vend. 11 h 15 ; le reste de l'année vend. et dim. 11 h 15.*

Monument au roi Albert Iᵉʳ (Koning Albertmonument). — Situé près du pont sur l'Yser, ce monument circulaire est un hommage au roi dont il entoure la statue équestre.

Du sommet du monument *(accès à pied : 15 F, ou par ascenseur : 25 F, 8 h - 12 h et 13 h - 18 h),* **vue** intéressante sur Nieuport, Ostende, l'Yser, six écluses en éventail, et l'arrière-pays de polders *(table d'orientation).*

Musées communaux (Musea). – *Visite : pendant les vacances de Pâques et en juil.-août, 15 F.*

L'hôtel de ville a été reconstruit après la guerre ainsi que la **halle** (stadshalle). Au 1er étage de celle-ci, une grande salle à charpente apparente abrite le **musée K.R. Berquin★** (K.R. Berquinmuseum) où l'histoire et le folklore de la région sont évoqués d'une façon attrayante. Remarquer deux panneaux attribués à Lancelot Blondeel et représentant le port à la fin du 15e s.

Au rez-de-chaussée de l'**hôtel de ville** *(entrée latérale)*, petit **musée Ornithologique** : (Ornithologisch museum) : grand diorama avec oiseaux et crustacés présentés dans leur cadre naturel de rivages marins.

De IJzermonding. – Cette réserve naturelle s'étend au Nord de la station, à côté de l'embouchure de l'Yser. *Visites accompagnées : dim. en juil.-août ; s'adresser à l'Office de Tourisme.*

NINOVE Oost-Vlaanderen ————————————————————————
Cartes Michelin nos **409** - Nord-Est du pli 12 et **②** - pli 17 - 33 196 h.

Ninove a été illustrée par une abbaye de Prémontrés *(p. 53)*, fondée au 12e s. et dont subsiste la belle **église abbatiale** (17e-18e s.).
Entrée porte latérale droite.

De conception identique à celle de Grimbergen, elle renferme un remarquable ensemble de **boiseries★** : au fond de l'église se dressent deux confessionnaux somptueux dont celui de Théodore Verhaegen (18e s., côté Nord) montre des personnages en relief d'un baroque délicat. Le même style se retrouve dans les lambris tapissant les bas-côtés, exécutés par le même sculpteur.

Les stalles, de 1635, sont, en revanche, d'une sobre élégance. Dans le chœur on remarque également un gracieux lutrin en marbre, orné d'angelots (18e s.).

O. L. V. Lombeek **(Lombeek N.-D.)** – *8 km par la route de Bruxelles puis à droite.*

Son **église** à chevet plat date des 13e et 14e s.; elle abrite un beau retable en bois, de style brabançon, du début du 16e s., retraçant la vie de la Vierge avec une grande finesse d'exécution. *Pour visiter, s'adresser au presbytère, Gustaaf Ponchautstraat, 1 ou à M. Louis Collet, Koning Albertstraat, 59.*

NIVELLES ★ Brabant ————————————————————————
Cartes Michelin nos **409** - pli 13 et **②** - pli 18 — 21 318 h.

Reconstruite après la guerre, Nivelles est une ville coquette et accueillante dont la collégiale est renommée.

Un peu d'histoire. – Nivelles, un des berceaux de la dynastie carolingienne, s'est développée autour d'une abbaye dédiée à saint Pierre et fondée vers 650 par Itte, femme de Pépin de Landen, maire du palais des rois d'Austrasie, et par leur fille, sainte Gertrude. Celle-ci deviendra la première abbesse de la communauté bénédictine.

Au 12e s., la ville s'entoure de remparts; elle en conserve encore quelques tours comme la Tour Simone (rue Seutin). L'abbaye est transformée en chapitre de chanoinesses et de chanoines sous la direction d'une abbesse.

Bientôt les chanoinesses, toutes d'origine noble, mèneront un train de vie fastueux. L'abbaye est très puissante jusqu'à sa suppression en 1797.

Ravagée en mai 1940, sa collégiale et plus de 500 maisons ayant brûlé, la ville a été reconstruite. Elle tire ses ressources du commerce et de quelques industries (constructions métallurgiques) groupées au sein d'un parc industriel.

Au Nord de la ville, le circuit automobile de Nivelles offre une piste tracée au Sud de la bretelle de l'autoroute *(courses en avril, mai, juin, septembre).*

Traditions. – En automne se déroule le **Tour de sainte Gertrude** *(p. 12)*, procession de 14 km à travers champs : le char du 15e s. portant la châsse de la sainte est tiré par six chevaux. Au retour, les géants (Argayon, Argayonne, leur fils Lolo et le cheval Godet) se joignent au cortège ainsi que le groupe des chanoinesses en costumes du 17e s.

Le héros local est le jacquemart Jean de Nivelles. Son origine est mal connue. Le personnage qu'il représente n'a rien de commun avec le fameux Jean de Nivelle, « ce chien qui fuit quand on l'appelle », dicton qu'on retrouve dans la chanson populaire française de Cadet Rousselle.

La spécialité locale est la « tarte al djotte », succulente pâtisserie au fromage, servie chaude.

■ **CURIOSITÉS** *visite : 2 h*

Collégiale Ste-Gertrude★. – *Visite : 10 h - 12 h (sauf dim. et j. fériés) et 14 h - 17 h ; fermé mardi ; 10 F.*

Édifiée à l'emplacement d'une église dédiée à saint Pierre, c'est un imposant monument, de style roman, à deux transepts et deux chœurs opposés.

La partie la plus ancienne, consacrée en 1046, se rattache à l'architecture ottonienne, en vogue sous le règne de l'empereur Otton Ier.

Le style rhénan-mosan apparaît dans l'**avant-corps** du 12e s. qui précède la collégiale à l'Ouest. Complété par une abside, il est constitué d'une tour carrée flanquée de deux tourelles dont l'une abrite le jaquemart Jean de Nivelles (15e s.), pesant 350 kg. Les deux portes de l'avant-corps *(inaccessibles pendant la restauration)*, sont décorées de sculptures romanes du 12e s. : Saint Michel au portail de droite en entrant et l'histoire de Samson au portail de gauche.

À l'église est accolé un **cloître** du 13e s. dont trois ailes ont été très restaurées.

Au Sud de l'église, le pignon du transept le plus élevé, nommé **Pignon de St-Pierre**, est décoré d'arcatures romanes.

A l'**intérieur,** la nef très longue (102 m) avait été couverte de voûtes d'ogives au 17e s. Une restauration lui a rendu son aspect primitif, grâce à un plafond de béton imitant le bois.

La chaire (18e s.) exécutée en marbre et chêne par Laurent Delvaux représente la Samaritaine au puits de Jacob.

Sacristie, crypte et églises primitives. — *Mêmes conditions de visite que la collégiale.*

La **sacristie** construite au 14e s. contient les châsses (19e s.) des parents de sainte Gertrude, ainsi que le moulage et divers fragments de la châsse de la sainte; du 14e s., en argent rehaussé d'émaux, ce magnifique reliquaire a été détruit par l'incendie de mai 1940.

Par la **crypte** (vers 1100), à voûtes d'arêtes, on accède aux ruines des **églises primitives** que les bombardements de 1940 ont permis de découvrir sous la collégiale.

L'église funéraire de l'abbaye (vers 650), sous la nef centrale, abrite des caveaux qui auraient contenu les reliques de sainte Gertrude et de ses parents.

Dans l'église carolingienne (9e-10e s.) plus grande, se trouvaient la tombe d'Ermentrudis, petite-fille d'Hugues Capet, celle d'Himiltrude, considérée comme la première épouse de Charlemagne et un sarcophage qui contiendrait les restes de saint Feuillen et de ses trois compagnons.

A proximité de la collégiale, la **porte de Saintes** commémore le jumelage de Nivelles avec cette ville de Charente-Maritime.

Musée d'archéologie. — *Rue de Bruxelles, 27. Visite : 9 h 30 - 12 h 30 et 14 h 30 - 17 h; fermé mardi; 20 F.*

Il contient d'intéressantes collections d'art régional.

On admire en particulier les quatre statues, en pierre, provenant du jubé gothique de la collégiale (rez-de-chaussée); au 1er étage, les terres cuites baroques de Laurent Delvaux (1696-1778); au 2e, les collections d'archéologie, de la préhistoire à la période gallo-romaine.

Parc de la Dodaine. — *Au Sud de la ville.*

Son jardin fleuri entourant une pièce d'eau et son grand étang composent un cadre attrayant à ce parc doté également d'installations sportives.

En suivant l'avenue de la Tour de Guet vers l'Ouest, on atteint la **Tourette,** charmant édifice du 17e s. aménagé en musée (Musée Charles Gheude). *Visite : avril-sept. 9 h 30 - 12 h 30 et 14 h 30 - 17 h; fermé mardi; 20 F.*

Tableaux de l'école hollandaise du 17e s. et de l'école belge des 19e et 20e s.

La Tourette

EXCURSIONS

Ronquières. — *9 km à l'Ouest.*

Coquet village connu pour sa belle échappée sur le canal de Charleroi, équipé ici d'un remarquable ouvrage technique. Réalisé en 1968, le **plan incliné de Ronquières*,** de 1 432 m de long, permet aux bateaux de franchir aisément la dénivellation du canal (68 m). Équipés chacun d'un contrepoids de 5 200 t, deux bacs longs de 91 m, remplis d'eau, transportent d'un bief à l'autre un bateau de 1 350 t ou quatre péniches de 300 t, en roulant sur un train de 236 galets de 70 cm de diamètre.

L'ensemble est complété en amont par un pont-canal de 300 m et une **tour** de 150 m de haut. *Visite : de mai à août 9 h - 17 h 45 (18 h 15 dim. et j. fériés); 60 F; billet combiné avec parcours en bateau-mouche : 110 F.*

A l'intérieur de la tour, spectacle audiovisuel sur le plan incliné, vue sur la salle des treuils; du sommet, panorama sur la région. En sortant au 3e étage, on peut approcher les installations amont. Au 2e étage, spectacle audiovisuel sur le Hainaut.

Promenade en bateau sur le canal jusqu'à Ittre. Départs au pied des biefs; 60 F.

Bois-Seigneur-Isaac; Braine-le-Château. — *12 km au Nord.*

Bois-Seigneur-Isaac. — Dans l'**abbaye,** la chapelle du St-Sang (16e s.) est décorée dans le style baroque : on y voit au maître-autel des sculptures de Laurent Delvaux (Mise au tombeau). La sacristie à voûte gothique conserve un reliquaire contenant un corporal (linge sacré) teinté du sang du Christ; c'est devenu un objet de pèlerinage.

Face à l'abbaye, le château de Bois-Seigneur-Isaac (18e s.) est un vaste édifice contenant de précieuses collections. *Visite accompagnée : les deux derniers dim. de juin et le 1er dim. de juil. 14 h - 19 h; le reste de l'année sur demande, ☎ (067) 22.22.27; 60 F.*

Braine-le-Château. — Près d'un moulin à eau (expositions), le château, entouré d'eau, appartient aux comtes de Hornes *(on ne visite pas).*

Sur la Grand-Place voisine, le **pilori,** surmonté d'une cage décorative, a été érigé en 1521 par Maximilien de Hornes, chambellan de Charles Quint.

L'église abrite son mausolée en albâtre, par Jean Mone.

Chaque année,

*le **guide Rouge Michelin Benelux***

indique (avec adresse et n° de téléphone)

les réparateurs, concessionnaires, spécialistes du pneu

et les garagistes assurant, la nuit, les réparations courantes...

Tous comptes faits, le guide de l'année, c'est une économie.

OOSTENDE ★★ (OSTENDE) West-Vlaanderen ─────────────────

Cartes Michelin nᵒˢ 409 - pli 1 et 2 - pli 2 – *Schéma p. 122* – 70 125 h.

Ostende présente deux aspects caractéristiques : l'un de station balnéaire élégante, l'autre de port de pêche (le premier de Belgique) et de tête de ligne pour la « malle » assurant la liaison avec l'Angleterre (Douvres, Folkestone) et l'hydroglisseur (hydroptère) vers Douvres *(en saison)*.

La **station balnéaire** s'étend entre le **casino** (Kursaal) (Y), inauguré en 1953 et l'institut thermal, le long du promenoir (Albert I promenade) qui borde la plage. Celle-ci est très appréciée pour la pratique du surf.

A proximité du chenal du port et de l'avant-port, l'ancien **quartier des pêcheurs** forme un quadrillage de rues plus étroites, limité au Sud par les bassins du port de plaisance. Plus au Sud s'étend un grand parc, **Maria-Hendrika Park** qui possède plusieurs étangs (canotage, pêche).

Les célèbres huîtres sont élevées à Ostende dans un bassin de 80 ha, le Spuikom, au Sud-Est de la ville.

Le siège d'Ostende, pendant la guerre de 80 ans, est resté fameux : l'archiduchesse Isabelle avait fait vœu, dit-on, de ne pas changer de chemise tant que la ville ne serait pas prise. Le siège dura 3 ans (1601-1604), d'où le nom de couleur isabelle donné depuis à une teinte incertaine.

Les premiers souverains belges aimaient résider à Ostende; la reine Louise-Marie s'y éteignit en 1850.

James Ensor (1860-1949). – Ostendais, de père anglais et de mère flamande, ce génie solitaire qui s'éloigna peu de sa ville natale et ne fut reconnu que tardivement par ses contemporains, est l'un des plus grands peintres de la fin du 19ᵉ s.

Ensor s'adonne d'abord à une peinture sombre, puis sa palette s'éclaircit. Entre 1883 et 1892, il use de couleurs violentes, d'empâtements, pour illustrer, avec une technique déjà expressionniste, des thèmes macabres ou satiriques peu appréciés du public.

Par sa prédilection pour les personnages masqués, les squelettes, qui, dans ses tableaux grouillent dans une atmosphère de carnaval, Ensor est le père d'un monde imaginaire et fantastique qui annonce le surréalisme.

La toile la plus représentative de son art est l'Entrée du Christ à Bruxelles (1888) exposée au musée des Beaux-Arts d'Anvers.

Les fêtes. – James Ensor fut en 1896 un des promoteurs du **« Bal du Rat Mort »,** nom choisi en souvenir du cabaret montmartrois « Le Rat Mort » que fréquentèrent les membres du club Coecilia. Cette élégante manifestation philanthropique réunit chaque année *(p. 12)*, un samedi, au casino, des travestis et des masques sur un thème choisi.

Ailleurs se déroule le Bal de la Crevette, plus populaire. La veille, un cortège de masques et de musique, le Cimateirestoet, déambule dans les ruelles du quartier des pêcheurs. Le dimanche a lieu le cortège de carnaval.

Enfin, un Festival International se déroule au casino en juillet et en août.

OOSTENDE

Adolf Buylstr.	Y 2
Alfons Pieterslaan	Z
Kapellestr.	YZ 14
Vlaanderenstr.	Y 26
Edith Cavellstr.	Z 4
Ernest Feyspl.	Z 5
Euphrosine Beernaertstr.	Z 6
Filip van Maestrichtpl.	Z 7
Graaf de Smet de Nayerlaan	Z 8
Groentemarkt	Y 9
Hendrik Serruyslaan	Z 10
Kanunnik Dr. Colensstr.	Z 13
Kemmelbergstr.	Z 15
Langestr.	Y 16
Leopold-II laan	Z 17
Leopold-III laan	Z 18
Lijndraaiersstr.	Z 19
Oesterbankstr.	Z 20
Sir Winston Churchillpl.	Z 21
Stockholmstr.	Z 22
Torhoutsesteenweg	Z 23
Verenigde Natieslaan	Z 24
Vindictivelaan	Z 25
Wapenpl.	Y 27
Warschaustr.	Z 28
Wellingtonstr.	Z 29
Witte Nonnenstr.	Z 31

■ **CURIOSITÉS** *visite : 1 h 1/2*

Visserskaai (Quai des pêcheurs) (Y). – Il est bordé par une succession presque ininterrompue de restaurants. De là, on aperçoit le port de pêche et, au-delà du chenal, l'importante « minque » *(p. 14)*.

Estacade Ouest (Weststaketsel) (Y). – C'est l'une des deux jetées encadrant l'entrée du port ou « havengeul ». Elle permet de contempler la plage et le mouvement des bateaux et de la « malle ». A l'extrémité, les pêcheurs installent leurs carrelets, filets de pêche carrés suspendus à un treuil *(en location)*.

Aquarium de la mer du Nord (Noordzeeaquarium) (Y A). – *Visite : 10 h - 12 h 30 et 14 h - 18 h ; 10 F.*

Il contient de petits bassins avec poissons, crustacés, mollusques de la mer du Nord et des collections de coquillages.

Palais des Fêtes et de la Culture (Stedelijk Feest-en Kultuurpaleis) (Y M¹). — Dominant la Wapenplein, place principale de la ville, il comprend deux musées.

Musée des Beaux-Arts (Museum voor Schone Kunsten). — *2ᵉ étage. Visite : 10 h - 12 h et 14 h - 17 h ; fermé mardi, 25 déc., 1ᵉʳ janv., 1ᵉʳ mai, oct., 1ᵉʳ et 2 nov. ; 20 F.*

Il abrite des tableaux de peintres belges contemporains comme Ensor, Permeke, Gustave De Smet, Léon Spilliaert. Il présente également des œuvres d'avant-garde.

Musée d'Histoire locale (Heemkundig Museum) **De Plate**. — *1ᵉʳ étage. Visite : 10 h - 12 h et 15 h - 17 h ; oct.-juin sam. matin seulement ; fermé mardi ; 10 F.*

Il est consacré à l'histoire et aux traditions régionales (bannières, médailles d'anciennes sociétés ostendaises). La vocation maritime d'Ostende est évoquée, en particulier, par la reconstitution d'un café de pêcheurs.

Tour (Y B). — *S'adresser à l'Office de Tourisme.*

Du sommet, vue intéressante sur Ostende et une partie du port.

Maison de James Ensor (James Ensorhuis) (Y M²). — *Visite : 10 h - 12 h et 14 h - 17 h (fermé mardi); de nov. à mai sam. et dim. seulement 14 h - 17 h; fermé en oct.; 20 F.*

L'intérieur de la maison d'Ensor a été reconstitué et converti en musée. L'entrée se fait par le magasin de coquillages qui était tenu par sa mère.

Au 2ᵉ étage, on peut voir l'atelier du peintre.

Europacentrum (Y D). — De la terrasse au sommet de cet édifice de 104 m, le plus haut de la côte belge, **vues★** sur le littoral, sur la ville et le port. *Accès par le café, 30 F.*

Voilier-école (Opleidings-zeilschip) **Mercator** (Z M³). — *Visite : vacances de Pâques et de juil. à sept. 9 h - 18 h (19 h en juil.-août) ; seulement sam. et dim. 10 h - 17 h en oct. ; le reste de l'année seulement dim. et j. fériés 10 h - 16 h ; fermé 12 h - 13 h et 25 déc. ; 40 F.*

Ancien navire-école des officiers de la marine marchande belge, ce trois-mâts blanc stationne depuis 1964 dans un bassin du port de plaisance. Bien que toujours en état d'appareiller, le Mercator qui, de 1932 à 1960, a effectué 41 croisières à travers les mers du globe, fait fonction de navire-musée. Plusieurs objets et photographies rappellent qu'il a participé à des missions scientifiques, rapporté de l'île de Pâques de gigantesques statues et ramené la dépouille mortelle du père Damien *(p. 128)*.

Église des Sts Pierre et Paul (St.-Petrus en-Pauluskerk) (Z E). — Construite en 1907, dans le style néo-gothique, elle abrite le mausolée de la reine Louise-Marie.

A proximité de l'église se dresse le **Peperbus**, clocher d'une église du 18ᵉ s. détruite par un incendie en 1896.

EXCURSIONS

Stene. — *3 km au Sud par ④ du plan.*

Toute blanche, l'**église Ste-Anne** (St.-Annakerk), de 1625, présente à l'extérieur une pittoresque juxtaposition de volumes et, à l'intérieur, un décor rustique.

Au Sud, le presbytère (pastorie), de 1764, a été restauré.

Jabbeke; Gistel. — *26 km au Sud-Est. Sortir par ③ du plan, puis l'échangeur nº 6.*

Jabbeke. — 10 410 h. A l'Est, le **musée Permeke★** (Provinciaal Museum Constant Permeke) est installé dans la maison des Quatre vents (Vier Winden), construite en 1929 d'après les idées de Permeke (1886-1952) et habitée par lui pendant plus de 20 ans. *Visite : 10 h - 12 h 30 et 13 h 30 - 17 h 30 (18 h en été) ; fermé lundi.*

Des œuvres du début de sa carrière encore marquées par le post-impressionnisme (Paysage), d'influence cubiste (A propos de Permeke), d'importantes peintures et dessins expressionnistes (Semeur, Marine Sombre, Maternité, Pain quotidien) et sa toile inachevée (Paysage inachevé, 1951) font un ensemble révélateur de l'art de Permeke.

Permeke commença à sculpter tardivement : son atelier de sculpture, construit en 1935, se trouve dans le jardin orné de statues du maître comme Niobé ou Le Semeur.

Gistel. — 9 285 h. Ce centre commercial de Flandre-Occidentale voit chaque année se dérouler dans les rues de la ville la procession de sainte Godelieve *(dim. suivant le 5 juil. à 16 h)*. L'église abrite la sépulture de cette sainte dont le nom signifie « aimée de Dieu ». Godelieve, mariée contre son gré à Bertulf, châtelain de Gistel, fut assassinée et son corps jeté dans un puits en 1070.

L'**abbaye de Ten Putte** *(3 km à l'Ouest)* fut fondée autour de ce puits. Dans le charmant enclos aux murs blancs et au jardin recueilli, on peut voir le puits, la cave (sous l'escalier) où la sainte aurait été emprisonnée et la chapelle aux corbeaux, à l'endroit où elle aurait accompli un miracle. Dans l'église abbatiale (1962), petit triptyque du 16ᵉ s. où la sainte est représentée avec les quatre couronnes qui sont ses attributs.

ORVAL (Abbaye d') ★★ Luxembourg

Cartes Michelin nᵒˢ 409 - pli 25 et 4 - Sud des plis 16, 17.

Retirée au milieu des bois de la Gaume *(p. 167)*, cette abbaye fondée en 1070 par des bénédictins venus de Calabre, au Sud de l'Italie, devint dès le 12ᵉ s. un des plus célèbres et des plus riches monastères cisterciens d'Europe.

La légende et l'histoire. — Le nom de l'abbaye, Orval (val d'or) et ses armoiries, d'argent à un ruisseau d'azur d'où sort une bague ornée de trois diamants, rappellent la légende : la comtesse Mathilde, duchesse de Lorraine, protectrice de l'abbaye, avait perdu dans une source son anneau nuptial. Celui-ci lui fut rendu par une truite miraculeuse.

A la fin du 12ᵉ s. est construite, dans le style gothique, mais avec des réminiscences romanes, l'église Notre-Dame. Elle est modifiée au 16ᵉ s. et au début du 17ᵉ s. En 1637, l'abbaye, incendiée et pillée par les troupes du maréchal de Châtillon, doit être reconstruite. Au 18ᵉ s. cependant, le monastère est si prospère qu'on entreprend une nouvelle construction, confiée à l'architecte Dewez. A peine réalisée, celle-ci est de nouveau dévastée par les soldats du général Loyson (1793). L'abbaye est vendue en 1797.

Le nouveau monastère. — La résurrection du monastère a été entreprise en 1926 par les moines cisterciens de l'abbaye des Sept-Fons, dans le Bourbonnais. Le monastère a été construit en 1948 à l'emplacement des bâtiments du 18e s. En style gothique sobre et élégant, dans une pierre chaude et dorée, il reproduit le plan traditionnel cistercien.

Devant la cour d'honneur se dresse la façade de la nouvelle église abbatiale où s'inscrit une monumentale Vierge à l'Enfant.

■ **LES RUINES** *visite : 1 h*

Visite : 9 h - 12 h et 13 h 30 - 18 h ; de début oct. aux Rameaux 10 h - 12 h (sauf lundi) et 13 h 30 - 17 h 30 ; 40 F. Suivre le circuit numéroté.

Après une projection sur la vie au monastère *(20 mn)*, le circuit fait découvrir les ruines du Moyen Age et du 18e s.

Près de la fontaine Mathilde, les ruines gothiques de l'**église Notre-Dame** se dressent dans un pittoresque cadre de verdure. La rosace du bras gauche du transept, les chapiteaux romans, gothiques ou Renaissance des piliers sont remarquables. Dans le chœur, tombeau de Wenceslas, premier duc de Luxembourg. Le chœur à chevet plat cistercien ayant été jugé trop petit, on lui adjoignit une abside au 17e s.

On visite ensuite le cloître, rebâti au 14e s., les caves du 18e s. qui abritent le musée : histoire du monastère. L'église actuelle, qu'on contemple depuis la tribune, est d'une grande pureté de lignes. L'ancienne pharmacie des moines est précédée d'un jardin de plantes médicinales.

OUDENAARDE ★ (AUDENARDE) Oost-Vlaanderen ─────

Cartes Michelin nos **409** - pli 12 et **2** - pli 16 — 27 308 h.

Calme ville flamande bâtie sur les rives de l'Escaut, Audenarde est riche de souvenirs et de beaux monuments. C'est un centre d'industrie textile. Sa bière brune est réputée.

Les « verdures d'Audenarde ». — Au 15e s., la tapisserie de haute lisse vint remplacer, à Audenarde, l'industrie du drap en déclin. La ville devait en devenir, aux 16e et 17e s., un centre important. Elle était spécialisée dans l'exécution de « verdures », pièces dans lesquelles la végétation représente l'élément essentiel de la composition.

UN PEU D'HISTOIRE

Baudouin IV, comte de Flandre, y éleva au début du 11e s. un château fort.

Aux 14e et 15e s., Audenarde fut en butte aux agressions des Gantois qui y perdirent leur célèbre bombarde « Dulle Griet », aujourd'hui à Gand, près du Vrijdag Markt.

En 1521, pendant sa conquête du Tournaisis, enclave française au cœur de son royaume, Charles Quint fait le siège d'Audenarde. Il s'y éprend de Jeanne Van den Geenst, dont il aura une fille, **Marguerite de Parme**, qui gouvernera les Pays-Bas de 1559 à 1568.

Audenarde eut à soutenir maints sièges dont le plus dévastateur fut celui que mena, en 1684, le maréchal d'Humières qui commandait les troupes de Louis XIV ; mais la date la plus connue de son histoire est le 11 juillet 1708 qui vit Marlborough battre à plates coutures l'armée française.

■ **CURIOSITÉS** *visite : 1 h 1/4*

Grand-Place (Grote Markt). — Très vaste, elle est dominée par l'hôtel de ville.

Hôtel de ville★★★ (Stadhuis). — *Visite : d'avril à oct. 9 h - 11 h et 14 h - 16 h; sam. dim. et j. fériés 10 h - 11 h et 14 h - 17 h; 20 F.*

Contigu à une halle du 13e s. située sur sa face postérieure, il a été élevé de 1526 à 1530 par Henri van Pede, qui s'inspira de plusieurs hôtels de ville du pays (Bruxelles, Louvain) avec lesquels l'édifice présente des analogies.

Flamboyant, déjà animé d'un esprit baroque, il séduit par ses lignes légères et son ornementation qui, malgré sa richesse, est d'un goût exquis. Des arcades supportent le beffroi au faîte duquel se dresse la statue d'un homme armé appelé « Jean le Guerrier »; des clochetons effilés, d'un charmant effet, ornent les angles.

Devant la façade, la fontaine décorée de dauphins a été construite avec la contribution financière de Louis XIV.

A l'intérieur on admire, dans la **salle du Conseil**, par Van der Schelden, une cheminée et un beau tambour de porte en bois sculpté (16e s.); au-dessus de celle-ci est aménagée une logette où s'installait un « écouteur » chargé de relever les débats des assemblées. Des peintures pittoresques d'**Adriaen Brouwer**, artiste né à Audenarde (1605-1638), sont aussi à citer. L'ancienne halle abrite une collection de « verdures d'Audenarde » et douze pots d'étain qu'on offrait remplis de vin aux visiteurs de marque.

OUDENAARDE

Beverestraat	3
Broodstraat	7
Grote Markt	
Hoogstraat	
Krekelput	15
Nederstraat	20
Stationsstr.	
Tussenbruggen	22

Achterburg	2
Bourgondiëstr.	5
Burg	8
Doornikstr.	9
Jozef Braetstr.	12
Kasteelstr.	14
Louise-Mariekaai	17
Matthijs	
Casteleinstr.	18
Parkstr.	21
Voorburg	23

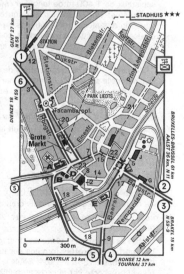

Église Ste-Walburge (St.-Walburgakerk) (A). — A l'Ouest de la Grand-Place se dresse le chevet de cette grande église dont la belle tour culmine à 90 m. *Visite sur demande préalable adressée à l'Office de Tourisme, avril-oct.*

OUDENAARDE★

Maison de Marguerite de Parme (B). — Au Sud-Ouest de la Grand-Place, elle se distingue par ses hautes lucarnes à redans; à sa gauche, la **tour Baudouin** (11e s.) (D).

Béguinage (Begijnhof) (F). — 13e s. La chapelle est très pittoresque dans sa simplicité.

Église N.-D. de Pamele★ (O. L. Vrouwekerk van Pamele) (E). — Belle église du 13e s., construite par Arnould de Binche, typique de l'architecture gothique scaldienne *(p. 25).*

L'intérieur est à trois nefs et transept et comporte un déambulatoire, fait assez rare en Belgique. On voit deux tombeaux du début du 16e s. et du début du 17e s. au revers de la façade Ouest.

EXCURSION

Kruishoutem; Waregem. — *15 km à l'Ouest.*

A **Kruishoutem** (7 076 h.), la **fondation** (Stichting) **Veranneman** *(Vandevoordeweg, 2, par la route de Waregem puis à gauche)* est à la fois un musée d'art où sont présentées des œuvres contemporaines, peintures (Mathieu, Permeke, Vasarely, Hartung, Wunderlich) et un centre d'expositions temporaires. Dans le parc, sculptures de Dodeigne, Niki de St-Phalle, Vasarely, Giglioli. *Visite : 14 h - 18 h 30 ; fermé dim., lundi, jours fériés et en août ; 50 F.*

Entouré d'eau, le **château** de Kruishoutem, du 17e s. *(on ne visite pas),* aux angles renforcés de quatre tours surmontées de bulbes, se dresse au milieu d'un grand parc.

Waregem. — 32 088 h. La populaire course d'obstacles des Flandres qui se déroule à l'hippodrome du Gaverbeek *(mardi suivant le dernier dim. d'août)* connaît une grande affluence.

OURTHE (Vallée de l') ★ Liège-Luxembourg

Cartes Michelin nos **409** - pli 15, **2** - pli 22 et **4** - pli 27.

Le cours sinueux de l'Ourthe franchit les différents plissements Nord-Est-Sud-Ouest du plateau ardennais qu'elle entaille profondément puis s'élargit dans des plaines comme la Famenne avant de rejoindre la Meuse à Liège.

Un sentier de grande randonnée (GR 57), long de 170 km, parcourt la vallée, depuis Angleur près de Liège, jusqu'à Houffalize, dans la province de Luxembourg.

L'OURTHE SUPÉRIEURE★★

Circuit de 33 km au départ de la Roche-en-Ardenne — 4 h — schéma p. 143

L'Ourthe est en fait le résultat de la réunion vers Engreux, de deux cours d'eau : l'Ourthe orientale, née près du village d'Ourthe à la frontière luxembourgeoise et l'Ourthe occidentale, venue d'Ourt, village situé au Sud de St-Hubert. En amont de la Roche en Ardenne, c'est une rivière torrentueuse s'écoulant dans des paysages sauvages d'une grande beauté.

Quitter la Roche-en-Ardenne (p. 144) en direction d'Ortho, au Sud-Est. La route gravit les pentes du plateau d'où l'on a des vues dégagées sur la campagne vallonnée.

Tourner à gauche vers Nisramont.

Nisramont. — Au Nord du village, à droite de la route, un parking aménagé offre une **vue**★★ remarquable sur l'Ourthe et son barrage (le lac des deux Ourthes), dans son cadre verdoyant de conifères.

La tour-belvédère voisine *(10 F)* procure une **vue**★★ étendue sur la région et le barrage. A proximité de celle-ci, une promenade balisée (nº 1) permet d'atteindre un beau point de vue sur la magnifique arête rocheuse du Hérou *(ci-dessous).*

Franchir l'Ourthe, puis prendre la direction de Nadrin par une route à gauche.

Belvédère des Six Ourthe★★★. — Une tour a été construite à la racine du Hérou, éperon schisteux de 1 400 m de longueur. *Montée : 10 F.*

Du sommet *(120 marches),* on contemple un grandiose panorama d'une beauté sauvage, un des plus caractéristiques de l'Ardenne. Autour des éperons boisés, l'Ourthe a creusé une vallée aux méandres compliqués. Elle s'y engage, disparaît derrière les buttes, puis réapparaît scintillante en plusieurs endroits, ce qui a valu son nom au belvédère.

Le Hérou★★. — D'agréables sentiers de promenade balisés parcourent cette masse formidable dont le sol rocheux, masqué par une abondante végétation, apparaît dans l'abrupt qui plonge dans la rivière à l'Est. Au pied du Hérou, la rivière s'écoule dans un joli paysage sauvage.

Regagner Nadrin et prendre la route de la Roche-en-Ardenne.

A Maboge, on rejoint l'Ourthe qu'on suit jusqu'à la Roche-en-Ardenne *(p. 144)* : jolies **vues**★ sur la rivière bordée de pâturages.

L'OURTHE INFÉRIEURE★

De la Roche-en-Ardenne à Liège — 91 km — compter une journée — schéma p. 143

De la Roche-en-Ardenne *(p. 144)* à Liège, la vallée de l'Ourthe est riante et douce, çà et là bordée de rochers escarpés, parfois creusés de grottes calcaires (Hotton, Comblain).

La route suit l'Ourthe jusqu'à Melreux. Après Hampteau, un chemin à gauche mène aux grottes de Hotton.

Grottes de Hotton★★. — *Visite accompagnée : de début avril à mi-oct. 9 h - 18 h ; 130 F.*

Une partie des grottes formées par une rivière qui s'est enfouie progressivement a été découverte de 1958 à 1964. Seule la grotte des Mille et Une Nuits constituant la fin du réseau prospecté est ouverte au public.

La succession des salles étroites (température 12-16°) offre des concrétions extrêmement variées. La délicatesse de leurs formes, macaronis transparents, excentriques, draperies ondulées, est remarquable mais c'est surtout la splendeur de leurs coloris naturels qui retient l'attention : blanc pur de la calcite, rouge, orange éclatant, rose délicat des traces de fer. Dans la galerie de l'Amitié, cette féerie est accentuée par le reflet limpide des « gours ».

Au terme du parcours, un balcon domine de 28 m un gouffre où gronde une lointaine chute d'eau, au fond du grand couloir du Spéléo-Club.

Hotton. — 3 760 h. Dans la plaine de Famenne *(p. 146)*, ce bourg aligne ses toits d'ardoise au bord de l'Ourthe qui forme ici une île.

En amont, sur la route d'Érézée, moulin à eau du 18e s. En aval du pont, un barrage retient un plan d'eau.

Durbuy★. — 7 698 h. On retrouve l'Ourthe vers Durbuy. Centre de villégiature fréquenté, c'est une agréable petite ville, d'origine romaine, située au pied d'une paroi rocheuse présentant un plissement très spectaculaire, la Falize.

Un vieux pont, une halle aux blés à colombages, du 16e s., un château du 17e s. avantageusement placé sur une petite butte attirent l'attention.

Barvaux. — Autre centre touristique de la vallée de l'Ourthe qui coule, en aval, au pied des fameux **Rochers de Glavant.**

Au-delà de Bomal, où débouche l'Aisne *(p. 38)*, jolie **vue★** sur la vallée resserrée par un bloc rocheux derrière lequel sont perchées les ruines du château de Logne.

Château de Logne. — *Visite accompagnée : vacances de Noël et de Pâques et juil.-août 10 h - 11 h et 14 h - 17 h (15 h de début sept. à mi-oct.) ; fermé mardis non fériés (sauf en juil. et août) ; 30 F.*

Le château fut détruit en 1521 à la suite d'un violent siège. Logne était alors le chef-lieu d'un comté appartenant à la principauté de Stavelot.

Après My, tourner à gauche.

Hamoir. — 3 055 h. Petite cité sur les bords de l'Ourthe. L'hôtel de ville occupe un charmant manoir du 17e s. dissimulé sur la rive gauche dans un joli parc.

Xhignesse. — *2 km au départ de Hamoir.* L'**église St-Pierre,** de style

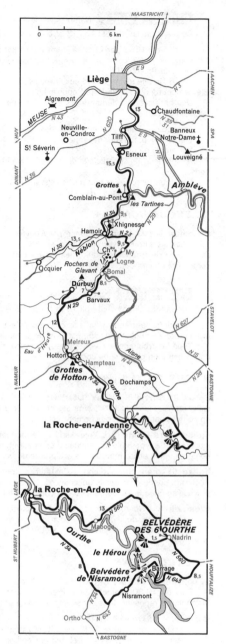

roman mosan, est remarquable pour son abside ornée d'arcatures aveugles surmontées de niches.

Vallée du Néblon. — *14 km de Hamoir à Ocquier.* La première partie du parcours s'effectue le long de ce petit cours d'eau enfoui sous une végétation exubérante.

Ocquier groupe ses maisons de pierre grise près de l'église St-Remacle, en partie romane, précédée d'un clocher-porche.

De Hamoir à Liège, la route longe la rivière.

Comblain-au-Pont. — 4 945 h. Cette localité est située au confluent de l'Ourthe et de l'Amblève *(p. 39)*, que surplombe un imposant rocher nommé les Tartines, pour sa forme en tranches bien particulière.

Creusées dans une petite colline, à 1 km à l'Ouest, les **grottes★** de Comblain sont ouvertes au public depuis 1909. *Visite accompagnée : juil.-août 9 h - 17 h ; 100 F ; en sept.-oct., tél. (041) 84.46.82.* Elles présentent une très belle série de cavités ornées de magnifiques concrétions colorées : salles de la cathédrale, des cascades, du cirque de Gavarnie. On découvre l'Abîme, gouffre creusé par les eaux.

Esneux. — 12 030 h. Cette petite ville s'étage sur un versant contourné par une boucle de l'Ourthe.

Tilff. — Tilff possède un **musée de l'Abeille** situé dans une ancienne ferme de château. *Visite : juin-août 10 h - 12 h et 14 h - 18 h ; le reste de l'année sam., dim. et j. fériés seulement ; fermé nov.-mars ; 30 F.* Intéressante documentation sur l'apiculture : collections d'instruments, de ruches (dans certaines on peut observer des abeilles en activité), sur la biologie de l'abeille.

On pénètre dans Liège (p. 114) par la E 9.

PHILIPPEVILLE Namur

Cartes Michelin nᵒˢ **409** - pli 13 et **4** - pli 4 — 6 895 h.

Fondée en 1555 par Charles Quint pour faire face à Mariembourg, tombée aux mains des Français *(p. 83)* cette place forte fut appelée Philippeville en l'honneur du fils de l'empereur, le futur Philippe II.

En 1660, elle revint encore aux Français puis de nouveau en 1795, sous la République : elle se nomma alors « Vedette Républicaine ».

Des fortifications, démantelées en 1860 il ne subsiste que les souterrains et un ancien magasin à poudres.

Souterrains. — *Visite accompagnée : juil.-août 13 h 30, 15 h et 16 h 30; 50 F.*

L'ancienne poudrerie, devenue la chapelle **N.-D. des Remparts,** a conservé ses murs épais où était aménagé un système de ventilation.

A l'intérieur, un spectacle audio-visuel relate l'histoire de Philippeville et de ses fortifications.

De là, on peut visiter une partie des galeries souterraines des 16ᵉ et 17ᵉ s. qui s'étendent sur 10 km au-dessous de la ville.

EXCURSION

Senzeille. — *10 km au Sud-Ouest, par Neuville.*

L'**horloge astronomique** construite en 1896 par Lucien Charloteaux reproduit, sur des cadrans ou des modèles réduits, les mouvements des astres. *Route de Cerfontaine. Visite commentée : avril-oct. 10 h - 18 h; 50 F.*

POPERINGE West-Vlaanderen

Cartes Michelin nᵒˢ **409** - pli 10 et **2** - pli 13 — 19 873 h.

Poperinge, ancienne ville drapière, devenue à partir du 15ᵉ s. le centre d'une région productrice de houblon *(p. 35)*, est fière de posséder trois belles églises gothiques.

Tous les trois ans, en septembre *(prochaine manifestation en 1983)*, la **fête du Houblon** donne lieu à un pittoresque cortège.

■ CURIOSITÉS *visite : 1 h*

Église St-Bertin (Hoofdkerk St. Bertinus). — De type halle, du 15ᵉ s., elle renferme en particulier un beau jubé du 17ᵉs., orné des statues de Jésus et des apôtres, une chaire du 18ᵉ s., un confessionnal baroque richement sculpté.

Église Notre-Dame (O. L. Vrouwkerk). — *Fermée dim. ap.-midi.* Dans cette église du 14ᵉ s., également de type-halle et flanquée d'une haute tour à flèche de pierre, on peut voir un banc de communion aux remarquables sculptures de bois.

Église St-Jean (St.-Janskerk). — Cet édifice dont la tour massive rappelle le clocher de St-Bertin, contient de belles boiseries du 18ᵉ s. et la statue vénérée d'une Vierge portée en procession chaque année, le 1ᵉʳ dimanche de juillet.

Weeuwhof. — *St.-Annastraat, par Gasthuisstraat.*

Cet hospice du 18ᵉ s. ou « cour des veuves » dont les pittoresques maisonnettes s'ordonnent autour d'un jardin fleuri, s'ouvre par un petit porche surmonté d'une statue de la Vierge.

EXCURSIONS

Lyssenthoek Military Cemetery. — *3 km au Sud.*

Plus de 10 000 soldats de la Première Guerre mondiale parmi lesquels de nombreux Britanniques reposent dans cet enclos ombragé et fleuri.

Haringe. — *11 km au Nord-Ouest.*

L'intérieur de l'**église St-Martin** (St.-Martinuskerk) possède un charme rustique. Les orgues ont été fabriquées en 1778 par le Gantois Pieter van Peteghem.

RENAIX Voir Ronse

REULAND Liège

Cartes Michelin nᵒˢ **409**- pli 16 et **4** - pli 9 — 15 km au Sud de St-Vith — 3 778 h.

Au Sud de la province de Liège, dans la vallée de l'Ulf, c'est un village pittoresque. Il est dominé par les ruines de son « Burg » du 11ᵉ s.

Du donjon, **vue**★ ravissante sur les maisons blanches aux lourdes toitures d'ardoise, groupées autour du clocher à bulbe.

Reuland se trouve au sein du parc naturel Hautes Fagnes-Eifel *(p. 90)*.

La ROCHE-EN-ARDENNE ★★ Luxembourg

Cartes Michelin nᵒˢ **409** - pli 15 et **4** - pli 7 — *Schéma p. 143* — 4 056 h. *Plan dans le guide Michelin Benelux.*

De longues croupes boisées séparées par des vallées profondes convergent vers ce centre touristique réputé dont le **site**★, dans une boucle de l'Ourthe, est très pittoresque.

La rivière y forme un plan d'eau *(canotage, pédalos)*. Aux alentours de la Roche sont aménagées de nombreuses promenades balisées (120 km).

Détruite en 1944, la ville a été reconstruite.

Une spécialité, les baisers de la Roche, meringues fourrées de crème, rivalise avec les excellentes tartes aux fruits ou au sucre. La poterie de grès bleu est réputée.

■ **CURIOSITÉS** *visite : 1 h*

Château. — *Accès par un escalier en face de l'hôtel de ville. Visite : vacances de Pâques, juil., août 9 h - 18 h ; 25 F.*

À l'extrémité de l'éperon rocheux du **Deister,** les ruines romantiques de cet imposant château du 11e s., hérissées de sapins centenaires, dominent la ville.

Après le siège de 1680 par Louis XIV, les fortifications furent renforcées. Le château fut démoli sur ordre de Joseph II, au 18e s.

Poterie de grès bleu. — *Rue Rompré, par la place du Bronze. Visite : 10 h - 12 h et 14 h - 16 h 30 (sam. 15 h - 17 h) ; fermé oct.-avril ; 20 F.*

Cette fabrique produit des objets en grès, au décor gravé rehaussé de bleu, spécialité de la Roche.

Après avoir assisté à un spectacle audio-visuel sur la fabrication de la céramique, on découvre l'ancien four à bois, puis on visite l'atelier de tournage et de décoration.

Chapelle Ste-Marguerite. — *Suivre l'Ourthe vers Houffalize et prendre une route en montée à gauche.*

La chapelle est accrochée à la colline de Deister, au-dessus du château.

Plus haut, un belvédère accessible par un petit sentier suivant la crête de l'éperon offre un superbe **panorama**** sur la ville.

Parc à gibier. — *Poursuivre la route au-delà de la chapelle Ste-Marguerite jusqu'au sommet de la côte.*

Sur le plateau du Deister s'étend, sur 15 ha, le **Parc Forestier,** aménagé pour la promenade. Des sangliers, des daims, des

Laie et marcassins

faisans, sont groupés dans un petit **parc à gibier** situé à proximité. *Visite : des vacances de Pâques à fin oct. 10 h - 18 h ; 15 F.*

ROCHEFORT ★ *Namur*

Cartes Michelin nos **409** - Sud-Ouest du pli 15 et **4** - pli 6 — 10 759 h.

Cette petite ville, située en bordure du parc national de Lesse et Lomme *(p. 100)* est un centre de villégiature et d'excursions.

À 2 km, les moines de l'abbaye de St-Rémy, fondée au 13e s. *(on ne visite pas)* fabriquent une bière fameuse, la trappiste de Rochefort ; à proximité étaient exploitées les célèbres carrières de marbre de St-Rémy.

En août 1792, La Fayette, menacé pour avoir défendu Louis XVI, quitte l'armée et prend la fuite. Il est hébergé, avec Châteaubriand, au 8 rue Jacquet, avant d'être arrêté par les Autrichiens. À côté, un monument a été élevé en l'honneur de La Fayette.

Grotte**. — *Visite accompagnée : de Pâques à mi-sept. 9 h 30 - 11 h 30 et 13 h - 17 h 30 ; 70 F.*

Exploitée depuis 1870, cette grotte, creusée par la Lomme, présente un aspect plus sauvage que celle de Han ; sa température est plus fraîche : 8°.

Après un couloir de marbre non poreux, percé artificiellement, apparaissent les premières concrétions. Sur un fond musical, un jeu de lumière fait surgir de l'ombre un chaos étonnant. Plus bas, on aperçoit le cours actuel de la rivière souterraine et ses lits successifs. La petite salle des Arcades est creusée à 80 m sous le château de Beauregard. La **salle du Sabbat** est la plus impressionnante par ses dimensions : 65 sur 125 ; une montgolfière lumineuse lâchée jusqu'au sommet permet d'en apprécier la hauteur (85 m). On revient par une galerie artificielle s'ouvrant sur une jolie vue de la vallée de la Lomme.

EXCURSIONS

Grupont. — *10 km au Sud-Est.*

Grupont conserve une pittoresque **Maison espagnole** dite aussi Maison du bourgmestre, à colombage et encorbellement, datée de 1590.

Chevetogne. — *15 km au Nord-Ouest.*

Monastère de Chevetogne. — En 1939 s'installe à Chevetogne, dans un château du 19e s., une communauté œcuménique célébrant la liturgie dans les rites latin et byzantin. Construite dans le style byzantin de Novgorod, l'**église orientale** (1967) est un édifice de brique, carré, précédé d'un vaste narthex et surmonté d'une petite coupole sur tambour.

À l'intérieur, murs et voûtes sont couverts de fresques : dans le narthex, scènes de l'Ancien Testament ; dans la nef, scènes de la vie du Christ. Au sommet de la coupole domine l'effigie du Christ Pantocrator. L'iconostase, dont la fonction est d'isoler le sanctuaire, est orné d'icônes : les principales, représentant le Christ et la Vierge à l'Enfant, figurent sur les Portes royales.

On traverse la crypte avant d'atteindre la salle de vente : belle exposition d'objets d'art religieux orthodoxe dont certains très anciens.

Domaine provincial Valéry Cousin*. — *Entrée : 20 F.* Autour d'un château, d'un chapelet d'étangs, ce vaste parc récréatif, boisé et fleuri, est remarquablement équipé pour les sports, les distractions, et les promenades *(circuits fléchés)*. Train touristique : *10 F.*

Lessive. — *6 km au Sud-Ouest, par Eprave.*

Un site boisé au Sud du petit village de Lessive a été choisi pour l'installation de la station terrienne belge de télécommunications spatiales. *Visite : de mai à sept. 9 h 30 - 17 h (17 h 30 en juil.-août) ; 50 F.*

ROCHEFORT*

Cette station dont l'antenne est en liaison constante avec le satellite Intelsat, situé au-dessus de l'océan Atlantique joue, depuis 1972, le rôle d'échangeur entre le secteur spatial et le réseau de télécommunications national.

La visite guidée des installations de contrôle et de l'antenne est complétée par une exposition consacrée aux techniques de communication actuelles et futures, un musée du télégraphe et du téléphone d'autrefois et un film retraçant l'évolution des télécommunications en Belgique de 1930 à nos jours.

Waha; Marche-en-Famenne. — *12 km au Nord-Est.*

Hargimont. — Le **château de Jemeppe** *(on ne visite pas)* a été construit au 17e s. autour d'un donjon massif du 13e s.

Waha. — Ce village possède une charmante **église romane** en grès dédiée à saint Étienne et consacrée en l'an 1050. *Visite : 9 h - 19 h (17 h oct.-mars).*

Sa tour (12e s.) est surmontée d'un élégant clocher du 16e s. dont les plans carrés se superposent d'une manière originale.

L'intérieur, sobre, aux piliers massifs, conserve d'intéressants objets d'art. Sous le porche se remarquent plusieurs pierres tombales. Au-dessus de l'arc triomphal, beau calvaire de la fin de l'époque gothique (16e s.). Dans le bas-côté droit, fonts baptismaux (1590) portant quatre têtes sculptées. Près de l'entrée du chœur se trouve, scellée à la paroi de l'un des piliers, la pierre dédicatoire de l'église, de 1050. Une vitrine renferme un reliquaire du 13e s. orné de pierres et d'émaux romans. L'église contient également de belles statues d'art populaire : Saint Nicolas (15e s.), Madame Sainte Barbe (16e s.), Saint Roch, en bois polychrome (17e s.).

Marche-en-Famenne. — 13 419 h. C'est la capitale de la Famenne. En 1577, Don Juan d'Autriche, gouverneur des Pays-Bas, y signa l'Édit Perpétuel qui confirmait la Pacification de Gand *(p. 93),* libérant le pays des troupes espagnoles.

RONSE (RENAIX) Oost-Vlaanderen

Cartes Michelin nᵒˢ 409 - pli 12 et 2 - pli 16 — 24 463 h.

Renaix est située parmi les collines des **« Ardennes flamandes »,** près de la frontière linguistique.

Le samedi qui suit l'Épiphanie ont lieu les festivités du **lundi des fous,** grande fête populaire dont les vedettes sont les personnages masqués appelés « bonmoss ». Le dimanche de la Trinité se déroule le **Fiertel,** procession en l'honneur de saint Hermès : le reliquaire est porté sur un parcours de 32,6 km.

Collégiale St-Hermès (St.-Hermeskerk). — 15e-16e s. Elle est édifiée sur une belle **crypte.** *S'adresser à l'Office de Tourisme, à l'hôtel de ville ou Stadhuis, sur la Grand-Place, Grote Markt.*

D'origine romane, la crypte a été remaniée à deux reprises dans le style gothique. Elle est impressionnante avec ses 32 piliers.

EXCURSION

Moulin du Hotond; mont de l'Enclus (Kluisberg). — *15 km à l'Ouest.*

Du jardin situé au Nord de Renaix (Park de l'Arbre), jolie vue sur la ville.

Au sommet de la côte, tourner à gauche vers Kluisberg.

A droite de la route, près d'une auberge, se dresse sur un mont de 150 m d'altitude le **moulin du Hotond,** édifice tronqué dont le sommet offre un vaste panorama sur la région et le mont de l'Enclus *(table d'orientation). S'adresser à l'auberge.*

Mont de l'Enclus (Kluisberg). — A 141 m d'altitude, ce mont à cheval sur la frontière linguistique et sur les provinces de Flandre-Orientale et de Hainaut, couvert de pinèdes, est un centre de villégiature apprécié.

D'une tour située près du sommet, **vue** sur la région. *Ouvert du lundi de Pâques à fin sept. ; 10 F.*

ST- Voir aussi à Sint

ST-HUBERT ★ Luxembourg

Cartes Michelin nᵒˢ 409 - pli 25 et 4 - plis 16, 17 — 5 564 h.

A 435 m d'altitude, sur un plateau au centre des forêts d'Ardenne, les maisons de St-Hubert se groupent autour de la basilique, siège de grands pèlerinages à saint Hubert, patron des chasseurs de l'Ardenne ainsi que des bouchers.

Les journées internationales de la chasse en septembre, la fête de la St-Hubert en novembre *(p. 12)* sont très animées. Dans le cadre du Festival de Wallonie, des concerts (Juillet Musical de St-Hubert) se tiennent dans la ville ou dans les localités voisines.

En 1759 naquit à St-Hubert le peintre Pierre Joseph Redouté, surnommé le Raphaël des Roses.

En arrivant de l'Est, on a une belle vue sur le chevet de la basilique.

Le saint et sa légende. — Un Vendredi saint de l'an 683, **Hubert,** gendre du comte de Louvain, chassait dans les forêts. Les chiens lancèrent un grand cerf dix cors. Sur le point d'être forcée, la bête se retourna et dans sa ramure apparut une image éblouissante du Christ en croix. Une voix reprocha alors à saint Hubert sa passion immodérée pour la chasse et lui enjoignit d'aller trouver son ami Lambert, évêque de Tongres-Maastricht, pour être instruit dans la prière et le sacerdoce.

A Rome, Hubert apprend le martyre de Lambert dont le pape lui propose la succession. Hubert refuse, alléguant son indignité. Un ange descend alors du ciel et lui remet l'étole blanche, insigne de l'épiscopat, tissée d'or par la Vierge elle-même.

Hubert, devenu évêque de Maastricht, transfère à Liège le siège épiscopal *(p. 114).*

■ **BASILIQUE ST-HUBERT**★ *visite : 1/2 h*

C'est l'ancienne église d'une abbaye bénédictine fondée au 7e s. Les reliques de saint Hubert transférées ici au 9e s. attirèrent bientôt de nombreux pèlerins. Les élégants bâtiments conventuels (18e s.) au fronton décoré de rinceaux se dressent sur la place.

L'église gothique a été reconstruite en 1526 après un incendie et modifiée au 18e s. Ainsi les deux tours et la façade au fronton sculpté rappelant le miracle de saint Hubert sont du 18e s. mais, en contournant l'édifice par la droite, on aura une bonne vue d'un ensemble flamboyant très homogène.

Intérieur★★. — Imposant, avec ses 25 m de haut, l'intérieur est à cinq nefs, déambulatoire et chapelles rayonnantes. Les voûtes datent de 1683, la décoration du 18e s.

Dans le transept, le mausolée de saint Hubert par Guillaume Geefs (1847) est une majestueuse figure un peu hautaine. Dans le chœur sont disposées de belles stalles (1733) dont les panneaux évoquent les vies de saint Hubert (*à droite*) et de saint Benoît (*à gauche*). La Vierge du maître-autel est de l'école du sculpteur liégeois Delcour.

Sous le chœur, une crypte romane, avec voûte du 16e s., contient des tombes d'abbés dont le visage a été frotté par les pèlerins. Dans la 1re chapelle du déambulatoire à droite un retable aux 24 émaux peints (Limoges) d'après la Passion de Dürer, a subi la fureur des Huguenots. Les orgues baroques sont utilisées pour des concerts en été.

EXCURSIONS

Val de Poix. — *9 km jusqu'à Smuid.* C'est une vallée tranquille et agreste où coule un petit ruisseau, affluent de la Lomme. A 3 km de St-Hubert à gauche de la route, près d'un petit étang, se dresse une maison à colombages.

Fourneau St-Michel. — *7 km au Nord.*

Parc à gibier. — *Visite : 9 h - 18 h (17 h en hiver) ; 50 F.*

Chevreuils, mouflons, sangliers etc. peuvent être observés le long de trois circuits fléchés à travers bois.

La route traverse de belles **forêts**★ de hêtres et de résineux; la forêt du roi Albert puis le bois de St-Michel.

Fourneau-St-Michel. — Dans un joli site, se trouve le **musée du Fer**. *Visite : 9 h - 17 h (19 h sam., dim., et en juil.-août, 18 h les j. fériés en hiver) ; sam. et dim. seulement en janv.-fév. ; 25 F.*

Cette forge du 18e s. fut fondée par le dernier abbé de St-Hubert. La maison rustique du maître de forges a été transformée en musée : les petites pièces reliées par de nombreux escaliers recréent la vie ardennaise du 18e s. Dans la cave se trouve une belle collection de chenets et de « taques » en fonte.

On peut y voir aussi des bâtiments industriels d'époque (haut fourneau, etc.).

Musée de la Vie rurale en Wallonie. — *Au Nord de Fourneau St-Michel. En cours d'aménagement jusqu'en juin 1982.*

Dans la verdoyante vallée de la Masblette, des édifices du 17e au 19e s., reconstitués, forment un musée de plein air de l'habitat rural wallon s'étendant sur 40 ha.

SEMOIS (Vallée de la) ★★ Luxembourg-Namur ───────────
Cartes Michelin nos **409** - plis 24, 25 et **4** - plis 15, 16.

Affluent de la Meuse, la Semois (en France : Semoy) prend sa source près d'Arlon, s'engage dans une dépression marneuse de la « Lorraine belge », puis s'aventure au-delà de Florenville, dans les schistes du massif ardennais, en des replis extrêmement sinueux.

1 **De Chiny à Bouillon**★ — *65 km — environ 1/2 journée — schéma p. 148*

Chiny. — 4 660 h. La Semois, en contournant Chiny, s'insinue momentanément dans le massif ardennais boisé. Sa vallée prend un aspect plus encaissé et plus sauvage, qu'il n'est possible d'apprécier qu'en bateau.

Descente en barque★ de Chiny à Lacuisine. — *8 km. S'adresser à la société des Passeurs Réunis, 6822 Chiny, ☎ (061) 31.19.03, de début avril à fin sept. 9 h - 18 h ; 150 F. Embarcadère à l'Ouest du village, en aval du pont St-Nicolas.*
Le parcours en bateau *(1 h 1/4)* longe le rocher de l'Écureuil à droite, le rocher du Hât à gauche, puis le défilé du Paradis avant d'atteindre le rocher du Pinco à droite.
On peut revenir à pied *(1 h 1/2)* par des pistes balisées à travers bois (promenade no 8).

Lacuisine. — Ici le cours bouillonnant s'est assagi; l'eau coule, calme, entre les rives bordées de prairies; on peut voir un ancien moulin à eau.

Point de vue sur le défilé de la Semois★. — *2 km au Nord. Route de Neufchâteau puis, à 800 m au Nord de la bifurcation vers Martué, juste après avoir passé un chemin à gauche, prendre un sentier à droite.* En suivant dans les bois les balises blanche et orange, on arrive *(1/4 h)* à un promontoire équipé d'un banc : **vue** plongeante sur le méandre boisé et la vaste gorge où coule la rivière souvent couverte de fleurs blanches.

Florenville. — 5 578 h. Proche de la frontière, et perché sur une « côte » gréseuse (*p. 16*) dominant la vallée de la Semois, c'est un centre de villégiature et d'excursions.
De la terrasse qui s'étend derrière le chevet de l'église (alt. 351 m; *table d'orientation*), on découvre la vallée de la Semois qui trace une très large courbe dans une vaste plaine agricole.
L'église, dévastée en 1940, a été reconstruite. La tour a été dotée en 1955 d'un carillon de 48 cloches. Du **belvédère** au sommet *(en saison; 25 F)*, **vue** sur les toits d'ardoise, la large vallée de la Semois et la campagne environnante *(220 marches)*.

Point de vue sur Chassepierre★. — A 5 km de Florenville, un belvédère offre une belle vue plongeante sur les toits d'ardoise du village dont les maisons se serrent au pied du rocher, près de l'église à bulbe; non loin, la Semois serpente dans la plaine.

Au-delà de Ste-Cécile, on tourne à droite vers Herbeumont.

SEMOIS (Vallée de la)★★

Avant de traverser la rivière, on aperçoit à droite de la route l'ancien prieuré de Conques (18e s.), qui était au Moyen Age une dépendance de l'abbaye d'Orval. Il est actuellement occupé par un hôtel.

Herbeumont. — 1 375 h. Les ruines de son château fort du 12e s. se dressent au sommet d'une butte. Il a été détruit par les troupes de Louis XIV. Du sommet, **vue★★** magnifique sur un double méandre de la rivière encerclant le **Tombeau du Chevalier.** Ainsi nommé en raison de sa forme évoquant les tombes médiévales, c'est un éperon boisé très allongé autour duquel la Semois trace une boucle dans un paysage magnifique.

En arrivant sur Mortehan, on suit la rivière. Puis, en montant, avant un virage à droite, jolies vues sur un paysage vallonné et sauvage, et à 2 km, d'un belvédère situé à la pointe des **roches de Dampiry, vue★** sur une belle boucle de la Semois.

Variante par Auby. — On suit d'abord la rivière qui serpente à travers les épicéas. Le **Saut des Sorcières** est en fait une suite de petites cascades entre des étangs. Plus loin, à gauche, avant les Hayons, au mont du Zatron, beau **coup d'œil★** sur la Semois, dont la vallée se dessine dans un ample paysage boisé.

Par Noirefontaine, on gagne Botassart.

Botassart. — A 2 km au-delà du village, un belvédère aménagé, avec télescope, offre un **point de vue★★** remarquable sur un site des plus célèbres et des plus caractéristiques de la Semois : la rivière forme une magnifique boucle autour d'une longue colline boisée nommée **Tombeau du Géant** car ses pentes rappellent, comme celles du Tombeau du Chevalier, les parois d'un sarcophage; ses bords sont soulignés d'une couronne de pâturages d'un vert plus pâle.

Revenir sur ses pas pour descendre à Bouillon (p. 58).

2 **De Bouillon à Bohan**★★ — *41 km — environ 1/2 journée — schéma ci-dessous*

Quitter Bouillon (p. 58) par la route de Corbion, au-delà du tunnel.

A 5 km, belvédère avec vue sur l'abbaye de Cordemoy *(p. 58).* Puis, 3 km plus loin, panorama sur les crêtes boisées entaillées par la vallée, notamment le Tombeau du Géant.

Corbion. — Accessible par un sentier, la **Chaire à prêcher** *(signalée)* est un belvédère naturel, rocher se présentant sous la forme d'une chaire d'église, d'où son nom. La **vue★** embrasse un vaste panorama sur Poupehan, village sis sur un versant bien exposé dominant la Semois.

Rochehaut. — De ce village perché, très jolie **vue★★** : la rivière enserre un promontoire ourlé de prairies; les maisons du village de Frahan s'étagent sur les pentes.

Sur la rive opposée, **Alle** est situé à la racine d'un méandre coupé.

Gorges du Petit-Fays★. — *6 km au Nord-Est jusqu'à Petit-Fays par une route à droite avant Vresse-sur-Semois.*
La route grimpe en longeant les **gorges★** du torrent de même nom, très sauvages et noyées par la végétation.

Vresse-sur-Semois. — 2 820 h. Ici on retrouve la Semois où vient se jeter le ruisseau du Petit-Fays. Vresse était jadis un important centre de culture du tabac à laquelle convenait la terre à la fois sèche en surface et humide en profondeur. Il subsiste çà et là jusqu'à Bohan de typiques **séchoirs à tabac** en bois.

Membre. — Près de cette localité commence le **parc naturel de Bohan-Membre.** Il s'étend sur 177 ha, traversé par la Semois et encerclé par une route pittoresque.

Dans Membre, tourner à droite. La route s'élève rapidement. A 3 km, beau **point de vue★★** sur le site nommé **Jambon de la Semois,** échine étroite, boisée, autour de laquelle la Semois forme un méandre étranglé.

Bohan. — Ce petit centre touristique est situé à proximité de la frontière.

SINT-NIKLAAS (ST-NICOLAS) Oost-Vlaanderen

Cartes Michelin nos **409** - pli 4 et **2** - plis 5, 6 — 68 080 h. *Plan dans le guide Michelin Benelux.*

La capitale du **pays de Waas** est un centre commercial et industriel spécialisé dans la bonneterie.

Un marché important s'y tient le jeudi depuis des siècles.

■ CURIOSITÉS *visite : 1 h*

Grand-Place (Grote Markt). — C'est la plus vaste de Belgique, elle couvre 3 ha 19.

À l'Est se dressent quelques maisons de style Renaissance flamande : de gauche à droite **Parochiehuis** (1663), jadis maison paroissiale, puis hôtel de ville, **Cipierage** (1662), ancienne prison et, à côté de la poste, **Landhuis** (1637), autrefois gouvernement du pays de Waas.

En retrait se trouve l'**église St-Nicolas** (St.-Niklaaskerk) (13e au 18e s.). Elle renferme des statues de Luc Fayd'herbe et un Christ attribué à Duquesnoy. *Pour visiter, tél. à M. Pannier : (031) 76.37.18.*

L'hôtel de ville actuel est de style néo-gothique.

L'avenue Parklaan mène au beau **Parc communal** dont l'étang entoure un château du 16e s., très remanié.

Musée (Museum). — *Zamanstraat, no 49. Visite : merc., sam. et j. fériés 14 h - 17 h ; dim. 10 h - 13 h et 15 h - 18 h ; fermé 1er janv. ; 30 F.*

Le musée folklorique est installé dans une vieille demeure patricienne. Un édifice moderne a été ajouté pour abriter les autres sections du musée. Celle des **Beaux-Arts** contient un beau mobilier, des objets d'art et des peintures des 16e au 19e s.

La section d'**archéologie**, au 1er étage, renferme des collections concernant la préhistoire et l'époque gallo-romaine.

Une grande salle est consacrée au géographe **Mercator**, né à Rupelmonde *(12 km au Sud-Est de St-Nicolas)* en 1512, et inventeur d'une nouvelle technique de représentation cartographique, dite « projection de Mercator » : la surface de la terre est projetée sur un cylindre, les méridiens devenant entièrement parallèles. On y voit la photographie de la première carte qu'il fit édifier, sur la Terre sainte, les deux globes terrestre et céleste qu'il réalisa pour Charles Quint en 1541 et 1551, la première édition de son Atlas (1585) et une seconde édition de l'Atlas édité à Amsterdam par le géographe flamand Hondius, d'après les cartes de Mercator.

Section « de la boîte à musique au gramophone ». — *Entrée Regentiestraat 65. Visite : 14 h - 17 h ; dim. 10 h - 13 h et 15 h - 18 h ; fermé lundi, 1er janv. ; 30 F.*

Remarquable collection de phonographes à cylindres, à disques et de divers instruments de musique mécanique.

EXCURSION

Vieil Escaut★ (Oude Schelde); **St.-Amands; Dendermonde★** (Termonde). — *Circuit de 50 km au Sud. Quitter St-Nicolas par* ② *du plan.*

Temse (Tamise). — 23 288 h. Au bord de l'Escaut, c'est une petite ville spécialisée dans la construction navale. Du quai proche de l'église on peut voir le large fleuve dont la rive opposée est endiguée.

Un grand pont métallique franchit l'Escaut. *A la sortie, tourner à droite puis à gauche vers Weert.*

La route longe un ancien bras de l'Escaut. On aperçoit bientôt sur la rive opposée l'imposante construction néo-gothique (1888) du château de Marnix de Sainte-Aldegonde. Philippe **Marnix de Sainte-Aldegonde** (1538-1598) écrivain et diplomate calviniste, fut un ardent défenseur de Guillaume le Taciturne *(p. 84).*

Vieil Escaut★ (Oude Schelde). — Ici s'étend une pittoresque zone marécageuse sillonnée de canaux qui entourent des vergers ou des prés couverts de peupliers, de saules, de roseaux. La pêche sur l'Escaut, la culture des arbres fruitiers, la vannerie sont les principales activités des habitants de cette région amphibie. Le centre en est **Weert,** très fréquentée par les touristes du dimanche.

St.-Amands. — 7 065 h. Une terrasse surplombe l'Escaut qui forme ici un large coude aux berges verdoyantes. Tout près, derrière l'église, dont la tour « se mire parmi les eaux bourrues » repose, aux côtés de son épouse Marthe, le poète **Émile Verhaeren** (1855-1916), dans une tombe de marbre noir. C'est à Rouen, en France, où il venait de donner une conférence, que Verhaeren mourut, écrasé par un train.

Né à St-Amands, l'auteur de « Toute la Flandre » a toujours chanté l'Escaut. Quelques strophes de son « Hymne à l'Escaut » sont gravées sur sa tombe, tandis qu'on a élevé une statue au « Passeur d'eau » qui lui inspira un poème.

Sur l'esplanade a été reconstruite l'ancienne maison du passeur (Het Veerhuis). Au no 69 de la rue principale, E. Verhaerenstraat, se trouve la maison natale de l'écrivain.

Au Sud de St.-Amands, prendre à droite vers Dendermonde.

Dendermonde★ (Termonde). — *Page 83.*

Regagner St-Nicolas (St.-Niklaas) en traversant la Durme.

Cartes Michelin nᵒˢ 409 - pli 14 et 2 - pli 32 — 36 160 h. .

Au centre de la région fruitière de la **Hesbaye** (Haspengouw) dont les cerises sont réputées, St-Trond se développa autour d'une abbaye fondée au 7ᵉ s. par saint Trudon (ou saint Trond).

Bien située sur la grande voie de Cologne à Bruges, c'était au 13ᵉ s. une prospère ville commerçante.

La floraison des vergers, en avril, est l'occasion de festivités, de même que la récolte des fruits en septembre.

ST. TRUIDEN

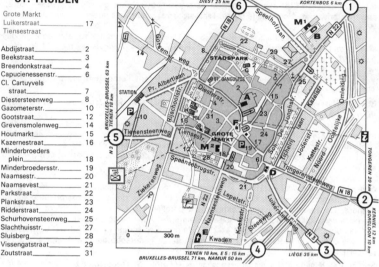

■ CURIOSITÉS *visite : 3 h*

Grand-Place (Grote Markt). — Très vaste, elle est dominée par l'hôtel de ville et la collégiale Notre-Dame, gothique, surmontée d'une tour du 19ᵉ s.

Ancien hôtel de ville (Oude stadhuis) **(F).** — Imposant mais gracieux édifice dont la façade en brique est rayée de bandes de pierre blanche, il est flanqué d'un beffroi (17ᵉ s.) abritant un carillon de 41 cloches (concerts).

Au pied du beffroi, le perron date de 1596.

En arrière de l'hôtel de ville se dresse le massif clocher roman de l'ancienne abbaye de St-Trond.

Ancienne abbaye (Abdij) (A). — Les bâtiments abbatiaux sont occupés par un petit séminaire.

Un porche du 18ᵉ s. (au fronton : saint Trond guérit une femme aveugle) donne accès à la cour d'honneur; à gauche, dans un bâtiment Louis XVI, on peut voir un bel escalier et la salle impériale (Keizerszaal) aux fresques (mur, plafond) du 18ᵉ s.

Béguinage (Begijnhof) (B). — Il a été fondé en 1258. Ses maisons de style mosan des 16ᵉ et 18ᵉ s. entourent une place rectangulaire où se dresse l'église.

Église. — *Visite : 9 h - 12 h et 14 h - 16 h; fermé sam., dim.*

Transformée en musée d'art religieux, cette église des 13ᵉ et 16ᵉ s. renferme 35 peintures murales restaurées dont l'exécution s'est échelonnée du 13ᵉ au 17ᵉ s. Parmi les collections variées, sont à signaler la chaire, le confessionnal, des dentelles, des sculptures et des ornements liturgiques.

Studio Festraets (M¹). — *Visite accompagnée : juil.-août 10 h 45 et 15 h 45 (sauf sam.) ; le reste de l'année seulement dim. et j. fériés 9 h 45 - 11 h 45 et 13 h 45 - 16 h 45 ; fermé de nov. à Pâques ; se présenter 1/4 h avant l'heure juste ; 50 F.*

Cette salle contient en particulier une **horloge astronomique** construite par un horloger de la ville.

Quand sonne l'heure, apparaît la Mort et défile un cortège de métiers du Moyen Age.

Porte de Brustem (Brustempoort) (D). — *Visite : de Pâques à fin sept. dim. et j. fériés 13 h 30 - 17 h 30 ; 20 F.*

Ce sont des vestiges souterrains (15ᵉ s.) des anciennes fortifications, rasées par les troupes de Louis XIV.

Église St-Pierre (St.-Pieterskerk) (E). — Remarquable, comme l'église St-Gingolph (St.-Gangulphuskerk), par ses murs aux teintes contrastées (ocre et brun), cet édifice de la fin du 12ᵉ s. est un bon exemple de style roman mosan, précédé d'un large porche à clocheton et terminé par trois absides, la principale portant une galerie à colonnettes. A l'intérieur, les trois nefs sont voûtées d'arêtes.

Exposition de dentelle (Kanttentoonstelling) (M²). — *Visite accompagnée : dim. et j. fériés 10 h - 12 h et 14 h - 18 h ; 15 F.*

Dans le couvent des Ursulines, ancien refuge de l'abbaye d'Averbode, exposition de dentelle au fuseau de St-Trond dont la technique est remise en honneur depuis 1964 avec une grande originalité.

Parc municipal (Stadspark). — Joli parc aux nombreuses pièces d'eau.

EXCURSIONS

Borgloon; Abbaye de Colen (Klooster van Kolen). — *12 km à l'Est. Sortir par ② du plan.*

Borgloon. — 10 040 h. L'ancienne capitale du comté de Looz, dont elle portait le nom, possède un charmant hôtel de ville de style Renaissance mosane (17ᵉ s.) à arcades, flanqué d'une tour; remarquer dans une niche, au coin, une statue de la Vierge.

Prendre la route de Kerniel au Nord-Est et, avant Kerniel tourner à gauche.

Abbaye de Colen (Klooster van Kolen). — *Visite accompagnée : 9 h - 12 h et 14 h - 17 h ; dim. 10 h - 11 h et 15 h - 17 h ; 20 F.*
Cet ancien couvent des Croisiers, dont l'ordre fut fondé en Belgique au 13ᵉ s., est occupé par des cisterciennes.
La sacristie renferme la **châsse de sainte Odile** (1292), dont les panneaux de bois peints, d'école mosane, narrent la légende de la sainte qui est une réplique de celle de sainte Ursule *(p. 62)*. Les panneaux ont été malheureusement recoupés au 19ᵉ s. Le mobilier liégeois de la sacristie, de style Louis XV, est d'une élégance remarquable. On visite également l'église, décorée au 18ᵉ s.

Kortenbos. — *6 km au Nord-Est. Sortir par ① du plan.*
La basilique Notre-Dame possède un intérieur baroque richement décoré. La nef est tapissée de lambris de chêne (17ᵉ s.) dans lesquels s'intègrent des confessionnaux aux lourdes colonnes torsadées.

Zepperen. — *3 km au Nord-Est par ② du plan.*
L'**église Ste-Geneviève** (Sint-Genoveva) des 15ᵉ et 16ᵉ s., précédée d'une tour du 12ᵉ s., renferme, dans le bras droit du transept, plusieurs peintures murales datées de 1509 et représentant le Jugement dernier, saint Christophe et la vie de sainte Geneviève. *Visite : avril-oct.*

SOIGNIES ★ Hainaut ─────────────────────────────
Cartes Michelin nᵒˢ 409 - pli 12 et 2 - pli 17 - 23 344 h.

La ville s'est créée autour d'une abbaye fondée vers 640 par saint Vincent. En l'honneur de ce saint se déroule le lundi de la Pentecôte *(p. 12)* le Grand Tour, importante procession parcourant 5 km et à laquelle se joint un cortège historique.

Collégiale St-Vincent★★. — *Visite : 8 h - 12 h et 13 h 30 - 19 h (17 h oct.-mars) ; 20 F.*
Commencée vers 965 par les deux extrémités, narthex et chœur, de style encore carolingien, elle fut continuée au 11ᵉ s. dans le style roman scaldien *(p. 24)*, la tour-porche étant terminée au 13ᵉ s.
C'est un édifice sévère, en pierre, sobrement décoré d'arcatures lombardes, et dominé par deux lourdes tours. Son plan, en croix latine, s'ordonne autour de la tour carrée du transept, ornée de clochetons.
Sur le flanc Sud de l'église, chapelle gothique de St-Hubert (15ᵉ s.) et restes d'un cloître du début du 13ᵉ s. avec charpente apparente (musée lapidaire).
A l'**intérieur** *(entrée par le bas-côté Nord)*, la nef (28 m de haut) semblable à celle de Tournai, est impressionnante avec ses grandes arcades à double rouleau, ses vastes tribunes s'ouvrant sur des arcades de même dimension. Seuls les bas-côtés ont été voûtés.
Le mobilier est intéressant. A l'« ambon », sorte de jubé masquant le chœur, belle Vierge allaitant du 14ᵉ s. Les riches stalles du chœur datent de 1676. Dans le déambulatoire, on peut voir une Mise au tombeau (15ᵉ s.) en pierre, aux figures expressives.

Trésor. — *Dans la chapelle St-Hubert. Pour visiter, s'adresser au sacristain, M. Carion, 4, rue de la Régence.*
Il abrite, notamment, la châsse de saint Denis et son chef-reliquaire du 19ᵉ s. ainsi que de précieux ornements liturgiques.
A proximité de l'église, l'enclos du **Vieux cimetière** *(accès par rue Henry-Leroy)* devenu jardin public, renferme une chapelle romane, des calvaires, des monuments funéraires; des pierres tombales sont encastrées dans les murs.

EXCURSIONS

Horrues. — *4 km au Nord-Ouest.* L'**église St-Martin,** joli petit édifice roman du 12ᵉ s. dont le chœur a été construit au 13ᵉ s., renferme un élégant retable en pierre, sculpté au 15ᵉ s. dans le style gothique et illustrant la vision de saint Hubert.

Ecaussinnes-Lalaing. — 9 799 h. *15 km à l'Est.*
Un imposant **château,** perché sur le rocher, domine le bourg et la Sennette. Il a été fondé au 12ᵉ s. mais par la suite en partie transformé et agrandi de tours carrées et circulaires. *Visite : de début avril à début nov. 10 h - 12 h et 14 h - 18 h ; fermé mardi et vend. non fériés ; 50 F.* Ses vastes salles aux cheminées sculptées et armoriées constituent un musée et abritent des meubles de style, des œuvres d'art, des collections de porcelaine et de verres. Dans la chapelle, Vierge à l'Enfant attribuée au Valenciennois Beauneveu (14ᵉ s.). La cuisine conserve son aspect du 15ᵉ s.
Le lundi de la Pentecôte, depuis 1903, a lieu sur la Grand-Place d'Ecaussinnes, au pied du château, un goûter de célibataires dit goûter matrimonial.

Le Rœulx. — 8 094 h. *8 km au Sud.*
Héritier fastueux d'une forteresse du 15ᵉ s., le **château** des princes de Croy présente une noble et classique façade du 18ᵉ s. en brique et pierre, percée de très nombreuses fenêtres. Il vit passer des hôtes illustres comme Philippe le Bon, Charles Quint, Philippe II, Marie de Médicis. *Visite : du dim. des Rameaux à fin sept. 10 h - 12 h et 14 h - 17 h 30 ; fermé merc. ; 60 F.*
A l'intérieur quelques salles voûtées en ogive (salle d'armes, salle à manger) subsistent des constructions des 15ᵉ et 16ᵉ s. Les collections sont intéressantes : mobilier ancien, souvenirs historiques, objets d'art, porcelaine, toiles de maîtres (Van Dyck, Van Loo).
Le parc, très vaste, possède des arbres magnifiques et une belle roseraie.

SOUGNÉ-REMOUCHAMPS Liège

Cartes Michelin nᵒˢ **409** - pli 1, 5, 16 et **7** - Sud du pli 23 – *Schéma p. 39*.

Remouchamps est un centre de villégiature agréable sur les bords de l'Amblève, où l'on fête la marguerite le dernier week-end de juin.

Grotte★★. – *Visite accompagnée : de mai à août 9 h - 18 h ; le reste de l'année 9 h 30 - 17 h (dim. seulement et semaines de fêtes de nov. à fév.) ; 145 F.*

Découverte en 1829, aménagée en 1912, elle offre un parcours intéressant avec retour en barque, à travers les galeries creusées par le Rubicon, affluent de l'Amblève.

L'entrée circulaire servit d'abri préhistorique ; un large couloir descend vers les quatre salles du Précipice où l'ancien lit de la rivière rejoint le nouveau.

Cascade figée, gours pétrifiés de la Grande Galerie haute de 40 m, descente vers le Rubicon sous une voûte de stalactites étincelantes, « Cathédrale », de 100 m sur 40 m avec de belles coulées de cristaux se succèdent jusqu'au pont des Titans.

C'est alors la descente vers l'embarcadère où les barques vont glisser au fil de l'eau pendant 1 km jusqu'aux salles du Précipice, sous des voûtes étranges aux parois colorées.

EXCURSION

Louveigné ; Banneux-Notre-Dame ; Tancrémont. – *11 km au Nord.*

Louveigné. – Au Sud, près de Daigné a été aménagée une **réserve d'animaux** de 150 ha nommée **Monde Sauvage Safari** : parcs aux lions qu'on peut observer depuis des passe-relles, savane où cohabitent autruches, rhinocéros, antilopes, etc.; mini-zoo (chèvres naines, singes), volière exotique. *Visite : 10 h - 19 h : de début oct. à mi-nov. sam. et dim. seulement ; fermé de mi-nov. à mi-mars ; 130 F (enfants : 100 F).*

A proximité, entre Sougné-Remouchamps et Louveigné s'étend le **Vallon des Chantoirs**, zone où les cours d'eau disparaissent dans des gouffres nommés « chantoirs » en raison du bruit que ferait l'eau en s'y écoulant.

Banneux-Notre-Dame. – C'est un lieu international de pèlerinage à la Vierge des Pauvres depuis les huit apparitions faites à Mariette Beco, âgée de 12 ans, pendant l'hiver de 1933. La source miraculeuse, les chemins de croix, les chapelles sont dispersées dans la forêt de pins avoisinante.

Tancrémont. – Une chapelle, lieu de pèlerinage, abrite une belle **statue★** du Christ en bois, fort vénérée. Découverte dans la terre vers 1830, cette effigie couronnée vêtue d'une robe à manches traduisant une influence orientale, remonterait au 12ᵉ s.

SPA ★★ Liège

Cartes Michelin nᵒˢ **409** - pli 16 et **7** - pli 23 – *Schéma p. 39* – 9 766 h. – *Plan dans le guide Michelin Benelux.*

Dans un joli **site** entouré de collines boisées, Spa est une **station★★** thermale renommée, où sont soignées les affections cardiaques, rhumatismales et les troubles respiratoires. La ville a la spécialité des « jolités », bibelots de bois peint.

Les curistes. – Les eaux de Spa sont connues depuis l'époque romaine (Aquae Sepadonae). A partir du 16ᵉ s., les « bobelins » (curistes, de « bibulus », en latin grand buveur) ne se comptent plus : têtes couronnées comme Marguerite de Valois (la reine Margot), Christine de Suède, Pierre le Grand dont le nom a été donné à la plus ancienne source ou « pouhon », érivains comme Marmontel et Victor Hugo. De nos jours, Spa possède de nombreuses sources : outre le Pouhon Pierre le Grand, citons la Géronstère, la Sauvenière, Groosbeek, Barisart, le Tonnelet et Spa-Reine fournissant de l'eau non gazeuse.

Les touristes. – Ses multiples distractions (sportives, artistiques, culturelles), ses agréables promenades balisées *(circuits guidés en saison, s'adresser à l'Office de Tourisme)*, ses intéressantes excursions aux environs font aussi de Spa un excellent lieu de villégiature. Le **lac de Warfaaz** *(2,5 km au Nord-Est)* est apprécié pour les sports nautiques. En outre, l'hiver, le ski et la luge sont pratiqués au Thier des Réhons *(au Sud).*

Parmi d'innombrables manifestations, sont à signaler la saison musicale et le festival international de la Chanson française *(juin)*, le festival de Spa du Théâtre National *(août)*, le festival Spa musical et d'importantes expositions temporaires.

■ CURIOSITÉS *visite : 2 h*

Musée de la Ville d'Eau. – *Avenue Reine Astrid, 77. Visite : 10 h 30 - 12 h et 14 h 30 - 18 h ; de mi-sept. à mi-juin seulement ap.-midi des sam., dim. et j. fériés ; fermé janv. ; 30 F.*

Il est situé dans le bâtiment central de la villa royale Marie-Henriette. Une riche **collection★** de « jolités » évoque par sa décoration l'histoire de la station *(commentaire enre-gistré)*. A l'étage, section concernant le cheval et, en saison, expositions.

Promenade des Artistes★. – *Sortir par ②, route de la Sauvenière.* A gauche se trouve le faubourg de Neubois où l'empereur Guillaume II installa en 1918 son quartier général.

Au carrefour est située la **source de la Sauvenière**, prendre à droite le chemin des Fontaines. La **source de la Reine** se dissimule dans les bois, à gauche. A 1,3 km du carrefour, un petit ruisseau, la Picherotte, descend vers Spa. Le sentier qui longe ce vallon escarpé, parsemé de rochers, ombragé de magnifiques arbres, a été baptisé Promenade des Artistes. C'est un des plus jolis sites de Spa.

En continuant le chemin des Fontaines, on gagne la **source de la Géronstère.**

EXCURSIONS *schéma p. 153*

Sart. – *5 km au Nord-Est par ① du plan.*

Dominée par l'église flanquée d'une tour du 15ᵉ s., entourée d'austères maisons de pierre, la place du Marché s'orne d'un perron, symbole des libertés en pays liégeois.

Château de Franchimont ; Theux. – *8 km au Nord par ③ du plan.*

Château de Franchimont. — *Visite : 9 h - 20 h (17 h ou 18 h en hiver) ; fermé janv. et mardi en hiver ; 50 F.*
Sur une butte dominant la vallée de la Hoëgne, les ruines du château de Franchimont (mont des Francs) rappellent le souvenir des princes-évêques de Liège qui résidèrent là en été à partir du 16ᵉ s. et des 600 braves qui y furent massacrés en 1468 par les troupes de Charles le Téméraire, en tentant de défendre les approches de Liège.
Les altières murailles du donjon sont protégées par une enceinte pentagonale munie de casemates à chaque angle. *Suivre le circuit numéroté (plaques explicatives).* De la chapelle, jolie vue sur

Theux. Dans le bâtiment de la « catétaria » petit musée historique.

Theux. — 9 066 h. C'est une petite ville ancienne. Un hôtel de ville des 17ᵉ et 18ᵉ s. et de vieilles maisons entourent la place où se dresse un perron *(p. 116)* du 18ᵉ s. surmonté d'une pomme de pin.
Non loin s'élève l'**église Sts-Hermès et Alexandre.** *En cours de restauration jusqu'en 1982. Visite momentanément suspendue.*
A l'emplacement d'une chapelle mérovingienne et d'une église carolingienne dotée d'une tour occidentale dont on a retrouvé les vestiges, fut édifiée, vers l'an mil, une nef romane, et peu après, au Nord, une tour fortifiée, actuellement surmontée d'un hourd. Le chœur est gothique (vers 1500).
On remarque le porche des bénitiers gothiques sculptés.
L'intérieur est particulier : avec ses trois nefs séparées par de hautes arcades sur piliers, c'est la seule église-halle à plafond plat d'époque romane, subsistant entre la Loire et le Rhin. Le plafond de la nef centrale a été orné au 17ᵉ s. de 110 caissons peints de personnages et de scènes de la vie du Christ. Dans une chapelle à gauche du chœur, Vierge de Theux, de la fin du 15ᵉ s. et fonts baptismaux romans intéressants, à quatre têtes d'angle et dragons.

La Reid. — 5 km à l'Ouest par ③ du plan.

A l'Ouest du village a été aménagé le **parc à gibier★.** Dans un beau cadre forestier, on peut y voir les principales espèces de la faune ardennaise, ainsi que quelques spécimens de provenance diverse : cerfs Dabowsky (Pologne), yacks du Tibet, ratons laveurs d'Amérique. *Visite : 9 h - 17 h (19 h d'avril à sept.) ; 60 F.*

Circuit aux environs de Spa★. — 75 km. Sortir par ② du plan en direction de Malmédy. Carte Michelin nº 🛡 - pli 8.

Francorchamps. — Le village est connu pour son Circuit National de vitesse de 7 km, au Sud de la localité. Chaque année s'y déroulent des épreuves importantes. Une petite église moderne est à signaler.

Emprunter le circuit de vitesse pour gagner Stavelot. Le **parcours★** traverse un magnifique paysage.

Stavelot. — *Page 154.*

De Stavelot à Malmédy on suit de nouveau le circuit de Francorchamps, dans un cadre très agréable. A gauche, les collines où est situé le village de **Rivage** portent encore de vieilles fermes traditionnelles, à colombages.

Malmédy★. — *Page 125.*

De Malmédy à Robertville, parcours décrit p. 125.

La route, après Robertville, pénètre sur le plateau des Hautes Fagnes, décrit p. 90. A Jalhay, tourner à droite pour atteindre le barrage de la Gileppe (p. 165).

On rentre à Spa par ① du plan et **Balmoral,** banlieue dont les villas luxueuses se disséminent dans la verdure de la colline.

▐ SPONTIN ▌ ★ Namur ─────────────

Cartes Michelin nᵒˢ 🛡🛡🛡 - pli 14 et 🛡 - pli 5 — *Schéma p. 130.*

Situé dans la vallée du Bocq, Spontin est connu pour ses sources minérales et pour son château.

Château. — *Visite accompagnée : d'avril à sept. 9 h - 12 h et 14 h - 18 h ; en outre dim. en oct. ; 70 F.*
Entouré d'eaux vives (le Bocq), c'est un des témoignages remarquables de l'architecture du Moyen Age en Belgique. Toujours habité, il montre l'évolution d'un logis seigneurial du 12ᵉ au 17ᵉ s.
Simple donjon au 12ᵉ s., agrandi en château fort au 14ᵉ s., il fut restauré à la fin du 16ᵉ s. dans le goût de la Renaissance et rehaussé de briques roses et de toits en poivrière. Les communs, ajoutés en 1622 en dehors des douves, ferment l'actuelle cour d'honneur.

SPONTIN*

Dans la cour d'armes, ornée d'une élégante armature de puits en fer forgé par Van Boeckel (19ᵉ s.), apparaît l'ancien donjon. Les salles du vieux logis, aux murs énormes, aux cheminées gothiques et boiseries Louis XIII, au pavement de grès, contrastent par leur austérité avec les appartements qui font suite; on y remarque une Vierge au manteau fleuri (15ᵉ s.). La partie Sud a été décorée au 19ᵉ s. dans le style néo-gothique. On y voit notamment un beau Christ en ivoire de François Duquesnoy (17ᵉ s.), une tapisserie d'Arras, de riches faïences et porcelaines.

Sources minérales. – *500 m au Nord sur la route de Crupet.*

Les sources alimentent une usine d'embouteillage qui produit annuellement 50 millions de bouteilles d'eau minérale gazeuse et non gazeuse, de limonades et de sirops de fruits. *Visite et dégustation gratuites de début mai à mi-août jusqu'à 16 h; fermé sam., dim.*

Une passerelle permet d'observer l'enchaînement des diverses opérations d'embouteillage, très automatisées.

STAVELOT ★ Liège

Carte Michelin nᵒˢ **409** - pli 16 et **4** - pli 8 – *Schémas p. 39 et 153* – 5 657 h.

Au centre d'une magnifique région de l'Ardenne, Stavelot conserve quelques maisons anciennes, certaines à colombages.

A l'origine de la ville se trouve une abbaye fondée au 7ᵉ s., en même temps que celle de Malmédy, par saint Remacle et qui suivit bientôt la règle bénédictine. Stavelot devint avec Malmédy, sa rivale, le siège d'une principauté ecclésiastique. A l'instar des princes-évêques de Liège, les princes-abbés vivent dans une parfaite indépendance et ne relèvent que de l'Empire. Cependant, en 1795, Stavelot est incorporée au département de l'Ourthe.

Apollinaire passa l'été 1899 à Stavelot d'où il décampa un jour sans crier gare : un médaillon est apposé sur la façade latérale de l'Hôtel du Mal Aimé qu'il habita au nᵒ 12 rue Neuve.

En décembre 1944 *(p. 53)*, la ville a été endommagée.

Un Festival international de théâtre et de musique se déroule l'été dans l'abbaye *(p. 12)*.

Carnaval★★. – Chaque année *(p. 12)*, Stavelot voit défiler plus de 1 500 participants lors du carnaval endiablé du Laetare. Le cortège aux très nombreux chars est animé par des centaines de Blancs Moussis au long nez rouge et au très grand habit blanc à capuchon.

■ CURIOSITÉS visite : 2 h

Place St-Remacle. – La Fontaine du Perron, datant de 1769, symbolise, comme à Liège, les libertés de la ville.

Ancienne abbaye. – Elle conserve de son église abbatiale une tour romane avec un porche du 16ᵉ s. Entourant la cour d'honneur, les bâtiments conventuels, réaménagés au 18ᵉ s., sont occupés par l'hôtel de ville et les musées. L'ancien réfectoire des moines (18ᵉ s.) orné de stucs fournit un cadre élégant aux concerts de musique de chambre du festival; les caves sont utilisées pour les spectacles de théâtre.

Musée. – *Visite : de Pâques à mi-sept. 10 h 30 - 12 h et 14 h 30 - 17 h 30 ; 40 F (avec accès aux expositions).*

Il est situé dans l'aile des communs. Au grenier, la section des Tanneries★ documente d'une manière plaisante *(commentaire enregistré)* sur cette activité locale éteinte depuis 1947. L'histoire régionale est évoquée par des objets (« taques » de cheminée), des maquettes (ancienne abbatiale, château de Logne), des sceaux, des portraits, la reconstitution d'un atelier d'imprimerie. La section des Arts appliqués contient des sculptures (Christ gisant attribué à Delcour), des peintures, des pièces d'orfèvrerie.

Trois salles, aménagées pour des expositions temporaires, présentent des collections d'art belge moderne et contemporain (Degouve de Nuncques).

Le musée doit abriter *(fin 1981)* les collections de céramique contemporaine de l'État.

Musée Guillaume Apollinaire. – *Visite : juil. et août 10 h 30 - 12 h et 14 h 30 - 17 h ; 20 F.*

Au 1ᵉʳ étage de l'hôtel de ville, un petit musée est consacré au poète dont on a reconstitué la chambre à Stavelot.

Église St-Sébastien. – Construite au 18ᵉ s., elle abrite un intéressant trésor *(visite 10 h - 12 h et 14 h - 17 h, en dehors des offices ; 20 F ; s'adresser : 17, rue de l'Église).*

La monumentale châsse de saint Remacle★★ (13ᵉ s.), d'école mosane, longue de 2,07 m, en métal doré, rehaussé de filigranes et d'émaux, est entourée de statuettes en argent : saint Remacle, saint Lambert, les apôtres, d'une facture plus archaïque, et, aux extrémités, le Christ et la Vierge; sur le toit, scènes du Nouveau Testament.

On admire également le buste reliquaire (17ᵉ s.) de saint Poppon, ancien abbé de Stavelot; sur le socle figurent des scènes de la vie du saint.

Rue Haute. – *Au fond de la place St-Remacle, en haut à droite.*

C'est une des rues les plus pittoresques de Stavelot. Elle mène à une charmante placette où l'on peut voir une vieille fontaine et une façade revêtue de bois.

(D'après photo A.C.L.)

Châsse de saint Remacle

TERMONDE ★ Voir Dendermonde

THUIN Hainaut ――――――――――――――――――――――――――

Cartes Michelin n°s **409** - pli 13 et **4** - pli 3 — 13 430 h.

Dominée par son haut beffroi carré (17e-18e s.), ancienne tour de la collégiale, la capitale de la **Thudinie** s'étage sur une butte qui sépare la Sambre de la Biesmelle, dans un joli **site★**.

Possession de l'abbaye de Lobbes (p. 81), Thuin fut remise en 888 à la principauté de Liège : l'évêque Notger la fit fortifier au 10e s. Le 3e dimanche de mai se déroule à Thuin la marche militaire St-Roch (p. 12) qui remonte à 1654.

Thuin a pour spécialité les spantôles, biscuits portant le nom d'un canon pris aux Français en 1554.

■ **CURIOSITÉS** visite : 1/2 h

Place du Chapitre. — Intéressant **panorama** sur la sinueuse vallée de la Sambre, la ville basse avec son port et ses péniches et la pittoresque cité de Lobbes dont la collégiale se dresse au sommet d'un piton.

Non loin de la place, dans la Grand-Rue, le bureau de poste occupe l'ancien refuge de l'abbaye de Lobbes (16e s.), restauré.

Remparts du Midi. — Dans la Grand-Rue, suivre la pancarte « Panorama » puis la petite rue pittoresque qui longe les remparts (15e s.) et le chevet de l'église. A gauche, on aperçoit la **tour Notger,** seul vestige des remparts construits par le prince-évêque.

Jardins suspendus. — *Sortir de la ville en voiture en direction de Biesme.*

Du jardin public (parc du Chant des oiseaux), situé à droite, jolie **vue** sur les jardins en terrasse de Thuin, les remparts et le beffroi, surplombant la vallée de la Biesmelle.

TIENEN (TIRLEMONT) Brabant ―――――――――――――――――――――

Cartes Michelin n°s **409** - pli 14 et **2** - pli 20 — 32 842 h. — *Plan dans le guide Michelin Benelux.*

Dans la région agricole du **Hageland** ou « pays des haies », c'est une ancienne cité drapière, de nos jours ville commerçante, nœud de communications et important centre d'industrie sucrière avec une raffinerie produisant jusqu'à 200 000 t de sucre par an.

■ **CURIOSITÉS** visite : 3/4 h

Église N.-D.-au Lac★ (O.L. Vrouw-ten-Poel-kerk). — Sur la vaste Grand-Place s'élève ce monument en pierre, de style gothique brabançon, dont la nef n'a jamais été construite. Le chœur du 13e s. est sobre et harmonieux avec sa rangée de chapelles à pignons décorés. Le transept du 14e s. est surmonté d'une tour carrée à clocher à bulbe.

Elle s'élevait jadis près d'un étang d'où son nom. L'étang a été asséché, mais l'une des sources qui l'alimentait est restée lieu de pèlerinage.

Les beaux **portails★** très profonds exécutés par Jean d'Orsy datent de 1360; d'amusants petits personnages sont sculptés sur le socle des niches. La Vierge du 14e s. qui ornait le portail central est placée à l'intérieur de l'église, au-dessus du maître-autel.

Musée communal Het Toreke (Stedelijk museum). — Grand-Place. Visite : 9 h - 12 h et 14 h - 17 h ; fermé sam. et dim.

Il occupe, dans la cour de la Justice de Paix, une ancienne prison du 16e s. Ses collections (céramique, orfèvrerie, archéologie) illustrent l'histoire de la ville.

Wolmarkt. — On admire en montant à droite, aux n°s 19 et 21, les **maisons Van Ranst,** de style Renaissance flamande, restaurées.

Église St-Germain (St.-Germanuskerk). — Bâtie au haut de la colline, elle est située au centre du noyau primitif de la ville près du Veemarkt (marché aux Bestiaux).

C'était au 12e s. une basilique romane à quatre tours. Vers 1225 furent construites les deux tours de l'avant-corps, caractéristiques de l'art roman mosan. Depuis le 16e s., elles encadrent une tour massive, elle-même dotée au 18e s. d'un carillon de 54 cloches (concerts en juin, juil. et août : lundi 20 h 30).

L'intérieur est gothique. On peut voir, près de l'autel central, un moulage des fonts baptismaux romans exposés au musée du Cinquantenaire à Bruxelles; dans le chœur, un beau lutrin en bronze; dans la chapelle orientée de droite, le Christ miraculeux des Dames Blanches (15e s.); dans la chapelle orientée de gauche, une Pietà au sein percé de sept glaives.

EXCURSION

Hakendover. — *3 km au Sud-Est par ② du plan.*

Ce très ancien village est célèbre par ses pèlerinages qui remonteraient à l'an 650. Le plus spectaculaire comporte la grande procession du Divin Rédempteur (p. 12) accompagnée de cavaliers. Elle se déroule à travers les prairies et les champs ensemencés qui, malgré le piétinement de la foule, produisent, dit-on, de belles récoltes.

Église St-Sauveur (St.-Salvatorskerk). — *S'adresser à l'aide-sacristain.*

Elle conserve une tour et une partie du transept romans, le chœur ayant été refait au 14e s. et la nef au 16e s.

Au maître-autel, un célèbre **retable★** brabançon (1430), en bois (endommagé en 1978) illustre de façon vivante et élégante, en treize scènes, l'édification miraculeuse de l'église. Trois vierges entreprirent, au 7e s., d'élever une église que les anges démolissaient la nuit. Le 13e jour après l'Épiphanie, la colombe du St-Esprit leur porte un phylactère indiquant l'endroit où devait s'élever l'église. Elles prirent alors 12 ouvriers auxquels vint s'adjoindre un 13e qui n'était autre que le Christ. Ainsi fut terminé l'édifice.

Hoegaarden. — 5 538 h. *5 km au Sud-Ouest.*

Ce bourg est connu pour sa bière blanche.

Un petit musée folklorique est installé dans le grenier d'une maison du 17ᵉ s. nommée 't **Nieuwhuys,** qui fut une auberge du temps des Romains. Il renferme des objets concernant l'histoire locale. On visite également l'ancienne cave à bière (kelder).

Ernest Ourystraat 2. S'adresser au café. Visite : de mi-mars à fin oct. 14 h - 20 h ; fermé merc.

TONGEREN ★ (TONGRES) Limbourg

Cartes Michelin nᵒˢ 409 - pli 15 et 2 - pli 22
— 29 375 h.

C'est avec Tournai la ville la plus ancienne de Belgique et l'une des plus riches en vestiges du passé. Elle est située dans la **Hesbaye** (Haspengouw), agréable région légèrement vallonnée et couverte de vergers.

Une grande cité romaine. — Tongres doit son origine à un camp établi par les lieutenants de César, Sabinus et Cotta, dont les légions furent massacrées à proximité par **Ambiorix,** chef des Eburons, qui souleva une partie de la Gaule Belgique contre les armées de César en 54 av. J.-C.

Sous l'occupation romaine, Tongres, alors appelée **Atuatuca-Tungrorum,** se développe rapidement ; elle est alors une étape sur la grande voie romaine de Bavay à Cologne et occupe un emplacement sensiblement plus étendu qu'actuellement comme le prouvent les restes d'une enceinte de la fin du 1ᵉʳ s. mise au jour sur une longueur de 4 km : on peut en voir des traces sur la Legionenlaan à l'Ouest.

A la fin du 3ᵉ s., les invasions barbares éprouvent la cité qui se resserre au début du 4ᵉ s., dans une enceinte plus petite dont on conserve des vestiges.

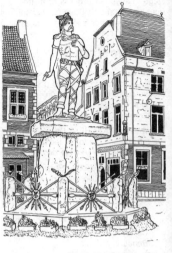

(D'après photo Ets. Lander, Eupen)

Ambiorix

Au 4ᵉ s., saint Servais est le premier évêque de Tongres mais, par mesure de sécurité, le siège épiscopal est transféré à Maastricht. Peu à peu, sous la protection de la principauté de Liège, Tongres reprend son essor ; elle s'organise administrativement et, au 13ᵉ s., se bâtit une troisième enceinte.

■ PRINCIPALE CURIOSITÉ *visite : 3 h*

Basilique Notre-Dame★★ (O. L. Vrouwebasiliek). — *Visite : de mai à sept. 9 h - 12 h et 13 h 30 - 16 h ; 20 F.*

De la Grand-Place où s'élève la statue d'Ambiorix (1866) et l'hôtel de ville du 18ᵉ s., admirer la silhouette imposante de l'ancienne collégiale Notre-Dame, bel édifice gothique (13ᵉ-16ᵉ s.) précédé par une impressionnante tour-façade, inachevée (carillon).

Intérieur. — *Longer le flanc droit de l'église et pénétrer par le petit portail.*

Sous le porche, beau Christ roman en bois polychrome du 11ᵉ s. La nef (13ᵉ s.) s'appuie sur des piliers cylindriques, à chapiteaux à crochets. Son élégant triforium est surmonté d'une galerie de circulation. A l'Ouest sous le jubé, belle porte en cuivre de 1711 ; au-dessus, orgue du 18ᵉ s., restauré.

Dans le chœur sont rassemblés les objets d'art les plus intéressants. Au maître-autel, **retable★** anversois en bois du début du 16ᵉ s. représentant la vie de la Vierge ; grand chandelier pascal et lutrin, dinanderies exécutées en 1372 par un orfèvre de Dinant.

Dans le bras Nord du transept, **statue★** polychrome en noyer, de N.-D. de Tongres (1479).

Des concerts sont donnés, en saison, dans la basilique.

Trésor★★ (Schatkamer). — Parmi une centaine de pièces exposées, on remarquera un évangéliaire couvert d'une plaque d'ivoire du 11ᵉ s. (calvaire), un diptyque en ivoire du 6ᵉ s. (St-Paul), une agrafe méro-

TONGEREN

Grote Markt		Hasseltsesteenweg	Y 12
Hasseltsestraat	Y 13	Luikersteenweg	Z 14
Maastrichterstraat	Y	Momberstraat	Z 17
St. Truidenstraat	Y 32	Piepelpoel	Y 18
		Pleinstraat	Y 19
Achttiende-Oogstwal	Y 2	Pliniuswal	Y 22
Bilzersteenweg	Y 3	Predikherenstraat	Y 23
Clarissenstraat	Y 4	Putstraat	Y 24
Eeuwfeestwal	Y 7	Riddersstraat	Y 27
Elisabethwal	Z 8	St. Jansstraat	Y 28
		St. Maternuswal	Y 29
		Stationlaan	Y 33
		18ᵉ Oogstwal	Y 34

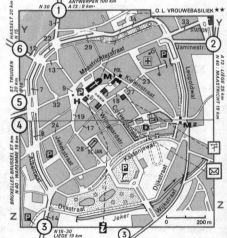

vingienne en or (6e s.), un ostensoir-reliquaire de sainte Ursule (14e s.) au socle garni d'émaux, le reliquaire-triptyque de la Sainte-Croix (12e s.), en argent doré rehaussé d'émaux, une tête de Christ en bois du 11e s., la châsse des Martyrs de Trèves (13e s.), la châsse de saint Remacle du 15e s., ornée de peintures.

Tous les sept ans *(prochaine manifestation : sept. 1988)* une centaine de prêtres vêtus d'ornements liturgiques anciens portent en procession les châsses et reliquaires du trésor.

Cloître. — Charmant cloître roman où alternent colonnettes simples et colonnettes jumelées; intéressants chapiteaux dans la rangée près de l'entrée. Aux murs sont apposées des dalles funéraires.

■ AUTRES CURIOSITÉS

Musée provincial gallo-romain (Provinciaal gallo-romeins museum) (Y M¹). — *Visite : 9 h - 12 h ; fermé lundi, 1er janv., 1er, 2, 11 et 15 nov., 25 et 26 déc. ; 20 F.*

Il rassemble le produit de fouilles effectuées dans la région limbourgeoise depuis la préhistoire jusqu'à l'époque mérovingienne. La section gallo-romaine est particulièrement évocatrice de l'important passé de la ville. Remarquer une belle sculpture de chevalier romain écrasant deux hommes à queue de serpent.

Moerenpoort (Y M²). — Cette porte (14e s.) de l'enceinte médiévale qui marque l'accès Est du béguinage a été aménagée en **musée de l'histoire militaire de la ville**. *Visite : juil.-août sam. 14 h - 17 h, dim. 10 h - 12 h et 14 h - 17 h ; 10 F.* Une salle est consacrée aux milices communales. Du sommet, vue sur le béguinage, la ville et sa collégiale.

Béguinage (Begijnhof) (Z D). — Fondé au 13e s., il a été supprimé à la Révolution française. A l'Ouest, la cour Onder de Linde conserve un certain cachet avec ses jardins précédés d'une porte en plein cintre. Au centre du béguinage s'élève l'église gothique dont le mobilier est intéressant.

Musée communal (Stedelijk Museum) (Y H). — *Visite : 10 h - 12 h et 14 h - 16 h 30 ; fermé sam., dim. et j. fériés en hiver ; 10 F.*

Peintures, gravures, sculptures, documents concernant l'histoire de Tongres.

EXCURSION

Alden Biesen. — *10 km par ① du plan.*

Au Nord de **Rijkhoven**, l'**ancienne commanderie Alden Biesen** (les Vieux Joncs) fut fondée par l'ordre Teutonique en 1220. Les bâtiments actuels ont été élevés ou modifiés entre le 16e et le 18e s. Le château est un imposant édifice en quadrilatère, flanqué de tourelles à toit en poivrière et entouré de douves. Dans la chapelle, Louis XV assista, en 1747, à un Te Deum chanté en remerciement de la victoire de Lawfeld remportée sur les Autrichiens.

Dans la galerie à côté de la chapelle, petit musée *(visite : 10 h - 18 h).*

TONGERLO Antwerpen ──────────────

Cartes Michelin nos **409** - pli 5 et **2** - pli 8.

A l'Ouest de la localité, la célèbre **abbaye** de Prémontrés *(p. 53)* se retranche derrière ses fossés. Fondée vers 1130, elle fut abandonnée à la fin du 18e s. puis en partie détruite. Occupée de nouveau en 1840, elle a été reconstruite.

Passé le porche surmonté de trois niches, le **préau** apparaît avec ses prairies, la ferme (1640), la grange aux dîmes (1618), qui abrite parfois des expositions. A droite, la **Prélature** montre une belle façade classique de 1725.

Dans l'**église abbatiale** du 19e s., une châsse d'ébène (1619) recèle les reliques de saint Siard invoqué par les cultivateurs, les jeunes mères et les enfants *(pèlerinage dim. avant 14 nov.).*

Musée Léonard de Vinci*. — *Accès par la Prélature. Visite : 14 h - 17 h (fermé vend.) ; d'oct. à avril dim. et j. fériés seulement ; 20 F.*

Un bâtiment de béton, à verrière, abrite une immense toile, copie de **la Cène** que Léonard de Vinci peignit sur un mur du couvent de Ste-Marie des Grâces à Milan, entre 1495 et 1498. Cette réplique fidèle, étonnante, fut exécutée moins de 20 ans après.

Achetée en 1545, la Cène occupa longtemps l'église abbatiale. Elle connut bien des vicissitudes et fut déchirée lors d'un incendie en 1929. Restaurée avec soin en Belgique, elle procure toujours la même émotion esthétique. Une musique ancienne et un commentaire choisi soulignent l'intensité dramatique de cet instant où le Christ dit : « L'un de vous me trahira »; seul Judas est en dehors du rayonnement doré qui irradie chaque visage.

Dans le jardin devant le musée belle vue sur la façade arrière de la Prélature et sur l'élégante tourelle de 1479, ancienne tour de guet.

TONGRES ★ Voir Tongeren ──────────────

TORHOUT West-Vlaanderen ───────────────

Cartes Michelin nᵒˢ **409** - pli 2 et **2** - pli 2 — 17 105 h.

Torhout (ou Tourhout) était au 12ᵉ s. une ville prospère dont la foire était réputée.

Église St-Pierre (St.-Pietersbandenkerk). — Reconstruite après avoir été bombardée en 1940, elle possède une jolie tour romane à clocher octogonal.

À l'intérieur, on peut voir des maquettes de l'ancienne église. Les nouvelles orgues, dans le chœur, sont utilisées pour les concerts.

Hôtel de ville (Stadhuis). — Datant de 1713, c'est un harmonieux édifice dont les larges baies séparées par des pilastres s'alignent sous une haute toiture.

À 3 km à l'Ouest de Torhout s'élève le **château de Wijnendale,** édifice composite (11ᵉ-19ᵉ s.) entouré de douves circulaires. Construit par Robert le Frison au 11ᵉ s., il devint la résidence favorite des comtes de Flandre. Dans les bois environnants, Marie de Bourgogne, en 1482, fit une chute de cheval qui lui coûta la vie.

TOURNAI ★★ (DOORNIK) Hainaut ───────────────

Cartes Michelin nᵒˢ **409** - pli 11 et **2** - pli 15 — 69 862 h.

Dominée par les cinq tours de sa cathédrale, Tournai, ville paisible et bourgeoise située sur l'Escaut, au centre d'une région essentiellement agricole, a connu un passé prestigieux. C'est la plus vieille cité de Belgique avec Tongres.

Tour à tour romaine, franque, anglaise, française, autrichienne, elle fut un foyer d'art important. Malheureusement, elle a été ravagée par le bombardement de mai 1940 qui a détruit la plupart de ses maisons anciennes.

Les Tournaisiens parlent un dialecte picard.

UN PEU D'HISTOIRE

Le berceau de la monarchie française. — Tournai est déjà une cité importante au temps des Romains. Au 3ᵉ s. saint Piat évangélise la ville qui passe au 5ᵉ s. sous la domination des Francs Saliens. C'est le berceau de la dynastie mérovingienne : Childéric y meurt en 481 et **Clovis** y est né en 465. Ce dernier fait de Tournai le siège d'un évêché.

Les rois de France ont toujours considéré Tournai comme le berceau de leur monarchie et la ville porte le lys royal dans ses armes. Quant à l'insigne de Childéric, l'abeille, il sera repris comme emblème par Napoléon.

Philippe Auguste visita la ville en 1187 et acquit à sa politique l'évêque suzerain. Le 12ᵉ et le 13ᵉ s. sont de grandes époques de construction dont il subsiste des maisons romanes, des édifices religieux et certaines parties de la deuxième enceinte.

Tournai reste fidèle à la France pendant la guerre de Cent Ans. La ville, qui a reçu le titre de « Chambre du Roy », est isolée dans une Belgique gagnée à la cause anglaise. Les Tournaisiens sont conviés par Jeanne d'Arc à venir assister au sacre de Charles VII à Reims (1429) en tant que « gentilz loiaux Franchois ». Lorsque Jeanne sera faite prisonnière, Tournai lui enverra une escarcelle emplie d'or pour adoucir sa captivité.

Un intense rayonnement artistique. — Déjà connue pour son orfèvrerie à l'époque mérovingienne, la ville devint à la fin du Moyen Age un centre artistique de grande importance. Avec la châsse de saint Eleuthère (13ᵉ s.), les orfèvres tournaisiens se distinguent de nouveau dans l'art des métaux; au 15ᵉ s., les dinandiers de Tournai concurrencent ceux du pays mosan.

Dès le 12ᵉ s., l'emploi de la pierre locale dans l'architecture a donné naissance à une florissante école de sculpture : au 15ᵉ s., fonts baptismaux, monuments funéraires sont taillés de façon magistrale dans cette pierre au grain très fin et à la couleur gris bleuté, voire dans une pierre blanche importée.

Au 15ᵉ s., Tournai donne le jour à **Robert Campin** (mort en 1444). Contemporain de Van Eyck, il a été identifié avec le **maître de Flémalle,** auteur anonyme d'un groupe d'œuvres découvertes dans cette localité vers 1900. Ses œuvres charment par leur coloris, par la précision avec laquelle sont dépeints les intérieurs et les objets, et par leur sérénité.

Dans les sujets les plus graves apparaît une expression plus dramatique, qui a fait rapprocher Robert Campin de son élève **Roger de la (ou le) Pasture.** Connu également sous le nom de **Van der Weyden,** ce dernier, né à Tournai (1399-1464), devint peintre de la ville de Bruxelles en 1436. Ses compositions pathétiques sont imprégnées de mysticisme, tandis que son dessin net et précis donne des portraits remarquables. Le visage de ses Vierges au doux ovale et au large front fut beaucoup imité.

La **tapisserie** de haute lice de Tournai supplante celle d'Arras sa rivale et des autres ateliers flamands. Elle est appréciée dans toute l'Europe. Elle se caractérise par de vastes compositions sans bordure aux nombreux personnages et au dessin très stylisé (p. 30).

Une place forte disputée. — De 1513 à 1519, Tournai passe à Henri VIII, roi d'Angleterre, qui y fait construire un quartier fortifié par un donjon, actuelle **tour Henri VIII.** Puis la ville passe sous la tutelle de Charles Quint et perd nombre de privilèges.

En proie à des troubles religieux, Tournai résiste deux mois, en 1581, à Alexandre Farnèse sous le commandement héroïque de **Christine de Lalaing.**

Sous le règne de Louis XIV, de 1667 à 1709, la ville est rattachée à la France. Ses fortifications sont renforcées et les remparts du 13ᵉ s. bastionnés par Vauban. De cette époque datent de nombreuses maisons en brique et chaînages de pierre à grandes baies et toits débordants. Malgré les bombardements de 1940, il en subsiste par endroits, notamment sur le quai Notre-Dame. Tournai est alors le siège du Parlement de Flandre, représentant la justice du souverain. Tombée aux mains des Autrichiens après le traité d'Utrecht, elle revient aux Français après la bataille de **Fontenoy** (1745) (8 km à l'Est), puis de nouveau aux Autrichiens en 1748.

Au 18ᵉ s., Tournai se signale par la renaissance de son industrie du cuivre et de la fabrication de la tapisserie. Sa manufacture de porcelaine, fondée en 1751 par François-Joseph Peterinck, connaît une vogue exceptionnelle. On y fabrique une porcelaine tendre aux riches coloris et aux décors les plus variés, où le style chinois intervient pour une large part. La manufacture disparaît en 1891.

Folklore et traditions. — Tournai est une ville où les traditions restent très en honneur.

Lors de la fête de la Nativité de Notre-Dame *(dim. le plus rapproché du 8 sept.)* qui a pour origine la grande peste de 1088, la châsse de saint Eleuthère *(p. 160)* et les pièces du trésor de la cathédrale sont portées en procession.

Les journées des quatre cortèges *(p. 12)* associent la publicité et le folklore avec dix géants comme Childéric et Louis XIV, un défilé carnavalesque, un corso fleuri et un festival de musiques militaires.

■ PRINCIPALES CURIOSITÉS *visite : 1/2 journée*

Grand-Place (**AZ** 18). — Triangulaire, elle est dominée par les tours de la cathédrale. A une extrémité se dresse le beffroi, à l'autre, l'église St-Quentin. Au centre, statue de Christine de Lalaing.

Détruite en 1940, la place a retrouvé quelques belles maisons, réédifiées, tels l'ancien hôtel de ville, jadis halle aux draps (1610) (**AZ A**), d'un style composite allant du gothique au baroque, et plus loin, à droite, une belle demeure de briques (**AZ B**), occupée par un cinéma.

Cathédrale Notre-Dame★★★. — *Visite : 9 h - 12 h (dim. 11 h - 12 h) et 14 h - 18 h ; de début oct. à Pâques 9 h - 12 h et 14 h 30 - 16 h 30 (dim. 11 h - 12 h et 14 h - 17 h).*

Spectacle audio-visuel, dans la chapelle haute de la Madeleine, tour Brunin : dim. de début juin à fin sept. 11 h - 12 h et 14 h - 17 h.

En plein centre de Tournai, non loin du beffroi s'élève le plus imposant, le plus original monument religieux de la Belgique. Il a influencé de nombreuses églises de la ville puis, le diocèse de Tournai couvrant jadis la plus grande partie de la Flandre, s'est répandu dans toute la vallée de l'Escaut, donnant naissance à l'art scaldien *(p. 24)*.

Extérieurement, les proportions gigantesques de l'édifice (134 m de longueur, 66 m de largeur au transept) et les silhouettes massives de ses cinq célèbres tours produisent un effet impressionnant.

Les cinq **tours,** toutes différentes, se dressent à la croisée du transept; la plus ancienne, au centre, repose sur les piliers de la croisée.

La nef et le transept aux extrémités en hémicycle datent du 12e s. Plus élevé que la nef et presque aussi long, un chœur gothique très élancé a remplacé au 13e s. le chœur roman.

De la place P. E. Janson on a une des meilleures vues d'ensemble de la cathédrale. Suivre le circuit indiqué sur le plan.

Porte Mantile. — Ainsi appelé en souvenir de la guérison en ces lieux de l'aveugle Mantilius par saint Eleuthère, ce portail latéral conserve de remarquables sculptures romanes.

Contourner ensuite l'église par le chevet.

Porte du Capitole. — De style roman, semblable à la porte Mantile, elle est malheureusement très détériorée. L'archivolte est soutenue par deux chevaliers munis d'un bouclier. Au-dessus de l'arc, la galerie, du 16e s., permettait de surveiller les exécutions capitales.

Passer sous la « Fausse Porte », arche qui relie la cathédrale au palais épiscopal.

Façade principale. — Elle a été remaniée au 14e s. et masquée par un **porche** modifié au 16e s.,

sous lequel se superposent trois registres de sculptures : du 14e s. des hauts-reliefs dont trois scènes ont trait à l'histoire d'Adam et Ève; au-dessus, du 16e s., des bas-reliefs, à gauche la procession de Tournai *(ci-dessus)*, à droite la lutte entre Sigebert et son frère Chilpéric; au sommet, rangée de statues d'apôtres et de saints, du 17e s.

Au pilier central, une belle statue de la Vierge, du 14e s., restaurée en 1609, est vénérée sous le nom de N.-D.-des-Malades.

Intérieur. — Vaste vaisseau de dix travées, la nef centrale s'élève sur quatre étages : ses grandes arcades à triples rouleaux sont supportées par de courts piliers aux beaux chapiteaux sculptés. Au-dessus, les tribunes sont surmontées d'un triforium à arcatures en plein cintre. Le dernier étage est percé de fenêtres hautes. Les voûtes du 18e s. ont remplacé un plafond de bois. Un jubé, exécuté en 1572 par Corneille Floris coupe la perspective de la nef centrale.

Le mur du **collatéral droit** est orné d'épithaphes. Remarquer les chapiteaux des piliers de la nef : décoration végétale (1 : grappes de raisin), animale (2 : chevaux), figures humaines, souvent fantaisistes (3 : l'homme qui tombe).

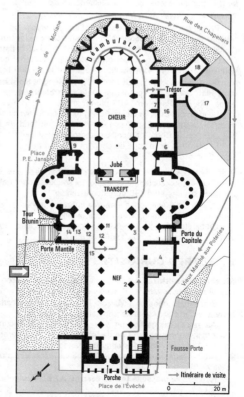

Dans la chapelle St-Louis (4), Crucifixion de Jordaens et panneaux en bois finement sculptés au 18e s., provenant d'une abbaye (cinq scènes : vie de saint Benoît et saint Ghislain).

Dominé par une haute lanterne (influence anglo-normande), le **transept** *(illustration p. 24)* est d'une majesté et d'une ampleur imposantes; c'est une « cathédrale au travers d'une cathédrale ». Son plan est très original : les croisillons se terminent par un hémicycle qu'entoure un déambulatoire surmonté de tribunes, d'un triforium aveugle et de fenêtres. Cette ordonnance à quatre étages reprend celle de la nef.

Le transept contient des vestiges de fresques et de précieux vitraux de la fin du 15e s. par Arnould de Nimègue.

Dans le **bras droit du transept,** les fresques (5) représentent la Jérusalem céleste,
et les vitraux, la lutte entre Sigebert et son
frère Chilpéric, qui est à l'origine du pouvoir
temporel de l'évêque (à l'étage supérieur,
privilèges épiscopaux, comme l'impôt sur
la bière).

Le **jubé** est une pièce magnifique de la
Renaissance anversoise aux marbres polychromes et à la riche décoration, sculptée
d'un ciseau souple : des médaillons et des
panneaux superposés représentent des épisodes de la Bible et de l'Évangile, ceux-ci
préfigurés par ceux-là, par exemple Jonas
avalé par la baleine et la Mise au tombeau
du Christ (à droite).

Très long, le **chœur** (1243), à sept travées, contraste par sa légèreté avec la ro-
bustesse un peu austère de la nef. L'influence française est manifeste (Soissons).

Le **déambulatoire** appelé « carolle » (du
vieux français caroler, signifiant se prome-
ner en rond) est terminé à son extrémité
par cinq chapelles rayonnantes. Sont à signaler dans la chapelle du St-Sacrement
(6) le Purgatoire, de Rubens; dans une

(D'après photo A.C.L.)

Détail d'un vitrail : l'impôt sur la bière

petite chapelle (7) une Résurrection de Lazare par Pourbus le Vieux et une peinture de Coebergher; dans la chapelle axiale (8) des Scènes de la vie de la Vierge, par Martin de Vos, offrant un décor italianisant. Dans les chapelles suivantes est conservée une série de monuments et dalles funéraires de l'école tournaisienne des 14e et 15e s. Remarquer, dans la dernière chapelle (9) une stèle aux formes élégantes.

Dans le **bras gauche du transept,** les vestiges de fresques (10) narrent la vie et le martyre de sainte Marguerite. Ici les vitraux représentent la séparation du diocèse de Tournai de celui de Noyon en France.

Parmi les chapiteaux du **collatéral gauche,** on remarque des cygnes (11); des animaux fantastiques (12); une femme dévorée par un monstre (13), au verso (14, visible seulement sous le porche) Frédégonde et Chilpéric; des oiseaux buvant (15).

Trésor★★. — *Ouvert à 10 h (11 h dim. et j. fériés) ; 25 F.*

Parmi de nombreuses œuvres d'art de valeur se distinguent (16) : un Ecce Homo, tableau sur bois de Quentin Metsys; une croix reliquaire byzantine; une délicieuse Vierge d'ivoire (fin 13e s.), d'inspiration française; la **châsse de Notre-Dame** (1205) en argent et cuivre doré, par Nicolas de Verdun, ornée de sujets en relief au superbe modelé, placés sous de riches arcatures et des médaillons évoquant la vie du Christ.

Dans la chapelle du St-Esprit (17), une longue **tapisserie** illustre en 14 panneaux la vie de saint Piat, apôtre du Tournaisis, et de saint Eleuthère, premier évêque de Tournai; tissée à Arras, elle fut offerte en 1402 par un ancien chapelain du duc de Bourgogne.

La **châsse de saint Eleuthère** (1247) est décorée avec une profusion et une finesse extraordinaires de statues d'apôtres ressortant sur un fond de filigrane, d'émaux et de gemmes; aux pignons, le Christ et saint Eleuthère, portant dans sa main la cathédrale.

Les lambris de la salle du chapitre (18) ont été ciselés avec élégance et minutie : vie de saint Ghislain.

Beffroi★ (AZ D). — *Mêmes horaires de visite que le musée du Folklore, ci-dessous; 20 F.*

C'est le plus ancien de Belgique. Le soubassement date du 12e s., les parties hautes ont été reconstruites en 1398 après un incendie.

Dès le 1er étage, on a une **vue** intéressante sur la cathédrale. Du sommet (72 m de hauteur, 256 marches), belle **vue** sur la ville.

Un carillon de 43 cloches donne de beaux concerts *(dim. et lundi de Pâques 12 h, 16 h et 17 h 30 ; sam. juin, juil., août 11 h 30).*

■ AUTRES CURIOSITÉS

Musée du Folklore (AZ M¹). — *Visite : 10 h - 12 h et 14 h - 17 h 30 (fermé mardi) ; de nov. à mars sam. dim. et j. fériés seulement.*

Présentées dans la « Maison Tournaisienne » (façades fin 17e s.), les collections font revivre les arts et traditions populaires du Tournaisis.

Au rez-de-chaussée, on voit d'intéressantes reconstitutions : estaminet, atelier du « balotil » (bonnetier), cuisine de ferme, atelier de tisserand; documents historiques.

Au 1er étage : tour des enfants abandonnés.

Au 2e étage, la maquette de Tournai au 17e s. est la reproduction de celle exécutée pour Louis XIV.

Non loin se dresse la **tour St-Georges** (AZ E), élément de la première enceinte communale (12e s.).

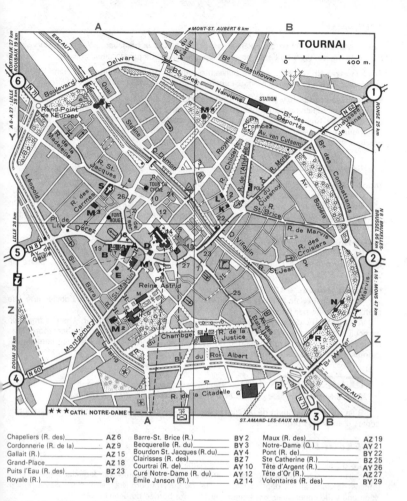

Musée des Beaux-Arts (AZ M²). – *Mêmes conditions de visite que le musée du Folklore.*

Ce musée fut conçu par l'architecte Victor Horta *(p. 28)*. Le bâtiment en forme d'étoile, éclairé par des verrières, est surmonté par un groupe en bronze de Guillaume Charlier. Il abrite en particulier les collections du mécène bruxellois H. Van Cutsem.

On admire, parmi l'excellente série de **peintures anciennes★,** la Vierge et l'Enfant de Roger de la Pasture (Van der Weyden), le Saint Donatien de Gossart, qui est en fait un remarquable portrait d'un personnage de l'époque, le Raccommodeur de soufflets, par un maître de la suite de Jérôme Bosch, et deux tableaux de Brueghel d'Enfer : Chasseurs dans la neige et l'Oiseleur, interprétations d'œuvres de Brueghel l'Ancien.

Les œuvres impressionnistes sont dominées par deux compositions célèbres de Manet : Argenteuil (1874) et **Chez le Père Lathuile** (1879). Dans la même salle figurent également Seurat, Monet et Van Gogh, avec un dessin d'oliviers.

La peinture belge des 19ᵉ et 20ᵉ s. est bien représentée (Ensor, Émile Claus, Henri De Braekeleer) ainsi que la sculpture (Charlier, Rousseau). Une salle est réservée aux tableaux romantiques du Tournaisien Louis Gallait.

Devant le flanc gauche du musée, sculpture de George Grard.

Musée d'histoire et d'archéologie (AY M³). – *Mêmes conditions de visite que le musée du Folklore.*

Il occupe l'ancien Mont de Piété construit par Coebergher *(p. 51)* au 17ᵉ s. L'histoire de la région y est évoquée par de nombreux produits de fouilles des époques romaine, franque et par une abondante section lapidaire (sculpture tournaisienne du 12ᵉ au 17ᵉ s.).

La **collection de tapisseries★** tissées à Tournai aux 15ᵉ et 16ᵉ s. est particulièrement intéressante. Les thèmes variés (histoire, mythologie, héraldique) sont traités avec des coloris éclatants et une grande élégance de trait. De nombreux personnages en costumes du 15ᵉ s., rivalisant en magnificence, se pressent dans une composition très animée où plusieurs scènes se superposent.

Au 1ᵉʳ étage, importante collection de porcelaine de Tournai (1750-1891); orfèvrerie locale (17ᵉ-18ᵉ s.).

Pont des Trous★ (AY F). – Du pont voisin (boulevard Delwart) on a une belle **vue★** sur ce pont qui présente de ce côté son aspect le plus sévère et la silhouette de la cathédrale qui se détache au loin. Le pont des Trous est un vestige de la deuxième enceinte du 13ᵉ s. C'est une porte d'eau qui défendait le cours de l'Escaut. En 1948, il a été rehaussé de 2,40 m pour faciliter la circulation fluviale.

Maisons romanes (BY K). – Près de l'église St-Brice, deux maisons ont conservé leur façade de la fin du 12ᵉ s., restaurée. Avec leurs fenêtres à colonnette centrale, alignées entre deux cordons de pierre, elles sont un des rares exemples d'architecture civile romane scaldienne *(p. 24).*

Plus loin, une maison gothique (13ᵉ-15ᵉ s.) **(BY L)** développe les principes innovés dans les maisons romanes.

161

TOURNAI★★

Tours Marvis (BZ N) **et tours St-Jean** (BZ R). — Sur le boulevard Walter de Marvis ces quatre tours, vestiges de l'enceinte du 13e s. dominent de jolis jardins.

Tour Henri VIII (BY M⁴). — Cette puissante tour du 16e s. construite sous Henri VIII a été aménagée en **musée d'armes**. *Mêmes conditions de visite que le musée du Folklore.*

Église St-Jacques (AY S). — *Pour visiter s'adresser à l'Office de Tourisme.*

C'est un édifice de transition entre le roman et le gothique dont le porche est surmonté d'une épaisse tour carrée à tourelles. A l'extérieur de la nef court une galerie à arcades; à l'intérieur, cette galerie forme, au-dessus de la croisée du transept, un pont ajouré d'un gracieux effet et se prolonge dans la nef par un triforium.

EXCURSIONS

Mont-St-Aubert. — *6 km au Nord par la rue du Viaduc.*

Cette butte s'élevant à 149 m d'altitude est devenue un centre de villégiature.

Du cimetière près de l'église, on a un beau **panorama★** sur la plaine des Flandres. On distingue, au Sud derrière les arbres, Tournai et sa cathédrale, à l'horizon à l'Ouest, l'agglomération de Roubaix-Tourcoing.

Pierre Brunehault. — *10 km par ③ du plan ; à la sortie de Hollain, tourner à droite.*

Près de l'ancienne voie romaine ou « chaussée Brunehault », allant de Tournai à Bavay, la pierre Brunehault est un menhir de 4,50 m en forme de trapèze comme la pierre de Zeupire *(p. 81).*

Leuze-en-Hainaut. — 13 017 h. *13 km à l'Est par ② du plan.*

La vaste **collégiale St-Pierre** a été édifiée en 1745 à l'emplacement de l'ancienne église gothique détruite par un incendie.

A la sobriété de sa façade s'oppose la majesté de son intérieur. On y admire en particulier de belles boiseries du 18e s. : les lambris de style Louis XV où s'incorporent les confessionnaux, et qui sont sculptés de motifs tous différents, la chaire sous laquelle est représenté un Saint Pierre enchaîné, le buffet d'orgues.

TROIS-PONTS Liège ————————————————————

Cartes Michelin nᵒˢ 409 - pli 16 et 4 - pli 8 – *Schéma p. 39* – 2 115 h.

Bien situé au confluent de la Salm et de l'Amblève, c'est un village pittoresque, point de départ d'agréables promenades.

EXCURSIONS

Vallée de la Salm. — *13 km jusqu'à Vielsalm.*

Cette agreste vallée constituait autrefois une principauté sur laquelle régnaient les princes de Salm et qui dépendait du duché de Luxembourg. La Salm, sinueuse et rapide, dans une vallée encaissée, est longée par la route bordée de beaux arbres.

Grand-Halleux. — A hauteur du cimetière, prendre une petite route vers le **parc à gibier du Monti**. *Visite : tous les jours ; dim. seulement de fin sept. à Pâques ; consommation obligatoire.*

Dans les bois de sapins on fait une intéressante promenade dans cette réserve de 110 ha dont les enclos contiennent des animaux d'Ardenne (cerfs, sangliers, daims) ou d'autres espèces telles que le yack, le mouton des Andes. Les étangs hébergent une grande quantité de canards, surtout des cols-verts.

Vielsalm. — 6 657 h. Le 20 juillet le sabbat des Macralles (sorcières) se déroule le soir dans un bois proche de la localité. Il est suivi, le lendemain, de la fête des Myrtilles.

Circuit des panoramas★. — *36 km.* Cet itinéraire touristique balisé est formé de deux boucles et serpente à travers les collines offrant des panoramas étendus, des vues variées tantôt sur l'Amblève, tantôt sur la Salm.

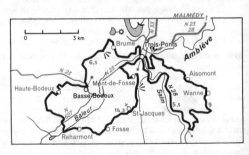

Au Sud-Est, la **« boucle de Wanne »** *(16 km)* suit la Salm dans son cours inférieur *(ci-dessus).* La route remonte à Wanne parmi d'agréables paysages puis gagne Aisomont. Avant ce village a été aménagée à droite une piste de ski (Val de Wanne). Puis on descend sur Trois-Ponts.

A l'Ouest, par la **« boucle de Basse-Bodeux »** *(21 km)* on s'élève entre les vallées de la Salm et du Baleur (direction Basse-Bodeux), puis on tourne à gauche vers Mont de Fosse. Après St-Jacques, Fosse et Reharmont, traverser la nationale pour gagner Haute-Bodeux. Un peu avant d'atteindre Basse-Bodeux, tourner à gauche. La route traverse une belle forêt près des deux bassins supérieurs de la centrale d'accumulation par pompage *(p. 82).* On redescend sur Trois-Ponts en traversant le hameau de Brume.

Aimer la nature,

c'est respecter la pureté des sources,

la propreté des rivières, des forêts, des montagnes...

c'est laisser les emplacements nets de toute trace de passage.

Cartes Michelin n°s 🔲🔲🔲 - pli 5 et 🔲 - Nord du pli 8 — 37 652 h.

Principale agglomération de la Campine anversoise, Turnhout est une ville industrielle et commerçante.

Elle appartint au Brabant du 12e au 16e s. et Charles Quint en fit une seigneurie qu'il offrit à sa sœur Marie de Hongrie.

Après le traité de Münster en 1648, Turnhout devint un fief tenu par les Orange-Nassau jusqu'en 1753.

La bataille de Turnhout en octobre 1789 est restée célèbre. Elle permit à la **« Révolution brabançonne »** de chasser provisoirement du pays les Autrichiens. A la fin de 1790, ceux-ci occupent de nouveau le pays.

La ville a pour spécialité la fabrication des cartes à jouer.

D'importantes fêtes se déroulent le troisième week-end de septembre en l'honneur de Thyl Ulenspiegel *(p. 83)*.

■ CURIOSITÉS *visite : 1 h 1/2*

Grand-Place (Grote Markt). — Au centre se dresse l'**église St-Pierre** (St.-Pieterskerk) **(A)** des 15e et 18e s.

Elle contient une intéressante chaire du 19e s., des stalles datant de 1713 et provenant de l'ancien prieuré de Corsendonk (à Oud-Turnhout, à l'Est de la ville) et des confessionnaux baroques de 1740.

L'hôtel de ville, classique, a été inauguré en 1961.

Ancien château des ducs de Brabant (Kasteel « Herto- gen van Brabant ») (J). — Datant du 13e au 17e s., cette solide construction en quadrilatère entourée d'eau était, au Moyen Age, le pavillon de chasse des ducs de Brabant attirés par le gibier des forêts de Campine. Marie de Hongrie, qui partageait son temps entre Turnhout et Binche, en fit une somptueuse résidence. Le château est occupé par le palais de justice.

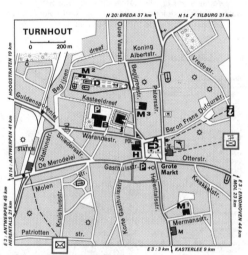

A proximité a été édifié en 1972 un **centre culturel (B)** moderne, De Warande.

Musée (Museum) Taxandria (M¹). — *Visite merc., vend., dim. 14 h - 17 h.*

Ce musée est consacré à l'archéologie, à l'art local et au folklore de la Campine appelée dans l'Antiquité Taxandria.

Il renferme de riches collections (remarquer les boucles mérovingiennes) et une intéressante reconstitution d'une cuisine campinoise.

Ancien béguinage (Begijnhof) (D). — Fondé au 14e s. et reconstruit aux 16e et 17e s. à la suite d'un incendie, c'est un charmant enclos dont les maisons s'ordonnent autour d'une petite place triangulaire où se dresse l'église baroque.

Dans la maison du n° 56, un petit **musée (M²)** est consacré à la vie dans le béguinage. *Visite : lundi et merc. 13 h 30 - 17 h 30, dim. 15 h - 17 h.*

Musée de la Carte à jouer (Nationaal Museum van de Speelkaart) (M³). — *Visite : merc. et vend. (tous les jours juin-août) 14 h - 17 h ; en outre dim. et jours fériés 10 h - 12 h ; 20 F.*

Dans une maison patricienne du 16e s., un musée est consacré à cette industrie exercée à Turnhout depuis 1826.

Outre d'anciennes machines ayant servi à fabriquer ou à imprimer les cartes, il présente une riche collection de jeux de cartes de tous pays, les plus anciens datant des environs de l'an 1500.

Moulin à vent (Windmolen) *(par Otterstraat).* — Ce joli moulin édifié en 1848 a été restauré. Il est dénommé « De Grote Bengel », le polisson.

EXCURSIONS

Hoogstraten. — 14 260 h. *18 km à l'Ouest.* Carte Michelin n° 🔲 - pli 16.

Une grande avenue plantée de tilleuls traverse cette localité dominée par la magnifique tour-porche de son **église Ste-Catherine** (St.-Catharinakerk), en brique, rayée de bandes de pierre blanche. Reconstruite après sa destruction en 1944, elle reste imposante avec ses 105 m de haut.

L'église est l'œuvre de Rombaut Keldermans *(p. 126)* au 16e s. *Pour visiter, s'adresser à M. le Doyen (Deken-Pastoor) P. Hannes, Vrijheid 185, ☎ (031) 14.51.54.*

A l'intérieur, on voit en particulier, dans le chœur, de pittoresques stalles du 16e s. et le tombeau d'Antoine de Lalaing et de son épouse Élisabeth de Culembourg par Jean Mone. On admire également 14 vitraux du 16e s.

Béguinage (Begijnhof). — Fondé probablement à la fin du 14e s., il fut reconstruit après avoir été incendié en 1506.

C'est un enclos modeste avec ses fontaines, ses maisons basses, simples, entourant une pelouse ombragée.

L'église baroque du 17e s. est précédée d'un gracieux portail.

Baarle-Hertog (Baarle-Duc). — 2 144 h. *14 km au Nord*. Carte Michelin n° 🔟 - pli 16.

Baarle-Hertog est un village belge enclavé en territoire néerlandais. Au 12ᵉ s. le village de Baarle fut divisé en deux. Une partie revint au duc de Brabant (Baarle-Duc ou Baarle-Hertog), l'autre, rattachée à la seigneurie de Breda fut nommée **Baarle-Nassau** lorsque Breda, au début du 15ᵉ s. devint le fief de la famille de Nassau.

De nos jours, chacun possède sa mairie, son église, sa police, son école, son bureau de poste. La frontière établie en 1831 a scrupuleusement respecté les limites des communes. A l'exception de la Grand-Place où se tient le marché, qui est située aux Pays-Bas, le territoire des deux communes est très enchevêtré.

Si l'on reconnaît l'église belge à son bulbe bien caractéristique, le pays auquel appartiennent les maisons n'apparaît que sur les plaques portant leur numéro : les couleurs nationales y figurent.

VERVIERS Liège

Cartes Michelin nᵒˢ **409** - pli 16 et **🔢** - pli 23 — 56 209 h.

Dans la vallée de la Vesdre, à proximité des Fagnes, Verviers est une importante ville industrielle spécialisée dans l'industrie textile. Reconnue comme ville en 1651 seulement, elle renferme peu de monuments anciens. Au Sud la ville haute forme un quartier aisé aux maisons cossues dispersées dans la verdure.

Verviers est la ville natale du violoniste **Henri Vieuxtemps** (1820-1881). Henri Pirenne, auteur d'une Histoire de la Belgique en sept volumes, est aussi né à Verviers (1862-1935).

Le pain d'épices de Verviers est renommé.

VERVIERS

Brou (R. du)	A 2
Crapaurue (R.)	B
Martyr (Pl. du)	A
St. Laurent (Pont)	A 20
Spintay (R.)	A
Verte (Pl.)	A
Carmes (R. des)	B 3
Collège (R. du)	B 4
Concorde (R. de la)	A 7
Deru (R.)	B 8
Grandjean (R.)	A 9
Harmonie (R. de l')	A 12
Heusy (R. de)	B 13
Hodimont (R. de)	A 14
Palais de Justice (Pl. du)	B 15
Pont (R. du)	B 18
Raines (R. des)	B 19
Sécheval (R.)	B 23
Sommeleville (R. Pont)	B 24
Théâtre (R. du)	A 25
Thier-Mère-Dieu (R.)	B 28
Victoire (Pl. de la)	A 29

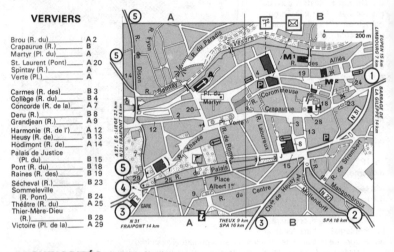

■ CURIOSITÉS *visite : 1 h 1/2*

Hôtel de ville (B H). — 18ᵉ s. Situé sur une butte, cet élégant édifice classique aux nombreuses fenêtres rehaussées d'une discrète décoration est précédé d'un **perron** (p. 114).

Musée des Beaux-Arts et de la céramique★ (B M¹). — *Visite : 9 h - 12 h et 14 h - 17 h (fermé vend.) ; dim. et j. fériés 10 h - 13 h et 15 h - 18 h.*

Installé dans un ancien hospice du 17ᵉ s., il abrite de riches collections de porcelaine, faïence belge et étrangère, grès anciens de Raeren, des peintures et sculptures du 14ᵉ au 19ᵉ s. : de Corneille De Vos, Portrait d'enfant, auréolé de dentelles, panneau de Pierre Pourbus aux nombreux personnages. Des gravures liégeoises du 16ᵉ à nos jours sont classées dans un meuble à tiroirs.

A l'étage, collection d'œuvres contemporaines (Tytgat, Magritte) et de non-figuratifs.

Musée d'Archéologie et de Folklore (B M²). — *Mêmes conditions de visite que le musée des Beaux-Arts.*

Situé dans un hôtel du 18ᵉ s., aux meubles de styles variés (Louis XIII à Charles X), il renferme un ensemble hollandais (Grand salon) et des souvenirs du violoniste Henri Vieuxtemps; au 1ᵉʳ étage, un salon Louis XV liégeois; au 2ᵉ, des objets provenant des fouilles de la région. Une intéressante section de **dentelles**★ est présentée par tiroirs, des agrandissements photographiques permettant d'apprécier la finesse du travail.

(D'après photo musée des Beaux-Arts)

Portrait d'enfant, par Corneille De Vos

Église Notre-Dame (A A). — Reconstruite au 18ᵉ s., elle est depuis le 17ᵉ s. le siège d'un pèlerinage à la Vierge Noire des Récollets, dont la statue, lors d'un tremblement de terre (1692), se retrouva dans une attitude étrangement modifiée.

EXCURSIONS

Barrage de la Gileppe★★. — *13 km à l'Est par ① du plan. Schéma p. 153.*

Il a été édifié sur la Gileppe, affluent de la Vesdre, de 1867 à 1875, et surélevé de 1967 à 1971. Haut de 62 m, long de 320 m sur une base rocheuse de 235 m, il a vu sa capacité doubler depuis les travaux et s'élever à 26 000 000 m³. Il sert à l'alimentation de la région en eau potable et industrielle.

Du belvédère, la **vue★★** est splendide sur ce vallon boisé, le superbe lion qui domine la crête du barrage, la retenue de plus de 120 ha *(activités sportives interdites sur le lac et ses rives)*.

Limbourg. — 5 351 h. *7,5 km à l'Est par ① du plan.*

Perchée sur un rocher au-dessus de Dolhain qui s'étale dans la vallée de la Vesdre, Limbourg fut la capitale d'un duché jusqu'au 13ᵉ s. : après la bataille de **Worringen,** en 1288, le Limbourg est rattaché au Brabant dont il partage le destin jusqu'à la fin du 18ᵉ s. Importante place forte, Limbourg fut maintes fois assiégée, notamment par Louis XIV.

Ses remparts, sa vieille église St-Georges, de style gothique, ses ruelles tranquilles et sa place centrale pavée et plantée de tilleuls forment un ensemble très pittoresque.

Croix de Charneux; Val-Dieu. — *15 km au Nord. Sortir par ⑤ du plan. A Battice, prendre la N 27 puis à droite vers Charneux. A Charneux, se diriger vers Thimister et tourner à gauche à 1 km après un petit pont.* La grande **croix de Charneux,** en béton, a été édifiée sur une colline de 269 m d'altitude d'où la vue est belle sur la région. A côté, subsiste la coupole d'un poste d'observation (1932-1935) du fort de Battice qui défendait Liège.

En continuant vers le Nord, gagner le Val-Dieu.

Abbaye du Val-Dieu. — Située dans la charmante vallée de la Berwinne, cette abbaye, fondée vers 1216, est occupée par des Cisterciens depuis 1844. La vaste cour de la ferme abbatiale précède l'ancien quartier des hôtes de 1732, à gauche duquel s'étendent les bâtiments abbatiaux *(on ne visite pas)* et l'église. Reconstruite en 1934, celle-ci conserve un chœur gothique. A l'intérieur, belles stalles Renaissance.

VEURNE ★ (FURNES) West-Vlaanderen

Cartes Michelin nᵒˢ **409** - pli 1 et **2** - pli 1 — *Schéma p. 122* — 11 212 h.

Furnes groupe ses monuments autour d'une magnifique Grand-Place où le luxe de la décoration flamande est tempéré par une dignité un peu solennelle et tout espagnole.

C'est, en effet, pendant le règne des archiducs Albert et Isabelle, période de prospérité, que furent construits la plupart de ses monuments.

Place forte au 9ᵉ s., Furnes s'agrandit et s'entoura d'une enceinte au 14ᵉ s. Vauban aménagea ses fortifications qui furent rasées en 1783 par l'empereur Joseph II.

Elle fut le quartier général de l'armée belge en 1914, lors de la bataille de l'Yser. Elle fut bombardée pendant les deux guerres mondiales.

Chaque année ont lieu, le lundi de Pentecôte, un grand marché aux fleurs et, en août *(sam. avant le 15),* un marché de nuit avec fête brueghélienne.

La Procession des Pénitents★★. — *P. 12.* Tous les ans, la confrérie de la Sodalité, fondée en 1637, organise dans la ville un défilé de chars où des groupes représentent la vie et la mort du Christ, suivi d'un cortège d'environ deux cents pénitents, vêtus d'une sombre robe de bure, coiffés d'une cagoule, allant pieds nus et portant une lourde croix. Georges Rodenbach les évoque dans Le Carillonneur. La confrérie de la Sodalité participe également à un chemin de croix dans les rues tous les vendredis soirs pendant le carême, tous les soirs pendant la Semaine sainte et le Jeudi saint à minuit.

■ GRAND-PLACE★★ (Grote Markt) visite : 2 h

Très vaste, elle s'entoure de beaux monuments et de maisons anciennes, surmontées d'imposants pignons, frontons et corniches, et datant pour la plupart du début du 17ᵉ s.

Hôtel de ville (Stadhuis) (H). — *Pour visiter, s'adresser à l'Office de Tourisme ; 20 F.*

Construit en 1596 (partie gauche) et 1612 (partie droite), dans le style Renaissance flamande, avec une façade à deux frontons precédée d'une élégante loggia, il possède à l'arrière-plan une tourelle d'escalier se terminant par un petit bulbe.

A l'intérieur, on voit des murs tendus de magnifiques **cuirs★** de Cordoue (salle de réception) ou de Malines (salle du conseil et des mariages).

La salle du collège est garnie de velours bleu d'Utrecht.

Des meubles du 18ᵉ s., des tableaux dont une nature morte attribuée à Paul De Vos sont aussi à signaler.

On visite également, en général, la salle d'audience du palais de justice qui communique avec l'hôtel de ville.

Palais de justice (Gerechtshof) (J). — Cette ancienne châtellenie (1618) est inspirée de l'hôtel de ville d'Anvers.

Derrière le palais de justice se dresse le **beffroi** (1628) (**A**), gothique mais surmonté d'un couronnement baroque.

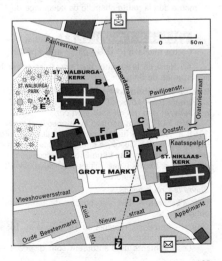

VEURNE*

Église Ste-Walburge (St.-Walburgakerk). — *Accès par une ruelle à droite du palais de justice. Visite : 8 h - 12 h et 14 h - 18 h ; nov.-fév. fermé mardi et jeudi.*

Le première église, détruite par les Normands, fut reconstruite au 12e s., dans le style roman. Un nouvel édifice, entrepris au 13e s. sur des plans ambitieux, ne fut jamais terminé. Seuls furent réalisés le chœur, particulièrement impressionnant avec ses 27 m de haut et ses multiples arcs-boutants et, au 14e s., la base d'une tour, située dans le square voisin (**E**). La partie romane de l'église a été refaite au 20e s.

À l'intérieur, les proportions sont harmonieuses et imposantes. On remarque les stalles Renaissance flamande (1596), une chaire de H. Pulinx (1727) représentant la vision de saint Jean à Patmos, des orgues et un jubé du 18e s.; peintures flamandes du 17e s.

Dans le square à l'Ouest de l'église se trouvait le château fort construit par le comte Baudouin Bras de Fer.

Au Nord de la Grand-Place, remarquer un ensemble de **cinq maisons** à beaux pignons agrémentés de lourdes fenêtres à pilastres (**F**).

Rue du Nord (Noordstraat). — Dans l'ancienne auberge de la Noble Rose, Die Nobele Rose (1572), transformée en banque, logea en 1906 l'écrivain autrichien Rainer Maria Rilke. En face, un petit monument (**B**) a été érigé à la mémoire de l'éclusier de Nieuport qui provoqua des inondations en 1914 *(p. 136).*

Pavillon espagnol (Spaans Paviljoen) (C). — À l'angle de la Grand-Place et de la rue de l'Est (Ooststraat), ce bâtiment, élevé au 15e s., servit d'hôtel de ville jusqu'en 1586. Quartier général des officiers espagnols au 17e s., il abrite aujourd'hui la Justice de Paix.

Ancienne boucherie (Oud Vleeshuis) (K). — Cette halle aux viandes, édifiée en 1615, présente une jolie façade. Restaurée, elle est occupée par le V.V.V. et la bibliothèque municipale.

Grand'Garde (Hoge Wacht) (D). — Au fond de la Grand-Place, au Sud, une maison à arcades construite en 1636 abritait l'ancien corps de garde.

Sa façade latérale donne sur le marché aux pommes (Appelmarkt) où s'élève l'église St-Nicolas.

Église St-Nicolas (St.-Niklaaskerk). — Elle est dominée par une belle tour massive en brique, du 13e s., gardienne d'une des plus anciennes cloches flamandes, la Bomtje (1379).

L'intérieur est du type halle, avec trois vaisseaux d'égale hauteur. Sur le maître-autel, un intéressant triptyque (1534) attribué par certains à Van Aemstel, beau-frère de Pieter Coecke, par d'autres à Van Orley, représente la Crucifixion.

EXCURSIONS

Lo. — *15 km au Sud-Est.*

Cette petite ville a gardé de ses remparts du 14e s. une porte flanquée de tourelles. Sa belle **église** du 14e s., de type halle, surmontée d'une flèche à crochets, a été en partie reconstruite en 1924. Elle abrite un intéressant mobilier des 17e et 18e s. *Si l'église est fermée, s'adresser au presbytère, Noordstraat 1.*

Wulveringem; Izenberge. — *12 km au Sud.*

Wulveringem. — Le **château de** (kasteel van) **Beauvoorde** a été construit aux 16e et 17e s. à l'emplacement d'un château détruit.

C'est un charmant édifice à pignons à redans, entouré d'eau et dissimulé derrière les grands arbres d'un parc. *Visite accompagnée : juin-sept. 14 h - 18 h ; fermé lundi et 3e mardi et merc. de juil. ; 50 F.*

L'intérieur a été décoré par son dernier propriétaire Arthur Merghelynck *(p. 106) :* boiseries du 17e s., riches collections de meubles anciens et d'objets d'art (tableaux, céramique).

Izenberge. — Le **musée régional Bachten de Kupe,** consacré au folklore local, comprend trois sections : une maison d'habitation traditionnelle, un musée proprement dit riche de multiples collections (outils, ustensiles, artisanat, souvenirs), enfin un musée de plein air *(en cours d'aménagement)* où sont reconstitués différents bâtiments ruraux abritant du matériel agricole ancien. *Visite : 10 h - 11 h 30 et 14 h - 17 h (18 h de mai à oct. sauf sam. soir) ; fermé matin des dim. et j. fériés ; 40 F.*

L'église gothique dont l'intérieur s'agrémente de boiseries anciennes, est intéressante, de même que la petite chapelle de pèlerinage du 17e s. située à proximité.

VILLERS-LA-VILLE ★★ Brabant ──────────────────────

Cartes Michelin nos **409** - pli 13 et **2** - pli 19 - 7 343 h.

Au Nord de la localité, les admirables **ruines de l'abbaye** de Villers-la-ville sont les plus importantes de Belgique.

Ruines de l'abbaye★★. — *Visite : 9 h - 18 h (20 h mai-août) ; nov.-fév. dim. et j. fériés seulement 9 h - 16 h ; 50 F. Entrer au moins 1/2 h avant la fermeture. Illuminations nocturnes sam. et dim. de mi-août à fin oct.*

Dès 1147, saint Bernard avait posé les fondations de l'abbaye. Mais c'est seulement de 1198 à 1209 que furent construits église et cloître. Le couvent, ravagé au 16e s. par les Espagnols et les Gueux, s'entoura d'une enceinte fortifiée en 1587. En 1789, les Autrichiens mirent à sac les bâtiments qu'occupèrent les Français en 1795.

Face à l'entrée des ruines se trouve, sur la Thyle, l'ancien **moulin** à eau du 13e s. transformé en restaurant.

Suivre le circuit fléché.

Cour d'honneur. — Elle est bordée de bâtiments du 18e s., en ruines : à droite, palais abbatial.

Cloître. — Immense, remanié au 14e s. puis au 16e s., il est d'une élégance robuste avec ses arcades surmontées d'un oculus.

Les bâtiments qui l'entourent sont disposés suivant la formule presque immuable des maisons cisterciennes : à l'Est la **salle capitulaire** refaite au 18ᵉ s., non loin de laquelle se voit le gisant de Gobert d'Aspremont (13ᵉ s.); au-dessus, les dortoirs également refaits au 18ᵉ s.; au Sud, le chauffoir, le réfectoire, perpendiculaire au cloître, et la cuisine; à l'Ouest, les celliers au-dessus desquels sont les dortoirs des convers dont le nombre s'élevait à 300 au 13ᵉ s.

Église. — Du début du 13ᵉ s., elle s'est effondrée en 1884. Elle est d'une sobriété à la fois robuste et émouvante, tout à fait cistercienne. L'abside et le transept étaient éclairés par des oculi de l'école d'Ile-de-France, d'un effet original.

Sortant de l'église par la façade, on visite la **brasserie** (13ᵉ s.), puis on contourne le chevet de l'église pour traverser le **quartier abbatial** des 17ᵉ et 18ᵉ s.

Église paroissiale de Villers. — Elle abrite en particulier deux beaux **retables** brabançons des 15ᵉ et 16ᵉ s., superposés, qui illustrent la vie de la Vierge et de l'Enfant Jésus; une chaire du 17ᵉ s.; un Christ au tombeau de 1607; des portraits des abbés de Villers; le monument funéraire des seigneurs de Marbais (17ᵉ s.). Les onze vitraux modernes sont signés F. Crickx et G. Massinon.

(D'après photo Ad. Turpin, T.C.B.)

Ruines de l'abbatiale

VIRTON Luxembourg ————————————————————
Cartes Michelin nᵒˢ **409** - pli 25 et **4** - pli 11 (cartouche) — 10 365 h.

Tout au Sud de la Belgique, Virton est une localité pittoresque, capitale de la **Gaume**, région dont le climat est plus doux que dans le massif ardennais voisin.

Contrairement aux zones situées à l'Est, on parle en Gaume un dialecte roman.

Musée gaumais. — *Rue d'Arlon. Visite : 9 h 30 - 12 h et 14 h - 18 h ; hors saison 10 h - 12 h et 14 h - 16 h ; fermé mardi et du 1ᵉʳ janv. à Pâques ; 25 F.*

Il est installé dans l'ancien couvent des Récollets dont la tour possède un jaquemart.

Ce musée régional est consacré à l'archéologie et à l'ethnographie locales. Outre les pièces provenant de fouilles pratiquées dans la Gaume, il contient une multitude d'objets artisanaux, notamment une collection de pièces de fonte (« taques » de cheminée, chenets), rappelant que la Gaume était jadis connue pour ses forges. Aux étages, des reconstitutions d'intérieurs (cuisine gaumaise), d'ateliers complètent cet intéressant ensemble.

EXCURSIONS

Montauban. — *10 km au Nord. Prendre la route d'Arlon, puis, dans Ethe, une route à gauche vers Buzenol.*

Au Sud de Buzenol, près d'anciennes forges installées au bord du ruisseau, ce mont boisé de 340 m d'altitude a été occupé avant et pendant l'époque romaine. On y voit les vestiges des différentes fortifications.

Un petit **musée** a été édifié (Musée Buzenol — Montauban). *Visite : de Pâques à fin sept. dim. ap.-midi, en juil.-août tous les ap.-midi ; 25 F.*

Il renferme de nombreux bas-reliefs gallo-romains découverts sur le site. Le plus célèbre représente la partie avant du « vallus », moissonneuse celtique décrite par Pline l'Ancien. Sa reconstitution en miniature a pu être effectuée d'après un bas-relief du musée Luxembourgeois d'Arlon où figure le conducteur d'un « vallus ».

Montquintin; Torgny. — *7 km au Sud par la route de Montmédy. Tourner à droite à Dampicourt.*

Montquintin. — Le village est perché sur une crête à plus de 300 m d'altitude. Près de l'église, une ferme de 1765 abrite le **musée de la Vie paysanne.** *Visite : de Pâques à mi-sept. dim. et j. fériés 14 h - 18 h ; tous les jours en juil.-août ; 25 F.*

Un intérieur régional, une grange où sont exposés des instruments agricoles, y évoquent la vie rurale d'antan en Gaume.

Torgny. — C'est la localité la plus méridionale de Belgique. Très fleuries, ses maisons en pierre un peu dorée, parfois crépies, au toit de tuiles romaines, s'alignent sur le versant bien exposé d'une vallée dont le climat, particulièrement doux, permet la culture de la vigne.

WALCOURT Namur ————————————————————
Cartes Michelin nᵒˢ **409** - pli 13 et **4** - pli 3 — 14 602 h.

Cette petite cité, vieux bourg pittoresque, est une ancienne place forte.

Chaque année *(p. 12)* se déroule une procession célèbre en l'honneur de N.-D. de Walcourt; elle accomplit un périple autour de la ville, appelé **« Le Grand Tour ».** Elle est rehaussée d'une escorte ou **« marche militaire »** *(p. 80),* comprenant des soldats de l'époque napoléonienne ou des zouaves, accompagnés de fifres et de tambours.

Au milieu de la journée, autour d'un bouleau, le « Jeu scénique du Jardinet » commémore le miracle de la statue de la Vierge qui, fuyant la basilique incendiée au 13ᵉ s., aurait été retrouvée sur un arbre.

Basilique St-Materne★. — Située sur une butte, à l'emplacement d'un édifice roman mosan dont il subsiste les parties basses de l'avant-corps, l'église, gothique, a été édifiée du début du 13ᵉ s. au début du 16ᵉ s.

Elle est surmontée d'un amusant clocher à bulbe du 17ᵉ s. (reconstruit en 1926).

L'**intérieur** sobre, à cinq vaisseaux en pierre grise et brique, possède un riche mobilier.

Le remarquable **jubé★** en pierre blanche (1531) offert, dit-on, par Charles Quint, est de structure gothique mais sa décoration Renaissance prodigue des statues, des médaillons, des rinceaux; il est surmonté par un Calvaire du 16ᵉ s.

Les stalles du 16ᵉ s. également, très simples, sont sculptées aux miséricordes de motifs satiriques.

Dans le bras gauche du transept se trouve la statue de N.-D. de Walcourt. Cette Vierge en majesté du 10ᵉ s. est l'une des plus anciennes de Belgique. En bois, elle est couverte de plaques d'argent.

Trésor★. — *S'adresser à M. le Doyen, rue de la Basilique, 20 (derrière le chevet). De préférence ☎ (071) 61.13.66. Visite accompagnée, en dehors des offices : 9 h - 12 h et 14 h - 18 h.*

Conservé au presbytère, le trésor contient de précieux objets d'art : ostensoir du 15ᵉ s., Vierge en argent du 14ᵉ s., petit reliquaire-tourelle du 13ᵉ s., et surtout croix-reliquaire (13ᵉ s.) à la délicate décoration, caractéristique du style du célèbre orfèvre Hugo d'Oignies (p. 134).

WATERLOO ★ Brabant

Cartes Michelin nᵒˢ 409 - pli 13 et 2 - pli 18 — *Schéma p. 78* — 24 536 h.

« Waterloo ! Waterloo ! Waterloo ! morne plaine !... »

A Waterloo, le 18 juin 1815, les Alliés, Anglo-Hollandais commandés par Wellington et les Prussiens dirigés par Blücher mirent un terme à l'épopée napoléonienne.

La bataille. — Deux armées alliées se dirigent vers la France. Napoléon, à marches forcées, s'avance à leur rencontre et conçoit le plan audacieux de les écraser séparément.

Le 14 juin, il s'arrête à Beaumont *(p. 54)*. Le 16, l'empereur remporte sur Blücher, à **Ligny** *(au Nord-Est de Charleroi),* une victoire chèrement payée. Ney s'est battu sans succès contre les Anglais aux Quatre-Bras.

Le 17, Napoléon part à la rencontre de Wellington. Il arrive dans la nuit dans la plaine du mont St-Jean et occupe la **ferme du Caillou.**

Wellington, dont les troupes bivouaquent près du mont St-Jean, a installé son quartier général au village de **Waterloo.**

Le 18, le mauvais temps ayant retardé l'arrivée de certaines troupes françaises, le combat ne s'engage que vers midi.

Tandis que sur la butte du cabaret de la **Belle Alliance** sont installés l'artillerie française et le poste d'observation de Napoléon, la **ferme de Hougoumont** est le lieu d'une rencontre très meurtrière entre les Anglais et les Français, qui durera jusqu'à la nuit. Puis c'est le tour de la ferme de la **Haie Sainte,** emportée par les Français après des combats acharnés, et de la ferme de la **Papelotte.**

Enfin, vers 16 h, sous un soleil de plomb, les Français s'engagent dans le fameux **« chemin creux »** où se brisent les furieuses charges de cavalerie conduites par Ney et Kellermann.

Napoléon attend le renfort des 30 000 hommes de Grouchy, devant arriver de Wavre à l'Est. Mais Blücher, ayant regroupé ses troupes et échappant à Grouchy, tourne la droite française pour opérer sa jonction avec l'armée anglaise : les premières troupes prussiennes s'emparent alors de **Plancenoit.**

Napoléon, cerné, envoie la Vieille Garde à la rencontre des troupes anglaises. Au passage du chemin creux, c'est le massacre.

A la nuit tombante, dans un champ de bataille jonché de 49 000 morts, s'effectue la retraite des troupes françaises, transformée en déroute malgré les efforts héroïques de Ney. A la **Belle Alliance,** Wellington rencontre Blücher.

En 1861, Victor Hugo séjourna à l'Hôtel des Colonnes, aujourd'hui disparu, pour écrire le chapitre des Misérables concernant la bataille, déjà évoquée par Stendhal dans les premières pages de la Chartreuse de Parme (1839).

■ LE CHAMP DE BATAILLE

Très modifié depuis 1815 (une autoroute le traverse), il est constellé de bâtiments historiques et de monuments commémoratifs.

La butte du lion. — *Visite : mai-août 8 h 30 - 12 h et 13 h 30 - 18 h 30 ; nov.-fév. 10 h - 14 h 30 ; le reste de l'année 9 h 30 - 12 h et 13 h 30 - 16 h 30.*

Haute de 45 m, elle a été élevée en 1826 par le royaume des Pays-Bas, à l'endroit où le prince d'Orange fut blessé en combattant la Vieille Garde.

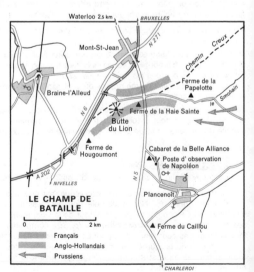

LE CHAMP DE BATAILLE

Français
Anglo-Hollandais
Prussiens

La butte est surmontée d'un lion de fonte pesant 28 tonnes. Une légende, erronée, veut que celui-ci ait été coulé avec les canons ramassés sur le champ de bataille.

Du sommet, on a une bonne vue d'ensemble du site. Au pied, au Sud, le fameux chemin creux a été fortement nivelé, la terre environnante ayant servi à constituer la butte.

Musée des Cires. – *Visite : de Pâques à fin août 9 h - 18 h ; sept.-oct. 10 h 15 - 16 h 45 ; 30 F.*

Près de la butte, c'est un petit musée où quelques personnages en cire évoquent le dernier conseil tenu par Napoléon et son état-major dans la ferme du Caillou.

Panorama de la bataille. – *Visite : 9 h 30 - 18 h ; 40 F.*

Au pied de la butte, cet immense édifice circulaire construit en 1912 abrite une toile de 110 m de circonférence réalisée en 1913-1914 par le peintre français Louis Dumoulin.

Elle représente la bataille au moment où Ney engage la cavalerie dans le chemin creux.

Ferme du Caillou. – *Visite : 10 h - 19 h ; nov.-mars 13 h - 18 h ; fermé mardi ; 15 F.*

Située tout au Sud du champ de bataille, elle fut le quartier général de Napoléon, la veille des combats. On y voit la reconstitution de sa chambre et quelques objets lui ayant appartenu.

■ LA VILLE

Musée Wellington (Wellington Museum). – *Visite : 9 h - 12 h et 13 h - 18 h ; fermé lundi de sept. à juin ; 30 F.*

La maison où Wellington avait installé son quartier général a été transformée en musée. Dans une succession de petites salles dont la chambre de Wellington, des gravures, des armes, des documents, des souvenirs évoquent l'histoire de l'Europe en 1815.

Une grande salle moderne est consacrée à la bataille de Waterloo : on peut y lire en plusieurs langues les récits des épisodes de la bataille.

Église St-Joseph. – En face du musée, cette église, précédée d'une chapelle royale (1687), surmontée d'un dôme, renferme des dalles portant les noms des officiers et soldats anglais et hollandais tombés à Waterloo.

WAVRE Brabant

Cartes Michelin nᵒˢ **409** - pli 13 et **2** - pli 19 — 24 742 h.

Wavre (prononcer « ouavre ») située parmi les collines, dans la vallée de la Dyle, est un important nœud routier. Devant l'hôtel de ville, installé dans une ancienne église, la statuette du Maca, gamin rieur, symbolise l'esprit frondeur des habitants.

Walibi. – *6 km au Sud-Ouest par Limal et la N 168 en direction de Wavre. Visite : d'avril à sept. 10 h - 19 h ; 250 F.*

Ce grand parc récréatif de 50 ha, réalisé en 1975, est le plus fréquenté du pays. Il offre une multitude d'attractions (le vertigineux Tornado, la grande roue haute de 50 m) et de spectacles (dauphins savants, etc.).

YPRES Voir Ieper

ZEEBRUGGE West-Vlaanderen

Cartes Michelin nᵒˢ **409** - pli 2 et **2** - pli 3 — *Plan dans le guide Michelin Benelux.*

Zeebrugge ou Bruges-sur-Mer est le seul port côtier belge en eau profonde. Inauguré en 1907, il est relié à Bruges par le canal Baudouin.

C'est aussi une agréable station balnéaire dotée d'un petit port de plaisance.

Zeebrugge servit de base aux sous-marins allemands au cours de la Première Guerre mondiale. Elle fut rendue célèbre par l'opération anglaise dont elle fut l'objet dans la nuit du 22 au 23 avril 1918 et qui, bloquant le canal, rendit le port inutilisable.

Un port polyvalent. – L'**avant-port** est accessible aux pétroliers de 250 000 t partiellement chargés. Comme Ostende, il possède des services réguliers pour passagers, desservant l'Angleterre (car-ferries pour Douvres, Felixstowe et Hull, train-ferry pour Harwich). C'est un port de conteneurs et de roll on-roll off en relation avec l'Angleterre, la Suède, la Norvège, l'Australie, l'Amérique du Nord, la Nouvelle-Zélande, l'Afrique occidentale, l'Afrique du Sud. Il fonctionne également comme port d'escale de croisières et comme port de plaisance. C'est enfin, après Ostende, le deuxième port de pêche de Belgique, pour la quantité du poisson pêché et le premier pour la valeur de la pêche.

Par une écluse, l'avant-port communique avec l'**arrière-port** équipé de trois bassins situés entre le canal Baudouin et les canaux de dérivation Léopold et Schipdonk.

L'extension du port. – De nouvelles installations destinées à compléter l'avant-port sur une distance de 1,7 km au large, sont en construction depuis 1978, à l'Est et à l'Ouest du port. Il est prévu notamment, à l'Est, un terminal d'arrivée et de stockage pour le gaz naturel provenant d'Algérie et du Nigéria.

D'autre part, des travaux d'aménagement d'un nouvel arrière-port ont été entrepris en 1972. Les navires de 125 000 t y auront accès grâce à la réalisation d'une deuxième écluse de 500 m de long, qui doit être terminée en 1983.

Au Nord de l'arrière-port, une zone d'entrepôts et d'industries sera aménagée.

■ CURIOSITÉS *visite : 1 h*

Le môle (Leopold II dam). – Long de 2,5 km, en arc-de-cercle, il protège l'avant-port. Il est équipé d'une gare maritime. Sa crête constitue une belle promenade. A l'extérieur de cette digue doivent s'étendre les nouveaux aménagements portuaires.

Port de pêche (Vissershaven). – Il est précédé du port de plaisance. On peut y observer le mouvement des bateaux de pêche, spectacle pittoresque et coloré, et assister dans la « minque » (vismijn) à la criée *(à 7 h pour les poissons, à 10 h et 15 h pour les crevettes).*

Lissewege. — *4 km par ② du plan.*

Près du canal Baudouin, le coquet village de Lissewege est dominé par l'imposante **tour** en brique de son église. Édifiée au 13e s., reconstruite aux 16e-17e s., celle-ci conserve son allure d'origine (chœur tournaisien, triforium).

De **Ter Doest** *(1 km au Sud de Lissewege)*, filiale de l'abbaye des Dunes à Coxyde, il ne reste que la chapelle, la ferme à tourelle (une partie est aménagée en restaurant) et la vaste et belle **grange abbatiale★** (13e s.), ornée de moulures en briques de style gothique et surmontée d'une admirable charpente de chêne.

ZOUTLEEUW ★ (LÉAU) Brabant _____

Cartes Michelin nos **409** – pli 14 et **2** – pli 21 – 7 832 h.

Léau, petite ville flamande silencieuse et pittoresque, jadis place forte protégée par de puissantes murailles (14e et 17e s.) et centre drapier, se groupe autour d'une intéressante église.

Léau fut pillée en 1678 par les troupes de Louis XIV; au 18e s. ses fortifications furent démolies. Depuis, la cité s'est endormie sur son passé.

Église St-Léonard★★ (St.-Leonarduskerk). — *Visite sauf pendant les offices : 9 h 30 - 12 h et 13 h 30 - 18 h (dim. et j. fériés 11 h - 12 h et 13 h 30 - 17 h) ; de début oct. à Pâques 9 h 30 - 12 h et 13 h 30 - 16 h (17 h sam.) ; 20 F. De préférence, ☎ (011) 78.91.07 ou 78.92.20.*

C'est un bel édifice dont la construction s'est étalée sur plusieurs siècles : au 13e s. est édifié le chevet, qu'entoure un passage extérieur à colonnettes, et le bras Nord du transept, au 14e s. la nef et le bras Sud du transept. Au 15e s., Mathieu de Layens construit la charmante sacristie flamboyante qui fait face à l'hôtel de ville. Le clocher du 16e s., reconstruit en 1926, abrite un carillon de 39 cloches.

L'intérieur qui a échappé aux iconoclastes du 16e s. est un véritable **musée★★** d'art religieux.

Dans la nef centrale est suspendu un « marianum » (**1**) de 1530, statue de la Vierge à deux faces.

Dans le **bas-côté droit** on trouve, dans la 2e chapelle, le retable de sainte Anne (**2**), en bois, à volets peints (1565); en face, un triptyque, du 16e s., en bois doré, à volets peints, dont le sujet est la Glorification de la Sainte-Croix (**3**). Dans la 3e chapelle, triptyque peint par Pieter Aertsen en 1575 : les médaillons représentent les Sept Douleurs de la Vierge (**4**). Un intéressant Christ roman du 11e s. (**5**) surmonte la porte de la quatrième chapelle.

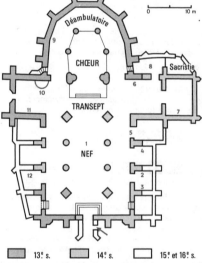

Le **bras droit du transept** conserve le plus beau retable (**6**) sculpté par le Bruxellois Arnould de Maeler, vers 1478, œuvre qui conte la vie de saint Léonard : une statue du saint plus ancienne (1300) a été placée au centre. Dans une chapelle à l'extrémité du transept, belle collection de statues des 16e et 17e s. (**7**).

L'ancienne salle du chapitre (**8**) renferme un intéressant **trésor :** orfèvrerie, dinanderie, ornements liturgiques.

Le long du **déambulatoire** est disposée une exceptionnelle série de statues du 12e au 16e s. On y voit également un superbe chandelier pascal (**9**) à 6 branches en cuivre, exécuté par Renier de Tirlemont en 1483 et au sommet duquel figure un Calvaire aux personnages d'une émouvante sobriété.

Dans le **bras gauche du transept** se trouve le magnifique **tabernacle★★** (**10**) en pierre d'Avesnes qui fait l'orgueil de Léau. Il a été réalisé en 1551 par l'Anversois Corneille Floris. Haut de 18 m et à 9 étages, il est orné de groupes comprenant 200 statuettes de personnages remarquables par la vérité de leur expression et la spontanéité de leurs attitudes. Si la facture pittoresque de celles-ci atteste encore l'art gothique, la décoration et la composition marquent l'influence italienne.

A la base sont représentées des offrandes de l'Ancien Testament, au-dessus, des scènes du Paradis terrestre, puis, surmontant la niche du tabernacle, la Cène et des épisodes de l'Ancien Testament. Aux étages supérieurs, qui se superposent en pyramide, figurent une multitude de personnages (Vertus, Pères de l'Église); au sommet, la Vierge.

Frans Floris, frère de Corneille, est l'auteur présumé d'un triptyque (**11**), Baptême du Christ, faisant face au tabernacle.

Dans les chapelles du **bas-côté gauche**, on remarque des statues et, dans l'avant-dernière chapelle (Notre-Dame), des médaillons peints représentent les Sept Joies de la Vierge (**12**), par Pieter Aertsen (1554).

Hôtel de ville (Stadhuis). — Construit sous Charles Quint (1530), sur des plans attribués au Malinois Rombaut Keldermans, c'est un charmant édifice Renaissance; précédée d'un perron ouvragé, la façade surmontée d'un pignon à redans s'ouvre par de hautes baies en anses de panier. A droite, la **halle aux draps,** dont la façade de brique est striée de bandes de pierre blanche, date du 14e s.

GRAND-DUCHÉ DE LUXEMBOURG

Les prix sont donnés en francs luxembourgeois.

BERDORF

Cartes Michelin n⁰ˢ 409 - pli 27 et 4 - pli 20 — *Schéma p. 180* — 639 h.

Au cœur de la Petite Suisse luxembourgeoise, c'est un centre d'excursions situé sur un plateau dont les rebords en « côtes » *(p. 16)* dominent la vallée de la Sûre et le Mullerthal. Une école d'escalade s'y exerce.

Dans l'église, le maître-autel a pour socle un bloc sculpté romain où sont représentées quatre divinités : Minerve, Junon, Apollon, Hercule.

■ PROMENADES A PIED

De nombreux sentiers de promenade peuvent être empruntés au départ de Berdorf. Ils sont indiqués sur un panneau installé sur la place de l'église.

Promenade B. — Ce sentier *(voir aussi p. 181)* qui au Nord-Ouest de Berdorf suit le rebord de la « côte » puis descend vers Grundhof est ici particulièrement remarquable. Il relie des points de vue qu'on peut atteindre également par des routes venant de Berdorf :

Ile du Diable★★. — *Laisser la route de Mullerthal à gauche et continuer vers le cimetière. Au-delà, prendre à gauche un chemin pédestre longeant à droite le terrain de camping.*

En traversant à pied d'agréables pinèdes, on atteint *(5 mn)* le rebord de la « côte » : **vues magnifiques** sur le Mullerthal et un arrière-pays boisé et sauvage où se situe Beaufort.

Au Sud du rocher de l'île du Diable se trouve la **Zickzackschluff★**, impressionnante fissure au tracé saccadé que l'on peut parcourir à pied.

Les Sept Gorges★ (Siewenschluff). — *Prendre la route de Hammhof (ferme de Hamm) au Nord puis à gauche.*

Suivre la promenade F 2 vers l'île du Diable puis le sentier menant au plateau *(10 mn)* : magnifique **point de vue** sur la vallée de la Sûre et ses abords boisés.

Kasselt★. — Au Nord des Sept Gorges, c'est un promontoire de 353 m d'altitude offrant une **vue** étendue sur la vallée de la Sûre, qui forme ici un méandre à son confluent avec l'Ernz Noire, et sur le site de Grundhof.

Werschrumschluff★. — *2 km au Sud par la route de Mullertal.*

A gauche un rocher surplombant la chaussée porte le nom de **chaire à prêcher** (Predigtstuhl). Au-delà, on peut parcourir la **Werschrumschluff,** immense crevasse entre deux hautes parois rocheuses.

CLERVAUX ★

Cartes Michelin n⁰ˢ 409 - Nord du pli 26 et 4 - plis 9, 19 — 883 h.

Clervaux est un important centre touristique, bâti dans un **site★★** remarquable au cœur d'une région très boisée de l'Oesling *(p. 16)*. Ses toits d'ardoise se groupent sur un promontoire formé par la Clerve, autour de son château féodal et de l'église paroissiale, construite en 1910 dans le style roman rhénan. A l'Ouest, sur la colline, l'abbaye de St-Maurice domine la vallée de ses toits enfouis dans les arbres.

Clervaux est intégré dans le parc naturel germano-luxembourgeois *(p. 17)*.

Points de vue★★. — De la route venant de Luxembourg, deux belvédères offrent de bonnes vues d'ensemble sur le site de la ville.

■ CURIOSITÉS *visite : 1 h*

Château★. — *Visite : 10 h - 17 h ; de mi-sept. à Pentecôte dim. et j. fériés seulement 13 h - 17 h ; fermé janv., fév. ; 25 F par exposition.*

C'est une forteresse du 12ᵉ s. remaniée au 17ᵉ s. et flanquée de plusieurs tours : au Sud, tour de Bourgogne, surmontée d'un petit clocheton et tour de Brandebourg, plus trapue, à droite.

Dans l'aile Renaissance *(au Nord)*, restaurée, **exposition de maquettes★** des manoirs et forteresses du Grand-Duché. Au 2ᵉ étage, exposition de photographies d'Edward Steichen, artiste d'origine luxembourgeoise : The family of Man.

Dans l'aile Sud se trouve une exposition de souvenirs de la bataille des Ardennes *(p. 53)*.

Abbaye St-Maurice et St-Maur. — *Ouverte 9 h - 20 h. Messe en chant grégorien tous les jours à 10 h 30.*

Fondée en 1909 par des bénédictins de Solesmes, abbaye française de la vallée de la Sarthe, c'est un vaste ensemble en schiste brun reconstruit en 1945.

L'**église abbatiale,** rebâtie dans un style assez différent de l'église primitive rhénane, est précédée d'une belle tour hexagonale d'aspect roman bourguignon, rappelant la tour de l'Eau-Bénite de l'ancienne abbaye de Cluny.

L'intérieur, qui a la sobriété caractéristique des édifices romans, s'éclaire de vitraux chatoyants. A gauche, près de l'entrée, retable de la Pietà (15ᵉ s.) aux dais finement ajourés. Le maître-autel, dû au sculpteur français Kaeppelin, est orné de quatre sujets ailés. Dans les croisillons, deux retables rhénans du 16ᵉ s., mais encore gothiques, finement travaillés, se font face.

Dans la crypte, une exposition fait connaître la vie monastique au 20ᵉ s.

EXCURSIONS

Vallée de la Clerve. − *11 km au Sud jusqu'à Wilwerwiltz.*
    Agréable vallée où la rivière qui a donné son nom à Clervaux coule parmi les prairies au pied de collines boisées.

Hosingen. − 474 h. *13 km au Sud-Est.*
    A 2 km au Sud de la localité, se trouve le **Wildpark Hosingen,** parc à gibier doublé d'un parc d'attractions. *Visite : 10 h - 19 h ; entrée : 150 F, gratuit oct.-mars sauf attractions.*
    Au milieu d'une agréable pinède de 140 ha, vallonnée, de vastes enclos abritent des cerfs, biches, daims, sangliers... Les étangs sont peuplés de nombreux oiseaux aquatiques. Le parc d'attractions comprend un delphinarium, une patinoire et des pistes de ski.

Hachiville; Troisvierges. − *23 km au Nord-Ouest par la route de Bastogne et Stocken.*

Hachiville. − 161 h. Près de la frontière belgo-luxembourgeoise, Hachiville est un village typique de l'Oesling *(p. 16).*
    A 2 km au Nord-Ouest, dans les bois, la **chapelle-ermitage,** construite près d'une source, est, depuis 500 ans, un lieu de pèlerinage à la Vierge. Elle abrite la copie d'un beau retable dont l'original se trouve au musée de l'État à Luxembourg *(p. 176).*

Troisvierges. − 1 013 h. Située sur le plateau à plus de 400 m d'altitude, traversée par la Woltz (qui devient la Clerve à Clervaux) la localité est dominée par une **église** à bulbe, édifiée par les récollets au 17ᵉ s. *Visite : 10 h - 12 h (sauf dim. et j. fériés) et 14 h - 18 h.*
    L'intérieur est orné d'un beau mobilier baroque : chaire, confessionnaux. La nef est séparée du chœur par deux autels monumentaux. Dans le retable de gauche, des niches abritent les statues de trois Vierges − l'Espérance, la Foi, la Charité − que l'on vénère lors d'un pèlerinage. Au maître-autel, Érection de la Croix, de l'école de Rubens.

DIEKIRCH

Cartes Michelin nᵒˢ ⁴⁰⁹ - pli 26 et ⁴ - pli 19 − 5 470 h.

Diekirch, centre culturel et commercial, s'allonge dans la basse vallée de la Sûre, aux confins du Gutland et de l'Oesling *(p. 16)* dont le Herrenberg (394 m d'alt.) dominant la ville représente le premier contrefort.
    Elle est connue pour sa brasserie produisant la fameuse bière de Diekirch.
    C'est aussi un agréable centre touristique doté d'un quartier réservé aux piétons. Les berges de la Sûre ont été aménagées en parc. Quant aux environs de Diekirch, ils comptent de nombreuses promenades balisées, totalisant 60 km *(dépliant disponible au Syndicat d'Initiative).*

■ CURIOSITÉS *visite : 1 h*

Musée. − *Place Guillaume, où se dresse l'église décanale. Visite : 9 h - 12 h et 14 h - 18 h ; fermé de nov. à mai sauf pendant vacances de Pâques ; 15 F.*
    Ce petit musée situé derrière le kiosque renferme en particulier des **mosaïques romaines** du 3ᵉ s. trouvées lors des travaux de l'Esplanade en 1926 et 1950.
    Le plus remarquable de ces pavements (3,50 m sur 4,75 m) montre au centre une tête de Méduse, à deux faces.

Église St-Laurent. − *Accès à pied au départ de l'église décanale par l'Esplanade et la 4ᵉ rue à droite. Visite : de mai à sept. 10 h - 12 h et 15 h - 17 h.*
    Dans les vieux quartiers, cette petite église se dissimule derrière une couronne de maisons. Dès le 5ᵉ s. se trouvait ici un lieu de culte.
    La nef droite, romane, est construite sur un édifice romain; la nef gauche, gothique, renferme des fresques des 15ᵉ s. (au-dessus de l'autel) et 16ᵉ s. (dans le chœur).
    On a découvert dans le sous-sol de l'église, en 1961, lors de fouilles, une trentaine de sarcophages, datant pour la plupart de l'époque mérovingienne.

EXCURSIONS

Autel du Diable (Deiwelselter). − *2 km au Sud par la route de Larochette.*
    Après un virage en épingle à cheveux et avant la route de Gilsdorf, emprunter à droite le sentier de la promenade D. Il mène, à travers bois, à ce petit monument dont les pierres proviendraient d'un ancien dolmen.
    En dehors du bois, on a de belles vues sur la ville.

Brandenbourg. − 205 h. *9 km par la route de Reisdorf à l'Est et la première à gauche.*
    Dans la vallée de la Blees, affluent de la Sûre, c'est une pittoresque localité dominée par les ruines d'un château du 12ᵉ s. qui couronnent une colline.
    Un petit musée rural a été aménagé dans la **maison Al Branebuurg :** documents sur la région et collection d'objets de la vie quotidienne d'autrefois. *Visite : 20 F.*

Cartes Michelin n⁰ˢ 409 - pli 27 et 4 - pli 20 — *Schéma p. 180* — 4 222 h.

Dans la basse vallée de la Sûre, Echternach, centre touristique réputé et capitale de la Petite Suisse luxembourgeoise, est dominé par son abbaye. Celle-ci fut fondée à la fin du 7ᵉ s. par **saint Willibrord**. Cet Anglo-Saxon, nommé par le pape archevêque des Frisons, résida à Utrecht aux Pays-Bas, puis se retira à Echternach où il mourut en 739.

La ville conserve au Sud *(rue des Remparts, près de l'hospice)* quelques tours de ses remparts du 12ᵉ s.

Echternach est renommée pour sa **procession dansante** *(p. 12)* qui se déroule depuis le haut Moyen Age en l'honneur de saint Willibrord, guérisseur de la « danse de St-Gui » (chorée). Les danseurs traversent la ville en sautillant, reliés entre eux par des mouchoirs blancs, sur un air de marche-polka.

En été *(p. 12)*, pendant le festival international d'Echternach, des manifestations musicales se déroulent dans la basilique ou dans l'abbaye.

■ CURIOSITÉS *visite : 1/2 journée*

Hôtel de ville. — Sur la pittoresque place du Marché, se dresse l'hôtel de ville ou **Denzelt**, charmant édifice du 15ᵉ s., avec arcades et tourelles d'angle.

Abbaye★. — Ce monastère bénédictin, qui eut un grand rayonnement culturel, fut supprimé en 1797. Les bâtiments abbatiaux, en forme de quadrilatère, constituent, avec la basilique qui les borde, un ensemble majestueux, circonscrit par les dépendances.

La **basilique St-Willibrord** fut édifiée au 11ᵉ s. à l'emplacement d'une église carolingienne, dont elle conserve la crypte, et agrandie au 13ᵉ s. Détruite en décembre 1944, elle a retrouvé après sa reconstitution, son allure d'origine.

Dans la crypte, une tombe néo-gothique, en marbre, surmonte le sarcophage en pierre contenant les reliques de saint Willibrord.

Au Nord-Est de l'abbaye, un joli **parc** s'étend jusqu'à la Sûre, près de laquelle s'élève un élégant pavillon de style Louis XV.

Gorge du Loup (Wolfschlucht)★★★. — *4 km AR. Accès à pied par un sentier partant de la rue Ermesinde, près de la gare. En voiture, suivre la rue André Duscher qui part de la place du Marché, passer le cimetière et tourner à droite, vers Troosknepchen.*

Le sentier qui suit le tracé de la promenade B monte à travers les champs et les vergers au pavillon du **belvédère de Troosknepchen★** où l'on retrouve la route : belles **vues** sur Echternach dans sa vallée.

En suivant les indications de la promenade B, on atteint, à travers la forêt de hêtres, la **Gorge du Loup.** A l'entrée à gauche, se dresse un grand roc pointu surnommé l'aiguille de Cléopâtre. Un escalier traverse de part en part cette crevasse sombre et lugubre découpée entre deux parois rocheuses ruiniformes de 50 m de haut.

A la sortie de la gorge, à droite, un escalier conduit au **belvédère de Bildscheslay★** d'où l'on a une jolie **vue** sur la Sûre qui coule dans un paysage verdoyant.

Cartes Michelin n⁰ˢ 409 - pli 26 et 4 - plis 18, 19.

La rivière déroule ses replis sinueux au milieu des prairies, des forêts et de hautes murailles rocheuses boisées.

La route longe la rivière, permettant de découvrir les six **châteaux** qui subsistent dans cette vallée appelée aussi Vallée des Sept Châteaux. Un sentier pédestre la parcourt également de Septfontaines à Mersch.

De Koerich à Mersch — *26 km — environ 1 h 1/2*

Koerich. — 862 h. Sur la colline, l'**église** possède un beau mobilier baroque, en particulier dans le chœur.
Près de la rivière se dressent les ruines du **château** féodal remanié à la Renaissance (remarquer la cheminée).

Septfontaines. — 284 h. Pittoresque localité accrochée aux pentes qui dégringolent vers l'Eisch et dominée par les ruines de son **château** (13ᵉ-15ᵉ s.) *(on ne visite pas).*
L'**église** abrite une intéressante Mise au Tombeau. *En cas de fermeture, s'adresser 26 rue de Mersch.*
Dans le **cimetière** autour de l'église ont été placées plusieurs stèles d'un chemin de croix baroque élégamment sculpté *(illustration ci-contre).* Au pied du château coulent les sept fontaines qui ont donné leur nom au village.

Ansembourg. — 38 h. Ansembourg possède deux **châteaux** : perché sur la colline, celui du 12ᵉ s., remanié (16ᵉ et 18ᵉ s.); dans la vallée, le château du 17ᵉ s., ancienne demeure d'un maître de forges, précédé d'un portail à tourelles et entouré de beaux jardins du 18ᵉ s. *(on ne visite pas).*

On aperçoit ensuite, au sommet d'une crête, le **château de Hollenfels,** agrandi au 18ᵉ s. autour d'un donjon du 13ᵉ s. Il est occupé par une Auberge de Jeunesse.

Hunnebour. — *Après le pont sur l'Eisch, prendre un chemin à droite.* Au pied d'un haut rebord rocheux, le Hunnebour est une source située dans un **cadre★** ombragé reposant.

Mersch. — 2 281 h. Son **château** féodal, très restauré, est un haut édifice carré précédé d'un portail flanqué de petites tourelles. A proximité se dresse la **tour St-Michel,** à bulbe, vestige d'une église disparue.

Septfontaines. - Descente de croix

ESCH-SUR-ALZETTE

Cartes Michelin n°s 409 - pli 26 et 4 - pli 13 (cartouche) — 25 515 h. — *Plan dans le guide Michelin Benelux.*

C'est le grand centre du bassin minier luxembourgeois. Sa principale activité est la fabrication de l'acier, grâce à l'importante usine ARBED.

Parc de la ville. — *Accès par la route de Dudelange, puis la première à droite après le tunnel.*

Ce vaste parc fleuri de 57 ha est étagé sur la colline qui domine la ville à l'Est de la gare. Au sommet (alt. 402 m), dans le centre de plein air **Galgebierg,** petit parc à gibier.

Musée de la Résistance. — *Place du Brill. Visite : de Pâques à la Toussaint 15 h - 18 h.*

Ce petit musée a été édifié en 1956, au cœur de la ville, pour commémorer l'héroïsme des Luxembourgeois face à l'occupant (1940-1944) : le travail dans les mines et les usines, la grève générale de 1942, la lutte des maquisards, les déportations sont évoqués par des bas-reliefs, des fresques, des statues et des documents.

EXCURSION

Rumelange. — *3 649 h. 6 km à l'Est. Prendre la route de Dudelange, puis à droite.*

Près de la frontière, cette cité minière possède un intéressant **musée national des Mines.** *Visite accompagnée : de Pâques à fin oct. 14 h - 17 h ; 50 F.*

Une partie des mines de fer exploitées jusqu'en 1958 dans la colline traversée par la frontière est accessible au public. La visite de 600 m de galeries (par 12 ° de température) documente sur les différentes opérations d'extraction et sur l'évolution des techniques et du matériel utilisés depuis l'origine de la mine.

LAROCHETTE ★

Cartes Michelin n°s 409 - plis 26, 27 et 4 - Est du pli 19 — 1 066 h.

Dans la vallée de l'Ernz blanche dominée par de hautes parois rocheuses en grès de Luxembourg dont l'une porte les ruines de deux châteaux, c'est un centre de villégiature.

Châteaux. — *Accès par la route de Nommern. Visite : 9 h - 21 h ; seulement dim. et j. fériés 9 h - 19 h en mars, nov., déc. ; fermé janv., fév. ; 20 F.*

Sur le plateau se dressent les ruines de deux édifices : dominant le bourg, le palais des Créhange, gothique, du 14e s., et, à proximité, au-dessus de la route de Mersch, le palais des Hombourg, plus ancien.

EXCURSION

Nommern; Nommernlayen★. — *Circuit de 12 km. Prendre la direction de Nommern.*

En sortant des forêts de conifères, on trouve à gauche une réserve naturelle : dans les landes à genêts se dissimule, à environ 150 m de la route, le **Champignon,** beau rocher en grès de Luxembourg. En descendant vers **Nommern** (209 h), vues sur la localité.

A Nommern, prendre la route de Larochette.

Dans un virage à gauche, s'amorce le sentier du circuit auto-pédestre n° 2. Il permet d'atteindre, dans la forêt, les magnifiques roches dites **Nommerlayen★,** murs de grès aux formes les plus variées dispersés parmi les arbres.

LUXEMBOURG ★★

Cartes Michelin n°s 409 - pli 26 et 4 - pli 19 — 79 580 h.

Ancienne place forte, Luxembourg, capitale du Grand-Duché, siège d'Institutions Européennes, est aussi, au cœur du pays, un important centre touristique.

Un site★★ exceptionnel. — La ville occupe le sommet d'un rocher de grès aux bords escarpés, que contournent deux rivières, l'Alzette et la Pétrusse. La vieille ville est séparée de la nouvelle au Sud par la profonde entaille du ravin de la Pétrusse que franchissent des ponts tels le fameux **pont Adolphe** (19e s.) (Z) d'une hardiesse impressionnante. Au Nord, elle est reliée au plateau de Kirchberg par le **pont Grande-Duchesse Charlotte** (1964) qui enjambe l'Alzette. Trois quartiers occupent les vallées : Grund, Clausen et Pfaffenthal.

Au détour des corniches se révèlent de magnifiques **points de vue★★** sur les différents aspects de la ville. En saison, le site est mis en valeur par des illuminations nocturnes.

Les fêtes. — La fête populaire ancestrale de l'Emais'chen où les jeunes amoureux s'échangent des objets en terre cuite vendus à cette occasion se déroule tous les ans *(le lundi de Pâques)* sur l'ancien marché-aux-poissons (Place du Musée).

A partir de la fin août a lieu la grande kermesse de Luxembourg ou Schueberfouer qui remonte à l'an 1340.

UN PEU D'HISTOIRE

L'histoire de la ville se confond avec celle du pays.

A l'époque romaine, Luxembourg est situé à l'intersection de deux voies romaines, l'une allant de Trèves à Reims par Arlon (actuelle Grand-Rue), l'autre reliant Metz à Aix-la-Chapelle. Le rocher du Bock est déjà fortifié. Au 10e s. un château est édifié près de la ville haute, sur le Bock, par le comte mosellan Sigefroi qui s'intitule comte de Luxembourg. La ville reçoit sa première enceinte qui sera doublée au 11e s.

Au 12e s., la ville passe avec le comté de Luxembourg sous la domination de Henri V l'Aveugle, comte de Namur. Son petit-fils **Henri VII** devient **empereur germanique** en 1308. La maison de Luxembourg occupe le trône impérial jusqu'en 1437.

En 1346, le fils de l'empereur Henri VII, **Jean l'Aveugle,** roi de Bohême et comte de Luxembourg, est tué à la bataille de Crécy, dans les rangs français.

Au 14e s. une troisième enceinte est construite autour de la ville haute tandis que les villes basses sont fortifiées.

Un territoire convoité. — Au 15e s., le Luxembourg passe à la maison de Bourgogne. Il échoit ensuite à Charles Quint (1555) qui fortifie la ville, puis à Philippe II.

La ville devient française en 1684, après le siège savamment conduit par Vauban qui en consolide les fortifications. Retombée en 1698 aux mains des Espagnols, elle est occupée de nouveau en 1701 par les Français qui à leur tour sont remplacés par les Autrichiens de 1715 à 1795. Malgré le renforcement considérable des fortifications, le creusement des casemates, la ville se rend à Carnot en 1795 et fait partie du Département des Forêts jusqu'en 1814. Après la défaite napoléonienne, le traité de Vienne érige le duché en **Grand-Duché,** relevant de la Confédération germanique mais appartenant à la maison d'Orange-Nassau et gouverné par Guillaume 1er, roi des Pays-Bas. La ville est alors occupée par une garnison prussienne qui quitte Luxembourg seulement en 1867 : le traité de Londres ayant proclamé la neutralité du pays, les trois ceintures de fortifications sont démantelées.

En 1914 comme en 1940, le Luxembourg, bien que neutre, fut envahi par les armées allemandes, puis libéré le 10 septembre 1944 par l'armée américaine du général Patton.

Les institutions européennes. — Luxembourg devient en 1952 le siège de la CECA, Communauté Européenne du Charbon et de l'Acier, premier organisme devant ouvrir la voie à une fédération européenne. L'homme d'État français, **Robert Schuman** (1886-1963) né à Luxembourg, en est le promoteur, Jean Monnet l'animateur. Six nations y participent : Belgique, Luxembourg, Pays-Bas, Allemagne fédérale, Italie, France.

Depuis la signature du traité de Rome en 1957, Luxembourg héberge le **Secrétariat du Parlement européen** dont les sessions se tiennent à Strasbourg et à Luxembourg. En 1966 est inauguré sur le Kirchberg (p. 177) le Centre européen, édifice destiné à réunir les divers services du Secrétariat du Parlement européen. Depuis 1967, date de la fusion des services administratifs des trois communautés — CECA, Euratom, CEE — en une Commission siégeant à Bruxelles, de nombreuses institutions se sont installées sur le Kirchberg : banque européenne, services de la Commission des Communautés européennes, école européenne, Cour de Justice et Cour des Comptes des Communautés Européennes.

Depuis 1965, le **Conseil de Ministres,** organe suprême de décision du Marché Commun, siège à Luxembourg trois mois par an (avril, juin, octobre).

■ LA VIEILLE VILLE** *visite : 1/2 journée*

Chemin de la Corniche. — Passant devant la vieille demeure abritant les Archives de l'État, on atteint ce chemin qui suit les anciens remparts, en bordure de l'escarpement de l'Alzette. Il offre de très belles **vues**** sur la vallée où se situe la ville basse du **Grund** avec la flèche de l'église St-Jean *(p. 178)* et, à côté, l'abbaye (prison pour hommes).

Le Bock. — Cet éperon rocheux relié jadis à la ville par un pont-levis (actuel Pont du Château) a été un peu aplani par la création de la Montée de Clausen.

Il supporte les ruines du **château de Luxembourg,** édifié au 10e s., démoli en 1555 et transformé en fortin au 17e s. Détruit en 1684 lors du siège de la ville par les Français, il fut reconstruit par Vauban. En 1745, les Autrichiens entreprirent l'aménagement des fortifications et creusèrent les casemates. Le Bock a été rasé en 1875 : il ne subsiste en surface que la tour nommée « Dent Creuse » (Z A).

Du sommet des ruines, **vues**** sur le plateau du Rham, où était située la ville gallo-romaine. A gauche, la massive porte carrée est la **tour Jacob** (Y B) ou **Dinselpuert,** ancienne porte de Trèves, qui faisait partie de l'enceinte du 14e s. Les bâtiments à droite sont des casernes construites par Vauban (hospices). Au pied du Bock, côté Nord, s'étend l'ancien couvent du St-Esprit (17e s.).

Casemates du Bock**. — *Visite : de Pâques à fin oct. 10 h - 18 h ; 20 F.*

On peut parcourir une section de ce labyrinthe défensif creusé en 1745 dans le grès constituant le sol de la ville. C'est l'infime partie d'un réseau de 23 km de couloirs qui servirent d'abri pendant la dernière guerre. Certaines ouvertures offrent des vues sur le ravin et sur le quartier du Rham.

A l'entrée de la ville haute à droite, un **monument** a été érigé en l'honneur de plusieurs célébrités qui séjournèrent à Luxembourg, notamment Goethe en 1792.

A proximité se trouve le bâtiment à portique du **Conseil d'État** (Z D).

Place du Musée (Z 65). — Jadis carrefour de voies romaines, cette place, ancien Marché-aux-Poissons, est entourée de demeures anciennes. La maison dite **« Sous les piliers »** présente, au-dessus d'un portique Renaissance, des baies de style gothique flamboyant et une niche de même style abritant une statue représentant saint Anne, la Vierge et l'Enfant. Plus à gauche se trouve une pittoresque maison à tourelle en encorbellement.

Musée de l'État**. — *Visite : 10 h - 12 h (sauf sam. de nov. à mi-mars) et 14 h - 18 h ; fermé lundi, 1er mai, Ascension, 23 juin, 15 août, 1er et 2 nov., 25 et 26 déc.*

Le musée d'Histoire et d'Art en particulier offre d'intéressantes collections.

Section gallo-romaine. — Installée principalement au rez-de-chaussée, elle est extrêmement riche. Les fouilles effectuées dans le Sud du pays (Dalheim, Titelberg) ont révélé une intense occupation à l'époque romaine. Les objets sont bien mis en valeur : bronzes, terres cuites, verreries délicates. De nombreux monuments funéraires sont à comparer avec ceux de Trèves et d'Arlon *(p. 50)*. Très répandues au Sud du Luxembourg étaient les petites stèles en forme de maison, qui abritaient peut-être des urnes, et les pierres sculptées de quatre divinités. L'époque mérovingienne a laissé en particulier des armes et de beaux bijoux. Le cabinet des médailles présente des pièces rares de toutes les époques et un beau masque en bronze du 1er s. Une série de sculptures religieuses romanes ou gothiques, en bois ou en pierre, montrent des influences variées (Lorraine, Allemagne).

Section d'art contemporain. — *1er et 2e étage.* Cette importante section comprend, outre quelques sculpteurs (Maillol, Lobo, Hadju), des toiles, des tapisseries figuratives ou abstraites de l'école de Paris (Bertholle, Bissière, Borès, Chastel, Estève, Lurçat, Pignon, Vieira da Silva) et des œuvres du peintre expressionniste luxembourgeois Joseph Kutter (1894-1941).

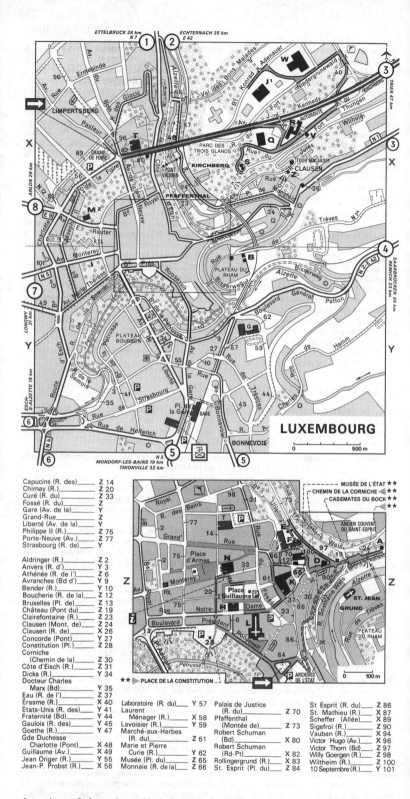

LUXEMBOURG

0   500 m

★★ MUSÉE DE L'ÉTAT
★★ CHEMIN DE LA CORNICHE
★★ CASEMATES DU BOCK

0   100 m

★★ PLACE DE LA CONSTITUTION

Capucins (R. des) _____ Z 14
Chimay (R.) _____ Z 20
Curé (R. du) _____ Z 33
Fossé (R. du) _____ Z
Gare (Av. de la) _____ Y
Grand-Rue _____ Y
Liberté (Av. de la) _____ Y
Philippe II (R.) _____ Z 75
Porte-Neuve (Av.) _____ Z 77
Strasbourg (R. de) _____ Y

Aldringer (R.) _____ Z 2
Anvers (R. d') _____ Y 3
Athénée (R. de l') _____ Z 6
Avranches (Bd d') _____ Y 9
Bender (R.) _____ Z 10
Boucherie (R. de la) _____ Z 12
Bruxelles (Pl. de) _____ Z 13
Château (Pont du) _____ Z 19
Clairefontaine (R.) _____ Z 23
Clausen (Mont. de) _____ Z 24
Clausen (R. de) _____ X 26
Concorde (Pont) _____ Z 27
Constitution (Pl.) _____ Z 28
Corniche
  (Chemin de la) _____ Z 30
Côte d'Eisch (R.) _____ Z 31
Dicks (R.) _____ Y 34
Docteur Charles
  Marx (Bd) _____ Y 35
Eau (R. de l') _____ Z 37
Érasme (R.) _____ X 40
États-Unis (R. des) _____ Y 41
Fraternité (Bd) _____ Y 44
Gaulois (R. des) _____ Y 45
Goethe (R.) _____ Y 47
Gde Duchesse
  Charlotte (Pont) _____ X 48
Guillaume (Av.) _____ X 49
Jean Origer (R.) _____ Y 55
Jean-P. Probst (R.) _____ X 56

Laboratoire (R. du) _____ Y 57
Laurent
  Ménager (R.) _____ X 58
Lavoisier (R.) _____ Y 59
Marché-aux-Herbes
  (R. du) _____ Z 61
Marie et Pierre
  Curie (R.) _____ Y 62
Musée (Pl. du) _____ Z 65
Monnaie (R. de la) _____ Z 66

Palais de Justice
  (R. du) _____ Z 70
Pfaffenthal
  (Montée de) _____ Z 73
Robert Schuman
  (Bd) _____ X 80
Robert Schuman
  (Rd-Pt) _____ X 82
Rollingergrund (R.) _____ X 83
St. Esprit (Pl. du) _____ Z 84

St Esprit (R. du) _____ Z 86
St. Mathieu (R.) _____ X 87
Scheffer (Allée) _____ X 89
Sigefroi (R.) _____ Z 90
Vauban (R.) _____ X 94
Victor Hugo (Av.) _____ X 96
Victor Thorn (Bd) _____ Z 97
Willy Goergen (R.) _____ Z 98
Wiltheim (R.) _____ Z 100
10 Septembre (R.) _____ Y 101

Art ancien. — *3ᵉ étage.* Le **retable de Hachiville** *(p. 172)* sculpté vers l'an 1500 dans le style brabançon, a été transféré ici. Il représente en des scènes d'une facture pittoresque les joies *(en bas)* et les souffrances *(en haut)* de la Vierge.

Les salles rassemblent en outre des tableaux d'écoles étrangères, surtout flamande, hollandaise et italienne; remarquer aussi une Charité de Cranach le Vieux.

Une importante collection de peintures sur verre a été rassemblée à cet étage.

Arts industriels et populaire. — *Accès par le 1ᵉʳ étage, à droite.*

Cette section, aménagée dans quatre anciennes maisons bourgeoises, évoque la vie au Luxembourg du 17ᵉ au 19ᵉ s. (intérieurs, céramiques de Boch et de Nospelt, étains, plaques de cheminée).

Dans la cave, salles consacrées à la viticulture mosellane.

Revenir rue Sigefroi et tourner à gauche.

Boulevard Victor Thorn (Z 97). — Il offre des **vues**★ sur la vallée de l'Alzette où se blottit le faubourg de **Pfaffenthal** et que franchit le pont Vauban. Au-dessus, le pont Grande Duchesse Charlotte relie la ville au plateau de Kirchberg où se dresse le Centre Européen; on aperçoit le fort des Trois Glands.

Porte des Trois Tours (Z E). — Située à l'emplacement de la deuxième enceinte de la ville, elle est composée en fait d'une porte flanquée de deux tours.

On entre ensuite en ville par la **1re porte de Pfaffenthal** (17e s.) (Z F).

Palais Grand-Ducal★ (Z K). — *Relève de la garde tous les jours 10 h, 12 h, 14 h, 16 h et 18 h. Visite accompagnée du palais en principe chaque été.*

L'aile gauche, ancien hôtel de ville, remonte au 16e s.; sa façade, flanquée de gracieuses tourelles, est décorée de bas-reliefs aux motifs géométriques.

L'aile droite, ou « la Balance », a été ajoutée en 1741 et l'aile arrière, donnant sur le jardin, en 1891. L'édifice situé à droite de la Balance (1859) abrite la Chambre des Députés.

La famille grand-ducale réside dans ce palais depuis 1895.

Dans la salle des Gardes sont conservées de belles armes. L'escalier d'honneur dont la belle balustrade de bronze s'orne du monogramme d'Adélaïde-Marie, épouse du grand-duc Adolphe, mène aux appartements. L'ancienne salle des Nobles ou **Salon des Rois,** où sont exposés les portraits des grands-ducs du passé, est utilisée pour les audiences officielles. Dans la salle à manger, quatre tapisseries, offertes par Napoléon après son séjour dans le palais en 1804, illustrent l'histoire de Télémaque.

Cathédrale Notre-Dame★ (Z L). — *Visite : 10 h - 12 h (sauf dim. et j. fériés) et 14 h - 18 h (17 h sam.).*

Avec ses fines flèches du 20e s., cette ancienne église des Jésuites date du 17e s. et s'ouvre au Nord par un intéressant **portail** aux motifs Renaissance et baroque.

Ses trois nefs de même hauteur sont un bon exemple d'église-halle. L'ensemble reste gothique, mais les piliers sont ornés d'originales arabesques en relief et la tribune au-dessus de l'entrée est finement travaillée dans un style mi-Renaissance mi-baroque.

A gauche de la nef, on remarque la tribune réservée à la famille grand-ducale.

Le chœur, de style néo-gothique, a été ajouté au 20e s.

Avant d'atteindre la **crypte** (*visite : 9 h - 12 h et 14 h - 18 h*) qui contient d'intéressantes œuvres d'art moderne, on peut voir le cénotaphe de Jean l'Aveugle, mort en 1346 à Crécy. Réalisé en 1688, ce monument représente une Mise au tombeau.

C'est à Notre-Dame qu'eut lieu en avril 1953 le mariage de Joséphine-Charlotte de Belgique avec Jean de Luxembourg, devenu grand-duc en 1964 à la suite de l'abdication de sa mère, la grande-duchesse Charlotte.

Le collège des Jésuites contigu à la cathédrale est devenu Bibliothèque Nationale.

Place Guillaume (Z). — Au centre se dresse la statue équestre de Guillaume II des Pays-Bas (1792-1849), grand-duc de Luxembourg. L'**hôtel de ville** (Z H), a été édifié à partir de 1830 dans le style régional.

Place d'Armes (Z). — Carrée et ombragée, c'est le centre animé de la ville. En saison, elle est garnie de terrasses de café.

Elle est dominée par le **palais municipal** (Z N), de 1907, où sont installées des administrations gouvernementales.

Place de la Constitution. — Au sommet d'un bastion où se situe l'entrée des Casemates de la Pétrusse *(p. 178),* **vues**★★ sur le ravin de la Pétrusse, aménagé en jardins et le pont Adolphe *(p. 174).*

Par le bd Roosevelt, gagner la place du St-Esprit, en longeant le chevet de la cathédrale.

■ **LE KIRCHBERG** *visite : 1/2 h*

Sur le plateau de Kirchberg, traversé par une autoroute, se sont installées les institutions européennes *(p. 174),* ce qui a entraîné un important mouvement d'urbanisation (hôtel, école européenne, etc.). Au-delà, à l'extrémité de l'autoroute, se trouve le parc des Expositions.

Avant d'emprunter le pont conduisant au Kirchberg, remarquer à gauche le **Théâtre municipal** (X T). Construit en 1964, il présente une longue façade dont les baies forment une composition géométrique.

A l'entrée du pont à droite, le **monument** érigé en l'honneur de Robert Schuman a été réalisé par l'architecte Robert Lentz.

Pont Grande-Duchesse Charlotte★ (X 48). — En acier, symbole de la CECA, hardiment peint en rouge, il a été inauguré en 1966. Il franchit l'Alzette sur 300 m.

Prendre à la sortie du pont la deuxième route à droite vers le Centre Européen.

Centre Européen (X Q). — Inauguré en 1966, c'est un édifice de 23 étages, occupé en partie par le Secrétariat du Parlement Européen. Le Conseil de Ministres y siège trois mois par an. Il a été doublé d'un bâtiment plus petit, le **centre Schuman** (X R).

Une troisième construction, l'**Hémicycle** (X V), terminée en 1980, sert de centre de conférences.

Par la route qui s'enfonce dans le bois derrière le Centre Européen, gagner les Trois Glands.

Les Trois Glands (X S). — C'est, dans un bois, l'ancien fort Thungen, aux tours surmontées de pierres en forme de glands.

A l'extrémité de la pelouse, obliquer vers la gauche. Un petit belvédère domine Clausen et son église : sur la gauche, une maison à tourelle est celle où naquit Robert Schuman (X Z). A droite, **vue**★ sur la ville de Luxembourg, le Bock, le quartier du Rham avec ses tours.

Revenir vers le Parlement européen et passer sous l'autoroute pour gagner la Cour de Justice.

Cour de Justice (X J¹). — Le bâtiment à quatre étages de la cour de Justice des Communautés européennes, construit en 1973, étale ses structures d'acier peint en marron foncé sur une vaste terrasse où se remarquent deux sculptures de Henry Moore.

À proximité, le **bâtiment Jean Monnet** (X W), aux parois de verre fumé, édifié entre 1976 et 1980, abrite des services administratifs.

■ AUTRES CURIOSITÉS

Casemates de la Pétrusse. — *Entrée place de la Constitution* (Z 28). *Visite accompagnée : de juil. à sept., 20 F.*

Créé en 1746 par les Autrichiens pour améliorer les défenses sur le flanc Sud du plateau, c'est un important réseau souterrain ouvrant sur la vallée de la Pétrusse.

Musée J.-P. Pescatore. (X M²). — *Visite : de la Pentecôte à fin sept. 14 h - 18 h (fermé lundi) ; le reste de l'année seulement sam. 14 h - 16 h et dim. 10 h 30 - 12 h 30 ; 10 F.*

Il rassemble, dans l'intérieur raffiné du 19ᵉ s. de la villa Vauban, trois legs de collectionneurs concernant la peinture belge, hollandaise et française du 17ᵉ s. à nos jours.

Après quelques tableaux attribués à Canaletto (salle 3), on remarque dans la série des toiles flamandes des œuvres de David Teniers le Jeune, du 17ᵉ s. (Scène d'Intérieur, le Fumeur).

La riche collection hollandaise du 17ᵉ s., comprend plusieurs scènes de genre (l'Empirique de Gérard Dou, la Fête des Rois de Jan Steen), une Marine de Van de Capelle.

La peinture française du 19ᵉ s. est représentée notamment par un Delacroix (Jeune Turc caressant son cheval) un Courbet (Marine).

Église St-Jean du Grund (Z). — Cette église appartint jusqu'à la Révolution française à l'abbaye bénédictine de Munster. L'édifice actuel date de 1705.

L'intérieur est rehaussé par les trois retables du chœur, de style baroque flamand. Sont à signaler également : un chemin de croix en émail de Limoges du 16ᵉ s., signé Léonard Limosin, des orgues du 18ᵉ s., des fonts baptismaux gothiques et, dans une chapelle à gauche du chœur, une gracieuse Vierge noire à l'Enfant, de l'école de Cologne, sculptée vers 1360 et objet d'une grande vénération.

EXCURSIONS

Cimetières militaires. — *5 km à l'Est. Sortir par ④ du plan.*

Parmi les 13 cimetières américains de la Seconde Guerre mondiale aménagés outre-Atlantique, celui de **Hamm** (Luxembourg American Cemetery), aux portes de la capitale, rappelle la gratitude du Grand-Duché pour ses libérateurs. Au milieu des bois, cet ensemble impressionnant de 20 ha dominé par une chapelle-mémorial érigée en 1960, groupe 5 076 tombes. Face aux croix blanches alignées en arc de cercle, celle du général Patton, mort en décembre 1945, se dresse identique aux autres.

Plus à l'Est *(accès par la route de Contern),* le **cimetière allemand de Sandweiler,** inauguré en 1955, se découvre au détour d'une allée forestière. Sur 4 ha, s'ouvrent de vastes pelouses plantées d'arbres où des groupes de cinq croix trapues, en granit sombre de la forêt Noire, sont disséminés. Une croix monumentale surmonte la fosse commune où reposent 4 829 soldats sur les 10 885 inhumés dans cette nécropole.

Hespérange; Bettembourg. — *15 km au Sud. Sortir par ⑤ du plan.*

Hespérange (1 276 h.) est un pittoresque bourg situé au bord de l'Alzette et dominé par les ruines de son château des 13ᵉ et 14ᵉ s. entre lesquelles se sont édifiées de petites habitations précédées de jardinets.

Bettembourg (5 858 h.) possède un important parc récréatif, le **Parc Merveilleux.** *Visite : de mi-avril à mi-oct. 9 h 30 - 19 h ; 55 F (enfants : 35 F).*

Des animaux, de nombreuses attractions pour enfants, en particulier des reconstitutions de contes de fées, animent ce vaste jardin de 25 ha.

Bourglinster; Junglinster. — *13 km au Nord. Sortir par ② du plan.*

Par une belle route tracée au cœur d'une épaisse forêt, on atteint Eisenborn, sur l'Eau Blanche, et à droite **Bourglinster** (447 h.), pittoresque village situé au pied d'un vieux château restauré.

Junglinster (1 397 h.) possède une charmante **église** du 18ᵉ s. en pierre crépie de beige, rehaussée de peintures aux tons pastel. Elle est entourée d'un ancien **cimetière** dont les croix, pour la plupart du 19ᵉ s., conservent un aspect archaïque.

■ MONDORF-LES-BAINS ★ ───────────────────

Cartes Michelin nᵒˢ 409 - pli 27 et 4 - pli 14 (cartouche) — 1 773 h.

Près de la frontière, c'est une ville d'eaux fréquentée dont les deux sources, Kind et Marie-Adélaïde, forées respectivement en 1846 et 1913 et sortant à 24 ° conviennent surtout aux affections hépatiques, intestinales et rhumatismales. Son établissement thermal est équipé d'installations modernes.

La station est édifiée à l'Est de l'ancien village.

Parc★. — *Illuminations de Pâques à oct. 21 h - 23 h.*

Près de l'établissement thermal, ce parc de 36 ha aux belles frondaisons et aux parterres fleuris *(roseraie en juin)* s'étend sur le versant d'une colline, offrant quelques échappées sur la campagne. Au centre se trouve le nouveau pavillon de la source Kind (1963).

Église St-Michel. — *Ouverte : de Pâques à fin août 8 h - 12 h et 14 h - 18 h ; le reste de l'année 9 h - 12 h et 14 h - 17 h. Visite accompagnée : mai-oct. 1ᵉʳ lundi du mois à 17 h.*

Sur une colline dominant le vieux bourg, cette église au crépi rose, élevée en 1764 et entourée d'un cimetière, possède un riche **mobilier★** Louis XV. Orgues sur balcon sculpté d'emblèmes musicaux, confessionnaux, autels, chaire étonnante sont en harmonie avec les stucs et fresques du Luxembourgeois Weiser (1766).

Cartes Michelin nᵒˢ 409 - pli 27 et 4 - plis 14 (cartouche), 20.

Depuis la frontière française jusqu'à Wasserbillig, la Moselle (du romain Mosella, petite Meuse) dont la largeur atteint une centaine de mètres, sépare le Luxembourg de l'Allemagne. Faisant suite à une convention internationale signée par la France, l'Allemagne fédérale et le Grand-Duché de Luxembourg, des travaux de canalisation, achevés en 1964, ont considérablement amélioré sa navigabilité. Elle est ainsi devenue accessible aux bateaux de 3 200 t entre Thionville et Coblence.

Les deux barrages de Grevenmacher et de Stadtbredimus, équipés chacun d'une écluse et d'une centrale hydroélectrique interrompent le cours de la rivière. Afin de ne pas défigurer les sites, ils ont été construits au ras de l'eau.

Un paysage lumineux, paisible et, sur la rive gauche, des coteaux plantés de vignes aux échalas très hauts (jusqu'à 2 m) sont les principaux attraits du parcours.

Dans les principales caves coopératives on peut déguster les crus de la Moselle luxembourgeoise : vins blancs (Rivaner, Auxerrois, Pinot Blanc, Pinot Gris, Riesling, Traminer, Elbling) et vins mousseux.

Promenades à pied. — Le sentier de la Moselle longe sur 40 km environ le cours de la rivière, du Stromberg, colline située au Sud de Schengen, à Wasserbillig.

Promenades en bateau. — *De Wasserbillig à Schengen, avril-sept. S'adresser à la Navigation Touristique de l'Entente de la Moselle Luxembourgeoise — Grevenmacher — ☎ 75.82.75.*

Dans certaines gares de chemin de fer, il est possible d'acheter des billets combinés train-bateau ou autobus-bateau.

De Schengen à Wasserbillig — *46 km — environ 1/2 journée*

Schengen. — 323 h. Ce village-frontière, première localité viticole de la Moselle luxembourgeoise, possède des caves coopératives.

Remerschen. — 550 h. Un peu à l'écart de la rivière, ce bourg est situé au pied des coteaux du Kapberg, couverts de vignes sur échalas, dont un calvaire, desservi par un escalier raide, escalade la pente.

Schwebsange. — 216 h. A droite de la route, dans un jardin, a été installé un pressoir du 15ᵉ s. et un broyeur à fruits. Quelques pressoirs sont à signaler également face à l'église. Devant l'église, charmante **fontaine aux Raisins** où se déroule chaque année la fête du vin *(1ᵉʳ dim. de sept.)*.

Bech-Kleinmacher. — 438 h. L'ancienne maison de vignerons « A Possen » de 1617 a été transformé en **musée Folklorique et Viticole.** — *Visite : avril-oct. 14 h - 19 h ; fermé lundi ; 50 F. Commentaires enregistrés.*
De petites pièces au mobilier rustique (cuisine à feu ouvert) y évoquent la vie d'antan. Les activités traditionnelles sont

(D'après photo A. Kieffer)

Schwebsange. — Fontaine aux raisins

présentées dans des ateliers (filature, tonnellerie), une laiterie, un musée viticole, une cave conservant une cuve à fouler le raisin.

Prendre la route de Wellenstein qui passe devant le musée.

Wellenstein. — 373 h. A l'entrée du village se trouvent les **caves coopératives.** *Visite accompagnée : mai-août 9 h - 11 h et 13 h - 16 h ; 40 F.*
On y emmagasine dans d'énormes cuves (« tanks ») en béton contenant jusqu'à 150 000 l les raisins cueillis sur environ 260 ha de vignobles. Plus de 4 millions de bouteilles sont produites annuellement.

La route gravit le **Scheuerberg** *(vues sur les vignobles) puis descend sur Remich : vues sur la Moselle.*

A Remich, regagner la Moselle.

Remich. — 2 346 h. Cette ville possède plusieurs caves. A la sortie Nord de la ville, les **caves St-Martin** creusées dans le roc sont consacrées à l'élaboration d'un vin champagnisé. *Visite accompagnée : de Pâques au 15 oct. 8 h 30 - 11 h 30 et 14 h - 17 h 30 ; 35 F.*
Ici, la rive de la Moselle, aménagée, constitue une longue promenade pour piétons.

Stadtbredimus. — 359 h. Importantes caves coopératives.

Peu après Stadtbredimus, prendre à gauche la route de Greiveldange. Elle offre, à la montée, de belles **vues★** *sur le méandre de la Moselle, le coteau luxembourgeois abrupt couvert d'échalas, et la rive allemande, vers Palzem, plus adoucie mais également plantée de vignobles.*

Après **Greiveldange** *(346 h.), qui possède une grande cave coopérative, revenir dans la vallée.*

Ehnen. — 464 h. Ce village de vignerons cerné par les échalas conserve un quartier ancien aux rues pavées, au centre duquel se dresse une église de plan circulaire, construite en 1826, et flanquée d'une tour romane. Une maison typique a été aménagée en **musée du Vin.** *Visite : 9 h 30 - 11 h 30 et 14 h - 17 h ; fermé lundi et en janv. ; 40 F.*

Wormeldange. – 728 h. C'est la capitale du Riesling luxembourgeois. A la sortie à gauche se situent ses grandes caves coopératives. *Visite de Pâques au 15 sept. 9 h - 11 h 30 et 13 h 30 - 16 h 30 ; 30 F.*

Au sommet du plateau, au lieu-dit **Koeppchen**, à l'emplacement d'un ancien burg se dresse la chapelle St-Donat.

Machtum. – 288 h. Petite localité située dans un coude de la rivière. Sur une pelouse sont disposés un pressoir, un broyeur à fruits.

A la fin du méandre se trouve le grand **barrage-écluse** de Grevenmacher, doté d'une centrale électrique.

Grevenmacher. – 2 965 h. Entourée de vignobles et de vergers, cette petite ville est un important centre viticole doté de caves coopératives et d'une cave privée.
Les caves coopératives sont situées au Nord de la localité *(Rue des Caves). Visite : de mai à août 9 h - 11 h et 13 h - 16 h ; 40 F.*
Au Sud du pont, les **caves Bernard-Massard,** fondées en 1921, produisent du vin mousseux méthode champenoise. *Visite accompagnée : avril-oct. 9 h - 11 h 30 et 14 h - 17 h 30 ; 35 F.* La visite des caves inférieures est complétée par la projection d'un film documentaire sur le Grand-Duché, la Moselle, le travail de la vigne et l'élaboration du vin mousseux.

Mertert. – 868 h. Actif port fluvial, relié à Wasserbillig par un sentier pour piétons bien aménagé au bord de la Moselle.

Wasserbillig. – 2 096 h. Au confluent de la Moselle et de la Sûre *(p. 182),* ce nœud routier international est aussi un centre touristique. C'est le point de départ des promenades en bateau *(p. 179).*

PETITE SUISSE LUXEMBOURGEOISE ★★★

Cartes Michelin n°s 409 - pli 27 et 4 - plis 19, 20.

La région qu'on nomme Petite Suisse luxembourgeoise à cause de son paysage accidenté et verdoyant est riche en beautés naturelles. Ses rochers et sa végétation constituent un de ses principaux attraits.
La Petite Suisse appartient au parc naturel germano-luxembourgeois *(p. 17).*

Des paysages romantiques. – Forêts touffues de hêtres, charmes, pins, bouleaux, chênes, aux sous-bois couverts de fougères, bruyères, myrtilles, mousses, torrents bouillonnants dévalant leur lit encombré de rochers, pâturages humides, telle est la physionomie de la Petite Suisse luxembourgeoise.

Des rochers multiformes. – La présence de rochers étranges, dissimulés au cœur de la forêt, ajoute au charme du paysage.

Le grès de Luxembourg, conglomérat de sable et de calcaire, appartenant à l'une des principales « côtes » du Gutland *(p. 16),* a été sculpté par la nature de façon étonnante.

Striées par l'érosion, les roches présentent souvent l'aspect d'une muraille ruiniforme. Lorsque, désagrégé par l'eau, le plateau gréseux s'est fendu, formant des « diaclases », d'énormes blocs se sont détachés et se sont mis à glisser sur leur assise argilo-calcaire vers la vallée. La nappe d'eau qui s'est formée à la partie inférieure du grès a donné naissance à des sources nombreuses. Entre les parois du bloc peut apparaître alors une sorte de gorge ou de crevasse dite **« schluff »**; si les parois sont inclinées, il se crée une véritable grotte (schlucht).

Une quinzaine de promenades pédestres balisées permettent de parcourir la Petite Suisse en tous sens et d'en découvrir les plus beaux recoins.

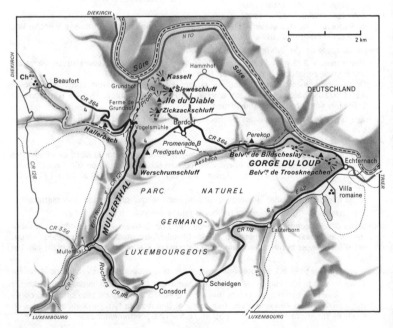

VISITE

Circuit de 34 km au départ d'Echternach — compter 1 journée — schéma ci-contre

Sortir d'Echternach (p. 173) en direction de Diekirch.
La route, qui longe la Sûre, passe au pied de la colline où se trouve la Gorge du Loup *(p. 171).*

Prendre bientôt à gauche vers Berdorf.
A 1 km de la bifurcation, la route est longée par le sentier de la **promenade B** *(voir aussi p. 171)* qui, descendant de la Gorge du Loup, s'engage dans la vallée de l'Aesbach.

Le Perekop. — C'est un rocher ruiniforme d'environ 40 m de haut surplombant la route à droite. On peut atteindre le sommet par un escalier aménagé dans une crevasse : vue sur les bois.

Promenade à pied★★. — Au Perekop, le sentier de la **promenade B** (d'Echternach à Grundhof) se retrouve au niveau de la route. Le parcours vers l'Ouest le long du ruisseau Aesbach jusqu'à l'endroit où le sentier s'en éloigne *(1/2 h)* est aisé et des plus pittoresques. Au passage se remarquent de curieux rochers travaillés par l'érosion : la tour Malakoff, puis le Chipkapass.

La route, émergeant des bois, fait découvrir Berdorf, sur le plateau.

Berdorf. — *Page 171.*

A Berdorf, prendre la direction du Mullerthal.
A gauche de la route apparaît bientôt le **Predigstuhl,** rocher en arrière duquel se dissimule en particulier la **Werschrumschluff★** *(p. 171).*
La route descend rapidement vers le Mullerthal.

A Vugelsmullen (ou Vogelsmuhle) dans le Mullerthal (ci-dessous), prendre à droite puis aussitôt après à gauche vers Beaufort.

Beaufort. — 722 h. Située sur une éminence, c'est une petite localité où est fabriquée une liqueur au cassis nommée Cassero. Dans un vallon boisé, près d'un étang se dressent les ruines romantiques du **château★** (12e-16e s.). « Il apparaît à un tournant, dans une forêt, au fond d'un ravin; c'est une vision. Il est splendide ». Ainsi Victor Hugo voyait ce château en 1871, avec son énorme tour-donjon se rattachant à la forteresse écroulée. Une restauration en 1930 en a dégagé les abords et consolidé les accès.
Visite : d'avril à oct. 9 h - 18 h ; 25 F. Suivre le circuit numéroté.
Le château voisin a été construit en 1647 par le seigneur de Beaufort.
Le sentier qui s'amorce à l'Ouest de l'étang conduit vers le Hallerbach *(ci-dessous).*

Revenir en voiture à Vogelsmuhle. Peu avant d'atteindre ce hameau s'embranche à droite une petite route longeant le Mullerthal.
A 300 m laisser la voiture et prendre le sentier du Hallerbach.

Hallerbach★. — A travers les bois, ce torrent dévale parmi les éboulis moussus où s'égrènent de charmantes cascatelles *(1/2 h AR environ).*

Revenir à Vogelsmuhle et tourner à droite.

Mullerthal★★★ (Vallée des Meuniers). — C'est le nom donné à la **vallée de l'Ernz Noire.** La rivière y coule rapide, coupée de cascades, entre deux rives tapissées de prairies, et encaissées entre des versants boisés où surgissent par endroits de spectaculaires amoncellements de grès.

A 200 m du Mullerthal, tourner à gauche vers Consdorf.
Pour remonter sur le plateau, la route emprunte une petite allée bordée de part et d'autre par de pittoresques alignements de rochers.

Consdorf. — 738 h. A l'orée du bois, c'est une localité touristique fréquentée l'été.

Scheidgen. — 303 h. Centre de villégiature.

Par Lauterborn, et la belle route venant de Luxembourg, on regagne Echternach (p. 173).
On a découvert à proximité du lac artificiel une importante villa romaine.

RINDSCHLEIDEN ★

Carte Michelin n° 4 - pli 18 - 15 km au Nord de Redange — 169 h.

Ce hameau se niche au creux d'un vallon, autour de son église paroissiale dont l'intérieur est remarquable pour ses peintures murales. *S'adresser au presbytère.*

■ ÉGLISE PAROISSIALE★

Elle est d'origine romane. Le chœur a été modifié à l'époque gothique tardive. La nef fut agrandie au 16e s. et pourvue de trois voûtes d'égale hauteur.
A l'intérieur, toutes les voûtes, ainsi que les parois du chœur, sont couvertes de **fresques.** Datant de la première moitié du 15e s. (chœur) et du 16e s. (nef), elles représentent, dans des teintes claires, rehaussées d'un contour noir, une multitude de personnages, saints ou personnages royaux, et des scènes religieuses.
On remarque également des statues en bois des 17e et 18e s., et quelques sculptures en pierre : l'armoire eucharistique surmontée d'un oculus (15e s.), des clés de voûte, des chapiteaux et des statues à la retombée de la voûte (16e s.).
Dans un petit jardin proche de l'église, le puits miraculeux de saint Willibrord est le but d'un pèlerinage annuel. A côté ont été placés d'anciens fonts baptismaux, datés du 15e s.

Pour voyager en France :

le guide Rouge Michelin (hôtels et restaurants)

les 19 guides Verts Michelin (paysages, monuments, routes touristiques)

le guide Michelin Camping Caravaning France.

RODANGE

Cartes Michelin nᵒˢ **409** - pli 26 et **4** - pli 12 (cartouche) — 3 km à l'Ouest de Pétange — 3 998 h.

Près des frontières belge et française, c'est une petite localité industrielle.

Train touristique. — *A 2 km au Sud de l'église par la rue de Lasauvage.* Ce train, remorqué par des locomotives 1900 parcourt 5 km dans la vallée de **Fond de Gras,** que domine le Titelberg *(voir musée de l'État p. 175). Départs : de mai à sept. dim. et j. fériés 15 h, 16 h 10, 17 h 40 ; 100 F AR en 1ʳᵉ classe, 70 F en 2ᵉ classe.*

Un train à vapeur assure la navette entre la route et l'ancienne gare de Fond de Gras : jadis centre d'extraction de minerai de fer, celle-ci est devenue le point de départ du trajet ferroviaire.

EXCURSION

Bascharage. — 2 907 h. *6 km au Nord-Est par la route de Luxembourg.*
La **brasserie Nationale** fabrique de la bière blonde, distribuée principalement dans le Grand-Duché.
Après avoir vu un film documentaire sur la fabrication de la bière, on visite une partie des installations et des caves. *Visite temporairement suspendue.*
Dans la **Taillerie luxembourgeoise de pierres précieuses** *(rue de la Continentale, à l'Est de la gare)* sont traitées un grand nombre de pierres précieuses venues de tous les continents. On peut voir les tailleurs de pierre au travail et une riche exposition de minéraux et de bijoux. *Visite : 8 h - 12 h et 13 h - 17 h (16 h vend.) ; fermé sam., dim. et j. fériés ; 50 F.*

SÛRE (Vallée de la) ★★

Cartes Michelin nᵒˢ **409** - plis 26, 27 et **4** - plis 18, 19, 20 — *Schéma p. 180.*

La Sûre, née en Belgique entre Neufchâteau et Bastogne, traverse le Grand-Duché jusqu'à la Moselle et la frontière allemande dont elle marque les limites de Wallendorf à Wasserbillig.

Une grande partie de la vallée peut être parcourue en suivant des sentiers pédestres balisés.

LA HAUTE VALLÉE ★★

Du Hochfels à Erpeldange — *64 km — environ 1/2 journée — schéma ci-dessous.*

C'est la partie la plus spectaculaire où la rivière entaille profondément le massif ancien de l'Oesling. La vallée, dans laquelle s'enfonce la route, est suivie également par le sentier pédestre de la Haute-Sûre qui relie Martelange, à la frontière, à Ettelbruck, 60 km plus loin.

Hochfels★. — Des abords du chalet situé sur cette crête de 460 m d'altitude, on a une **vue plongeante** sur la vallée sinueuse aux versants boisés.

Par Boulaide, on gagne Insenborn en traversant la Sûre à **Pont-Misère** dans un joli paysage. En remontant sur le plateau, on découvre de jolies **vues** sur une partie du lac de la Haute-Sûre, en aval du pont, puis sur la rivière en amont, au pied du Hochfels, avec Boulaide à l'horizon.

Insenborn. — 138 h. Située sur le **lac de la Haute-Sûre★,** cette localité est un centre de sports nautiques (voile, canotage, baignade) qui y sont autorisés en amont de Lultzhausen.

D'Insenborn à Esch-sur-Sûre, la route longe le lac de la Haute-Sûre : **points de vues★** remarquables sur ses rives sinueuses et verdoyantes couvertes de genêts et hérissées de sapins.

Barrage d'Esch-sur-Sûre. — Haut de 54 m, d'une capacité de 62 millions de m³, il comprend une usine hydro-électrique située à la base; il se complète de deux barrages secondaires; celui de Bavigne *(au Nord-Ouest)* et celui de Pont-Misère *(en amont),* destinés à régulariser les crues de la rivière.
On a une bonne **vue★** sur le lac depuis la route de Kaundorf, dans un virage à 800 m au-delà du barrage.

Esch-sur-Sûre★. — 257 h. C'est une localité accueillante dont les maisons étagées, couvertes d'ardoise, composent un joli site à l'intérieur d'un méandre presque recoupé, autour d'un promontoire portant les ruines d'un château. Un tunnel a été creusé à la racine du méandre.

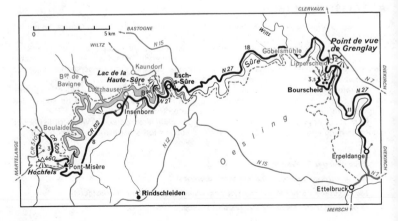

Esch-sur-Sûre

Depuis la tour de guet circulaire au sommet de la colline, **vue*** intéressante sur le site avec, au premier plan, le donjon et la chapelle du château. Celui-ci remonte au 10e s. et fut démoli en 1795.

Le bourg conserve quelques vestiges de son enceinte médiévale.

D'Esch-sur-Sûre à Gobelsmuhle, on retrouve la Sûre par endroits, dans des gorges très boisées.

Après avoir pénétré dans le parc naturel germano-luxembourgeois *(p. 17)* et avoir traversé Gobelsmuhle, on arrive en vue du château de Bourscheid, perché sur la hauteur.

Point de vue de Grenglay**. — *2 km par une route à gauche au départ de Lipperscheid, puis 1/4 h à pied AR par un chemin à travers champs signalé « Point de vue ».*
Du haut de cet escarpement impressionnant, un belvédère permet d'admirer un beau **point de vue** sur le site du château de Bourscheid, perché sur un long promontoire contourné par un méandre de la Sûre.

Château de Bourscheid*. — *Accès par une route à droite. Visite : 10 h - 18 h (17 h hors saison) ; 20 F.*
A 150 m au-dessus de la Sûre se dressent les **ruines*** du château de Bourscheid, en schiste brun *(fouilles et travaux de restauration en cours)*. Du vieux burg, il subsiste un donjon du 11e s. et une cheminée gothique. Un second château (maison de Stolzembourg) construit au 14e s. a été transformé au 18e s.

Des tours d'enceinte, on découvre des **points de vue*** harmonieux et variés sur la vallée et le plateau.

A 800 m au-delà du château, on peut gagner à droite, à l'entrée d'un terrain de camping, une terrasse aménagée procurant un joli **coup d'œil**** sur les ruines et la vallée.

Regagner la vallée. La rivière descend désormais vers le Sud en direction d'Erpeldange. Le **cadre*** de bosquets et de prairies est ravissant.

LA BASSE VALLÉE*

D'Erpeldange à Wasserbillig — *57 km — environ 1/2 journée*

La basse Sûre est moins austère et plus champêtre. Au sortir du massif ardennais, les versants de la vallée s'adoucissent et les prairies se font plus larges. La route longe presque continuellement la rivière jusqu'à son confluent avec la Moselle.

Après Erpeldange, on remarque au-delà du pont sur la Sûre, vers Ettelbruck, le monument au général Patton.

Ettelbruck. — 6 440 h. Au confluent de la Sûre et de l'Alzette c'est un nœud routier et ferroviaire, ainsi qu'un centre commercial et agricole.

Diekirch. — *Page 172.*

Reisdorf. — 304 h. Ce coquet village est bâti au débouché de la jolie vallée de l'Ernz Blanche.

Peu après, l'Our se joint à la Sûre, près de Wallendorf.

Echternach*. — *Page 173.*

Barrage de Rosport. — En aval de Rosport (497 h) la Sûre forme une gigantesque boucle. Elle est retenue par un important barrage équipé d'une centrale hydro-électrique alimentée par une conduite forcée installée à la racine du méandre. Le cours de la rivière est ainsi accéléré par une dénivellation artificielle.

A **Wasserbillig** *(p. 180)* la Sûre se jette dans la Moselle.

*Sachez tirer parti de votre **guide Michelin**.*
Reportez-vous aux Signes conventionnels p. 36

Cartes Michelin n°s 409 - pli 26, 27 et 4 - pli 19 — 1 525 h.

Les vieilles maisons de cette charmante petite ville sont accrochées aux pentes qui dégringolent du château à l'Our. Le **site**★★ est splendide.

Points de vue★★. — Les collines dominant la ville à l'Ouest offrent de belles vues sur le site. Ainsi, par la route du mont St-Nicolas (*p. 184*) on atteint un intéressant belvédère.

D'autre part, le **télésiège** (*fonctionnant d'avril à sept. et deux 1ers dim. d'oct.*) mène également à un belvédère (*accessible en outre par un sentier partant du château*) : vaste **panorama**★★ sur la ville, le château et la vallée.

■ CURIOSITÉS *visite : 1/2 journée*

Château★. — *Restauration en cours. Visite : d'avril à oct. 9 h - 17 h ou 18 h suivant la saison (19 h en juin, juil., août) ; 25 F.*

Puissant bien qu'en partie ruiné il domine la ville de sa silhouette romantique. Construit par les comtes de Vianden, il est, depuis 1417, propriété de la famille d'Orange-Nassau. Il fut dévasté par un spéculateur en 1820.

Après avoir franchi trois portes à l'abri du rempart, on arrive au palais dont la construction s'échelonne du 11e au 13e s. On pénètre par un petit porche roman dans la grande **salle des Chevaliers** du grand palais du 13e s.

A l'extrémité Est des constructions du palais se dresse la **chapelle**. Sa base à dix pans, d'époque carolingienne, est prolongée par le chœur et surmontée d'un étage hexagonal à colonnettes remanié en 1865.

Entre la chapelle et la salle des chevaliers se trouvait le petit palais : à l'étage la **salle byzantine** conserve ses fenêtres trilobées (vers 1200).

Du chemin de ronde et du « jardin », **vues**★ sur la vallée de l'Our et sur la ville.

Pont sur l'Our. — De ce pont protégé par une statue de saint Jean Népomucène, protecteur des ponts, la **vue** est agréable sur l'étagement de la ville et du château.

Maison de Victor Hugo. — *Visite : d'avril à oct. 9 h 30 - 12 h et 14 h - 18 h ; fermé merc. sauf de mi-juin à mi-sept. ; 20 F.*

Après plusieurs passages à Vianden, Victor Hugo, exilé, séjourna ici en 1871 du 8 juin au 22 août. Transformée en musée, la demeure présente des dessins, des lettres autographes du grand écrivain. En face de la maison, buste de Victor Hugo par Rodin.

Musée d'Art rustique. — *98, Grand-Rue. Visite : d'avril à sept. 9 h - 12 h et 14 h - 18 h ; 25 F.*

Dans une vieille maison bourgeoise, c'est un ravissant intérieur régional garni d'un mobilier rustique. On y voit une belle collection de « taques » de cheminées.

Église des Trinitaires. — *Grand-Rue.* Ancienne abbatiale, de style gothique, à deux nefs, elle date du 13e s. et possède un joli cloître du 13e s. également, restauré.

■ LE BARRAGE ET SA CENTRALE *visite : 2 h*

Barrage de Lohmühle. — *1 km au Nord.* Il constitue le bassin inférieur d'une importante installation hydro-électrique. La retenue d'une capacité de 10 millions de m³ s'allonge sur 8 km. Sur la rive droite au pied du barrage se blottit l'**église Neuve**, construite en 1770 dans l'ancien quartier des pestiférés.

Centrale hydro-électrique de pompage. — *5 km au Nord du barrage, au-delà de Bivels. Visite : 10 h - 17 h. Visite accompagnée sur demande écrite.*

Creusée dans la roche, la salle des machines assure la liaison souterraine entre les bassins supérieurs du mont St-Nicolas et la retenue inférieure. Aux heures creuses, l'eau de la retenue est pompée puis emmagasinée dans les bassins supérieurs et réutilisée aux heures de pointe pour fournir de l'énergie moins coûteuse.

La production annuelle d'énergie atteint 1 600 millions de kWh.

La **galerie des visiteurs** abrite des maquettes et des tableaux lumineux explicatifs. Plus loin on domine le poste de commande et l'immense **salle des turbines**.

Bassins supérieurs du mont St-Nicolas. — *5 km à l'Ouest par la route de Diekirch, puis à droite.*

Après le carrefour, on jouit d'une belle **vue**★★ sur le château et sur les toits de la ville.

Entourés de 4,6 km de digue, les **bassins supérieurs** forment un lac artificiel étranglé en son milieu. Profond de 14 à 35 m, il a une capacité de 6,6 millions de m³.

On accède par un escalier à une section de la digue : **vue** sur le bassin et sa tour de prise d'eau, reliée au bord par une passerelle.

Du pied des bassins, **vue**★ sur la vallée de l'Our creusée dans le plateau cultivé de l'Oesling et sur les collines en Allemagne.

EXCURSION

Vallée de l'Our★★. — *20 km jusqu'à Dasburg en Allemagne.*

Des environs d'Ouren en Belgique à Wallendorf, l'Our forme frontière entre l'Allemagne et le Grand-Duché. Il creuse dans le massif ancien une vallée profonde et sinueuse, parfois resserrée entre des rochers abrupts.

Quitter Vianden par le Nord. La route passe d'abord sur la crête du **barrage de Lohmühle** (*ci-dessus*).

Bivels. — 91 h. Ce village occupe un **site**★ remarquable au centre d'une gigantesque boucle de l'Our.

Centrale hydro-électrique de pompage. — *Ci-dessus.*

Stolzembourg. — 179 h. Au-dessus du village se perchent les ruines romantiques d'un château.

Dasburg. — Bourg coquet, agréablement situé sur le versant allemand.

WILTZ

Cartes Michelin n⁰ˢ **409** - pli 26 - et **4** - pli 18 — 3 882 h.

Situé à 315 m d'altitude, sur le plateau de l'Oesling *(p. 16)*, Wiltz est une localité commerçante et industrielle (matières plastiques, brasseries), un centre touristique et une cité scoute internationale : douze chalets et une quinzaine de camps sont disséminés dans les bois alentour.

La ville basse s'allonge sur les rives de la Wiltz, tandis que la ville haute forme un quartier pittoresque serré, sur un éperon rocheux, entre son église et le vieux château.

Les jardins du château servent de cadre, chaque année *(p. 12)*, à un festival européen de Théâtre en plein air et de Musique.

■ CURIOSITÉS *visite : 2 h*

Église décanale. — Dans la ville basse, cette église du 16ᵉ s. a été agrandie et restaurée au 20ᵉ s.

Ses deux nefs de style gothique abritent les pierres tombales des seigneurs de Wiltz. Une belle grille de style Louis XV ferme la chapelle comtale.

En montant vers la ville haute, on remarque au passage à gauche un **monument** rappelant que c'est à Wiltz que débuta la première grève générale contre l'occupant allemand en septembre 1942.

Château. — Le château des comtes de Wiltz conserve une tour carrée du 13ᵉ s., remaniée en 1722. L'aile principale date de 1631. Elle a été transformée en maison de retraite. Au pied de l'escalier d'honneur ajouté en 1727 a été aménagé en 1954 un amphithéâtre où se déroulent les représentations du festival.

Croix de justice. — Du 16ᵉ s., elle s'est substituée à la croix érigée au Moyen Age pour symboliser les droits obtenus par la ville (justice, franchise, marché). On y voit les statues de la Vierge et de saint Jean Népomucène, qui aurait sauvé la ville d'un incendie.

Monument N.-D.-de-Fatima. — 1952. *Accès par la route de Noertrange, CR 329.*

On passe une brasserie dont les chaudières en cuivre sont visibles.

Du monument, **vue** intéressante sur la ville blanche aux toits d'ardoise étagés sur le versant de la colline.

Le sanctuaire est un lieu de pèlerinage des immigrés portugais.

EXCURSION

Vallée de la Wiltz. — *11 km jusqu'à Kautenbach.*

Agréable vallée sinueuse, encaissée entre des collines boisées.

QUELQUES LIVRES

Ouvrages généraux, tourisme

Le Benelux, par F. GAY et P. WAGRET *(Paris, P.U.F., coll. Que Sais-je?).*
Belgique, par R. HANRION *(Paris, Seuil, coll. Petite Planète).*
Belgique, par D. FROMONT; **la Belgique vue du ciel,** par G. PONCIN *(Bruxelles, Meddens).*
Toute la Belgique, par M. DUWAERTS *(Bruxelles, J.M. Collet).*
Belgique touristique et ses villes d'art ; Grand-Duché de Luxembourg *(Bruxelles, Guides Cosyn).*

Histoire

Histoire de la Belgique, par J. DHONDT *(Paris, P.U.F., coll. Que Sais-je?).*
Histoire des Belges, par H. DORCHY *(Bruxelles, A. de Boeck).*
Histoire de la Belgique, par G.-H. DUMONT *(Paris, Hachette).*
Histoire de la Wallonie et **Histoire de Bruxelles** *(Toulouse, Privat).*
Collection Des villes et des hommes *(Gembloux, J. Duculot)* : Bruxelles à cœur ouvert, Charleroi à cœur ouvert, etc.

Art, folklore

Collection Nouveaux guides de Belgique *(Bruxelles, Rossel)* : Hôtels de ville et maisons communales, Cathédrales et collégiales, Folklore permanent, Belgique mystérieuse, etc.
Collection Guide et tradition *(Verviers, Marabout)* : Découvrir la Belgique romane, Sur les chemins de la Belgique gothique, Traditions de Wallonie, Traditions de Bruxelles.
Collection Les Classiques de l'Art *(Paris, Flammarion)* : Tout l'œuvre peint de Bruegel l'Ancien, Memling, Van Eyck.
Collection Belgique, Art du Temps *(Bruxelles, Laconti)* : ouvrages d'art ayant trait à la période moderne (Du Réalisme au Surréalisme; l'Expressionnisme en Belgique; Bruxelles, guide d'architecture, etc.).
Éditions Meddens *(Bruxelles)* : ouvrages d'art ancien et moderne (la Peinture flamande, James Ensor, etc.) et albums (Châteaux de Belgique; Belgique/Trésors d'Art; Belgique : Villes d'art; Belgique : Beffrois, cathédrales, hôtels de ville).
Rubens, par P. CABANNE *(Paris, Aimery Somogy, coll. Les plus Grands).*
Magritte, par B. NOEL *(Paris, Flammarion, coll. Les Maîtres de la peinture moderne).*

Ouvrages régionaux

A Bruges et à Gand *(Paris, Hachette, coll. Guides bleus A).*
Collection éditée par la Fédération touristique de Brabant : une vingtaine de monographies ou de circuits touristiques concernant cette province.
Collection Wallonie, art et histoire *(Gembloux, J. Duculot)* : une quarantaine de petites monographies.
Guides Cosyn *(Bruxelles)* : Bruxelles et Waterloo, Ourthe, Haute Semois, Moyenne Semois, etc.
Éditions Meddens *(Bruxelles)* : albums sur les villes (Anvers, Bruges, Bruxelles, Bruxelles/Grand-Place, Bruxelles/Environs, Gand, Liège) ou les régions (la Flandre, la Côte belge, la Wallonie).

Littérature

La littérature belge d'expression française, par R. BURNIAUX et R. FRICKX *(Paris, P.U.F., coll. Que Sais-je?).*
La légende de Tyl Ulenspiegel, par C. DE COSTER *(Paris, Bordas)* - Extraits.

INDEX ALPHABÉTIQUE

Grand-Duché de LUXEMBOURG

NOTES

MANUFACTURE FRANÇAISE DES PNEUMATIQUES MICHELIN
© Michelin et Cⁱᵉ, propriétaires-éditeurs, 1981
Société en commandite par actions au capital de 700 millions de francs
R. C. Clermont-Fd B 855 200 507 - Siège social Clermont-Fd (France)
ISBN 2 06 005 101-0

Photocomposition et impression BRODARD GRAPHIQUE - Printed in France 5.81.50 - Dépôt légal 3ᵉ trim. 198